民国时期皖南永佃制实证研究

Empirical research of Southern Anhui Permanent-Tenancy
during the Period of Republic of China

张　明◎著

人民出版社

山西师范大学学术著作
出版基金部分资助出版

目　录

图 表 目 录

— 1 —

序

慈 鸿 飞

张明积数年之功,完成博士学位论文《民国时期皖南永佃制实证研究》。去年毕业后,进入山西师范大学继续进行学术研究。人民出版社提携后进,乐意出版他的博士论文,我感到由衷高兴,特为之作序。

首先,永佃制是土地制度史中的一个专题。近现代中国是一个变动极其剧烈的时代,也许这一变动至今并未结束。经世致用是中国学术的一个传统,但如何经世致用,却并非易事。现实状况是,一方面人们厌恶为经典作注解的极左史学,另一方面却又不同程度地接受这一束缚。表现在选题上,人们常常选择一些具体的甚至琐屑的个案考证题目,这已成为主流意识所欣赏的惯例。当然选择小题目,这无疑是正确的。关键是,选择什么样的小题目和能否真正做到"小题大做"。像土地制度这样的题目,由于它曾被讽为所谓"五朵金花"之一而颇受冷落,但我却认为,无论对过去的中国或今天的中国,土地制度都是一个重大的研究题目,它对重新认识中国的社会历史发展,对重新探讨某些似乎已成定论的传统理论,具有重大的学术价值。正因如此,在我的指导下,张明选择了永佃制这样一个题目。

张明选取民国时期处于长江流域腹地和长江三角洲地区连接地带的皖南地区永佃制作为研究对象,这也可算做一个微观研究。永佃制是中国土地制度发展到近代的一个较为普遍的典型现象,但是以往的永佃制研究,真正能够大量发掘利用原始档案资料的却极少,原始档案资料的极度贫乏已成为制约永佃制研究的瓶颈。难能可贵的是张明对皖南各地永佃制的微观状况做了大量的实地调查研究,他先后访问了当涂、芜湖市、池州贵池区、安庆、黄山市、黄山屯溪区、祁门、黟县、歙县、绩溪等10多个县、市（区）的档案馆以及安徽省档案馆、安徽省博物馆、安徽大学徽学研究中心等档案馆和研究机构，发现了大量能够反映民国时期社会关系、土地关系的珍贵永佃档案资料，每个档案馆所藏永佃档案所反映的永佃制各有侧重，众多档案馆汇总而成的永佃档案非常可观，综合起来得以真实再现永佃制运行的原貌。特别需要指出的是，张明在绩溪县档案馆发现了能证明官田地权发生双层分化的《官田租佃鱼鳞册》，系国内首次发现的、和民田鱼鳞册不同的一种珍贵鱼鳞册，歙县档案馆所藏民国时期《歙县地籍清册》亦系极其珍贵的档案资料。

以往的永佃制研究主要利用个别农户地租簿、契约等资料，缺乏整个村庄的系统资料，因而没有也不可能深入到村庄内部对永佃土地的占有和具体经营状况进行细致研究。张明首次利用土改时期皖南祁门、屯溪、绩溪及当涂四县（市）的有关永佃制的土地档案及歙县档案馆所藏民国时期《歙县地籍清册》，从微观角度对民国时期皖南568个村庄的永佃户占当地农户比重、永佃田占当地耕地比重及分布、永佃田的阶层权属状况进行细致、系统、大面积的基层实证研究，以具体的统计数字还原了民国时期皖南永佃制的真实历史状况。同时，张明以皖南26个有代表性的永佃村为例，首次对永佃制经营的诸多问题都作了深入细致的探讨。

尤其值得关注的是，张明特别深入考察了民国时期徽州的一个典型永佃村——唐模村，对永佃制下的地权分配、永佃田租佃运行及其原因、永佃田亩产及其租率、永佃制下劳力配置、户经营面积、人均劳力经营亩数和产量、永佃制下佃农收入等方面进行逐项探讨，对农户经营田地的座落、田垱、田底田、底面全业田、族田、人口、业主收入、佃农收入、各种永佃田亩产及其租率等方面的数量进行统计，对永佃制是如何实现田地零碎整合、如何使得地权更加平均、如何形成较低稳定永佃租率、永佃田的租佃类型、劳动力在户与户及农业和非农行业间的配置状况等方面进行深入研究，对永佃田的流转机制进行了真实历史还原。

这本书也拓宽了徽学的研究领域。以往徽学研究主要对徽商、徽州宗族、徽州一般土地关系、徽州文化、徽州建筑等方面进行研究，但没有一本专著对徽州的永佃制进行研究,本书便是对这一空白的填补。

　　阅读本书,相信会对读者思考中国历史上土地制度的真实状况、思考近代中国社会历史变迁的真正原因,甚至对思考当代农村土地制度改革均有诸多启示!

　　每个新时代都会有新学术,新学术的标志是新问题、新资料、新观点、新方法,张明勉之!

2011 年秋于南京龙凤花园居所

引论　永佃制

——适合国情的土地制度

一

　　中国农村最大的现实是人多地少,尽管现在已经有了现代农业技术,但是由于农村有限的土地为众多小生产者分割,根本无法实施规模经营。另外,由于农民仍然有生存后顾之忧,绝大部分农民宁愿抛荒也不愿放弃其拥有的小块土地,土地规模经营的实现仍然遥遥无期。中国土地问题的解决,显然不能照搬英国驱赶农民进城的圈地运动模式,这也与政府"政为民所系"的执政宗旨背道而驰。我们研究的土地改革方案是既使农民摆脱生存后顾之忧,又符合中国土地自身发展规律的土地改革方案。

　　克服危机的钥匙存在于历史之中。我们发现,民国时期的永佃农不仅获得了可自由转买的佃权,而且使土地地权能够在两个层次上自由流转,这种地权流转比以往完全地权流转更灵活,流转门槛更低,既使佃农投入权益获得了保障,又使劳动力和资金获得有效配置从而提高了生产效率,因此研究永佃制对当今土地制度改革有着重要的借鉴意义。

　　近代中国乡村需要研究的问题很多,为什么我以民国时期的永佃制为研究选题呢?

　　第一,永佃制是一种非常独特的土地制度,研究具有特殊性的土地制度,更能从独特视角深入地研究近代土地制度的发展规律。土地问题历来是史学工作者研究较多的问题,而学界以往对其的研究多集矢于证明土地分配不均及其影响,而对土地转移过程、土地交易人员组成、交易量、交易程序等问题,则鲜有涉及。再如租佃关系,研究者也较多,但一般是简单地举出佃农比例、地租形态以及超经济强制现象等,至于佃农究竟通过哪些手段才能租到地主的土地？佃农佃耕土地，出租者出租土地的原因是什么？农户规模、农场规模、农业外劳动力转移情况、人均劳动力经营亩数、人均劳动力经营产量如何？诸如此类的问题也少见细致的探讨。因此对土地问题的研究不能满足于已有研究成果，必须将其研究推向深入。为什么要选取永佃制作为研究土地问题的视角呢？因为永佃制是形成于中国江苏、浙江、福建、江西、广东、察哈尔、绥远等省区的一种非常特殊的土地制度，它是和中国近代政治变迁、经济变迁、城市发展、佃农地位提高、土地市场化等密不可分的一种土地制度，认识了永佃制是认识民国社会的一个重要突破口。

第二，学界对于民国时期永佃制特别是皖南地区永佃制的研究还很薄弱。学术界对永佃制的研究主要集中在其内涵、性质、起源、原因、制度属性等方面，而对永佃制下的地权分配、永佃农对零碎永佃田的整合、永佃田地的租佃运行、永佃制下劳力配置、永佃制下户经营面积、人均劳动力经营亩数和产量、永佃制下佃农收入、永佃田地租率等诸多问题还没有深入研究。具体到安徽的永佃制，研究也很少。这与皖南是永佃制最发达地区之一的地位极不相称，因此有必要把皖南永佃制的研究推向深入。本书主要利用民国时期的原始档案，其准确性是不言而喻的。另外，以往的研究主要利用地租簿、契约等资料进行研究，缺乏整个村庄资料的完整性，有必要利用以前没有利用过的许多村庄的完整土改资料、《地籍清册》和《租佃鱼鳞册》等民国档案拓宽研究范围。

第三，在永佃制形成、发展过程中，民国时期永佃制是永佃制最重要发展阶段。永佃制是一种发展上千年的土地制度，其最重要的特征就是永佃农获得可转卖、可继承的田面权，这与传统的地主制有着本质区别。永佃制发展到民国时期，又衍生出许多新功能，诸如土地资源和劳动力的配置、零碎土地整合、劳动力农业外转移、养老等功能，在传统功能的基础上古老的永佃制度获得完善与创新，这种土地制度是既能提高生产力又对佃农有利的土地制度。可惜的是，由于20世纪50年代的土地革命，这种有生命力土地制度的发展进程被迫中断。20世纪80年代以来，为了给中国农业寻求出路，被历史尘封30余载的永佃制重新引起了学术界的注意，学者大力疾呼在中国实行"国家终极所有，农民永久使用"的永佃土地制度①，使永佃制成为当今研究的最热点

---

① 参见慈鸿飞：《农地产权制度选择的历史和逻辑》，《江海学刊》2007年第4期，第150页。

问题之一。

本书虽然以民国时期作为研究时段,但是由于永佃制的发展具有历史传承性,所以研究范围不会完全拘泥于民国时期。学术界对民国时期永佃制的认识分歧比较大,有的学者认为民国时期的永佃制衰落了,有的学者认为发展了,选取民国时期作为本书的研究时段,能够更好地揭示永佃制在民国时期的真正发展状况。

本书选取"皖南"作为研究的空间典范,主要包括安徽长江以南的徽州山区及沿岸平原地区两部分。本书研究地域限定在皖南地区的主要原因在于,从全国范围看,皖南地区是永佃制、宗族所有制和绅商都发达的地区之一,此区域不仅具有研究永佃制的典型性,而且还可以对永佃制与宗族所有制的共存关系进行探讨。此外,还可为徽学的研究提供新的视野,所以对于深究历史奥秘的研究者来说,这是一个非常有吸引力的研究价值颇高的地域。

永佃制的确切内涵学界颇多争论。有的学者把"在不欠租的情况下,佃农有永远佃耕的权利"界定为永佃制的内涵,持此种观点的学者主要有彭超[1]、杨国桢[2]、董蔡时[3]、方行[4]、黄宗智[5]、赵晓力[6]等。有的学者把永佃制

---

[1] 彭超:《论徽州永佃权和"一田二主"制》,《安徽史学》1985年第4期。彭超认为,永佃权不是一种独立的"物",它没有价值,因此不能互相买卖,而田皮权则是一种产权,可以买卖,所以永佃制不等于一田二主。

[2] 杨国桢:《论中国永佃权的基本特征》,《中国社会经济史研究》1988年第2期。杨国桢认为,采取永佃形式租佃地主土地的佃农,在不欠租的情况下,有永远耕作的权利,称之为永佃制。

[3] 董蔡时:《永佃制研究》,《苏州大学学报》1995年第2期。董蔡时认为,永远佃种地主之权就是永佃权,他否认永佃制是地主和佃农共有产权,产权仍完全属于地主。理由是如果共有便和地主剥削农民的理论矛盾。把永佃制和"一田二主"等同起来,"名实不符"。

[4] 方行:《中国经济通史·清代卷》,经济日报出版社1999年版,第1813页。方行认为,永佃制和一田二主是两个概念,永佃制转化为一田二主的现象很普遍。

[5] 黄宗智:《法典、习俗与司法习惯:清代与民国的比较》第6章"田面权",上海书店出版社2003年版,第103页。黄宗智认为,永佃可以演化为双层土地所有权,也可以双层土地所有权混合和共存。两者的界限常常模糊不清,它们之间是"没有明确界限的连续统一体"。

[6] 赵晓力:《中国近代农村土地交易中的契约、习惯与国家法》,《北大法律评论》第1卷第2辑(1999年),第491页。赵晓力认为,把一田二主称为永佃制是"指鹿为马,张冠李戴"。

的内涵界定为"田底权和田面权相分离,产生一田二主",持此种观点的学者主要有杨周①、赵冈②等。上述两派学者在永佃制概念上各持己见、相互否认的根本原因在于把永佃制概念看成是一个固定的、不可变的概念。马克思主义概念论认为,"客观世界是发展的,概念和思维也是发展的,概念的辩证发展是客观现实辩证发展的反映,又是认识的辩证发展的体现"。③ 因此,永佃制作为一个历史概念,其内涵也不是一成不变的,其内涵必然随着永佃制本身的发展而发展。这正如原始社会刚出现"商品"时,商品的初始内涵只包括"简单的譬如农、牧、手工业等交换产品",但当人类社会发展到资本主义时代,商品经济发展到高峰,劳动力也成了商品时,商品的内涵就又包括了"劳动力商品"这一新的内涵。同样道理,永佃制在初始形成阶段,佃农只有永远耕作权而没有自由转佃的权力时,永佃制的初始内涵是"在不欠租的情况下,佃农有永远佃耕的权利";在永佃制的发展阶段,相当一部分佃农获得了转佃的权力,相应地,永佃制内涵也开始增加;在永佃制成熟阶段,永佃制分布越来越普遍,永佃农不仅可以自由转佃,而且还获得收取小租的权力,永佃制的内涵也逐渐丰富起来,终于形成了"田底权和田面权分离的、可自由转让佃权"的成熟阶段的永佃制内涵。杨国桢等学者定义的永佃制内涵实质上是永佃制初始阶段的内涵,而杨周等学者界定的永佃制内涵实质上是成熟阶段的永佃制内涵。因此,两派学者对永佃制内涵的争论不是孰对孰错的问题,而是两派学者都把永佃制某一发展阶段的内涵看做永佃制的绝对性内涵。

笔者认为,应该把永佃制界定为非典型性永佃制和典型性永佃制两种永

---

① 杨周:《永佃权试探》,《浙江师范大学学报》1988 年第 2 期。杨周对永佃制的内涵进行了逻辑推理:租期内,租赁权等于土地使用权;然而,由于永佃制下农民具有永久使用土地的权利,于是,租期的性质发生了根本变化,租赁权等于土地使用权的含义埋没,而以永久使用权等于某种意义上的所有权(俗称田面权)的面目出现,最终形成土地所有权与使用权相分离的"双重所有权"格局。

② 赵冈:《永佃制研究》,中国农业出版社 2005 年版。赵冈把永佃制分为三种不同的形态,即初始形态、过渡性安排和最终形态。永佃制的最终形态:传统的田地产权分化为两层,一方面享有原始业主的产权,称为田骨,另一方是佃户获得的田地使用权,称为田皮。分化后的两种产权是互相独立的,排他性的。双方业主均有独立自由处分其产权的权利。赵冈在《永佃制研究》一书中把永佃制的最终形态作为永佃制内涵。

③ 彭漪涟主编:《概念论》,学林出版社 1991 年版,第 167 页。

佃制。非典型性的永佃制是指"在不欠租的情况下,佃农仅有永远佃耕权利"的初始阶段的永佃制,典型性的永佃制是指"田底权和田面权分离的、可自由转让佃权"的成熟阶段的永佃制。广义的永佃制既包括非典型性的永佃制,又包括典型性的永佃制。狭义的永佃制则仅指典型性的永佃制。民国时期的浙江、江苏等省既分布着典型性永佃制,又分布着非典型性永佃制。如浙西嘉兴的玉溪镇和渠东乡的永佃制主要属于非典型性的永佃制①;浙西平湖②和浙东的"绍田"③则属于典型性永佃制;苏南的吴县、常熟、昆山、吴江、太仓、青浦、金山、松江、奉贤、上海、嘉定、江阴、无锡等 13 个县主要属于典型性的永佃制④;苏北的崇明、海门等县 71.4% 的永佃制则属于典型性的永佃制⑤,而宝应、靖江县则属于非典型性永佃制⑥。

由于本书研究的皖南地区至迟在明代建文年间就产生了永佃制,历经 500 多年的发展演变,到民国时期,该区的永佃制已经普遍存在于皖南的千家万户。该区的田地普遍发生了双层分化,永佃农不仅拥有可自由转让、典当田地的佃权,而且其佃权转租时还可获得和田底租相当的小租,自由的田底田和田面田交易及租佃市场普遍形成;而且该区的永佃制还衍生出诸如零碎田地整合、促进劳动力农业外转移、养老等新功能,因而本区的永佃制属于一种非常成熟的、契约化的、典型性的永佃制。

---

① 《浙江省永佃权情况调查》,载华东军政委员会土地改革委员会编:《浙江省农村调查》,第 222 页。

② 吴晓晨:《平湖县的租佃制度和二五减租》,《东方杂志》1935 年第 32 卷第 24 期,第 119—121 页;段荫寿:《平湖农村经济之研究》,载萧铮主编:《民国二十年代中国大陆土地问题资料》第 45 卷,台北成文出版社 1977 年版,第 22695 页。

③ 郑康模:《浙江二五减租之研究》,载萧铮主编:《民国二十年代中国大陆土地问题资料》第 45 卷,第 34044 页。

④ 《土地改革前苏南农村的地租情况》,载中共苏南区委农村工作委员会编:《苏南土地改革文献》,1952 年内部印行本,第 514 页。

⑤ 南京国民政府司法行政部编:《民事习惯调查报告录》,南京国民政府司法行政部 1930 年印行,第 199 页。

⑥ 盐城市土地编撰委员会编:《盐城市土地志》,江苏人民出版社 2001 年版,第 239 页。

二

任何学术的进步都基于已有研究成果,追溯和反省学术史,与相关研究进行对话。只有如此,才能发现以往研究的不足之处,明确今后的研究方向,作出新的学术贡献。

以往的永佃制研究主要经历了三个阶段:从 1930 年至 1949 年是永佃制初步研究阶段;从 1949 年至 1979 年是永佃制研究的继续阶段;1980 年至今是永佃制研究逐步展开阶段。

20 世纪二三十年代许多学者开始对永佃制分布状况进行实地调查。1929 年魏颂唐的《浙江经济纪略》、刘大钧的《我国佃农经济状况》[1]、张宗弼的《浙江平湖农业经济调查报告》[2]等文章都对浙江永佃田的大、小租比率惯例进行了调查。此外,日本学者田中忠夫以《民商事习惯调查报告录》为主要资料写成的《支那物权习惯论》一书对中国的永佃制习惯做了介绍。[3]

20 世纪 30 年代,中央政治学校地政学院的学生在调查各地土地问题过程中,进行了大量的永佃制调查。1933 年谢俊的《两浙灶地之研究》[4]、1933 年 3 月 12 日郑康模的《浙江二五减租之研究》[5]、1934 年 5 月 16 日何梦雷的《苏州、无锡、常熟三县租佃制度调查》[6]、沈时可的《海东启门之租佃制度》[7]、萧震亚的《萧山县租佃制度研究》[8]、潘万程的《浙江沙田之研究》[9]、吴致华的

---

① 见《中国经济年鉴》(1934)第七章"租佃制度",G 部第 79 页,上海商务印书馆 1935 年版。

② 立法院:《立法院统计月刊》第 1 卷,1929 年第 3 期,转引自冯和法《中国农业经济资料》第 3 章第 3 节,上海黎明书局 1933 年版,第 593—594 页。

③ 田中忠夫:《支那物权习惯论》,1925 年 1 月,见刘俊文主编:《日本学者研究中国史论著选译》第 8 卷,第 442 页。

④ 载萧铮主编:《民国二十年代中国大陆土地问题资料》第 74 册,成文出版社有限公司,美国斯坦福中文资料中心 1977 年版(下同)。

⑤ 载萧铮主编:《民国二十年代中国大陆土地问题资料》第 65 册。

⑥ 载萧铮主编:《民国二十年代中国大陆土地问题资料》第 63 册。

⑦ 载萧铮主编:《民国二十年代中国大陆土地问题资料》第 65 册。

⑧ 载萧铮主编:《民国二十年代中国大陆土地问题资料》第 60 册。

⑨ 载萧铮主编:《民国二十年代中国大陆土地问题资料》第 69 册。

《江都耕地分配》、段荫寿的《平湖农村经济之研究》①、1935 年洪瑞坚的《浙江之二五减租》②、1936 年 12 月朱萧龙的《平湖田制改革问题》③和 1936 年郑行宽的《福建租佃制度》④等调查报告都包含了永佃制的调查。

1934 年，郑震宇综合自己及其他学者的调查，对永佃制的本质、成因、各地名称、田租形式、大小租比率、分布区域、发展趋势、佃权仲裁等问题进行了介绍；⑤1934 年 6 月 16 日，王南屏的《江北的农村实况》一文介绍了江苏北部的永佃制；⑥1935 年 3 月 9 日，吴辰仲的《浙江义乌农村概况》一文考察了义乌的清业佃，意即完全的产业权，包括田皮和田骨，而客佃则仅具有田皮的所有权，它能世代相传，也可互相授受，义乌所有的土地差不多 2/3 具备永佃关系。⑦

民国时期的政府机关对当时的永佃制做了大量的调查。1931 年，行政院建设委员会调查辑成的《浙江临安农村调查》中包含永佃制的调查。⑧ 1934 年，行政院农村复兴委员会辑成的《江苏省农村调查》⑨、《浙江省农村调查》⑩等调查报告中也包含永佃制的调查。1936 年，在冯紫岗指导下的嘉兴县政府的土地调查包含了永佃制的调查。⑪

这一时期的报纸，如天津的《大公报》⑫、南京的《中央日报》⑬、上海的《新闻报》⑭、内政部的《内政公报》⑮、广州的《新岭东报》⑯、江苏无锡的《国民报

---

① 载萧铮主编：《民国二十年代中国大陆土地问题资料》第 45 册。
② 洪瑞坚：《浙江之二五减租》，中央政治学校地政学院研究报告，上海正中书局 1935 年版。
③ 载萧铮主编：《民国二十年代中国大陆土地问题资料》第 73 册。
④ 载萧铮主编：《民国二十年代中国大陆土地问题资料》第 62 册。
⑤ 实业部中国经济编撰委员会编：《中国经济年鉴》(1934)第七章"租佃制度"，G 部第 76—196 页。
⑥ 载千家驹编：《中国农村经济论文集》，中华书局 1935 年版，第 613—617 页。
⑦ 同上书，第 623—625 页。
⑧ 建设委员会调查浙江经济所统计课编：《浙江临安农村调查》，1931 年。
⑨ 行政院农村复兴委员会编：《江苏省农村调查》，上海商务印书馆 1933 年版。
⑩ 同上。
⑪ 冯紫岗编：《嘉兴县政府调查》，嘉兴县政府 1936 年印行。
⑫ 《大公报》，1929 年 11 月 17 日。
⑬ 《南京中央日报》，1930 年 1 月 14 日。
⑭ 《新闻报》，1930 年 3 月 6 日，4 月 5 日。
⑮ 《内政公报》第 3 卷第 1 期，第 5 卷第 1、2 期。
⑯ 《新岭东报》，1933 年 2 月 16 日。

道》①、浙江的《杭州民国日报》②、上海的《东方杂志》③等都对当时的永佃制作了报道。

在调查的基础上,民国时期的学者对永佃制进行了初步研究。1934年,陶直夫在《中国地租的本质》一文中指出,永佃制在中国很普遍,在这种制度下的地主和农民还存在隶属关系,但永佃制在民国已有渐次崩溃趋向。④1935年,吴通认为,永佃农佃田实现了自由买卖,才能使佃权的价值有实现的机会。⑤1936年,陈翰笙在其著作《解放前的地主与农民——华南农村危机研究》中探讨了广东中山县沙区、梅县、潮安、茂名、广宁、翁源、英德、韩江流域的永佃制。⑥1936年4月,黄通在《中国的租佃制度及其解决方案》一书中指出,永佃农的佃地改良应允许承佃人自由为之,将来返还耕地时,得向出租人要求赔偿。⑦1937年,费孝通在《江村经济》第十一章"土地的占有"中介绍了江村的永佃制。20世纪40年代,日本学者池田静夫的《关于支那的永小作权制度》⑧和天野元之助的《支那农业经济论》等文都介绍了中国的永佃制。⑨1946年,仁井田陞认为,中国的一田两主是一种习惯上的权利关系,并指出在元末若干江南地区的佃农便有独立于田主的田面权。⑩

从总体上来说,民国时期的永佃制研究主要以调查为主,并在调查的基础上进行了初步研究。

新中国成立后一直到改革开放之前,永佃制的研究一直没有受到我国学术界重视。新中国成立后,江苏、浙江、安徽等省的土改工作者都对其所在地

① 《国民报道》,1930年12月23日。
② 《杭州民国日报》,1931年8月31日。
③ 《东方杂志》第32卷第24期,1935年,第118—121页。
④ 载冯和法:《中国农村经济论》,黎明书局1934年版,第257—261页。
⑤ 吴通:《佃制改革概论》,《地政月刊》,1935年,载《中华民国史料汇编》第5辑第1编《财政经济》,第218页。
⑥ 陈翰笙:《解放前的地主与农民——华南农村危机研究》,纽约国际出版公司1936年版,第50—58页。
⑦ 黄通:《中国租佃制度及其解决方案》,《大公报》,1936年4月12日。
⑧ 原载《东亚经济研究》第24卷第3号,1940年9月,见刘俊文主编:《日本学者研究中国史论著选译》第8卷,第443页。
⑨ 天野元之助:《支那农业经济论》,东京改造社,昭和15年(1940)。
⑩ [日]仁井田陞:《支那近世的一田两主习惯及其成立》,《法学协会杂志》第66卷,第3—4号,1946年。

的永佃制做了调查。如《吴县租佃情况与租佃关系调查》①、《余姚县南留乡第10村调查》②、《吴县斜塘镇三六两保农村调查》③、《吴县保安乡农村情况调查》④等调查报告,都包含了永佃制的调查。1961年,傅衣凌的《明清农村社会经济》一书中包含了永佃制的研究。⑤

　　这一时期的日本学者则对永佃制进行了较多的研究。1953年,周藤吉之提出了宋代的官佃田佃权买卖论。⑥ 1969年,草野靖提出了宋代的官佃田工本钱偿付理论。⑦ 森正夫则对明清时期田主与永佃农的关系进行了论述。⑧最有影响的是藤井宏和草野靖两位学者。藤井宏认为佃农在元代即享有田面耕作权,稍后于明末至清初期间发展定型,而以清末民初最为蓬勃。⑨ 草野靖则认为,佃农的田面权在宋代就成立,经过明代的发展而在明末清初逐渐衰退。清中叶以后,佃户必须先交押金,才能获得耕作权利,且没有永久经营的保障,即为佃户权益消退的明证。⑩ 1968年,鹤见尚弘利用康熙十五年江苏长洲县下二十五都正扇十九图,下二十一都八图,二十四都二十五图,共三册鱼鳞册,对永佃制进行了研究。⑪ 1969年,草野靖的《宋代的民间租佃形态》⑫一文涉及了永佃制的研究。1970年,日本学者村松佑次在论述江南的租栈问题时,多有涉及永佃制的运作。⑬ 1976年,高桥方郎对宋代官田的佃权进行

---

① 中共吴县委员会调研室编印:《吴县租佃情况与租佃关系调查》(1949),第6页。
② 《余姚县南留乡第10村调查》,载华东军政委员会编:《浙江省农村调查》,第214页。
③ 苏南农村协会筹备委员会编印:《苏南农村研究资料》第2辑,1950年,第12页。
④ 苏南农村协会筹备委员会编印:《苏南农村研究资料》第3辑,1950年,第4页。
⑤ 傅衣凌:《明清农村社会经济》,生活·读书·新知三联书店1961年版。
⑥ [日]周藤吉之:《宋代官田的佃权买卖——关于资陪或酬价交佃》,《东方学》第7号,1953年。后收入周藤吉之著《中国土地史研究》,东京大学出版社1954年版。
⑦ [日]草野靖:《宋代官田的租种管业》,《东洋史研究》第28卷第1号,1969年。
⑧ [日]森正夫:《明清时代的土地制度》,《岩波讲座·世界历史》,第12号,1971年。
⑨ [日]藤井宏:《关于中国"耕作权确立"时间诸问题》,藤氏油印本,1971年。
⑩ [日]寺田浩明:《「崇明县志」に见える「承价」「过投」「项首」について田面田底惯行形成过程の研究》,《东洋文化研究所纪要》,第98册,1985年,第39—178页。
⑪ [日]鹤见尚弘:《清初苏州府の鱼鳞册江关すゃる一考察》,《社会经济史学》第34册第5卷,昭和43年,第1—31页。
⑫ [日]草野靖:《宋代的民间租佃形态》,《史艸》第10号,1969年。
⑬ [日]村松佑次:《近代江南の租栈——中国地主制度の研究》,东京大学出版社1970年版。

了论述。① 1979 年,藤井宏对永佃制田底、田面的构成关系进行了研究。②
1990 年,高桥方郎认为官田承佃者享有事实上的所有权。③ 由于史料的限制,
日本学术界未能从整体上把握中国的永佃制发展状况。

从 1980 年开始至今,学术界对永佃制的研究逐步展开。国内陆续出版
的许多著作都涉及了永佃制的研究。这些论著包括赵冈和陈钟毅的《中国
土地制度史》④、章有义的《明清徽州土地关系研究》(中国社会科学出版社
1984 年版)、赵冈和陈钟毅的《中国经济制度史论》(台北联经出版公司
1986 年版)、章有义的《近代徽州租佃关系案例研究》(中国社会科学出版
社 1988 年版)、杨国桢的《明清土地契约文书研究》(人民出版社 1988 年
版)、乌廷玉的《中国租佃关系通史》(吉林文史出版社 1992 年版)、方行等
的《中国经济通史·清代经济卷》(经济日报出版社 2000 年版)和卞利的
《明清徽州社会研究》(安徽大学出版社 2004 年版)等。赵冈的《永佃制研
究》(中国农业出版社 2005 年版)是目前唯一一本对永佃制进行专题研究
的著作。

在论文方面,这一阶段关于永佃制研究的论文较多。笔者统计,从 1980
年到 2009 年,有关永佃制的论文大约有 280 篇。

上述永佃制研究主要包括以下几个方面的内容:

第一,永佃制产生时间、来源及形成条件。关于永佃制产生时间,叶孝信
认为永佃制起源于秦汉⑤;罗泽真、朱保科认为永佃制起源于隋唐或唐中
期⑥;大多数学者认为永佃制起源于宋代。傅衣凌认为起源于北宋。⑦ 草野

---

① [日]高桥方郎:《宋代官田的所谓佃权——其实体及历史地位》,《史朋》第 5 号,1976
　年。
② [日]藤井宏:《"一田两主"制的基本结构》,《近代中国》第五卷第 5—10 期连载,1979
　年;《辍耕录〈释怨结姻〉说话的新研究——以转变的解释为中心》,《东方学》第 59 辑,
　1980 年。
③ [日]高桥方郎:《宋代官田的「立价交佃」和「一田两主」制》,《东北大学东洋史论集》第
　4 辑,1990 年,载刘俊明主编:《日本中青年学者论中国史》(宋元明清卷),上海古籍出
　版社 1995 年版,第 55—74 页。
④ 台北联经出版事业公司 1982 年版。
⑤ 叶孝信:《中国民法史》,上海人民出版社 1993 年版,第 549 页。
⑥ 罗泽真、朱保科:《永佃权制度历史考察》,《新闻天地》2007 年第 3 期。
⑦ 傅衣凌:《明清农村社会经济》,生活·读书·新知三联书店 1961 年版,第 47 页。

靖认为北宋就出现了田面惯例的萌芽①；杨国桢也认为永佃制起源于宋代②；乌廷玉认为永佃制最早萌芽于南宋③；仁井田升认为："一田两主可追溯到明代甚至元代"。④ 至于徽州永佃制起源的时间，杨国桢、刘和惠等学者都推测徽州最早的永佃权契约出现在明万历年间。⑤

关于永佃制的来源。陈翰笙认为永佃田的来源有三：一是旧佃户当初曾把大量的财力和劳力花费在肥料和灌溉上，因此在换佃时，他自然要索取一定数量的补偿金；二是旧佃户认为在土地异常肥旺的情况下，如在两次收获之间换佃，旧佃户自然认为有权得到一笔额外补偿；三是由于土地税本身和以土地为基础的各种附加税高得使农民难以负担，于是他们不得不托庇于在政治上有很大权力的大户，因为只有他们才能凭借对税收制度的控制而逃避税收。⑥ 李文治认为，永佃制是太平天国失败后的产物。⑦ 草野靖从宋代官方水利开发的角度论述了一田二主惯例的来源。⑧ 台湾学者戴炎辉认为永佃权成立的原因有：（1）给垦；（2）改良；（3）受押租钱；（4）私垦地放租；（5）保留佃权；（6）地主出卖其业产时，尚保留其耕作权；（7）投献及施舍。⑨ 章有义在研究黟县地主江崇艺堂置产簿的土地关系后认为，永佃制的来源有二：一是因"抵首之误。抵首者，由佃人与佃人争上者。佃人田中业已播种，此田或易主，或田主另召，新承佃者认上首种子农工价，渐渐失真，变成典首"。二是由于"地狭人稠，欲佃不得，于是纳金于田主，田主收其金，则此田永远由其承种，若欲

---

① ［日］草野靖：《宋代田面惯例的萌芽》，《中国近代的寄生地主制——田面惯例》第二部第二章，汲古书院 1989 年版。

② 杨国桢：《明清土地契约文书研究》，人民出版社 1988 年版，第 92 页。

③ 乌廷玉：《中国租佃关系通史》，吉林文史出版社 1992 年版，第 87 页。

④ ［日］仁井田升：《明清时代的一田两主习惯及其成立》，载刘俊文主编：《日本学者研究中国史论著选译》第 8 卷，中华书局 1992 年版，第 414 页。

⑤ 杨国桢：《明清土地契约文书研究》，人民日报出版社 1988 年版，第 101 页；刘和惠、汪庆元：《徽州土地关系》，安徽人民出版社 2005 年版，第 106 页。

⑥ 陈翰笙：《解放前的地主与农民——华南农村危机研究》，冯峰译，中国社会科学出版社 1984 年版，第 50—58 页。

⑦ 李文治：《中国近代农业史资料》第 1 辑，生活·读书·新知三联书店 1957 年版，第 251—253 页。

⑧ 草野靖：《宋元时代水利田开发与一田两主惯例的萌芽》，《东洋学报》第 53 卷第 1—2 号，1970 年。

⑨ 戴炎辉：《中国法制史》，台北三民书局股份有限公司 1979 年版，第 305—306 页。

易佃,则必偿旧佃之金,故曰典首"。① 杨国桢认为永佃制产生途径至少有以下几点:(1)开垦荒地,投入工本;(2)改良农田;(3)交纳押租钱;(4)低价典卖土地而保留耕作权;(5)长期"守耕",地主认定;(6)通过"霸耕"等斗争方式。其中开垦荒地和交纳押租钱为产生永佃关系最主要的两条途径。② 刘永成认为,转佃权与永佃权在耕作方面虽然存在差别,但就其来源来讲,却基本相同:(1)押租金;(2)佃农开垦山坡、荒地,花费了一定的工本;(3)自耕农在赋税和高利贷的剥削下,因借债无法偿清债务,往往以土地典押,或以贱价出卖田底,而保有继续耕作自己原有土地的转佃权或永佃权。③ 魏安国认为,商业化和现金需求是地权分割和轻易转移的原因。④ 董蔡时认为,清初及太平天国运动以后,永佃制的产生是因为兵燹之后,田亩荒芜,地主招人垦荒,形成了永佃制的租佃关系;另一原因是由于自耕农为了免受捐税压迫,低价售田于地主,唯保留永久耕作之权。⑤ 赵冈认为,永佃制有三种起源,即由押租制演变而成、由开荒及农田加工而获得、直接购买。⑥ 胡华把永佃权的来源归结为代垦荒地、改良增产、押金、保留田面、购买田面、投献、继承七种方式。⑦ 梁治平认为,永佃权的形成过程是由于"私相授受"的行为经历一定时期,发展至相当规模,形成地方"乡例",佃权的转让取得合法性,最终田皮与田骨相分离,各自独立地出典和出卖,是习惯法逐渐形成的过程。⑧ 黄志繁认为,18 世纪以后,赣南流民最终获得"永佃权"的社会条件是清初紧张的人地关系。⑨

第二,永佃制的分布及区域研究。方行认为,清代永佃制流行的省有江苏、安徽、浙江、江西、湖南、湖北、福建、广东、广西、直隶、陕西、甘肃、云南、贵

① 章有义:《太平天国革命前夕徽州地区土地关系的一个实录》,《文物》1975 年第 2 期。
② 杨国桢:《明清土地契约文书研究》,人民出版社 1988 年版,第 92—96 页。
③ 刘永成:《清代前期的租佃关系》,《清史论丛》1980 年第 2 辑,第 74—79 页。
④ 魏安国:《1900—1940 年土地占有与实用的延续》,见明清广东省社会经济研究会编:《明清广东社会经济研究》,广东人民出版社 1987 年版,第 338 页。
⑤ 董蔡时:《永佃制研究》,《苏州大学学报》1995 年第 2 期。
⑥ 赵冈:《永佃制研究》,中国农业出版社 2005 年版,第 16 页。
⑦ 胡华:《近代江南双层地权研究》,南京师范大学 2004 年硕士论文。
⑧ 梁治平:《清代习惯法·社会与国家》,中国政法大学出版社 1996 年版,永佃制部分见第 81—92 页。
⑨ 黄志繁:《地域社会变革与租佃关系》,《中国社会科学》2003 年第 6 期。

州等,但以江苏、浙江、江西诸省最普遍。① 清水泰次研究了明代福建农村的一田三主的惯例。② 片冈芝子则研究了福建的一田二主。③ 前田胜太郎认为,广东的田面权利是农民斗争的基础。④ 藤井宏研究了崇明岛的永佃制。⑤ 松田吉郎研究了台湾清末及日治初期阿里山社(大租户)——通事(中介人)——汉族佃人关系的形成,认为汉族佃人交给阿里山社的大租采用的是抽成租或定额租的形态。⑥ 陈秋坤研究了台湾屏东的永佃租佃关系,认为屏东的蕃业主可因土地改良而增收定额租粟,(不在村)垦户则可向佃户抽收大租。⑦

第三,永佃制的性质。刘永成认为,转佃权与永佃权按其实质而论,一般仍属于封建主义的租佃制度。⑧ 林祥瑞认为,永佃权是我国封建社会进入后期阶段的新的租佃制度。在永佃权制度下,佃权不单是使用权——即"给地主'保证'劳动人手"的工具,而且还是一种土地所有权。⑨ 刘瑞中则仍坚持永佃制下地主剥削农民的经济关系实质未变,农民仍依附于地主,只不过是依附关系有所削弱而已。⑩ 杨周认为,永佃制以卖田不卖佃、换主不换佃、"佃随田移"为其特征,永佃权使农民与土地保持较为稳定的经营关系。⑪ 杨国桢认

---

① 方行主编:《中国经济通史·清代经济卷》(下),经济日报出版社 2000 年版,第 1569—1570 页。该书所指永佃制概念"只是包含佃农有永远耕作的涵义"。
② [日]清水泰次:《明代福建的农家经济——关于一田三主的惯例》,《史学杂志》第 63 编第 7 号,1954 年。
③ [日]片冈芝子:《关于福建的一田两主》,《历史学研究》第 294 号,1964 年。
④ [日]前田胜太郎:《清代广东农民斗争的基础》,《东洋学报》第 57 卷第 4 号,1969 年。
⑤ [日]藤井宏:《崇明岛的一田两主制——以起源为中心的论述》,《东方学》,1975 年。
⑥ [日]松田吉郎:《清末及日治初期"阿里山蕃租"之研究》,黄秀敏译,载陈秋坤、洪丽完:《契约文书与社会生活(1600—1900)》,台北中央研究院台湾史研究所筹备处 2001 年版。
⑦ 陈秋坤:《清初屏东平原土地占垦、租佃关系与聚落社会秩序(1690—1770)——以施世傍家族为中心》,载陈秋坤、洪丽完:《契约文书与社会生活(1600—1900)》,台北中央研究院台湾史研究所筹备处 2001 年版。
⑧ 刘永成:《清代前期的租佃关系》,《清史论丛》1980 年第 2 辑,第 83 页。
⑨ 林祥瑞:《试论永佃权的性质》,《福建师大学报》1981 年第 1 期。
⑩ 刘瑞中:《对林瑞祥〈试论永佃权的性质〉一文的一些商榷意见》,《福建师大学报》1983 年第 3 期。
⑪ 杨周:《永佃权试探》,《浙江师范大学学报》1988 年第 2 期。

为,永佃制是中国封建社会后期的一种租佃形式。① 段本洛认为,20 世纪三四十年代苏南的永佃制不过是封建土地制度的一种对农民的剥削方式,不能因佃农取得"永佃权"而否认江南地区在近现代仍然存在着封建土地制度。② 董蔡时既研究了太平天国后苏南的永佃制,又研究了民国时期的租佃,认为永佃制变成了地主阶级剥削农民最凶残的手段。③

但也有不少学者看到了永佃制与地主制的不同。费孝通指出不在地主与佃农的关系实质上是一种资本关系。④ 魏安国认为"一田两主"制是一种复杂的灵活制度。不同权力的占有者不应该简单地概称为"地主"和"佃户",这一制度不是维护单一的"佃户"利益的制度,而是一个牵涉多种利益的复合体,所有的权力(指田底权和田面权)都是可以转让的。一种权力既可以为某一个人所占有,又可以转让给另一个人。田底权和田面权两种权力也可以同归一个人占有,也还可以转让给与己无关的其他人。也许可以把"一田两主(或三主)"制和有条件出售的惯例看做是封建土地制度趋向衰颓的一种证据。⑤ 黄宗智认为,田骨类似于股票与债券。⑥ 赵冈则认为,永佃制的发展过程就是地主边缘化的过程。⑦

第四,永佃制功能。关于永佃制积极方面的功能。柴荣论证了宋代永佃权的转让及"二地主"的出现使租佃关系变得灵活和复杂。⑧ 刘永成认为,转佃权与永佃权功能在于:一是反映了封建土地所有权与使用权的开始分离;二是反映了佃农和地主之间的人身依附关系的松弛化。⑨ 赵冈认为,永佃制的功能有两个方面:一是有使地权趋于平均的功能⑩;二是有使零碎农田得到整

① 杨国桢:《论中国永佃权的基本特征》,《中国社会经济史研究》1988 年第 2 期。
② 段本洛:《永佃制与近代江南租佃关系》,《苏州大学学报》1991 年第 3 期。
③ 董蔡时:《永佃制研究》,《苏州大学学报》1995 年第 2 期。
④ 费孝通:《江村经济——中国农民的生活》,商务印书馆 2001 年版,第 130 页。
⑤ [加]魏安国:《清代华南地区"一田两主"的土地占有制》,《广州研究》1982 年第 3 期。
⑥ 黄宗智:《长江三角洲的小农家庭与乡村发展》,中华书局 2000 年版,第 110 页。
⑦ 赵冈:《试论地主的主导力》,《中国社会经济史研究》2003 年第 2 期。
⑧ 柴荣:《透视宋代土地租佃制度》,《内蒙古大学学报》2003 年第 3 期。
⑨ 刘永成:《清代前期的租佃关系》,《清史论丛》1980 年第 2 辑,第 80—83 页。
⑩ 赵冈:《地权分配之太湖模式再检讨》,《中国农史》2003 年第 1 期;《估算江苏长洲田皮产权分配》,《中国史研究》2004 年第 1 期;《清代前期地权分配的南北比较》,《中国农史》2004 年第 3 期;《永佃制下的田皮价格》,《中国农史》2005 年第 3 期。

合的功能。①

　　关于永佃制消极方面的功能。刘永成认为,永佃权对佃农剥削的残酷性是非常明显的,因为押租金是永佃权的主要来源之一,而押租制又是一种极其残酷而又野蛮的封建血汗制度;而且,对于垦种荒山、荒地因花费了工本而取得对土地的转佃权与永佃权的佃农来说,虽然他们将自己手上仅有的一点资金投入到土地上,但是在高利贷的盘剥下,他们的生活是十分悲惨的。② 彭超认为,田骨价低于田皮价,田骨租的租额明显高于田皮租,所以地主可以通过轻价获得较多的土地加重对佃农的剥削。③ 董蔡时也持和彭超类似的观点,认为永佃制加重了地主对农民的剥削,其理由:一是地主出售田面价格不断提高,加重了对永佃农的剥削;二是地主用相对较少的资金,控制更多的田底,从而增加了对佃农的剥削。④

　　总体上说,目前学术界对永佃制的研究还主要集中在其内涵、性质、起源、原因、制度属性等方面。在研究地域上,对江苏、浙江、福建三省永佃制的研究比较多;在资料应用上,主要以零星契约和少数租簿为主,还没有学者对跨地区的几百个村的每一户的详细的永佃制状况进行实证研究。就皖南的永佃制研究来说,缺乏深入的专题研究。章有义先生在其著作《明清徽州土地关系研究》和《近代徽州租佃关系案例研究》中注意到徽州存在永佃制,但因其主要以徽州普通租佃关系为研究主题,没有对永佃制进行深入研究。此外,刘和惠、彭超等少数几位学者的几篇论文也牵涉明清徽州的永佃制。

　　总之,本书选择民国时期皖南的永佃制作为研究选题,具有非常重要的学术价值。

三

　　历史研究是一门实证性极强的学科,"必须充分地占有资料,分析它的各

---

① 赵冈:《永佃制的经济功能》,《中国经济史研究》2006 年第 3 期。
② 刘永成:《清代前期的租佃关系》,《清史论丛》1980 年第 2 辑,第 83 页。
③ 彭超:《论徽州永佃权和"一田二主"制》,《安徽史学》1985 年第 4 期。
④ 董蔡时:《永佃制研究》,《苏州大学学报》1995 年第 2 期。

种发展形式,探寻这些形式的内在联系"。① 本书利用的黄山市屯溪区档案馆
所藏土改档案中永佃资料,涉及屯溪的草市、东闵、徐村、下恰阳、新资、芳口、
隆口街、双源、枧东等36个村。

祁门县档案馆所藏土改时期4卷永佃制档案资料,涉及祁门县第4区的
程石、奇岭、余坑、莲坑、板石、花桥、平里、查湾、竹荐里、大痕、芦溪、溶口、葭
湾、贵溪、双凤、倒湖和奇口17个村;第5区的竹集、桃源、文堂、良木、石马、高
塘、新合、察箸、舜栗、沧伦、西易和闪里12个村;第6区的林村、辅岭、忠信、陈
田、深都、道源、渚口、历溪、毛坦、新林、古溪、伊坑、河西、至善、彭龙、方村、西
坑、黄龙口、河东、清溪、环砂、石迹、樵溪、正冲、沙堤、磴上、西源、水村和淑里
29个村;第7区的复兴、枫岑、善何、湘溪、沙溪和大中等村。

绩溪档案馆所藏土改时期7卷永佃制档案资料,涉及绩溪县第1区的朗
坞、间田、新兴、王家源、虎凤凰、孔灵、义兴、高村、高榴、川源、仁里、中街、凤
灵、蒲川、西街、北街、东街17个村;第2区的下旺、东团、上庄、濠寨、上旺、河
南、庄川、余川、江川、杨滩、新川、冯川、坞川、模范、镜塘、会川、坦头、潭竹、旺
山、镇珍、宋家、石鼋、鲍西、黄川、金山、瑞川和择里27个村;第3区的西溪、长
岭、楼形、板桥、蒙坑、杨村、大谷、尚田、蜀马、庙山下、玉台、龙从村12村;第4
区的浒里、杨溪、梧川、大坑口、横川、周仙、岭外、孔岱、东村、百兽、西山、龙川、
瀛洲、汪村、云杨、岭里、巧川和丛山18个村;第5区的四明、古塘、南坛、平联、
纹岩、长田、平义、中兴、永来、石岱、石门、逍遥、竹园、鸡鸣、黎明、鱼川、西门、
石龙、南户、怡敬、瑞霞、沄河、望及和先进24个村;第6区的双溪、京峰、平川、
东峰、石门、钟形、楼坛、石京、楼木、嵩湾、尚村、西坑、合庄、桐坑、胡家、合社、
云山、潭章、上西、凤形和中心21个村;第7区的沙坝、和平、如法、富溪、和阳、
石山、敦昇、胜利、志云、联合、铜山、共和、共风、堪头、太平、东岩、石门、仙照、
霞水、炉坝、社明、阳平、泽民、云川、梅圩、竹里和介春27个村。

当涂县档案馆所藏土改时期14卷永佃制档案资料,涉及当涂县第1区的
行陈、铭吾、广安和白纻4个村;第2区的北阳、永兴、省庄、花园、天寿、莲云、
马厂、金柱、彭兴、园通、路西、新桥、大桥、连蒲、张林、保顺、秦河、安民、慈云、
葱山、大圣、宁西、宁东、大信、东海、宏庙、龙山、中谷、双闸、褐山、永台、曹姑

① 马克思:《资本论》第1卷,人民出版社1975年版,第23页。

32 个村;第 3 区的港东、永安、西林、道东、斗娃、太仓、路东、黄汉、竹塘、构桥、官碾、王村、张林、姑山、韦店、双梅、朝阳、荆山、夏公、保宁、中仙、正觉、如是、钓鱼、兹巍、福城和栖方 27 个村;第 4 区的星西、郭厂、星东(以上村有永佃)、团月、兴城、济南、复兴、新东、永宁、四圣、石桥、新西、光华、籍泰、马桥、南小、普济、陶林、瑞阴、济北、柘林、洪潭、金城、万寿、亭颐、济东、沛西、沛东和上华 29 个村;第 5 区的大村、黄池、桃林、杨桥、威桥、三元、上坝、洪露、工官、长福、沙潭、张林、王潭、一枝、五里、楼社、禅定、福山、大江、狮村、龙集、朱村、边湖、麻碾和胜平 25 个村;第 6 区的南枟、三潭、团四、塘南、普新、凤凰、团东、正觉、新生、复兴、圩丰、广福、白马、王南、大垅、汤明、(未知村名)和庄尚 18 个村;第 7 区的芮港、前井、太平、广济、新埂、清平、双天、尼坡、威天、黄兴、静居、永宁、九华、问坎、(未知村名)、灵应、上禾、太白、坋桥、楚阳、香龙、护驾和禾丰 23 个村;第 8 区的祖李、东王、南徐、后邗、前邗、小洛、西徐、中徐、吴唐、周埠、刘复、三陈、赵村、后韦、前高、后高、居旭、河北、塘沟和大芮 20 个村;第 9 区的西十、圣庙、隆禅、凤山、梗东、新安、梗西、西社、万里、西南、东社街、迟林、槎陂、东北、东溪、长流和南溪 17 个村;第 10 区的西墅、山口、谢塘、六沟、黄七庙、黄塘、黄土、津关三、广近、庙广、宏庙、镇西、河东、镇东、(两村未知名)、澄心、六团和彭东 19 个村;第 11 区的孙杨、接涧、薛津、下八卦、上八卦、寺前、广福、下四团、八团、上四团、甄山、藏汉、石林、松塘、百举、龙泉、洞塘、复兴、陈张、孙袁、普济、后岗、黄墩和关马村 24 个村;第 12 区的观山、马塘、平阳、潘村、黄陂、沙塘、濮塘、修村、聚贤、杜塘、落星、板山、尚甸、镇东、祠山、古坎、镇西、陶村、徐山和宋庄村 20 个村;第 13 区的阳湖、冯里、金钟、杨桥、陶庄、三台、安明、佳山、官罗、烟墩、青邮、彩秣、西塘、大河、玉泉、葛阳、思贤、昭明、山湖、南镇、恒兴和北镇 22 个村;第 14 区的新锦、金马、尚徐、泰兴、大庄(以上村有永佃)、沙上、卸巷、金山、皇硴、四顾、镇北、汤阳、通议、普济、大垅、鲫鱼、南生、横互街、中市街、九华街、唐贤、太平街、公园街、乔家、襄孟和路北 26 个村。

本书利用的第二类重要史料是明朝时攒造、民国时期仍在使用的《绩溪县官田租佃鱼鳞册》和 20 世纪 30 年代攒造的皖南歙县等地的《地籍清册》。《绩溪县官田租佃鱼鳞册》是笔者首次在绩溪县档案馆发现的非常特殊的不同于普通民田鱼鳞册的一种特殊鱼鳞册,即官田租佃鱼鳞册。和民田鱼鳞册不同的是,官田租佃鱼鳞册不记载田赋数据而记载官租数字,同一号田内的田坵也绘制成图;官田租佃鱼鳞册对坵数也做了记载,从田坵图可以直观地看到地块的大小。绩溪县官田租佃鱼鳞册登载内容包括原田地号数、现田地号数、田地四至、田地鱼鳞图、佃人姓名、租额。绩溪县档案馆所藏官田租佃鱼鳞册包括:《绩溪县第1—3都官田租佃鱼鳞册》、《绩溪县第4都官田租佃鱼鳞册》、《绩溪县第5都官田租佃鱼鳞册》、《绩溪县第6都官田租佃鱼鳞册》和《绩溪县第7都官田租佃鱼鳞册》,共5册。《歙县地籍清册》的最大价值在于这种土地清册不是一般只登载普通土地关系的土地清册,它是把田面权、底面权也作为土地产权进行登记的地籍清册。

此外,本书另一重要特色是利用了大量民国时期皖南地区有关永佃制的租佃契约和民国时期有关永佃制的皖南学田及义田文书档案。

1986年,在中国经济史学会成立大会上,严中平先生提出学术创作要努力"提出新的问题,或者提出新的观点,或者提出新的材料,或者应用新的方法",即有名的"四新论"。要想做到"四新"殊属匪易,但无论如何,应作为我们的座右铭。

第一章　皖南永佃制形成原因及发展

　　本章先分析皖南永佃制形成的原因,然后考证皖南永佃制产生的时间及其在明清时的发展状况。迄今,学者们仅从来源或产生途径对永佃制的形成原因进行探讨。[①] 笔者认为,对永佃制形成原因的探讨仅仅局限在来源方面,存在两方面的问题:一是没有从社会结构、社会变迁角度分析永佃制形成原因,因为永佃制不是一种孤立社会现象,如果仅仅从来源角度分析其形成原因,必然会把永佃制形成原因的分析简单化,因此我们还须探讨永佃制形成的社会机制;二是对永佃农凭借什么力量获得较为平等社会地位的深层次原因没有进行探讨。地主被迫承认佃农的田面权,绝不是出于自愿,而是佃农和地主力量长期博弈的结果。那么,农民能够和地主进行博弈的力量之源何在,为什么永佃制只在我国部分地区能够形成呢? 必须对以上问题进行探讨,才能深化对永佃制形成原因的认识。基于上述理由,本章在对皖南永佃制的形成原因进行论证时,不仅对皖南永佃制的来源进行分析,而且还将从社会结构、社会变迁角度分析永佃制的形成原因。至于皖南佃仆获得解放,逐渐获得和田主平等地位;宗族地权的逐步分散;宗祠势力的衰落;宗祠只能作为一个普通土地拥有者参与土地租佃和交易等方面如何促进皖南永佃制更加普遍的分析则在第二章考察族田与永佃制关系时一并探讨。

---

　　① 从来源方面解释永佃制形成原因的主要学者有谢俊、瞿明宙、乔启明、陈翰笙、杨国桢、戴炎辉、赵冈和胡华等,详见引论。

第一节　皖南永佃制形成原因

一、皖南永佃田来源

皖南各县具体情况不同,其永佃田来源也有所不同。

1. 歙县

移民开荒是歙县永佃田最重要来源。太平天国战争后,皖南人口损失特别严重,业主之地大多抛荒,业主"乃招客佃来耕,减轻其租额,并允予永佃权,以资本号召"①。歙县"乱后召佃,地主各凭己意,未有共同规定办法,以致紊乱非凡,迄今地主受损匪浅。该县第二区岩寺镇一带,当垦荒时,初三年免缴租谷,以后租额亦皆减轻,且予以永久佃种之权。惟议定地税,概归佃农缴纳,盖当地地主多以经商为重,不赖租谷度其生活也"②。

2. 祁门县

《民事习惯调查报告录》称:

> 祁门小租一名田皮,有祖遗者,有连同正租买受者,俗谓之"己租己皮",佃户应向业户照常缴纳。又田皮亦有为佃户所有者,俗称之"粪草田皮",以无税粮故也。③

因此,祁门县佃户投入肥料,改良土地是田面田的主要来源。

3. 黟县

《黟县四志》对黟县永佃制形成原因作了两种解释:

> 曾闻老者言,是因抵首之误。抵首者,由佃人与佃人争上者。佃人田中业已播种,此田或易主,或田主另召,新承佃者认上首种子农工价,渐渐失真,变成典首。又云:昔日地狭人稠,欲佃不得,于是纳金于田主,田主收其金,则此田永远由其承种,若欲易佃,则必偿旧佃之金,故曰典首。倘

---

① 乔启明:《中国农村社会经济学》,商务印书馆1947年版,第261页。
② 金陵大学农业经济系:《豫鄂皖赣四省之租佃制度》,金陵大学农业经济系1936年印行,第109—110页。
③ 南京国民政府司法行政部编:《民事习惯调查报告录》,南京国民政府司法行政部1930年印行,第932页。

该田之业,田主并未收过佃户之金,则此田之典首仍归田主所有。此亦一说也。未知孰是,因两存之。①

因此,黟县永佃制的来源,一种是初佃者因付出人工和种子,要求给予补偿,形成田面田价格;另一种是由于地狭人稠,佃农不易佃到土地,于是纳金于田主,田主收其金,佃农因而获得田面权。

4. 绩溪县

绩溪县农民租入劣质土地,投资加肥,改良土壤,兴修水利,渐成良田,因而获得永佃权。绩溪有"草粪权利"之名目,"其收息且有过所有权者,其原因即为增加草粪等肥料,使瘠地变为肥地也"。②

《中国民事习惯大全》对绩溪县永佃制做了介绍:

> 绩溪田地向分三种名目:一曰起佃,此等田地系将大买、小买、草粪之权利并合为一,最为上格。次曰大买,此等田地只有所有权,而无佃权。三曰小买,又名小顶,其权利以佃种为限,如或自己不种,转佃于他人耕种,得与大买人分收谷租,并独收麦租。大买人与小买人分收租谷时,其成数或二八或三七或四六不等。例如二八大买名色,每亩大买占谷租八分,小买只占二分,余均与此类推。唯大买名色无论二八、三七、四六,只收谷租,而无麦租。此外,西乡八都一带尚有草粪权一项,其名目始于前清雍乾以后。有草粪权,始有耕种权,每年只按四分租缴纳大小买之租谷。其四分租之中大、小买仍按成约多寡分配。虽该田最为膏腴,亦不能四分租之外增加分毫,其性质与小买相似,而收益权利则超大、小买而上之,其情形极为特别。③

因此,绩溪县永佃制主要有两种来源:一种是因缴纳押金而获得田面权;另一种是因为佃农投入劳动力、工本,从而使土地得到改良而获得田面权。

5. 芜湖县

芜湖县永佃田来源有三种情况:第一种是由于佃耕熟田的佃户缴纳鸦庄

---

① (民国)吴克俊等纂修:《黟县四志》卷三,《风俗·黟俗小纪》,民国十二年刊本,第3页。
② 实业部中国经济编撰委员编:《中国经济年鉴》第7章,商务印书馆1934年版,G部第78页。
③ 施沛生编:《中国民事习惯大全》第2编《物权》第4类《地上权之习惯》,广益书局1926年版,第42页。

钱而获得佃权;第二种是由于佃户开垦荒芜田地,除缴付羁庄钱外,在荒芜土地改良过程中因付出工本或劳力而获得田面权;第三种是佃农佃耕荒芜的湖滨草地获得"水面权",而田底主的所有权被称做"水底权"。

民国六年,芜湖地方审判厅审理韦应洲与陈权伸退佃一案时,得到如下调查结果:

> 佃种田地,凡分两种:一为熟田、熟地之佃,地主于退佃时,只负返还羁庄钱之义务;一为荒田、荒地之佃,退佃时,除返还羁庄钱外,并须酌给搬迁费若干,以为垦荒及下庄之费用。①

田主付给佃农羁庄费、垦荒及下庄之费,实际上等于支付收回田面权的价格。

芜湖县永佃田来源的另一种情况是佃农佃耕租佃荒芜的湖滨草地获得"水面权",而田底主的所有权被称做"水底权"。据民国《芜湖县志》载:

> 芜湖境内当湖水泛涨之际,有水面权者乃能于一定范围内网取鱼鲜;水退后,其水底之柴场、草场、港漯和沟地则归有水底权者分界管有。仅有水面权者不能行使水底之权利,仅有水底权者不能行使水面之权利,此疆彼界划然各别。芜湖县境内湖地最多,其割取柴草各有地段,大抵以刀数为持分标准,于某湖草场内占几把刀,即于该湖草场内有几把刀打草之权,其权利移转时,契约内亦注有此等字样。此项草滩大都为随田附属产业,田主执有土地权,佃户割草肥田即以刀数载明拨帖或另立议字,要即随田以转移也。②

《民事习惯调查报告录》对芜湖湖滨草地的田底和田面权也作了类似的记载:

> 芜湖县境内湖地最多,其割取柴草,各有地段,大抵以刀数为持分标准,于某湖草场内占几把刀,即于该湖草场内有几把刀打草之权,其权利移转时,契约内亦注有此等字样。③

《民事习惯调查报告录》进一步列举了芜湖农民因水面权发生争执的三个案例:

---

① 南京国民政府司法行政部编:《民事习惯调查报告录》,第893页。
② (民国)余谊密等纂修:《芜湖县志》卷八,《地理志·风俗》,民国八年石印本,第7页。
③ 南京国民政府司法行政部编:《民事习惯调查报告录》,第391页。

安徽高等审判厅民国五年审理陈宗彪和侯正富草滩涉讼一案,又芜湖地方审判厅民国五年审理黄大炘与谈光柏、周贞烈草场涉讼一案,民国七年查德旺与孙世金等草滩涉讼一案。各当事人提出之契据,均有草刀几把、内切卖若干字样,即其实例。①

从上述案例可知,割草权是佃农水面权的重要组成部分,佃农有权把割草权转让给别的佃农,当然也有不转让的权利。如果佃农的割草权被侵占,他们就会提起诉讼。

6. 贵池县

贵池县永佃田的来源主要是移民垦荒。贵池全县"客籍农民约占80%。彼等初来该县垦荒时,当在清同治末年及光绪初年,来时多为只身男子,或佣,或贩,或为无业之难民。及后获得相当之荒地,乃托人与地主说合就耕。按当时客佃租办法,分垦荒与垦熟两种,凡垦荒者有获得永佃该田之特权"。②

贵池县知事调查称:

> 贵池未垦之荒召佃承垦,必俟佃户垦熟获利后,方能列约按亩计租。③

上述调查也表明,贵池县佃农是在付出工本,垦熟土地之后获得永佃权的。

7. 旌德县

旌德县田底称做丈田,田面则称为佃田。《民事习惯调查报告录》载:

> 旌德县田亩有丈田、佃田之分,同一田亩属于所有权方面者为丈田,属于佃权方面者为佃田,有丈田与佃田同属一人者,亦有丈田属于一人,佃田属于另一人者(据旌德县知事调查报告)。④

从旌德县田底和田面分别称做"丈田"与"佃田"名称可以推知,旌德县田底主的所有权来源于政府的土地清丈,田面主的田面权则是佃农在"丈田"上投入了工本,从而获得对其的永佃权。

---

① 南京国民政府司法行政部编:《民事习惯调查报告录》,第391页。
② 金陵大学农业经济系:《豫鄂皖赣四省之租佃制度》,第109—110页。
③ 南京国民政府司法行政部编:《民事习惯调查报告录》,第395页。
④ 同上书,第396页。

8. 当涂县

当涂县田面权系因佃农投入肥料和人力从而获得田面权,据民国八年十二月二十日当涂县署对王相桢诉讼案的调查:

> 当涂境内佃户因人力或费用缺乏,即将所佃之田分拨若干,转给他人接种,每亩取银七、八角至一、两元,名之曰"肥土钱"。分佃人对于业主并不另立佃约,收租时,仍由原佃转交业主。

综合上述皖南8个县永佃田的形成状况,皖南永佃田最初来源大致有五种情况:移民垦荒、改良增产、缴纳押金、羁庄钱、获得水面权。

从安徽全省而言,《民事习惯调查报告录》将安徽省的租佃分为两种类型,一类是"清庄"租佃,另一类是"客庄"租佃,《民事习惯调查报告录》载:

> 安徽关于佃田契约,有两种性质:一、"东顶东卸";二、"客顶客庄"。东顶东卸谓之清庄,客顶客庄谓之客庄。凡属清庄,地主可以随时退佃自种,或另行转租;客庄则异是,地主只能收租不能退佃,佃户以佃权之全部或一部自由顶拨、辗转、让渡,俱无须得地主同意。故凡清庄必系承约,而客庄则系顶字,清庄羁庄钱有定数,而客庄罗庄钱虽有定数,顶价钱实无定数……而就皖省习惯言之,此项权利不受期间之拘束,除权利者有自使其权利消灭之行为外,即无消灭之期。比年来各厅县因此项缪辖发生诉讼者,不知几凡……①

因此,安徽省租佃类型分为普通租佃和永佃租佃两种类型,从普通租佃被称做"清庄",永佃租佃被称做"客庄"的名称就可判断,移民垦种是安徽省永佃田最重要来源。

二、双层社会制约结构的形成使皖南永佃制得以普遍形成

对皖南永佃制形成原因的论证,不能仅仅从皖南永佃制的来源进行分析,而且还须从社会结构、社会变迁角度分析永佃制的形成原因。如果佃农仍然对田主有人身依附关系,或者佃农仍然受到官府苛捐杂税的沉重剥削是不可能形成永佃制的,因此主佃之间建立较为平等的社会关系和佃农免于官府苛捐杂税的剥削是永佃制形成的必要社会条件。为什么皖南永佃农和田主之间

---

① 南京国民政府司法行政部编:《民事习惯调查报告录》,第391页。

能够建立较为平等社会关系和免于官府苛捐杂税剥削呢？这要归因于皖南双层社会制约结构的形成。

首先，移民群体与原住民群体之间相互制约的底层社会结构的形成催生了皖南永佃制。

皖南最早居民是山越土著居民，由于战乱等原因，北方居民多次移民皖南，使皖南村落一般分为两部分居民，即原住民和移民。如歙县"邑中各姓以程、汪为最古，族亦最繁，忠壮越国之遗民泽长矣。其余各大族皆由北迁南，略举其时，则晋宋两南渡及唐末避黄巢之乱，此三期最为盛。又半皆官与此土，爱其山水清淑，遂久居之，以长子孙也"[①]。据明代戴廷明、程尚宽的《新安名族志》记载，纷至沓来的北方移民有程、方、查、胡、陈、叶、朱、戴、许、孙、周、江、梅、王、毕、潘、施等20余姓氏。《徽州地区简志》列举了明代以前从北方迁到徽州的57个大族，按时代分类如下：

表1.1　历代迁移徽州大族统计

时代	迁徽族姓	小计
汉	方、汪、吴	3
晋	程、鲍、榆、余、黄、谢、詹、胡、郑	9
南北朝	任、余	2
唐	陆、陈、叶、孙、洪、罗、舒、姚、赵、戴、康、施、冯、夏、李、朱、潘、刘、曹、毕、王、江、许、廖	24
五代	查、何、项	3
宋	柯、宋、张、周、阮、杨、蒋、刘、饶、马、滕、孔、徐、吕、韩	15
元	肖	1

资料来源：安徽省徽州地区地方志编纂委员会：《徽州地区简志》卷十三《社会》，黄山书社2005年版，第162页。

原住民和移民是相对的，上一波次移民在皖南居住日久相对于新来移民就会变成原住民。新的移民和原住民两类彼此陌生的群体居住在同一村落，原住民必然以主人自居，新移民初来乍到，免不了受到欺侮，遂产生纠纷乃至冲突。万历二十四年，歙县柳山方氏就和客佃发生了租佃纠纷。方氏把拒不

① （民国）许承尧等纂修：《歙县志》卷一《风土》，第5页。

缴租,企图把 300 余秤租谷据为己有的外来佃户潘维秀等 27 人称做"恶佃",发出"佃户与僧为奸,连年构讼"的感叹。① 乾隆年间,祁门原住民对安庆来的移民也不无怨言:

> 乾隆年间,安庆人携苞芦入境,租山垦种,而土著愚民间亦效尤。其种法必焚山掘根,务近地利,使寸草不生而后已,山既尽,童田尤受害,雨集则砂石并陨,雨至则水源立竭,不可复耕者,则所在皆有。②

太平天国战争使皖南人口损失严重,形成了皖南历史上最大一次移民。咸丰辛酉后,宁国"兵火连年,死者已过半,屋毁粮绝,犹枵腹立战,死守弗去。故难后,遗黎宁邑最稀,此正安土重迁,家无余资之名验也"。③ 广德州"被兵燹之后,土著不及十分之一"。④ 自咸丰四年至同治元年,贵池"高贵臣率族人团练抗击太平军,伤亡惨重"。⑤ 歙县紫阳朱氏"各支宗人乱后流离,死亡过半"。⑥ 芜湖戴氏"男女殉难者不乏其人","被虏者不少","妇人或有携带子女逃往别姓过活"。⑦ 繁昌姚氏"几经乱离,凡熙熙攘攘湮没不彰者指不胜屈"⑧。建德周氏为避战"奔走流亡,几丧十之七八"⑨。当涂"县境东北、东南各乡数十里渺无人烟,劫余遗黎仅有存者又耗之八"⑩。曾国藩在总结战争给安徽带来的危害时说:"惟安徽用兵十余年,通省沦陷。杀戮之重,焚掠之残,殆难言喻。实为非常之奇祸,不同偶遇之偏灾。纵有城池克复一两年者,田地荒芜,耕种无人。徒有招徕之方,殊乏来归之户……查安徽全省贼扰殆遍,创巨痛深。地方虽有已复之名,而田亩多系不耕之土。其尤甚者,或终日不过行人,百里不见炊烟"⑪。从表 1.2 可知皖南在太平天国战争中人口损失的严重程度。

---

① 《方氏会宗统谱》卷十八《歙南柳亭山真应庙纪事》。
② (同治)周溶等纂修:《祁门县志》卷十二《水利志》,同治十二年刊本,第13页。
③ (民国)杨虎等纂修:《宁国县志》卷四《政治志·风俗》,民国二十五年铅印本,第464页。
④ (光绪)丁宝书等纂修:《广德州志》卷五十一,光绪六年刊本。
⑤ (光绪)《安徽通志》卷二百零八《人物志·忠节》,光绪三年刊本。
⑥ 《紫阳朱氏宗谱》卷首《续修宗谱序》,民国十四年刊本,安徽大学徽学研究中心资料室藏。
⑦ 《戴氏宗谱》卷一《新增谱规》,民国十四年刊本,安徽大学徽学研究中心资料室藏。
⑧ 《春谷姚氏宗谱》卷一《新序》,民国二十九年刊本,上海图书馆藏。
⑨ 《安徽建德纸坑山周氏宗谱》卷一《续修宗谱序》,宣统三年刊本,上海图书馆藏。
⑩ (光绪)欧阳锋等纂修:《当涂乡土志》卷二,光绪三十二年刊本,第43页。
⑪ 曾国藩:《豁免皖省钱漕折》,《曾文正公全集》卷二十一《奏稿》。

表1.2　1819 年与1904 年皖南各府（州）人口变动比较

区域＼项目	1819 年人口（人）	1904 年人口（人）	下降百分比（%） （以 1819 年数为基准）
徽州府	2679423	829066	69.06
广德州	621382	202243	67.45
宁国府	3474112	682015	80.37
池州府	2803785	508314	81.87
太平府	1540196	335255	78.23
总计	11118898	2556893	77.00

资料来源:(清)朱云锦等纂修:《皖省志略》,道光元年刊本;(清)冯煦:《民政科》,《皖政辑要》,黄山书社 2005 年版,第 135 页。

表 1.2 尽管是皖南 1819 年和 1904 年的人口比较,但是直到 1904 年该地区人口相对于 1819 年人口比例还如此之低,说明太平天国战争使皖南人口损失极为严重。

伴随着人口的严重损失,皖南的自然灾害也极为频繁。由于长期处于战争环境,水利失修,旱灾踵至,造成大规模的饥荒。1855 年,宁国县"连年灾歉,飞蝗蔽天,所集田苗立尽"。[①] 1862 年,歙县大疫,"全县人口亦减",广德州"大疫,五月至八月积尸满野,伤亡殆尽"。[②] 同年,宁国县瘟疫流行,"全境死亡枕藉,无人掩埋",居民"死于瘟疫者十之八七",兵乱中外逃或死亡者占十分之三,几成无人区。[③] 1864 年,建德"旱灾、大饥,民食树皮、观音粉,肠被塞,多有死者"。[④]

安徽人口锐减和连年灾害导致皖南大量荒地的出现。据时人估计,"各省之中以安徽荒田最多,安徽又以皖南为最盛,宁国、广德一府一州,不下数百万亩"。[⑤] 有的地方"向存鱼鳞册、黄册荡然无存,即民间田产契据亦多半损失"[⑥]。许多田主全家被杀,成为绝户,其原有田产也成了无主荒地。

① (民国)杨虎等纂修:《宁国县志》卷四《政治志下·风俗》。
② (民国)《歙县志》卷一《舆地志·风土》。
③ (民国)杨虎等纂修:《宁国县志》卷四《政治志下·风俗》。
④ (宣统)《建德县志》卷十六《人物·义行》。
⑤ (清)金安清:《皖南垦荒议》,(清)贺长龄《皇朝经世文编》卷四十,1902 年刊本。
⑥ (清)姚锡光:《吏皖存牍》卷上,1905 年刊本,第 29 页。

在人口损失惨重、自然灾害频发、大量土地抛荒的情况下,战后皖南移民剧增。宁国"旧称居城列肆,皆徽郡之人,在乡营生多江右之客。既而旌泾之人遍于四境,而住棚垦山皆安庆人,谓之棚民,及兵后则湖北人满阡陌矣"。① 涌入广德的"湖北人居其四,河南人居其三,江北人居其一,浙江人居其一,他省及土著共得其一"。② 宣城县"移入之外籍农民约有百分之九十,其中以两湖籍最多数,皖北次之"。③ 在泾县东北乡"土著稀少",同治初,"有创意令楚南北之人挈室而来佃此土著,于是趾踵相接,蔽江而至,至则择其屋完好者踞而宅之,田之腴美者播而获之,不数年,客即十倍于主"。④ 大量邻省农民来皖南开垦的同时,皖北人多地少地区的农民也向荒地较多的皖南流动。贵池县"移入之农民约占全县之百分之七十,其中以桐城庐江二籍最多"。⑤

学者一般认为,太平天国战争后移民垦荒是江南永佃制形成的重要原因。⑥ 笔者认为,仅仅人口损失严重、土地抛荒并不必然产生永佃制,如果佃农没有取得和地主较为平等的社会地位,地主仍然会强制佃农缴纳高额地租,推行佃农依附于地主的租佃关系。历史上每个朝代都会出现人口锐减、田地荒芜的社会状况,却没有必然形成永佃制,就是最好的反证。从后面的分析我们可以进一步知道,佃农获得永佃权并不是一帆风顺的,而是经过和田主反复的抗租、拖欠地租、退佃抛荒和讨价还价才取得永佃权的。地主给予佃农永佃权并不是自愿的,而是佃农长期斗争的结果,佃农抗租、欠租、退佃抛荒的斗争必须有群体力量的支撑才能取得成功。为什么以前的佃农就不敢抗租、欠租、退佃抛荒,逼迫地主许以永佃权呢? 关键是没有形成主佃双方相互制约的社会结构,因为只有形成主佃双方相互制约的社会结构,主佃双方较为平等的社会地位才能获得保障。形成相互制约社会结构的前提是,田主有其可依赖的

① (民国)杨虎等纂修:《宁国县志》卷四《政治志·风俗》,民国二十五年铅印本,第464页。
② (光绪)《广德州志》卷末补正,第18页。
③ 李文治:《中国近代农业史资料》第1辑,生活·读书·新知三联书店1957年版,第172页。
④ 同上书,第171页。
⑤ 同上书,第172页。
⑥ 持此观点的学者主要有乔启明、李文治和董蔡时等。见乔启明:《中国农村社会经济学》,商务印书馆1947年版,第261页;李文治:《中国近代农业史资料》第1辑,生活·读书·新知三联书店1957年版,第251页;董蔡时:《永佃制研究》,《苏州大学学报》1995年第2期,第96页。

群体力量,佃农也须有可依靠的群体力量。如果单个佃农没有可依赖的群体力量,则势单力薄,是不敢和田主抗争的。太平天国战争后,大量移民涌入皖南,为形成主佃双方相互制约的社会结构提供了历史契机。由于皖南各个村落的原住民损失严重,外来垦荒移民数量一般都超过了本地居民。新移民和原住民两类彼此陌生的群体居住在同一村落,原住民必然以主人自居,新移民初来乍到,免不了受到欺侮,从而产生纠纷乃至冲突。在这种情况下,移民群体一定会凝聚起来,进行欠租、抗租和退佃斗争,形成让田主降低租额,许以永佃权的社会氛围。当然,移民群体和本地田主的斗争不是一朝一夕、一蹴而就的过程,而是经过双方力量的长期博弈,田主才不得不普遍许以永佃权的。

真实的历史过程也的确如此。皖南黟县佚名地主租簿记录了1864年太平天国军队退出黟县、佃农退佃的情况。佃农为了达到退佃目的采取的手段就是故意"拖欠",少缴租额。在被清租的17名佃农中,如数缴清者不过3人而已。在1865年至1885年间,经常性佃农14名,短缴者仍达86次,竟至地主痛骂"恶佃"、"可恨"云云。原来地主动辄以撤佃相威胁,现在反过来,佃人却以退佃抛荒抵制地主的苛租。从这本租簿看,1866年至1886年间,换佃12名中,除了曾于1864年被列为清租对象的两名外,仅有1名,即被称为"恶佃"的1号汪东秀,可以肯定是被地主撤佃的,其余大部分是佃农自行退佃。战后大批佃农退佃,其主动权则操在佃农方面。如12号田由李五铃佃种五年,光绪十一年账内写道:"五铃每说退佃不种,侯明年本会另招佃。"次年起,另由成兴佃种,缴租比前佃更少。有的田往往数次抛荒。如18号田,1871年鸡头山李姓人耕种,缴租不满二成。1872年账内注明"荒芜,侯招佃",接着写道:"招佃汪灶春嫂。因坦开荒,言定让他自收三年,开荒期满三年,再行议租。如三年之后,如推不种,即将三年租缴清,方只准他退佃。"此后一直未记账,看来又抛荒了。条件如此优惠,竟然还是被抛荒。除去短期弃耕者外,1870年起,先后有4宗田长期被抛荒。[①] 黟县汪姓租簿也反映了太平天国战争后佃农退佃的频繁。佃农退佃原因仍然是屡年欠租,地主被迫退佃。1864年共有佃农41人,至1873年离佃人数竟有17人,招佃人数14人,换佃非常

---

① 章有义:《明清徽州土地关系研究》,中国社会科学出版社1984年版,第225—269页。

频繁。① 黟县孙居易堂在 1864 年后,招佃 7 人中,有 4 人是招来垦复前三年抛荒的四宗田地的。1865 年至 1884 年的 20 年间,离佃人数共 50 人,招佃人数 46 人,新佃相当于原佃的 66.6%。有一些佃农的佃耕年月不详,可能是当年新招的,如将这些也包括进去,该地主的换佃人数则更多。退佃原因主要是欠租,5 名离佃佃农,除个别缴租情况不详外,几乎全是交不足额。有 20 名佃农离佃后,暂时或长期无人接佃,田地一度抛荒或长期抛荒,显然这些佃农不是被地主撤换的,而是自行辞佃的。群体性的佃农退佃导致的结果必然是地主不得不提出免租三年,降低租额,许以永佃权等有利于佃农的条件招佃垦种。如 13 号田,同治十年换佃,"因开荒,让豆两勺"。第 57 号田记载"自同治二年荒起,自四年开荒,言吃三年",但仍无佃开荒。②《黟县四志》也记载了佃农退佃的情况:"咸同兵燹,芜秽兹甚","每招籍外之民垦种,议三年获不责纳,佃益横狡猾,届约则毁舍盗木弃而之他"。③

佃农拖欠和抛荒的斗争方式往往能够取得预期的效果。佃农张加盈的退佃就达到了迫使田主少收租谷的目的,可以第 54 号租账所附一张便条为证,便条上写有:

> 张加盈所种石佛之田改坦,旧原做田交谷。今佃说田急,若不折租,立辞不种,已向说明暂作八折硬交,特此关知。
>
> 上同业先生台照　孙居易堂字　光绪七年□月④

斗争的结果使随后而来的客佃也经常抗租或欠租。休宁隆阜镇冠记租簿则反映了该地主的世佃或长佃较少,外来客佃占多数。外来客佃有安庆人、绩溪人、旌德人、遂安人、开化人等,由此推定这类佃户对地主没有人身依附关系。如 12 号园账下注明"同治八年换安庆人钟忠种",九年"换开化人余□良种"。从租簿中这些佃农租住田主房屋中须交押金的记载,可以看出这些佃农对地主没有人身依附关系。该地主 40 宗田地中,有 11 宗先后从某一年起到战后 10 余年未收租,该地主却未撤佃或换佃;有 28 宗田地,佃农常常欠交

---

① 章有义:《明清徽州土地关系研究》,中国社会科学出版社 1984 年版,第 291 页。
② 同上书,第 349—352 页。
③ (民国)吴克俊等纂修:《黟县四志》卷九《政事志·田地》,民国十二年刊本。
④ 章有义:《明清徽州土地关系研究》,中国社会科学出版社 1984 年版,第 359 页。

或少交。可见,该田主被迫屈服于外来客佃的抗租斗争。①

然而,移民群体和本地田主之间反复的欠租与清租、抗租与反抗租以及抛荒与反抛荒的冲突与纠纷毕竟对主佃双方利益都是一种伤害,主佃双方必须找到一种妥协办法,这种办法不是单方面只照顾田主或佃农利益的方法,而是既照顾地主利益,又能保护佃农利益的办法。经过长期的群体间的力量博弈,主佃双方发现永佃制是解决其纠纷与冲突的好办法,因为相对于地主方面,永佃制保证了地主按时足额地收取地租,尽管租额降低了,但由于主佃关系的契约化,催收欠租的成本降低了,地主也觉得合算;对于佃农来说,永佃制赋予其田面权,可以放心地向土地投入工本,把"佃田当自产",其生产积极性大为提高,其所交租额长期固定,大为减少,佃农也愿意接受。由于永佃制对主佃双方都比较有利,这种制度在皖南被越来越多的主佃双方接受,逐渐成为皖南普遍性的土地制度。

因此,皖南移民群体和本地群体经过长期的力量博弈,逐渐使皖南乡村形成使主佃双方都受到制约的社会结构,这种社会制约结构确保了一种主佃双方在较为平等的前提下彼此发生的租佃关系,这就为永佃制的形成创造了最基本的社会条件。

其次,皖南绅权力量与官府之间相互制约的上层社会结构的形成使皖南永佃制得以普遍形成。

前面论证了移民群体与原住民群体力量相互制约的底层社会的形成催生了皖南永佃制,但是,仅有村庄内部主佃之间形成妥协、相互制约,主佃间的永佃租佃关系还是没有保障的。因为农村任何制度的形成不仅取决于村庄内部村民的意愿,而且决定于村庄外部国家政权力量的介入程度。由于历代中国官府力量都很强大,如果官府用强力介入主佃间的租佃关系,永佃制还是难以实现。皖南绅权力量制约官府的上层社会结构则为永佃制在皖南的普遍流行进一步创造了社会条件。皖南绅权力量制约官府的上层社会结构主要是通过绅权力量对官府随意征收苛捐杂税进行制约而形成的。其一,皖南官绅在中央及地方都有巨大的政治影响力,往往能利用特权逃避赋税。明代官员之家

---

① 参见章有义:《明清徽州土地关系》,中国社会科学出版社1984年版,第388—389页。

皆可按其官品高低享有不同程度的赋役优免权。① 明代歙县人江珍于嘉靖十九年中举,二十三年成进士,历任知县、主事等职,江珍的两个兄长则为县学生员。② 江珍之母则"纤俭如故,独置产辄溢价,毋赚货者心,岁俭辄减田租,毋乘岁为厉"。③ 江珍之母之所以能够放心大胆地高价购置田宅,主要是因为江家是一个官宦之家,享有赋役优免权。富商大贾则通过捐纳官衔也取得赋役优免权。嘉靖八年,明官府规定,"商人富户纳谷 20 石、银 20 两者给冠带,30 石、30 两者授正九品散官,40 石、40 两者正八品,50 石、50 两者正七品","俱免杂泛差役"。④ 几十两银子和几十石粮食在富商大贾的眼里简直微不足道,这样富商也和官员一样取得了赋役优免权。

清代皖南绅权则更加发达。据李琳琦统计,清代徽州有文进士 684 名、武进士 111 名,其进士数占全国的 2.55%。清代徽州状元有本籍和寄籍状元 19 名,占全国的 17%,中试者如此之多,说明皖南官绅权力的发达。⑤ 仅以歙县为例,清代歙县籍大学士有康熙朝的文华殿徐文元、乾隆朝的文渊阁程景伊、嘉庆朝的体仁阁曹振镛、道光朝体仁阁的潘世恩,共 4 人;尚书有户部徐文元、刑部徐乾学、吏部程景伊、户部曹文植、吏部曹振镛和礼部吴椿,共 6 人;侍郎有吏部右徐秉义、工部左阮尔询、户部左李俊、吏部左凌如焕、兵部左胡保瑔、吏部左谢溶生、工部左汪廷玙、吏部左曹诚、兵部左江兰、刑部左金应琦、工部右鲍桂星、刑部左程国仁、工部左程祖洛、工部左吴椿、户部右程恩泽、吏部右吴文溶、吏部左潘曾莹、吏部右王茂荫、户部左汪元方、工部左潘祖荫和工部右鲍源深,共 21 人。都察院御史有徐干学、程景伊、曹文埴、曹振镛、潘世恩、吴椿和汪元方,共 7 人;内阁学士有徐元文、徐乾学、徐秉义、李绂、凌如焕、程景伊、谢溶生、汪廷玙、曹诚、潘世恩、曹振镛、鲍桂星、程恩泽、吴文溶和潘会莹,共 15 人;状元有顺治己亥科徐元文、乾隆壬辰科金榜、乾隆癸丑科潘世恩、嘉

① (明)申时行等撰:《万历大明会典》卷二,商务印书馆万有文库本。万历三十八年(1610年)的优免则例规定,京官一品免田一万亩,二品免田八千亩,以下递减,未入仕举人免田一千二百亩,贡生免田四百亩,监生、生员免田八十亩,致仕乡官免十分之六。
② 歙县《溪南江氏族谱》,隆庆刻本。
③ (明)汪道昆撰:《太函集》卷六十七,万历十九年刊本。
④ (明)申时行等撰:《万历大明会典》卷十七。
⑤ 李琳琦:《明清徽州进士数量、分布特点及其原因分析》,《安徽师范大学学报(人文社会科学版)》2001 年第 2 期,第 33 页。

庆乙巳科洪莹、同治戊辰科洪钧，共 5 人；榜眼有乾隆庚子科江德亮、乾隆庚戌科洪亮吉和武榜眼乾隆癸丑科鲍友智共 3 人；探花有康熙乙丑科黄梦麟、雍正甲辰科汪德容、乾隆戊辰科汪廷玙、乾隆庚子科程昌期、乾隆辛丑科汪学金、乾隆乙卯科潘世璜、道光庚戌科谢增和咸丰壬子科潘祖荫，共 8 人；传胪（二甲第一名）有乾隆甲戌科汪永锡、乾隆庚辰科曹文植、乾隆辛卯科蒋雍植、嘉庆己未科程国仁、光绪甲午科吴筠孙，共 5 人；会元（会试第一名）有乾隆辛巳科陈步瀛、乾隆丙戌科胡珊和乾隆庚戌科朱文瀚，共 3 人；解元（乡试第一名）有康熙癸卯科黄士焕、康熙庚午科吴筠、康熙戊子科李绂、康熙癸巳科许溯中、康熙甲午科方炳、乾隆癸酉科胡溶、乾隆任务科吴钰、乾隆丁酉科吴榰和吴一骐、乾隆甲子科吴国仁、嘉庆戊午科黄承吉、道光辛卯科汪立权和同治甲子科江壁，共 13 人；进士有 296 人，举人近千人。① 以上仅是皖南一个县的官绅数字，整个皖南地区的官绅就更多了。

在官绅的庇护下，清代绅士同样执著于对土地的购买。康熙年间，祁门汪希大"长乃服贾，至中年寄迹芝鄱水间，渐宽裕。自时厥后屡操奇赢。由是建广厦，市腴田，俾后之子孙得以安居而乐业"。② 乾隆年间，婺源汪道酌，"冠年求赴吴楚经营，生财有道，逊让均平，创置田产，以起其家"。③ 嘉庆时，绩溪章升，"……甫居市肆，即能持畴握算。自持勤俭，创置办田产，以起其家"。④ 道光年间，祁门商人倪炳经，"……少承父业，窑栈云连，畎亩鳞接"。⑤

太平天国战争对皖南绅士是一个沉重打击，但是，随着战后政局趋向稳定，皖南绅士又重新购置土地。如黟人汪源，"年十五，废读而贾，赭寇扰黟，君在江西之玉山……迨大局底定，奉亲归里，买田筑室，以垂久远之规，至今家门隆盛"。⑥ 黟县环山余毓焜，"有志于商……因共推主持盐公堂事务……囊橐既充，更复问舍求田，贻厥后嗣"。⑦

皖南官绅还把亲族友人的田产诡寄到自己名下，逃避赋役。皖南极重宗

---

① 许承尧：《歙事闲谈》卷十一，李明回、彭超、张爱琴校点，黄山书社 2001 年版。
② 乾隆《汪氏统宗世谱》卷四。
③ 乾隆《汪氏统宗世谱》卷四十八。
④ 绩溪《西关章氏族谱》卷二十四《家传》，宣统刊本。
⑤ 祁门《倪氏族谱》续卷《少辉公形状》，光绪刊本。
⑥ 吴克俊等纂修：《黟县四志》卷十四《汪赠君卓峰家传》，民国十二年刊本。
⑦ 黟县《环山余氏宗谱》，民国六年刊本。

族关系,本宗族中只要有一个荣膺官爵,则其他人便可利用诡寄的手段规避赋役,所以一人为官,便可使得许多家分享其利。明末歙县人黄元芳"田园邸舍手自经营,尤妙于心计,懋迁有道,自是先业益扩,以资雄于乡",黄元芳从弟黄实夫则在朝任兵部郎中之职,其不为赋税之累,当是得力于从弟的庇护。①明代歙县人许大兴"以盐筴往来淮楚间,起家累巨万,堂构田园大异往昔"。②明末歙县盐商吴养春占有黄山山场 2400 亩,优免于赋税是因为其父吴时佐兄弟五人输银 30 万两佐国用,皆被授予内阁中书之衔。③

　　佃农等阶层则通过获取永佃权的手段制约了官府对皖南地区苛捐杂税的征收。皖南绅士逃避赋税后,必然把负担转嫁给自耕农和庶民地主,对自耕农和地主越来越不利,于是他们纷纷把土地出卖,保留田面权。外来客民来皖后则不再购买土地,只求获得田面权,也制约了官府对永佃农的剥削。皖南各县"客籍佃民大都获得永佃权"。太平天国战争后,歙县人少地荒,乏人耕耘,田主常"招客佃来耕,减轻其租额,并允予永佃权,以资号召"。④同治、光绪年间,贵池等县,"来自桐城、庐江客民与贵州土著,与地主说合就耕,均获得永佃权"。⑤

　　永佃制对佃农的有利之处在于佃农不直接和官府发生关系,而是只和田主发生关系,绝大多数佃农是以客民的身份佃耕土地的,这样佃农就可以逃避国家赋税。入籍对佃农意味着要负担苛捐杂税,坏处比好处要多,因而不入籍却能以永佃方式租到土地对他们来说最为有利。

　　因此,皖南绅士通过赋役优免权、诡寄等手段,佃农则通过获取永佃权的手段制约了官府对皖南地区苛捐杂税的征收。

　　到了民国时期,皖南的官绅、徽商及宗族势力都趋向衰落,但是由于新崛起的皖南中小绅士是一股强大的政治力量,同样制约了官府对皖南地区苛捐杂税的征收。这从 1933 年皖南和皖北苛捐杂税征收情况可以清楚地看出来。

---

① 歙县《潭渡黄氏族谱》,雍正九年刊本。
② 《新案歙北许氏东支世谱》卷八,嘉靖六年稿本。
③ (民国)吴吉祐撰:《丰南志》第 4、10 册,稿本。
④ 乔启明:《中国农村社会经济学》,商务印书馆 1947 年版,第 261 页。
⑤ 金陵大学农业经济系:《豫鄂皖赣四省之租佃制度》,金陵大学农业经济系 1936 年印行,第 110 页。

皖南和皖北苛捐杂税征收情况,见表 1.3。①

表 1.3　1933 年皖南 20 县和皖北 19 县苛捐杂税比较

皖南 20 个县									
县名	祁门	绩溪	婺源	休宁	黟县	芜湖	旌德	铜陵	繁昌	青阳
附税相当于正税%	55.2	81.4	84.6	86.6	105.6	100.6	109.2	109.9	116.0	121.6
县名	郎溪	宁国	歙县	太平	南陵	宣城	贵池	当涂	广德	泾县
附税相当于正税%	114.0	131.6	96.6	97.7	99.8	99.9	99.8	149.9	194.7	100.0
皖北 19 个县									
县名	蒙城	灵璧	霍邱	太和	凤台	定远	舒城	桐城	亳县	盱眙
附税相当于正税%	178.0	204.2	119.1	122.0	128.4	135.0	287.2	166.6	172.2	174.7
县名	无为	宿县	涡阳	庐江	石埭	巢县	寿县	合肥	颍上	—
附税相当于正税%	191.0	199.2	201.2	202.9	138.5	141.6	150.0	151.1	156.0	—

从表 1.3 可以看出,1933 年皖南 20 个县的附加税有 9 个县没有超过正税,有 5 个县附加税和正税几乎相等,只有 1 个县附加税接近正税的两倍,而皖北 19 个县没有一个县附加税低于正税,有 3 个县附加税超过正税的两倍。可见,皖北苛捐杂税远远大于皖南,显然,皖南中小绅士对皖南地区苛捐杂税的征收起了制约作用。

上面先论证了移民群体与原住民群体两种群体力量博弈使得主佃双方都愿意采用永佃制,这样就在皖南村庄内部形成移民群体与原住民群体相互制约的底层社会制约结构;接着论证了代表本地利益的皖南绅权力量对官府随意征收苛捐杂税的制约,从而形成绅权力量制约官府的处于村庄与官府之间

---

① 黑山、徐正学:《中国农村经济崩溃原因的研究》,(南京)国民印务局 1934 年版,第 34—35 页。安徽各县地方经费,大半依靠田赋附加收入,地方上一有事举办,即为请求加增附税,有些县份,不经请求即行征收,所以全省六十县中,有一半以上的县份,附加税是超过正税的。就地域而言,皖北情形较皖南更加苛重。附加税目,计有自治附加、人士登记经费、保安队费、地方公益特捐、常平仓积谷捐、筑路附加、义务教育附加、防务附加、保甲经费、建筑费、公安经费、军事招待费等,种类繁多,异常苛重。

的又一重社会制约结构。这样,皖南社会就形成了移民群体与原住民群体相互制约及绅权与官府相互制约的双层社会制约结构。现把以上分析制成示意图1.1。

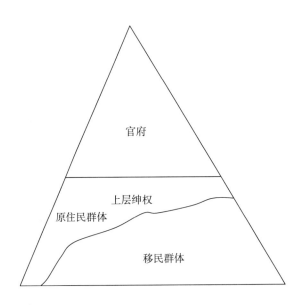

示意图1.1 皖南双重社会制约结构促进皖南永佃制的形成

双层社会制约结构使皖南社会形成较同时代其他地区较为公平的社会经济环境。从上层社会制约结构看,如果没有官府对宗族权和绅权的制约,就会使当地绅士变成土豪劣绅,反过来如果绅权对官府没有制约能力,官府就会对田地所有者任意征收苛捐杂税;从下层社会制约结构看,如果没有移民群体力量对绅权的制约,宗法地主和缙绅地主与佃农之间就难以建立较为平等的永佃租佃关系。

因此,仅仅从来源或产生途径分析永佃制的形成原因,只能看到永佃制形成的表象,官府、绅权和移民群体之间形成的双层社会制约结构才是永佃制形成的深层次社会原因。

三、民国时期的社会变迁进一步促进了皖南永佃制的发展

民国时期,皖南永佃农获得了较明清有利的社会环境,在一定程度上促进

了永佃制的发展。中华民国颁布的《中华民国临时约法》第二章第 5 条规定"中华民国人民一律平等,无种族、阶级、宗教之区别"①,这在皇权政体下是不可想象的。虽然田主和佃农之间的平等关系不是单靠约法就能保障的,但人与人之间的平等关系以国家根本大法的形式被确定下来,对佃农地位的进一步提高有着重要的历史意义。

需要指出的是,1911 年 9 月清官府编撰完成的《大清民律草案·物权编》第 1087 条及 1925 年民国北京政府编撰完成的《民国民律草案》物权编第 867 条都规定"永佃权存续期间,为二十年以上五十年以下",但是由于 1911 年清廷的迅速覆灭和 1925 年的北京政变,这两部民律草案都未予公布,所以这两部民律草案不会对皖南村庄的永佃制产生影响。②

1929 年以后,南京国民政府颁布的《中华民国民法物权编》③、《中华民国土地法》④等法案中有关佃农物权、债权等方面的法律条款承认了佃农的田面权。1929 年 11 月 30 日,南京国民政府颁布了《中华民国民法物权编》(以下简称《民法》),该编第四章专门对永佃权做了规定,其第 843 条的规定赋予永佃权人转让佃权的权利⑤,第 849 条的规定则赋予永佃权人转让租额的权利⑥。《民法》第 845 条规定,"永佃权不得将土地出租于他人。永佃权人违反前项之规定者土地所有人得撤佃"。这一规定常被学者认为是《民法》并没有承认佃农田面权的规定,《民法》的实际意图却不是这样。正如吴经熊所言:"土地所有人与永佃权人之设定永佃权,多置重于永佃权人的关系。故永佃权人将其权利让与他人,固无不可。然如将土地出租与他人耕作或牧畜,借以从中渔利,则与土地所有人之意愿不符,且对于土地利用实有妨害。"⑦此项规

---

① 《中华民国临时约法》,见《中国年鉴》(1912 年),商务印书馆民国十三年版,第 61 页。
② 杨立新点校:《大清民律草案民国民律草案》,吉林人民出版社 2002 年版,第 142、319 页。
③ 《中华民国民法物权编》,《行政院公报》,1929 年 12 月 11 日,行政院秘书处印行,第 107 号。
④ 《中华民国土地法》,《行政院公报》,1930 年 6 月 30 日,行政院秘书处印行,第 165—166 号。
⑤ 《中华民国民法物权编》第 843 条规定,"永佃权人得将权利让与他人"。
⑥ 《中华民国民法物权编》第 849 条规定,"永佃权人让与其权利于第三人者所有前,永佃权人对于土地所有人所欠之租额由该第三人负偿还之责"。
⑦ 吴经熊:《中华民国六法理由、判解汇编》,会文堂新记书局 1948 年补编,第 453 页。

定主要是防止永佃农出租田面渔利,如果是正当田面权的转让,《民法》并不限制,所以,《民法》对于佃农的田面权是承认并予以保护的。民国时期的实际司法判例也是支持佃农正当田面田处分、典卖和转让的①,所以无论是从法律,还是从司法审判看,民国政府承认和予以佃农田面权是没有疑义的。1930年6月30日,国民政府公布了《中华民国土地法》(以下简称《土地法》),其重要意义在于国家首次用专门法确认了佃农的永佃权。《土地法》规定,永佃权之"取得、设定、转移、变更或消灭,得依法登记"(第33条),对佃农的田面权进一步予以法律确认。《土地法》还对佃农的投资权益进行保护,这样佃农就可以放心地进行投资而不再担心地主随时收回土地,引起投资的损失②,如果佃农的田面权得不到保障,佃农还可以寻求司法及行政解决。③ 1946年4月29日国民政府公布《中华民国修正土地法》及《中华民国修正土地施行法》④,再次确认了佃农对土地的永佃权及其转让权。⑤ 需要指出的是,南京国民政府颁布的《民法》虽然在措辞上把永佃权看做物权,就实质而言,物权也是所有权的一种,没有直接称田面权为所有权,主要目的是为了和田主的田底权相区别,因此不能把《民法》中没有称永佃权为所有权,而推论说《民法》不承认佃农的永佃权。

南京国民政府的其他法律及国民政府、安徽省政府颁布的其他法规和政策对包括永佃农在内的佃农利益予以维护。1930年公布的《土地法》对佃农利益的维护体现在对地主的收租比例做了限制性规定,"地租不得超过耕地

① 判决佃农有处分、典卖或转租田面权的案例有民国二年上字第140号、民国四年上字252号、民国五年上字第302号、民国五年上字第333号、民国七年上字983号和民国十年统字第1645号,见吴经熊编:《中华民国六法理由、判解汇编》,会文堂新记书局1948年补编,第452—453页。
② 《中华民国土地法》第176条规定,"于保持耕地原有性质及效能外,以增加劳力、资本之结果致增加耕地生产力或耕作便利者,为耕地之特别改良。前项特别改良,承租人得自由为之,但特别改良之数额,应即通知出租人";第186条规定,"承租人得向出租人要求偿还其所支出耕地之特别改良费"。
③ 《中华民国土地法》第187条规定,"偿还金额,当事人不能协议或协议不成立时,得请求地方法定调解委员会调解之。不服前项调解者,得请求主管地政机关决定之,其决定为最终决定"。
④ 《中华民国修正土地法》及《修正土地施行法》,《国民政府公报》,1946年4月29日,国民政府文官处印铸局印行,渝字第1046号。
⑤ 《中华民国民法物权编》第842条规定,"土地所有权以外设定他项权利之种类,依民法之规定"。

正产物收获总额千分之三百七十五,约定地租超过千分之三百七十五者,应减为千分之三百七十五,不及千分之三百七十五的依其约定"(第177条)。1935年4月5日,国民政府公布的《中华民国土地法施行法》①,重申了承租人有权向出租人要求偿还改良费的权利,如果佃农的田面权得不到保障,佃农还可以有寻求司法及行政解决的权利(第42条)。1946年国民政府公布的《中华民国修正土地法》更加注重保护佃农利益,规定"地租不得超过地价百分之八,约定地租或习惯地租超过地价百分之八者,应比照地价百分之八减定之,不及地价百分之八者依其约定或习惯"(第110条)。抗战胜利后,国民政府为减轻佃农负担,重新制定了二五减租办法,规定各省分别于实施豁免田赋之当年,减去租地之约定租额四分之一,通饬各省遵行。地政部又拟定《耕地租约登记办法》,规定如在登记时发现租约所定条款,与法律抵触者,应责令出租人及承租人分别改正,切实保障佃农之利益。安徽省政府则于1942年公布《安徽省改善租佃关系实施办法》。②

因此,民国时期,皖南永佃农获得了较明清有利的社会环境,这是皖南永佃制能够进一步发展的又一社会原因。南京国民政府建立后颁布的法律、法规承认了佃农的田面权,为皖南永佃制的进一步发展提供了法律保障。

四、皖南永佃农田面权的政府确认

有的学者认为民国时期的永佃制属于习惯法的范畴③,也就是认为佃农田面所有权没有得到政府确认,笔者认为不能一概而论。1935年,皖南地区进行了一次严格的土地陈报,这次土地陈报及土地陈报中攒造的《地籍清册》与以往土地清丈不同之处在于不仅对田主的田底权,而且对佃农的田面权亦进行了陈报和登载。由此我们认为,如果说1929年南京国民政府颁布的《民法》仅在法律上对佃农的田面权予以承认,但没有得到政府确认的话,

---

① 《中华民国土地法施行法》,《国民政府公报》,1935年4月5日,国民政府文官处印铸局印行,第1708号。
② 中华年鉴社:《中华年鉴》(1948年),《地政》,中华年鉴社民国三十七年发行,第1377页。
③ 见梁治平:《清代习惯法·社会与国家》,中国政法大学出版社1996年版,第81—92页;黄宗智:《法典、习俗与司法实践:清代与民国的比较》,上海书店2007年版,第83—98页。

那么,1935 年以后皖南佃农的田面权则得到了政府确认,不能再看做习惯法的范畴。

关于民国时期的土地陈报工作,在国民政府 1930 年公布的《土地法》中就对土地测量、陈报登记、登记程序和陈报费作出了规定。1934 年 6 月 3 日,国民政府行政院专门发布《办理土地陈报纲要》。① 1935 年 4 月 22 日至 24 日,安徽省政府召开第一届行政会议,决定进行"土地陈报,筹地籍之整理"。② 1935 年国民政府公布的《土地法施行法》进一步对地价、测量面积、共有人登记办法作出了规定。同年,安徽省政府颁布了《安徽省土地登记暂行规则》,开始了安徽省的土地陈报工作。土地陈报由"省财政厅会同民政厅土地局"办理,各县分设县土地呈报办事处,区土地呈报办事处,及联报土地陈报办事处。③ 在土地陈报过程中,陈报项目包括所有权(即田底权)、地上权、永佃权、地役权、典权和抵押权六种土地产权,永佃权属于六项产权之一。④

土地陈报的第一步是先进行登记。土地陈报登记非常规范,必须由权利人亲自或其代理人登记。⑤ 登记时,"应依式填具申请书签名盖章,并检呈执业契据及其他关系文件,如系白契或无契据不足证明时,应依土地法第 71 条及《修正安徽省税契暂行章程》第 9 条办理,其契据因典押或其他关系不能呈验,应提出证明文件,呈请土地局核办"。在登记过程中,如"遇有土地权力之争议,应移送法院或兼司法之县政府办理之"。登记面积,"以原有四至界限内实际测量所得之面积为准"。⑥ 凡声请登记之件,经审查完后,应即揭示公

<hr>

① 中国第二历史档案馆编:《中华民国史档案资料汇编》第 5 辑第 1 编《财政经济》七,江苏古籍出版社 1997 年版,第 194 页。

② 安徽省民政厅:《安徽民政工作辑要》(1935 年),沈云龙主编:《近代中国史料丛刊三编》第 280 辑,台湾文海出版有限公司 1987 年版,第 25 页。

③ 安徽省民政厅:《安徽民政工作辑要》(1935 年),台湾文海有限公司 1987 年版,第 417 页。

④ 安徽省民政厅:《安徽民政工作辑要》(1935 年),台湾文海有限公司 1987 年版,第 405 页。《安徽省土地登记暂行规则》第一章"总则"第 4 条规定:"凡本省土地及其定着物,无论公有私有,其权力之取得、设定、依转、或变更,均应依本规则登记。"第 5 条规定:"土地之权力登记,分为左列各种:(一)所有权,(二)地上权,(三)永佃权,(四)地役权,(五)典权,(六)抵押权。"

⑤ 安徽省民政厅:《安徽民政工作辑要》(1935 年),第 406 页。第二章"登记程序"第七条规定:"土地登记得由权利人及义务人或代理人申请之,但代理人声请时,须由授权人出具委托书,公有土地之登记,由保管机关嘱托为之。

⑥ 安徽省民政厅:《安徽民政工作辑要》(1935 年),台湾文海有限公司 1987 年版,第 406 页。

告,张贴于土地登记处门首或声请登记地段之显著地方。① 《安徽省土地登记暂行规则》还强调土地登记有绝对效力,所有权登记后,由土地局发给土地所有权状。②

土地登记时还绘制了《土地登记簿图》,包括登记区域总图和户地测图。登记簿登载内容包括区段号亩及登记号数、土地标示、申报价值及固定价值及卖价、登记原因、所有权及他项权利之种类、土地权利人或共有人姓名,登载完之后由登记员签名盖章。③

土地陈报的第二步是进行土地编查。土地编查程序分两种,依照各县实际情形分别选定。第一种编查程序是按照旧有图册进行编查④,必须由联保陈报处宣谕全境业佃户,就划分各地段管有土地,按坵树立坵牌,填明业佃户姓名住址;必须把佃户姓名、住址、地类、亩分和收益等项,按坵登入草册,同时测绘该地段及其内各坵之形位,分别注明坵号、业佃户姓名,制成段坵形位总图,于必要时,得随时传集业佃户勘察界限及查询各项情形。土地陈报时把佃户姓名分别登入草册和段坵形位总图的登记程序说明,这次土地所有权陈报是把佃农田面权和田主田底权一道陈报的。

---

① 安徽省民政厅:《安徽民政工作辑要》(1935 年),台湾文海有限公司 1987 年版,第 407 页。
② 同上。
③ 同上书,第 409 页。
④ 安徽省民政厅:《安徽民政工作辑要》(1935 年),台湾文海有限公司 1987 年版,第 419 页。第一种编查办法,按照旧有图册进行呈报,其步骤是:(1)册书编查。由县政府饬令旧有册书或柜书,根据鱼鳞册或征粮册,依现行联保区域对照旧有都图或圩保里甲直铺等照所发册式,编造粮户清册,核发各联保陈报处查考。(2)划分地段。由县政府派员,并饬令区保甲长等,召集地方人士开会,共同勘定现行区乡联保界址,在详度地形,就山川道路等自然界线或旧有都图等,及其他可资识别之界限,堪酌将来粮区人事之便利,划分地段,树立界碑,绘制联保形势略图,(段之面积除村庄、山川地带外,皖南、皖中坵块狭小,各县以一千亩至三千亩为准)再由联保陈报处宣谕全境业佃户,就划分各地段管有土地,按坵树立坵牌,填明业佃户姓名住址等项,无主土地由所属保甲长代办,注明无主字样,不得有一坵遗漏。(3)保甲长编查。首由主管机关委派之督催人员,就每联保内选派保甲长或熟练人员,组织编查队,分租按段,依规定之办法,逐坵编订坵号,就地标记坵牌之上,并照查单规定事项,调查佃户姓名、住址、地类、亩分和收益等项,按坵登入草册,同时测绘该地段及其内各坵之形位,分别注明坵号业佃户姓名,制成段坵形位总图,于必要时,得随时传集业佃户勘察界限及查询各项情形,查绘完毕,应即填查报单,由各组编查人员署名盖章,以明责任,连同地图,送联保陈报处备核。

第二种编查程序是重新对土地测绘后陈报①,这种办法同样宣谕全境业佃户,就划分各地段管有土地,按坵树立坵牌,填明业佃户姓名住址,按坵将编订之临时地号业佃户姓名注明图上。② 各联保编查或测绘完后,接着办理业户呈报③,特别强调在永佃土地陈报时,由业主陈报,并将佃户姓名填明附注栏内。

藏于南京大学图书馆的《安徽省当涂县土地陈报概略》详细记述了 1935 年当涂县土地陈报的情况。④ 当涂县的这次土地陈报开始于 1935 年 2 月,陈

---

① 安徽省民政厅:《安徽民政工作辑要》(1935 年),台湾文海有限公司 1987 年版,第 420—421 页。第二种编查办法,重新对土地测绘后陈报,其步骤是:(1)图根测量。由主管机关派遣测量人员,先测全县小三角或三角网或三角锁作图根控制,制成成果表,次用平板仪测图解图根,以为户地测量之基础。(2)划分地段及编订地号。由县政府令饬区保甲长等,召集地方人士开会。共同勘定现行区乡联保界址,再会同测量人员,详度地形,就山川道路等自然界限或旧有都图等,及其他可资识别之界限,堪酌将来粮区人事之便利,划分地段,树立界碑,段之面积与标准与前项同,再由联保办事处,宣谕全境业佃户,就划分各地段管有土地,按坵树立坵牌,填明业佃户姓名住址等项,无主土地由所属保甲长代办,注明无主字样,不得一坵遗漏。然后由主管机关,派员督同保甲长,按段依规定办法逐坵编订坵号,就地标记于坵牌之上,是为临时地号。(3)户地测量。地段划清临时地号编订后,仍由主管机关派测绘人员,根据图根成果表,用平板实施户地测量,按坵将编订之临时地号业佃户姓名注明图上,于必要时,得传询业佃户指明地界,并照户地清册所列各项,实地调查,登入草册,然后根据原图,计算面积,依划定地界,编制区保地段各图,重新编订永久地号,根据调查草册,编造户地清册。

② 安徽省民政厅:《安徽民政工作辑要》(1935 年),台湾文海有限公司 1987 年版,第 421 页。

③ 安徽省民政厅:《安徽民政工作辑要》(1935 年),台湾文海有限公司 1987 年版,第 423 页。土地编查后,业户陈报步骤是:(1)业户陈报单,发由各甲长预先转发各业户,由甲长负责召集所属业户,说明土地陈报之意义利益及其办法,并督促各业户,将管有土地,用本人真实姓名,按土地所在之联保地段,分单逐坵填写,每段至少一单,并将各坵地契与最近粮串等证件,预备齐全,届期分别呈送土地所在地之联保呈报处审查。(2)联保呈报处,对于业户陈保单及所附证件,应派接收员分组接收,负责审核如下:(甲)单内所填户名亩分粮额等项,是否详尽准确;(乙)所附证件,有无涂改虚伪情事,及与所报是否相符;(丙)陈报人或代理人已否署名盖章;(丁)与保甲长查单或户地清册核对,是否尽相符合,并加盖"对讫"戳记,即将各证件分盖"陈报验讫"戳记,连同陈报单收据,当场交还,并与业户陈报单上,分盖名章,以明责任。(3)凡业户陈报田地亩数,应按各地习惯,以亩为准,(另由县陈报处依照六千平方市尺折合市亩注明入册),如所报亩数,不及串载册亩者,应详查原委,以免隐匿。(4)公有土地,由管业机关委人陈报,私有土地,属于团体者,由代表人呈报,属于共有者全体具名会同陈报,属于个人者,由业主本人出名陈报,典当土地业,主会同承典人陈报,如业主放弃权利不为陈报者,得由承典人检呈契约单独陈报,永佃土地,由业主陈报,并将佃户姓名填明附注栏内。

④ 国民政府财政部整理地方捐税委员会编:《安徽省当涂县土地陈报概略》,1935 年印,藏南京大学图书馆。

报情况是:一是先办区保界测量,以联保界限为测量单位;二是先从垸地清查,由保甲长陈报,履地问户,按户问粮,再行业户陈报,资以比对;三是土地陈报时对永佃农的产权进行了详细登载。土地陈报时,各区绘成分段垸形图的目的在于有图则地号不乱,覆查便易,垸地不遗,隐匿无从;即在平时,亦可按图索骥,而收以简驭繁之效。① 土地陈报时绘制的第 6 区下兴乡联保 68 段垸形图共有 393 垸土地,对每垸土地的形状、方位、大小及相邻田垸绘制的非常清楚,见影印件 1.1。②

　　土地陈报过程中,皖南各地进行了《地籍清册》的攒造。民国时期的《地籍清册》攒造是历史上非常重要的一次土地清丈,可是至今没有引起学术界的注意。《地籍清册》的攒造始于 1931 年,至 1942 年地政署成立前,攒造《地籍清册》的省市有安徽、江苏等 23 个省市,共开办 134 县区及 58 个城市。从 1942 年地政署成立至 1945 年主要在后方粮食产量较多省举办《地籍清册》的攒造;1945 年以后主要整理收复区地籍,《地籍清册》的攒造工作一直持续到 1948 年。1947 年 9 月 29 日,南京全国地政会议的召开对《地籍清册》的攒造工作进一步进行立法规范,通过《各省市县地籍整理经费筹集办法》、《土地测量实施规则》和《简化市地重估地价办法》等决议。国民政府时期的《地籍清册》的攒造工作覆盖了全国绝大部分省市,并持续了 17 年的时间。③

　　皖南《地籍清册》的攒造进一步确认了永佃农的田面权。民国时期,皖南各县攒造的《地籍清册》不仅登载田底权,而且登载田面权,对土名、田底主、田面主、耕种者、亩产、产量、人口、劳力、税率、业主收入、佃户收入、劳动力、耕牛、宗族或公堂户的地权形态、是否外出经商及赡养人口数量等项都登载得非常详细。因此,1935 年以后,皖南各县实施的土地陈报和《地籍清册》的攒造使皖南永佃农的田面权最终得到了政府确认。

---

① 国民政府财政部整理地方捐税委员会编:《安徽省当涂县土地陈报概略》,1935 年印,藏南京大学图书馆,第 1—2 页。
② 同上书,附图 2。
③ 详见中华年鉴社编:《中华年鉴》(1948 年)《地政》,中华年鉴社民国三十七年发行,第 1353—1372 页。

影印件1.1 1935年当涂县第6区下兴乡联保68段土地陈报田坵图

第二节　皖南永佃制发展状况

学术界一般认为永佃制起源于宋代。① 关于皖南永佃制产生时间,有的学者认为皖南永佃制最早产生于万历年间②,那么,皖南永佃制最早产生于何时呢? 为了弄清这一问题,先看皖南目前为止发现的最早写有"佃自"的《建文三年休宁十二都第三图胡云保买田赤契》,上载:

> (休宁)十二都第三图住人胡云保同弟留保等,户内有田一号,系九保乙字九百七十二号,田二亩正,土名上江坵,佃自,每年硬上租籼谷二十秤,上田租。东至汪彦伦山,西至溪,南至朱胜右田,北至程原得田。今为攒运粮储,缺少盘缠,自情愿将前项四至内田,尽行立契出卖于汪猷观名下。面议时值价花银一两七钱半,时价该籼谷七十秤,其价银当成契日一并收足无欠。其田今从出卖之后,一任买人自行闻官受税,收苗、永远管业为定。如有四至不明及重迭交易、内外人占拦,并是出卖人自行抵挡,不及买人之事。所有上首契文与别产相连,缴付不便,日后要用,本家索出参照不词……
>
> 建文三年八月初六日　出产人　胡云保(押)契……③

上述写有"佃自"的契约是否属于底、面分离的土地永佃交易契约呢? 在此,关键是要理解"佃自"的涵义。上述休宁县契约在"佃自"后面明确写有"每年硬上租籼谷二十秤",显然契约中"佃自"不是"自种"的意思,如果是"自种"的意思,田主就不能收租了。章有义在研究江苏长洲县三册鱼鳞册的

---

① 傅衣凌认为永佃制起源于北宋,见傅衣凌:《明清农村社会经济》,生活·读书·新知三联书店1961年版,第47页。草野靖指出宋代官佃田的"资陪"和"立价交佃"是以佃户向所租土地里投入的劳动、资本即佃户工本为买卖对象的交易,重申了这就是田面惯例萌芽的论点,见草野靖:《宋代田面惯例的萌芽》,《中国近代的寄生地主制——田面惯例》第2部第2章,汲古书院1989年版。

② 见杨国桢:《明清土地契约文书研究》,人民日报社1988年版,第101页;刘和惠、汪庆元:《徽州土地关系》,安徽人民出版社2005年版,第106页。

③ 中国社会科学院历史研究所徽州文契整理组编:《明清徽州社会经济资料丛编》第2辑,中国社会科学出版社1990年版,第20页。

时候,发现鱼鳞册有的佃人栏下也写有一个"自"字。他对"自"的涵义进行了论证:同一业主的"自"佃田往往跨图跨圩,很难设想为"自种"。如地主沈奉湖"自佃"田分布在下二十一都跨三个图习字圩、因字圩和谷字圩等地;地主高锦的197亩自佃田也零散地分布在本图和外图的三个圩,如此分散的"佃自"田怎能由同一业主自种,可见如果"佃自"是"自种"之意是不能自圆其说的。因此,"佃自"不表达"自种"之意,而是指业主"自有田面权"。① 赵冈也持同样的观点,认为"自种"是业主自有田面权。② 因此,写有"佃自"的契约属于底、面分离但底面权与田面权属于同一田主的永佃交易契约。笔者共辨认出明代从建文三年至崇祯四年皖南写有"佃自"的底、面分离且属同一业主的7件赤契,见表1.4。

表1.4 明代徽州写有"佃自"的底、面分离的且属同一业主的赤契统计

年代及地点	田主	佃人	面积(亩)	契约号
建文三年休宁十二都三图	胡云保	佃自	2.000	002488 号
建文三年休宁十二都三图	胡学	佃自	2.125	004239 号
建文三年休宁十二都十保	胡社	佃自	0.958	002486 号
建文三年休宁十二都十保	胡得	佃自	1.000	000656 号
永乐二年□县十二都十保	胡得	佃自	1.365	004241 号
万历十六年休宁	朱文通	本家自佃	1.4938	000751 号
崇祯四年□县九都三图	韩得时	并佃	0.270	002562 号

资料来源:上表契约藏于中国社会科学院历史研究所,见中国社会科学院历史研究所徽州文契整理组编:《明清徽州社会经济资料丛编》第2辑,中国社会科学出版社1990年版,第20—23、80、270页。

表1.4所列写有"佃自"的7件契约中,其中建文年间4件,永乐、万历、崇祯年间各1件,大多在休宁县,其契约内容主要包括卖主所在都图、鱼鳞字号、面积、四至、永佃权人、租谷数量、卖田原因、田土价格及卖田人权利等。这些契约的卖主均为既有田底权又有田面权(佃权)的田主,所收租谷数量常年不变。这些契约均为赤契,都注明"佃自",意在强调自己对土地拥有全权,说明

① 章有义:《康熙初年江苏长洲三册鱼鳞册所见》,《中国经济史研究》1998年第4期,第124页。
② 赵冈:《地权分配之太湖模式再检讨》,《中国农史》2003年第1期,第34页。

当时的"佃权"是重要的土地所有权之一,契约中如不写清楚,极易和佃农发生产权纠纷。

另一种契约是写有佃人名字的契约。如《宣德二年休宁汪汝初买田赤契》[1]载:

> 十二都九保住人汪汝初,今将户内田一号,坐落本都,系九保乙字三百八十八号田,计一亩六分四厘二毫。东至……西至……南至……北至……土名门坑,佃人胡佛,每年硬上籼租谷一十四秤,上田租。今来衣食不给,自情愿将前项四至内田,尽行立契与兄汪汝嘉名下,面议时值价籼谷六十二秤,上田租,其价当收足迄无欠。其田今从出卖以后,一听买人自行永远管业,闻官受税,收苗为定。如有四至来历不明一切等事,并是出产人自行抵挡,不及买人之事……

> 宣德二年三月二十八日　出产人　汪汝初(押)契……

上面写有佃人胡佛的赤契写明,"出卖以后,一听买人自行永远管业,闻官受税",是得到官方确认的地权交易,如果佃农没有田面权是不可能把他们的名字写到地权交易凭证上的,所以这份契约无疑是佃农拥有田面权的契约。笔者从上千件皖南土地契约中整理出40件明宣德二年至崇祯十五年写有佃人名字的皖南契约,其中赤契37件,白契3件,见表1.5。

表1.5　明代徽州佃人拥有田面的契约统计

年代、县别	田主	佃人	面积(亩)	契约号数
宣德二年休宁十二都九保	汪汝初	胡佛	1.642	000652 号
宣德二年休宁十都	陈信	李添	1.375	002487 号
宣德四年休宁十二都九保	汪汝初	吴周乙	2.710	004244 号
宣德五年休宁十二都九保	汪武玑	朱计	0.725	000646 号
宣德十年□县十二都第三图	汪爱民妻	汪辛寿	1.017	004243 号
正统三年休宁十二都九保	汪存义	胡音保	0.627	004246 号
正统三年休宁十二都	朱以成	胡五保	2.000	004247 号
正统六年□县十二都九保	汪思和	胡添	0.419	002930 号

---

① 中国社会科学院历史研究所徽州文契整理组编:《明清徽州社会经济资料丛编》第2辑,中国社会科学出版社1990年版,第26页。

续表

年代、县别	田主	佃人	面积（亩）	契约号数
正统六年□县十二都九保	汪思和	胡详等3人	3.431	002425号
正统十年休宁十一都	金凌云	□□善	2.519	002477号
嘉靖二年□县十六都二图	吴玺	胡道	0.320	001030号☆
嘉靖三十二年□县十六都二图	吴铣	来兴等4人	3.850	001057号☆
嘉靖四十一年祁门十一都	吴一龙	张宝珠等17人	13.970	004342号
万历十二年休宁霓湖	吴钟	朱社法、朱社三	1.167	003288号
万历十五年	汪升等	汪得团	0.5	003301号
万历十九年歙县二十都四图	朱元辅	洪法保等19人	田12.363 塘0.509 地6.375	0002593号
万历二十年休宁西北隅一图	汪文荣	未知名	0.420	007349号
万历二十一年休宁霓湖	吴汶	吴甲梅	0.132	003291号
万历二十二年□县卅都	吴天孙等	李松等9人	8.547	003289号
万历三十年祁门十一都	吴承庆	佃在来角契内	六十六步	004077号
万历三十二年休宁七都	宋惟成	江得	田0.430 地0.750	002708号
万历三十八年休宁	朱世华	汪重九等20人	12.677	002691号
万历三十八年休宁	朱绳武	潘旺德、朱天付	0.575	002687号
万历四十年祁门	胡梦熊	汪弟等4人	4.360	004091号
万历四十一年休宁	余应绥	二团等3人	267.44步	007306号
万历四十七年休宁九都西营	程惟登	佃人叶东等3人	4.249	002682号
天启元年□县十都三图	潘鸣珂	郑文瑞等3人	5.250	006665号
天启二年□县	朱世保	张学、吴德	2.800	001635号☆
崇祯元年□县	张继光等	汪社九、郑玄龙	租6砠7斤	000606号
崇祯元年□县	张三郎	积保、姚得义	租3砠	000246号
崇祯五年□县	程应皋	许七十等3人	田1.730 塘0.230	002755号
崇祯六年休宁	程九思	汪生等2人	1.749	007499号
崇祯八年休宁	余阿蒋等	遇孙等2人	—	002777号
崇祯九年休宁八都四图	胡汝实	胡应社等6人	9.250	002770号
崇祯十五年	余原标	潘六得	田租3砠15斤	002788号

续表

年代、县别	田主	佃人	面积（亩）	契约号数
万历九年休宁东南隅	吴英	汪大耳	地 0.332	007347 号
万历十四年□县	叶良幹	洪世	地 12 步	002855 号
万历四十一年休宁	汪大铬	朱胡陈等 3 人	地 0.221 田 0.175	000896 号
天启四年□县	程九思	程寿	地 1.177	001670 号
天启三年□县二十一都三图	程宜圣	陈洪等 4 人	园 1.185	002592 号

注:①"塘"亦可用来出租,佃人获得塘面。

②"步"为田地面积计量单位,未注明单位田地面积为亩。

③契约档案号后标有☆的契约为白契,其余为赤契。

资料来源:上表契约藏中国社会科学院历史研究所,见中国社会科学院历史研究所徽州文契整理组编:
《明清徽州社会经济资料丛编》第 2 辑,中国社会科学出版社 1990 年版,第 26—130、246、
248、257、264、395 页。

从表 1.4 和表 1.5 可以看出,至迟在明代建文年间,皖南就产生了永佃制。

明代永乐、宣德、正统、嘉靖、万历、天启、崇祯等各个时期,皖南都存在永佃制。明代中后期,皖南永佃契约数量明显增加,说明永佃制是在逐步发展的。

到了清代,永佃制在徽州获得进一步发展。笔者统计安徽省博物馆所藏清代皖南大买契约共 29 件,其中道光年间 10 件,同治年间 6 件,咸丰年间 10 件,光绪年间 3 件;[①]大小买契约 3 件,其中同治元年 1 件[②],咸丰元年 1 件[③],宣统年间 1 件[④];田皮契 70 件,其中雍正十二年 1 件,乾隆时期 2 件,嘉庆年间 7 件,道光年间 26 件,同治年间 16 件,咸丰年间 12 件,光绪年间 6 件。[⑤] 从以上清代不同时期大买契约、大小买契约及田皮契约的数量可知,清代皖南永佃制获得了进一步发展。表 1.6 是皖南徽州的部分大买田契约。

---

① 安徽省博物馆编:《明清徽州社会经济资料丛编》第 1 辑,中国社会科学出版社 1988 年版,第 157—190 页。在徽州地区,大买契指田底田交易契约,小买契指田面田交易契约,大小买契指田底和田面同时进行交易的契约。

② 同上书,第 180 页。

③ 同上书,第 165 页。

④ 同上书,第 190 页。

⑤ 同上书,第 192—236 页。

表 1.6　徽州大买契统计

年代、县别及立约者	面积（亩）	交易范围、买主执业方式	契约来源
道光八年二十一都一图歙县毕景星等	1.241	同都同图	安徽省博物馆 2:23403 号
道光九年歙县二十二都二图歙县洪双宝	1.863	同都同图；田过割管业耕种	安徽省博物馆 2:23239 号
道光十年黟县江懋玿	4.753	同都外图；卖于江广生名下执业收租	黟县《江崇艺堂置产簿》
道光十四年十五都二图二甲胡光魁	3.052	外都；其田即交管业	安徽省博物馆 2:23129 号
道光十四年二十一都一图胡汪氏	1.667	同都同图；其田即交管业	安徽省博物馆 2:23432 号
道光十四年歙县十五都七图汪景云	1.784	外都；其田即交管业	安徽省博物馆 2:23130 号
道光十六年歙县十五都六图汪阿吴	1.716	同都外图；其田即交管业耕种	安徽省博物馆 2:22937 号
道光二十年歙县二十一都一图汪程氏	1.500	同都同图；其田即交管业	安徽省博物馆 2:23433 号
道光二十七年歙县二十二都三图王吉丰	2.000	同都外图；其田随即过割管业	安徽省博物馆 2:23120 号
道光二十九年歙县十五都四图张宽容	1.953	同都同图亲侄；其田即交买人管业作种	安徽省博物馆 2:22927 号
道光二十九年歙县许天喜	3.459	田税过割；其田即交管业	安徽省博物馆 2:23090 号
咸丰元年歙县十五都九图吴亚卿	5.822	外都；其田即交受买人管业，汇佃收租	安徽省博物馆 2:27590 号
咸丰元年歙县二十一都二图许广年	2.607	本都本图；其田即交管业	安徽省博物馆 2:22952 号
咸丰元年歙县鲍黄氏	1.600	田税推入买人户内	安徽省博物馆 2:27989 号
咸丰元年歙县胡仕芳等	1.446	同图；其田即交管业，过割输粮	安徽省博物馆 2:27990 号

本章研究表明，皖南永佃制主要有五个方面的来源：移民垦荒、改良增产、押金田面田、羁庄钱、获得水面权。但是，仅仅从来源角度分析永佃制形成原因，只能看到永佃制形成的表象。只有从皖南社会结构、政体及法律制度变迁角度分析，才能揭示皖南永佃制形成及发展的深层次原因。皖南永佃制形成

及发展的深层次原因主要有以下三个：一是移民群体与原住民群体相互制约的底层社会结构的形成催生了皖南永佃制；二是皖南绅权力量制约官府的上层社会结构的形成使皖南永佃制得以普遍形成，皖南的双层社会制约结构使官府、田主和佃农三方利益都得到了较为公平的实现；三是民国时期的社会变迁进一步促进了皖南永佃制的发展。特别是1935年后，皖南永佃制不再属于习惯法的范畴，该区实施的涉及永佃农田面权的土地陈报和《地籍清册》攒造使皖南永佃农的田面权最终得到了政府确认。

第二章 皖南族田、官田等公田① 与永佃制关系

　　日本学者最早对公田中的永佃制进行了研究,②国内学者则侧重于民田中的永佃制研究,目前国内学者还没有对公田中的永佃制进行研究。本章以皖南为研究地域分别对皖南族田、官田、学田和义田等公田与永佃制关系进行探讨。皖南地区是永佃制、宗族土地所有制和绅权都发达的地区之一,这是该地区区别于其他有永佃地区最重要的地域特色。宗族土地所有制的基础是建

---

① 关于"公田",学术界对其定义没有统一的看法。族人称族田为公田,其受益范围为本族之人,不包括族外众人,华东军政委员会在土改调查中把族田看作公田,新近,学者高王凌也把族田看作公田。官田则自古都被认为属于公田的范围。《礼记·王治》:"古者公田藉而不税"。孔颖达疏:"藉之言借也,借民力治公田"。曹植《籍田论》:"夫营筹万亩,厥田上下……司农是掌,是为公田"。《序资治通鉴·宋德佑元年》:"诏:公田最为民害,稔祸十有余年,至今并给原主,令率其租户为兵"。民国初期,北洋政府接收清王朝所有的官田改称为"公有地"。民国十九年,国民政颁发的《土地法》规定:"凡未经人民依法取得所有权之土地为公有土地"。民国三十五年,苏浙皖处理敌伪产审议委员会转奉国民政府令:"县(市)公有土地包括县市政府及其所属机关管有之土地;县(市)学校、医院及其他公益机关管有之土地"。本文"公田"范围既包括地方团体所有的公共土地,也包括政府、公益机关、慈善或宗教等机关所有的土地,主要类型有族田、官田、学田、义田等。

② 见[日]周藤吉之:《宋代官田的佃权买卖——关于资陪或酬价交佃》,《东方学》第七号,1953年,后收入周藤吉之著:《中国土地史研究》,东京大学出版社1954年版;[日]草野靖:《宋代官田的租种管业》,《东洋史研究》第28卷第1号,1969年;草野靖:《宋元时代水利田开发与一田两主惯例的萌芽》,《东洋学报》第53卷第1—2号,1970年;[日]草野靖:《宋代田面惯例的萌芽》,《中国近代的寄生地主制——田面惯例》第2部第2章,汲古书院1989年版;[日]高桥芳郎:《宋代官田的"立价交佃"和"一田两主"制》,《东北大学东洋史论集》1990年第4辑,载刘俊明主编:《日本中青年学者论中国史》(宋元明清卷),上海古籍出版社1995年版,第55—74页;[日]高桥芳郎:《宋代官田的"立价交佃"和"一田两主"制》,《东北大学东洋史论集》1990年第4辑,载刘俊明主编:《日本中青年学者论中国史》(宋元明清卷),上海古籍出版社1995年版,第55—74页。

立在主佃关系不平等基础上的土地关系,而永佃制是建立在主佃关系较为平等基础上的土地制度,为什么这两种有反向趋势、彼此不相容的土地制度在皖南地区能够共存? 近代皖南族田的地权形态是否和普通田一样,也产生了双层地权的分化? 如果产生了分化,双层地权分化程度如何? 族田产权是否仍全部为宗族所有? 皖南族田之外的官田、学田和义田等公田的地权状况如何,是否也和民田一样产生了双层地权的分化? 以上问题无论对族田、官田、学田和义田等公田的研究者,还是永佃制研究者来说都是不可回避的问题,但是至今没有学者对这些问题进行过深入探讨。

徽州是皖南族田最发达的区域,因此本章先以徽州为个案对皖南族田与永佃田关系进行探讨,接着以绩溪县官田、青阳县学田和屯溪义田为例对官田、义田和学田类公田地权与永佃制关系进行考察。尽可能多地涵盖整个皖南地域。

第一节　皖南徽州族田与永佃田关系

族田的中外研究者一般认为族田实行的是宗法地主所有制。[①] 关于族田的租佃制度,许多学者认为,族田主要采行佃仆制的租佃制度。[②] 张研认为,族田的经营采用佃仆制的形式,在安徽等省均不鲜见。[③] 族田地权是否如有

[①] 持此种观点的学者主要有刘淼、李文治、叶显恩、居蜜等。见刘淼:《清代徽州歙县棠樾鲍氏祠产土地关系》,《学术界》1989年第3期,第42页;李文治、江太新:《中国宗法宗族制和族田义庄》,社会科学文献出版社2000年版,第232页;叶显恩:《明清徽州农村社会与佃仆制》,安徽人民出版社1983年版,第45页;叶显恩、周兆晴:《明清珠江三角洲宗族制与土地制度》,《珠江经济》2007年第9期,第77页;[美]居蜜:《明清时期徽州的宗法制度与土地占有制——兼评叶显恩〈明清徽州农村社会与佃仆制〉》,(《江淮论坛》1984年第6期,第39—40页(初发表于1984年美国《近代中国学刊》);张研:《关于清代族田分布的初步考察》,《中国经济史研究》1991年第1期,第112页。

[②] 见叶显恩:《明清徽州农村社会与佃仆制》,安徽人民出版社1983年版,第232页;刘淼:《清代徽州歙县棠樾鲍氏祠产土地关系》,《学术界》1989年第3期,第42页。

[③] 张研:《清代族田和基层社会结构》,中国人民大学出版社1991年版,第107页。张研论证安徽族田实行佃仆制的证据太少,仅限于安徽泾县《荥阳潘氏族谱》和桐城《祝氏宗谱》两个宗谱和《徽州黄氏膳茔簿》。

的学者所认为的是单纯的宗法地主所有制而没有出现双层地权分化呢? 下面主要以清朝和民国两个时期对族田与永佃制之间的关系进行探讨。

一、清代徽州族田地权的双层分化

16 世纪七八十年代(万历初年),歙县某姓公堂共有田地 27 宗,记载不明者 4 宗,地权分离土地 23 宗(其中全业 6 宗,不占全业 17 宗),双层地权分离土地宗数占总宗数的 85.2%。① 以上例证说明,至迟在明代万历年间,徽州族田的地权就发生了双层分化。清代,族田的地权状况如何呢? 下面首先从徽州祠堂租簿、祠堂置产契约、族谱三个方面对清代族田地权形态进行考察。

首先,从宗族或祠堂的租簿考察清朝族田地权的双层分化。章有义先生在徽州公堂租簿中发现族田中存在大量的底面分离现象。② 清顺治十一年至咸丰七年,休宁二十七都二图五甲朱姓公堂 100 件契约中包括田底契 30 件、田皮契 26 件、底面田契 14 件、性质不详者 30 件,地权分离契数占总契数的 70%。这家公堂从顺治十一年至道光九年买进或当进田地 138 亩,其中田皮 39 亩(内有 8.8 亩系与田底一道买进)、田底 107.8 亩。乾隆四十八年至嘉庆五年,祁门李姓"亨嘉会"土名羊鹅坑和朱二坞的田面属于佃人百盛和孙世保。道光十年至咸丰六年,黟县江崇艺堂 30 宗田产中 17 宗为底、面分离土地(其中 3 宗田面属于佃农),底面分离宗数占总宗数 56.7%。道光二十七年至光绪十一年,黟县佚名公堂有 21 宗田地,其底、面全业田只有 1 宗,其余田面均属于佃农。咸丰七年至光绪二十八年,黟县汪姓公堂 48 宗田地中有 20 宗实现了底、面分离(其中 3 宗田面属于佃农),底、面分离宗数占总宗数的 41.7%。同治四年到光绪十年,黟县孙居易堂 89 宗田地中,有 10 宗注明自田皮,其他土地虽然不能断定是否全是底、面分离土地,但是田面属于佃农的土地一定不少。③

有的宗祠租簿对底面分离情况的记载一直延续到民国时期。道光七年至

---

① 见章有义:《明清徽州土地关系研究》,中国社会科学出版社 1984 年版,第 33—34 页。
② 章有义先生在徽州公堂租簿中发现了族田中存在大量的底面分离现象,但在其著作《明清徽州土地关系研究》和《近代徽州租佃关系案例研究》中把徽州普通租佃关系作为研究主题,对族田中的永佃制没有深入探讨。
③ 见章有义:《明清徽州土地关系研究》,第 82—324 页。

民国十八年,休宁吴启贤堂记载了1宗底、面全业田收田皮租的情况。同治三年至民国二年,祁门汪姓租簿的47宗田地中,底、面全业田地8宗,只有田底的5宗,只有田面的21宗,底、面分离宗数占总宗数的72.7%。光绪十三年至民国十三年,歙县汪光裕会35宗田地中明确记载有3宗田地属于底、面分离的田地,其中1宗的田面权属于佃农。光绪二十一年至民国三十七年(1895—1948)休宁汪公会59宗田地中,底、面全业田10宗,田面田11宗,底面分离宗数占总宗数的35.6%。光绪二十三年至民国三十七年,黟县汪敬和堂27宗田地中,明确记载底、面全业田1宗,田底田1宗。①

再从族田契约角度考察徽州族田的地权分离。笔者考察了唐模村许荫祠从顺治至光绪年间族田交易的契约类型及数量,归纳成表2.1。

表2.1 清顺治至光绪年间徽州歙县唐模村许荫祠族田契约类型及数量分析

年代	购买者	交易地	契约类型					
			买田白契	买田赤契	买地赤契	大买田契	大买田赤契	小买田契
顺治年间	许荫祠	歙县	2	—	—	—	—	—
康熙年间	许荫祠	歙县	6	74	11	—	—	—
雍正年间	许荫祠	歙县	—	42	8	—	—	1
乾隆年间	许荫祠	歙县	—	40	4	—	—	—
嘉庆年间	许荫祠	歙县	—	28	—	—	—	4
道光年间	许荫祠	歙县	—	10	—	—	—	6
咸丰年间	许荫祠	歙县	—	5	—	2	—	—
同治年间	许荫祠	歙县	—	—	—	—	1	—
光绪年间	许荫祠	歙县	—	1	—	—	2	1

资料来源:①安徽省博物馆编:《明清徽州社会经济资料丛编》第1辑,中国社会科学出版社1988年版。
②《歙县许荫祠置产簿》,安徽省博物馆藏,2:27848号。
③(光绪)《荫祠收支总誉》安徽省博物馆藏,契号27864号。

表2.1许荫祠置产契约共计249件,包含了许荫祠从清代顺治年间至光绪年间置产的绝大部分土地契约。可以看出,顺治至康熙年间,许荫祠契约种类有买田赤契、买地赤契、买田白契,没有一件是底、面分离的契约,说明在康

① 见章有义:《近代徽州租佃关系案例研究》,中国社会科学出版社1988年版,第8—267页。

熙年间及其之前,族田的地权分离很少或者不普遍。雍正年间,许荫祠有 1 件小买田契约,族田开始出现底、面分离。嘉庆年间许荫祠出现了 4 件小买田置产契约,占此期间交易契约总数的 12.5%。道光年间许荫祠出现了 6 件小买田置产契约,占此期间交易契约总数的 37.5%。清代许荫祠大小买契约从无到有,比例逐渐增大的事实说明清代族田双层地权分化是逐步加深的。

此外,宗谱中族田的记载也反映了族田地权的双层分化。乾隆年间,鲍氏宣宗户购置的田产全部实现了底、面分离,其中大买田 75.06 亩,小买田 10.57 亩,共有田 85.63 亩,大买田占祠田总数的 87%,小买田占祠田总数的 13%。① 嘉庆五年,鲍氏节俭户购买的 100 亩祠田全部是大买田。②

综上,明清至民国时期族田的地权形态不是一成不变的,至迟从明朝万历年间,族田就开始了双层地权的分化。明代及清朝初期,族田双层地权分化尽管比较少,但此时族田地权已不是纯粹的宗法土地所有制,双层地权分化已开始出现。从雍正年间至光绪年间的清朝中后期,族田的双层地权分化获得了相当程度的发展。

为什么清代徽州地区族田地权的双层分化能够逐步加深呢? 原因主要有以下几个方面:

首先,清代佃仆逐渐摆脱了佃仆身份,为佃农取得族田部分地权主要是田面权获得了身份保障。经过长期抗争,清代佃仆逐渐摆脱了佃仆身份,社会地位显著提高。明及清初期,徽州地区的佃仆制尤为盛行。③ 佃仆为了获得平等社会地位,持续不断地进行抗争。顺治二年,先后爆发了以黟县万村万黑九及黟县蔡村宋乞为首的佃仆暴动。④ 雍正五年,清世宗就江南徽州府、宁国府、池州府普遍存在的世仆、伴档现象,专门颁发了一道"开豁谕旨",对身处"贱民"阶层的世仆"皆除其贱籍,使为良民"。⑤ 雍正六年,安徽巡抚魏廷珍

---

① 鲍宗:《棠樾鲍氏宣忠堂支谱》卷二十二《新置祀产》、《袝葬银两公置祀产敬设冬祭缘由》。
② 鲍宗:《棠樾鲍氏宣忠堂支谱》卷二十二《节俭户缘旧》。
③ 必须明确的是,即使是佃仆制也和奴仆租佃制有本质区别,许多佃仆对佃种土地拥有田面权或田底权。乾隆十一年至嘉庆二十二年休宁第二十七都第二图第五甲朱姓公堂的佃仆潘长富等 6 名佃仆卖给家主的 9 件契约中显示佃仆把田面或田底卖给了被称做"家主"的公堂(见章有义:《明清徽州土地关系研究》,第 96 页)。
④ 程功:《乙酉杂记》,嘉庆《黟县志》卷十五《艺文》。
⑤ 《清实录》雍正五年四月癸丑,中华书局 1986 年影印本。

奉旨议准："至年代久远,文契无存,不受主家豢养者,概不得以世仆名之"。①但在具体执行中,休宁知县朱鹭在给徽州知府的详文中提出:"种主田,葬主山,住主屋,系现受田主豢养,非应开豁之人。"②广大佃仆并没有因为清官府苛刻的开豁条件而退缩,在整个乾隆朝发生事涉主仆名分,佃农被开豁为良的案例比比皆是。③乾隆三十四年,安徽按察使暻善上奏朝廷:"臣以为主仆之名分全以卖身契为断……其有并无文契,惟执别项单辞只字内有佃仆等类语句者,此即当日之佃户受豪强欺凌所至,应准开豁为良。"④嘉庆十四年,刑部下达律例:"并非现在服役豢养及现不与奴仆为婚姻者,虽曾葬主家之山,佃主家之田,均一体开豁为民。"⑤条例下达后,徽州、宁国、池州三府"一时开豁数万人"⑥。道光元年,"祁门周姓自远祖为李姓看坟,葬山,住屋。李姓之祖给田16亩与周姓分种,收取租息。周姓为李姓公祠吹手并抬轿生理。因起自何时,始于何人,年远无从稽考,亦无卖身典身文契。嗣周觉春之母,欲子另图生业,不令学习吹手"。李应芳不允,与周成志、周容发等斗殴,致李应芳毙命。刑案的审判结果是周姓开豁为良。⑦援引上述案例,安徽巡抚于道光五年遵旨重申:"若无卖身契,又非朝夕服役,受其豢养,虽佃大户之田,葬大户之山,住大户之屋,非实有主仆名分者,应请除其贱籍,一体开豁为良"。⑧清官府五次颁诏使佃仆开豁为良的谕令,虽然不能得到完全地贯彻,但是,佃仆与宗族经过100多年的博弈,到了道光年间,徽州佃仆的数量大幅度减少。清代后期太平天国战争对宗族的打击尤为沉重,佃仆也获得了进一步解放。歙县人"受祸,实为奇酷,烽燹所至,闾里为墟,幽壑深岩,逃匿无所"。⑨邻县旌

①《大清会典事例》卷一百五十八《户部》;黟县革委会大门里东墙根下石碑铭文。

②《葆和堂需役公食定例》,《道光休宁县志》卷七。

③ 载王钰钦、周绍泉主编:《徽州千年契约文书》(清、民国编)卷一,花山文艺出版社1991年版,第273页。其中,最有特色的是一些官府发给主家的缉拿背主逃走的所谓"逆仆"的批文。

④ 暻善:《乾隆三十四年六月十四日条奏佃户分别种田确据以定主仆名分》,国家图书馆藏,第1—5号。

⑤《大清律例汇辑便览》卷二十七,光绪二十九年影印本。

⑥（清）高廷瑶:《宦游纪略》卷上,同治十二年成都刊本,第37页。

⑦ 祝庆祺:《刑案汇览》卷三十九《良贱相殴》,道光刻本。

⑧《大清律例汇辑便览》卷二十七《道光三年安徽案内刑部咨议》。

⑨（民国）许承尧等纂修:《歙县志》卷十一《烈女》,民国二十六年铅印本。

德江村巨室江氏七分祠原有"仆人尤、赵、孙、江、汤、任六姓,各房又均有私仆,共计不下千余丁。乱后尚余十姓,统归祠内当差,男女数十名而已"。至于其他"各都世仆,也零落不堪"。①

其次,宗祠和佃农平等地参与永佃土地交易,促进了族田地权的分化。前文已述,雍正年间,许荫祠和佃农之间就开始了大、小买土地的交易。关于宗祠和佃农之间大、小买土地交易状况,见表2.2。

表 2.2 雍正至同治年间歙县宗族与佃农间大、小买土地交易

年代	契约类型	出卖人	购买者	交易状况	契号
雍正十二年	小买契	歙县汪子严	许荫祠	凭中尽交业于许荫祠名下管业	2:23089
嘉庆三年	小买契	歙县程德盛	族名下	两厢情愿,并无威逼、准折等情	2:22891
道光八年	小买契	歙县许阿胡	本房名下	倘有他人异言,俱系退人承担,不涉受人之事	2:22925
光绪二十三年	小买契	歙县许继伯	许荫祠	倘有亲房内外人等异言,俱系出退人一力承肩理直,不涉受业人之事	2:23450
咸丰六年	大买契	歙县许毕氏	族名下	两相情愿,并无威逼、准折等情	2:23044
同治九年	大买契	歙县王叶氏	许义合大社	有字号讹错,任凭对册改正,换号换税不换业	2:23119
光绪二十四年	大买契	歙县许仇氏	许荫祠	恐口无凭,立此杜买田税契永远存照	2:23424
光绪三十三年	大卖契	歙县许继伯	许荫祠	凭中杜买于许荫祠为业	2:23449
光绪三十四年	大买契	歙县许小桥	许荫祠	两相情愿,并无勉强等情	2:23415

资料来源:该表契约均藏于安徽省博物馆,转引自安徽省博物馆编:《明清徽州社会经济资料丛编》第1辑,中国社会科学出版社1988年版。

表2.2显示,从清雍正年间始,歙县宗族或祠堂在和佃农进行田底或田面的交易时,均言明"两厢情愿,并无威逼、准折等情",且"倘有字号讹错,任凭

---

① 《旌德杂志》,载于叶显恩:《明清徽州农村社会与佃仆制》,安徽人民出版社1983年版,第289页。

对册改正,换号换税不换业"等交易状况,表明宗祠与佃农在土地交易过程中地位是平等的。宗祠与佃农能够平等地进行永佃土地交易,使佃农从市场上获得族田的部分地权成为可能。

再次,清朝时期,由于田产的分散,真正有势力的宗祠很少,也为族田的地权分化创造了条件。对宗族地主权力的夸大,原因在于只看到某个宗祠或公堂田地的总数量很多,岂知拥有如此大地产的祠堂或公堂的数量并不多,并且其地产不是集中在一个村之内,而是分散在许多村之内,具体到某一个村,宗祠土地数量就不会处于绝对优势,其对全村就不会有绝对性的控制权力。这和西欧领主田产连成一片,构成一个或几个大庄园的土地占有状况完全不同。清顺治十一年至咸丰七年,休宁二十七都二图五甲朱姓公堂土地不仅在本图内散插在别人的田地之间,还有不少上地散落在外图。从有关卖主与原税户户籍的记载看,与朱姓公堂不在同一都图的田产就有 21 宗。① 道光七年至民国十八年休宁吴启贤堂租田共 119.4 亩,分散在祁门茗州村周围下湾、枫亭、长泾、查坑口、凫溪口、长滩、溪头、长庆坞、周岭脚、八房、前山、新旧岭、梅树坑口、苦李岭脚、桃源坞、周王庙等地。② 嘉庆年间,唐模许荫祠田地 629 亩,其中 70 宗田地,在本村 29 宗,外村 41 宗。③

最后,宗祠不断地参与永佃土地交易,也加深了族田地权双层分化的程度。有的学者认为,由于受到族规和合约约束,公堂土地基本上长期不变,只购进不卖出,地权的凝固性,是宗族公堂土地最显著特征。④ 实际情况并非如此,宗族在需要筹集资金时,出卖宗祠土地是常有的事。兹举黟县孙居易堂土地交易情况予以说明。同治四年至光绪十二年,黟县孙居易堂买进土地 13.67 宗(有 1 块地没有买进整块土地),卖出 5 宗,净增 8.67 宗,达到 85 宗;买进籼租 1163.63 斤,豆租 182.5 斤,卖出籼租 600 斤,豆租 60 斤,净增籼租 563.63 斤,豆租 122.5 斤,达到籼租 8576.15 斤,豆 500 斤,详细情况见表 2.3。⑤

① 见章有义:《明清徽州土地关系研究》,中国社会科学出版社 1984 年版,第 91 页。
② 见章有义:《近代徽州租佃关系案例研究》,中国社会科学出版社 1988 年版,第 3 页。
③ 《许荫祠实征归户册》,安徽省博物馆藏,藏号 2:23856。
④ 刘和惠、汪庆元:《徽州土地关系》,安徽人民出版社 2005 年版,第 66 页。
⑤ 见章有义:《明清徽州土地关系研究》,第 322 页。

表 2.3　同治四年至光绪十二年黟县孙居易堂土地流转情况

年份	买进或押进			卖出			净增		
	宗数	籼租（斤）	豆租（斤）	宗数	籼租（斤）	豆租（斤）	宗数	籼租（斤）	豆租（斤）
同治四年以前	—	—	—	—	—	—	76.33	8013.12	377.50
同治六年	0.33	—	22.50	2	120	60	-1.67	-120.00	-37.50
同治七年	1	—	20.00	1	160	—	0	-160.00	20.00
同治九年	1	—	60.00	—	—	—	1	—	60.00
光绪四年	2	112.50	60.00	—	—	—	2	112.50	60.00
光绪六年	2	330.00	—	1	160	—	1	170.00	—
光绪七年	1	140.00	—	—	—	—	1	140.00	—
光绪十年	5	448.63	—	—	—	—	5	448.63	—
光绪十二年	1.33	132.50	20.00	1	160	—	1/3	-27.50	20.00
合计	13.67	1163.63	182.50	5	600	60	8.67	563.63	122.50

　　光绪十二年至民国十五年期间,孙居易堂田地宗数又由 85 宗减为 17 宗,租额由籼租 8576.15 斤,豆 500 斤,减为谷 1550 斤,豆 362.5 斤。[①] 其他公堂的土地也在流转之中,1885 年至 1933 年祁门江姓公堂出卖 3.5 宗土地;[②] 1921 年至 1924 年歙县汪公裕堂出卖租田 7 宗;[③] 1896 年至 1937 年,休宁汪公会出卖田产 7 宗;1938 年至 1944 年间出卖田地 23 宗;[④] 1897 年以前,黟县汪敬和堂出卖土地 5 宗,1897 年至 1938 年出卖 3 宗。[⑤] 虽然以上公堂流转的土地我们不能确定包括多少大、小买田,但是足以证明族田只进不出,超稳定的观点是不恰当的。

　　清代祠堂不仅进行普通土地的交易,而且还进行永佃土地的交易。表 2.4 是休宁二十七都二图五甲朱姓公堂从清顺治十一年至咸丰七年田底及田

---

① 见章有义:《近代徽州租佃关系案例研究》,第 154 页。
② 同上书,第 163 页。
③ 同上书,第 189 页。
④ 同上书,第 317 页。
⑤ 同上书,第 262—264 页。

面的流转情况。①

表 2.4 明崇祯十四年至清嘉庆十五年休宁二十七都二图五甲朱姓公堂田底及田面流转

土地名	买进年月	卖出年月	间隔年数
陈家坞（田底）	崇祯十四年	康熙四十五年十二月	65
山九坞（全业）	康熙三十五年十二月	雍正三年三月	28
田坞（田皮）	康熙三十六年五月	雍正七年十一月	32
思贤岭里山（田皮）	雍正十二年五月	乾隆四年九月	5
坑底（田皮）	康熙五十五年二月	乾隆十五年三月	34
云坞（田皮）	康熙十一年十二月	乾隆五十五年十一月	117
砖坞口（田底）	雍正五年七月	嘉庆三年十二月	71
观音亭（田底）	嘉庆五年十二月	嘉庆九年一月	3
杨梅岭等（田底）	嘉庆一年九月	嘉庆九年三月	7
杨梅岭等（田底）	嘉庆一年九月	嘉庆九年十二月	8
田将岭（田皮）	乾隆四十七年十月	嘉庆十四年三月	26
外坞宝（全业园地）	乾隆五十九年三月	嘉庆十五年十二月	16

从表 2.4 可知,朱姓公堂 12 宗底面分离的土地流转的间隔时间最短 3 年,最长 117 年,合计不到 10 年的 4 宗,10 年以上不满 40 年的 5 宗,超过 50 年的 3 宗。如剔去最长的 1 宗不计,则平均流转间隔年限为 27 年。在不到 10 年的 4 宗中,有 3 宗买进年月都在嘉庆初年,说明嘉庆初年永佃土地流转较以前频繁。许荫祠也参与永佃土地的交易,嘉庆年间许荫祠,4 件置产契约属于小买契,占此期间契约总数的 12.5%。道光年间许荫祠出现了 6 件小买田置产契约,占此期间契约总数的 37.5%。② 上述宗祠不断参与大小买田的交易,进一步加深了族田双层地权分化的程度。

由上可知,由于宗祠田产的分散,清代宗祠并不如有的学者认为的那样,在徽州地区形成支配地位的宗法土地所有制。真实的情况是,清代佃仆逐渐摆脱了佃仆身份,在社会地位方面,为其取得族田部分产权主要是田面权获得

---

① 见章有义:《明清徽州土地关系研究》,第 80—81 页。
② 《歙县许荫祠置产簿》,安徽省博物馆藏,藏号 2—27848。

了身份保障;在土地交易时,佃农可以逐渐以平等的身份从宗祠购得族田的部分产权。另外,宗祠不断地参与永佃土地交易,也加深了族田地权双层分化的程度。清代徽州族田双层地权分化的原因很多,但是上述几个方面的原因无疑对徽州族田地权的双层分化有着决定性意义。

二、民国时期徽州族田地权的双层分化

清代族田虽然发生了地权的双层分化,但是永佃制在族田中仍然不是普遍性的土地制度。到了民国时期,永佃制在族田中的状况如何呢? 我们主要以歙县唐模等村为中心对族田中的永佃制进行考察。学术界对歙县宗祠、公堂分布状况并不清楚,兹据 20 世纪 30 年代的《歙县地籍清册》①把歙县主要村落的宗祠、公堂和支房户汇总如下:

表 2.5　20 世纪 30 年代歙县典型村宗祠及公堂

村落及村落数	宗祠或公堂户
唐模村 22	许慎余堂、许敦义堂、许敦元、许立本、许继善祠、许尚义堂、许骏惠堂、许荫祠、许世承、许十二房、许铭德、江国东、江国桢、许敬诚堂、许道智、许义斋、许尚二房、王锦章、许真童、胡致和、许伯龙、上三房
篁墩村 15	吴志德堂、吴义恩堂、吴世德堂、方家祠、汪家祠、孙家祠堂、黄念德祠、关里祠、毕家祠、程家祠、方务德堂、吴韦修堂、吴在有堂、汪善荣堂、吴善荣
呈坎村 18	祀勋祠、罗君显、善穆仲、通赵会、长春桥、孙东舒祠、东方会、獬豸桥、环秀桥会、罗春祈会、南方会、乐济、罗士元公祠、罗宗祠、罗郑氏(祭田)、德化公、郑叙伦堂、罗呈氏(祭田)
汪村(薛阳区)31	汪家政堂、汪沄公社、汪汉公社、汪洪公社、汪龙公社、汪中秋会、汪圣典公、汪恩敬公、方源本堂、方世恩户、汪圣浮公、汪天喜堂、方姓清明会、汪贻睦堂、汪源辉户、汪永浩户、汪瓒公户、汪昌浩户、汪明公户、汪于亮公、汪世荣户、汪国亮公户、汪怡聚堂、汪源燧公、汪圣有公、汪永诚户、汪永佑户、汪有万户、汪源煜户、汪光松公、汪正周户

---

① 20 世纪 30 年代的《歙县地籍清册》对歙县各个村土地的土名、田底主、田面主、耕种者、亩产、产量、人口、劳力、税率、业主收入、佃户收入、劳动力、耕牛、宗族或公堂户的地权形态、是否外出经商及赡养人口数量等项登载得非常详细。笔者认为其登载之项如此之详,其价值远甚于鱼鳞册,是研究民国地权形态、土地经营的珍贵资料。

续表

村落及村落数	宗祠或公堂户
汪村(溪头区)17	叶氏宗祠、叶道存户、叶学锦户、叶桢祥户、叶涣公会、叶日成户、程守箴堂、许亦政堂、汪仁锦堂、汪元同公、汪新社会、汪雪公户、汪善德户、汪至实公户、汪敦睦堂、汪桥会、汪永昌公户
龙源村 5	尹公会、遇星公会、家儆公会、启琳公会、过魁公会
高阳村 20	一本堂、许积庆堂、惇伦堂、敬爱堂、许惇本堂、许照德堂、前溪祠、前溪桥会、许至和堂、许亲睦祠、许德五户、范顺德堂、富资社、施政祠、五叙祠、汪敬承祠、云溪堂、许纯本堂、许祈泽祠、许敬思堂
棠槐 29（棠樾和槐塘）	鲍祠堂、吴祠、土地会、鲍氏政堂、鲍竭耕堂、程儒硕堂、汪爱日堂、程本仁堂、程行素堂、20 个祭田户
鲍川村 13	张祖年(祭田)、洪进宝堂、张宝善堂、张礼生(祭田)、春祭会、吴启祥(祭田)、萧仲文、吴兆奎、江氏祠、江姓祠产、洪进宝堂、张宝善堂、(南源口)江氏祠
思明村 24	五股八公会、洪公会、明礼祠、吴景禧公会、桥会、文魁公、景坤公会、日生公会、路亭会、八公会、惟澡公、太保会、永梅公会、久保公、道谊公、保和堂、荣庆堂、道谦会、文会、荣公会、国荣公、遇旬公会、思成祠、仁保公会
溪口村 20	余敦叙堂、余清明会、四会、九公会、潘光启堂、朱华华堂、永根公、余元公、余来斋公、罗灶根众业代表人、余廷受公、清明会、社会、会源堂、团结树德堂、滩头社会、士勇公、吴裕成、荣德堂、汪树德堂
灵山村 8	余庆堂、六德堂、春祭会、智福公、智玉公、兆汝公、玄坛会、尚德堂

资料来源:《歙县地籍清册》,20 世纪 30 年代,歙县档案馆藏。

表 2.5 是 20 世纪 30 年代歙县 12 个村落拥有族田的全部宗祠、公堂及祭田,共 222 个族田户。王瑞芳认为,到了民国时期,族田仍然为宗族中有权有势者把持,成为他们变相的私田,直到新中国成立前夕,宗族的管理制度始终在贯彻执行,以此构成封建社会宗法制度的基础。[①] 叶显恩认为,由于族田所占比例特别大,族田都在缙绅地主控制之下,这种土地占有形式属于宗法地主土地所有制。[②] 宗祠所占族田在民国时期的真实地权状况如何呢? 下面主要以唐模村族田为例加以说明。

民国时期,宗祠族田地权双层分化更加普遍,宗族主要掌握族田的田底权,田面权主要掌握在佃农手中。唐模村共有 22 个族田户,每户的田底、田

---

① 王瑞芳:《没收族田与封建制度的解体》,《江海学刊》2006 年第 5 期,第 147 页。
② 叶显恩:《明清徽州农村社会与佃仆制》,安徽人民出版社 1983 年版,第 46、51 页。

面、底面全业及非永佃土地占有状况,见表2.6。

表2.6 20世纪30年代唐模村全部族田户田底、田面、底面全业及非永佃土地占有

单位:亩

宗祠或公堂	田底亩数①	田底占总土地比例(%)②	田面亩数	田面占总土地比例(%)	底面全业土地亩数	底面全业占总土地比例(%)③	非永佃土地亩数	非永佃土地占总土地比例(%)③	计算田面的总土地占有亩数④	不计算田面的总土地占有亩数⑤
许慎余堂	4.36	100	—	—	—	—	—	—	4.36	8.71
许敦义堂	6.55	75.65	2.11	24.35	—	—	—	—	8.65	13.09
许敦元	5.30	100	—	—	—	—	—	—	5.30	10.60
许立本	—	—	—	—	—	—	12.70	100	12.70	12.70
许继善祠	22.32	69.87	5.05	15.81	4.6	14.4	—	—	31.95	49.24
许尚义堂	35.66	95.07	1.85	4.93	—	—	—	—	37.51	71.32
许骏惠堂	29.99	58.19	2.3	4.46	—	—	19.25	37.34	51.54	79.23
许荫祠⑥	79.90	92.86	6.14	7.14	—	—	—	—	86.05	159.81
许世承	2.11	100	—	—	—	—	—	—	2.11	4.21
许十二房	4.70	100	—	—	—	—	—	—	4.70	9.40
许铭德	6.95	100	—	—	—	—	—	—	6.95	13.90
江国东	3.38	39.42	4.70	54.76	—	—	0.5	5.83	8.58	7.27
江国桢	—	0	2.65	100	—	—	—	—	2.65	0
许敬诚堂	7.17	25.23	—	—	—	—	21.23	74.77	28.40	35.56
许道智	1.01	100	—	—	—	—	—	—	1.01	2.02
许尚二房	3.05	100	—	—	—	—	—	—	3.05	6.10
王锦章	—	—	—	—	—	—	7.70	100	7.70	7.70
许真童	5.65	77.93	—	—	—	—	1.60	22.07	7.25	12.90
上三房	5.87	88.01	—	—	—	—	0.80	11.99	6.67	12.54
胡致和	—	—	1.90	9.09	16.80	80.38	2.20	10.53	20.90	19
许伯龙	7.70	23.99	7.60	23.68	16.80	52.34	—	—	32.15	29.40
许义斋	6.55	16.84	3.95	10.15	28.40	73.01	—	—	38.90	41.50
合计	238.22	58.24	38.25	9.35	66.6	16.28	65.98	16.13	409.01	609.00

注:①因为民国时期歙县的田底、田面的价格相当,且田底租和田面租都遵循17.5%的租率,唐模村族田的田底及田面各相当于土地产权的一半,所以田底、田面亩数都按实有亩数一半折算;底面全业及非永佃土地因为包括土地的全权,按实有亩数计算。

②田底及田面占总土地比例系指田底、田面按实有亩数一半折算后占计算田面总土地亩数比例。

③底面全业及非永佃土地占总土地比例系指底面全业及非永佃土地占计算田面总土地比例。

④计算田面总土地占有是把田面计入产权的计算方法：

计算田面总土地占有 = (田底+田面)÷2+底面全业土地+非永佃土地

⑤不计算田面总土地占有是传统的不把田面计入产权的计算方法：

不计算田面总土地占有 = 田底+全业土地+非永佃土地

⑥许荫祠包括许荫祠户、许尚义堂户、许继善户、骏惠堂等支祠户。

资料来源：村长章继民、农会主任汪德兴、财粮员章日达：《歙县第 3 区唐模村整理地籍清册》，20 世纪 30 年代，歙县档案馆藏。

根据表 2.6，唐模村族田全部出租，共有族田 409.01 亩，①其中田底族田 238.22 亩，占族田总数的 58.24%。唐模田底族田占族田总数 58.24% 的事实说明族田地权构成主要以田底为主体，换个角度，即 58.24% 的族田田面被永佃农掌握，这样就形成了宗祠主要掌握田底，永佃农主要掌握田面的族田地权结构。

又，唐模村田面族田 38.25 亩，占族田总数的 9.35%，这使我们有几点新认识：一是田面田并不如有的学者所认为的仅仅是佃农的一种使用权，而是一种独立的产权，如果不是一种产权，宗族不使用土地就没必要购买田面田了；二是族田单纯的宗族土地所有制被打破了，宗族只拥有土地的部分产权；三是不能再以"宗祠是主"，"佃农是佃"的旧思维看待民国时期族田的所有制。兹以唐模村族田户田面田为例做进一步说明，见表 2.7。

表 2.7　20 世纪 30 年代唐模村族田户田面田出租及租率

占有田面田族田户	土地名及土地种类	耕种人	田底主	亩数	亩产量	年产量（斤）	大租及小租（斤）	租率%
许敦义堂	田唐模塘	陈招才	许荫祠	1.6	200	320	小租56	小租率17.5
	田唐模塘	陈招才	许荫祠	0.8	200	160	小租28	小租率17.5
	田新亭前	许舒安	许朝榆	0.9	420	378	小租66	小租率17.5
	田坟前	舒太	许朝榆	0.9	300	274	大租48	大租率17.5

---

①　在说明唐模村族田状况时，笔者在此使用的是根据包括田面田的统计方法统计出来的族田数。

续表

占有田面田族田户	土地名及土地种类	耕种人	田底主	亩数	亩产量	年产量（斤）	大租及小租（斤）	租率%
许伯龙祠	田荷花龙	许小月	骏上三房	2.4	420	1008	小租176.8	小租率17.5
	田荷花龙	许小月	许悦音	1.8	420	756	小租132.4	小租率17.5
	田荷花龙	许小月	许荫祠	0.2	420	84	小租14.11	小租率16.8
	田唐遼	吴兆基	许繁卿	1.3	300	390	小租68.4	小租率17.5
	田广干段	吴兆基	许朝榆	0.9	300	270	小租47.4	小租率17.6
	田广干段	许诵芳	许骏祠族	2.2	300	660	小租115.8	小租率17.5
	田低林	许继之	许荫祠族	1.2	300	360	小租63	小租率17.5
	田瓦窑塘	于福球	许栋臣	1.6	300	480	小租84	小租率17.5
	田瓦瑶塘	于福球	许栋臣	0.4	420	168	大小租58.12	大小租率34.6
	田新亭下	吴兆基	许荫祠	1.9	300	570	大小租179.8	大小租率31.5
	田洪桥林	许门生	刘平	1.3	550	715	大小租250	大小租率35.0
许继善祠	田五亩坵	许礼堂	许尚义堂	1.1	300	330	小租55	小租率16.7
	田余坟前	许礼堂	许荫祠	1.5	300	450	小租78.5	小租率17.4
	田余坟前	许礼堂	许荫祠	1.5	300	450	小租78.5	小租率17.4
	田罗家塘	吴韵笙	许骏惠堂	0.9	420	378	小租66	小租率17.5
	田上塘路	许诚荣	许荫祠	1.2	420	504	小租88	小租率17.5
	田黄柏塘	许克甫	许克甫	0.7	300	210	小租37	小租率17.6
	田黄柏塘	许克甫	许克甫	0.4	300	120	小租21	小租率17.5
	田八角亭	许承懋	许和甫	1.7	550	935	大小租327	大小租率35.0
	田八角亭	许承懋	许和甫	0.6	550	330	大小租115.8	大小租率35.1
	田罗家园	吴韵笙	许骏惠祠	0.9	420	378	大小租132	大小租率34.9
许尚义堂	田文昌揭	程排仿	许克定	0.6	420	252	小租44	小租率17.5
	田文昌揭	程排仿	许克定	0.4	420	168	小租29.5	小租率17.6
	田芦揭干	日炳	许尧懋	0.7	300	210	大租37	大租率17.6
	田余坟前	礼堂	许继善祠	2.0	300	600	大租105	大租率17.5
许骏惠祠	田黄金岭	朱正之	许尚义堂	1.3	300	390	小租68	小租率17.4
	田银龙坵	汪锦波	许荫祠	0.8	300	240	小租42	小租率17.5
	田祠东	许进才	许荫祠族	0.2	550	110	大租19	大租率17.3
	田坝里	自谦	上三房	0.5	550	275	大租48 小租48	大租率17.5 小租率17.5
	田许祠后	许尧懋	许荫祠	0.5	550	275	大小租96	大小租率34.9
	田坝外低林	许继之	许荫祠	1.3	300	390	大小租136.8	大小租率35.1

续表

占有田面田族田户	土地名及土地种类	耕种人	田底主	亩数	亩产量	年产量（斤）	大租及小租（斤）	租率%
许荫祠	田后坞瑶屯	黄多有	许栋成	1.8	300	540	大小租189	大小租率35
	田唐美村大塘	章继民	许承愈	0.5	300	150	大小租52.8	大小租率35.2
	田布袋坵	黄多有	许栋臣	1.8	300	540	大租94.8	大租率17.6
	田塘遶	于福球	许栋臣	1.6	300	480	大租84	大租率17.5
	田瓦窠塘	于福球	许栋臣	0.4	420	168	大租29.8	大租率17.7
	田黄土圩	李智伯	容苟奶	1.6	550	880	大小租308	大小租35
	田唐遶	许自谦	许骏惠祠	0.5	300	150	大租26	大租率17.3
	田坝里湾坵	章祖荫	许骏惠祠	1.8	300	540	大租94	大租率17.4
	田唐模塘	章祖荫	许骏惠祠	1.7	200	337	大小租98	大小租率29.1
	田新坟山	聂文忠	许义斋祠	0.6	300	180	大租31.8	大租率17.7
许义斋	田小三亩塘	许士宣	许荫祠	1.3	550	715	小租125.2	小租率17.5
	田广干叚	许克甫	许荫祠义垒	3.2	300	960	大租147	大租率15.3
	田大塘	聂文忠	许荫祠	1.8	420	756	小租133.4	小租率17.6
	田姚亭后	郑维民妻	许荫祠	1.6	300	480	小租84	小租率17.5
江国祯祠	田乌坵坆	程凯生	许荫祠	1.6	300	480	小租84	小租率17.5
	田新坵	程凯生	许荫祠	0.9	300	270	小租47	小租率17.4
	田清风亭	章传来	许荫祠	2.7	300	810	小租141.5	小租率17.5
	田乌坵坆	程凯生	许荫祠	0.1	300	30	小租5	小租率16.7

资料来源:村长章继民、农会主任汪德兴、财粮员章日达:《歙县第3区唐模村地籍清册》,20世纪30年代,歙县档案馆藏。

　　从表2.7可知,唐模村族田户占有的田面田有两种情况:一种是族田田底属于另一族田户,同一块族田的地权被不同的宗族分割;另一种是族田田底属于普通的佃户。如唐模村许敦义堂有1.8亩田面田的田底属于佃户许朝榆;许伯龙祠有7.3亩田面田的田底分别属于佃户许悦音、许繁卿、许朝榆、许栋臣和许刘平;许继善祠有3.4亩田面田的田底分别属于佃户许克甫和许和甫;许尚义堂有1.7亩田面田的田底分别属于佃户许克定和许尧懋;许荫祠有7.7亩田面田的田底分别属于佃户许栋成、许承榆和容苟奶。族田田底属于佃户的事实说明以"宗祠是主","佃农是佃"的旧思维来解释民国时期族田所有制状况是行不通的。民国时期唐模村的族田田底虽然仍以宗祠占有为主,但是由于土地的流转,佃农占有族田田底的情况也不少,说明由于双层地权的分化,民国时期的宗祠是作为一个普通所有权主体进行土地占有、租佃和土地交易的。表2.7还说明,宗祠占有田底与田面并没有太大区别,因为无论是出租田底还是田面,宗祠收取的地租是一样的,都按17.5%的租率征收。上表所列不同宗祠族田亩产尽管有550斤、420斤、300斤和200斤四个等级,但是大、小租率都为约17.5%,合计大小租率均为大约35%,说明在唐模村形成了为不同宗祠及佃户共同遵守的稳定的惯行永佃租率。

民国时期,徽州其他村的族田地权也普遍分化。绩溪宅坦胡氏宗族的亲逊堂和桂枝文会绝大部分田产属于田底田。1937年,亲逊堂永佃农87人,普通佃农57人,永佃农占其佃农总数的60.4%。同年,桂枝文会永佃农13人,普通佃人16人,永佃农占其佃农总数的44.8%。[1] 土改前夕,龙川胡氏26宗祠田中,25宗是大买田[2],26宗学田中,14宗是大买田。[3] 龙川万安公祠田22宗,其中20宗是大买田。[4] 民国时期,黟县南屏叶氏宗祠(叙秩堂)土地占有土地100多亩,各个支祠、家祠共占有土地200多亩,绝大部分属于大买田。[5]

因此,民国时期,族田地权双层分化较清朝更加普遍,宗族一般拥有土地的部分所有权——主要是田底权,单纯宗法土地所有制基本上被打破了。民国时期的族田地权分化更加普遍的原因何在呢?

第一,到了民国时期,原本比例很小的徽州大宗祠或公堂都不同程度地衰落了,大宗祠在出租土地给佃农时,失去了对佃农的强势地位,大宗祠不得不以赋予佃农田面权的方式认可佃农对族田的长期改良和投入。笔者汇总宋至清徽州族田超过100亩以上大宗祠总计32个,其中绩溪2个,休宁5个,歙县11个,祁门5个,黟县2个,婺源7个,其数量是很小的,见表2.8。到了民国时期,由于宗祠的衰落,占有100亩及其以上族田的大宗祠的数量进一步减

---

① 《亲逊堂田亩编号草簿》(1937年),绩溪县档案馆藏。
② 《绩溪县第4区龙川胡氏宗祠土地登记册》,20世纪30年代,绩溪县档案馆藏。
③ 《绩溪县第4区龙川胡氏学田登记册》,20世纪30年代,绩溪县档案馆藏。
④ 《绩溪县第4区龙川胡氏万安公祠土地登记册》,20世纪30年代,绩溪县档案馆藏。
⑤ 赵华富:《黟县南屏叶氏宗族调查报告》,《'95安徽大学学术活动月论文选萃》,安徽大学出版社1996年版,第115页。

少。据统计,1950 年徽州(包括婺源县)共有户数 244197 户①,占有 100 亩及其以上族田的大宗祠只占徽州总户数的 0.013% ,这样小的比例实难对普通农户形成宗法势力。关于徽州宗祠的衰落情况,以歙县棠樾村鲍氏宗祠和唐模村许氏宗祠最为典型。鲍氏宗祠和唐模村许氏宗祠在整个徽州地区称得上特大宗祠,但到了民国时期,这两个宗祠也衰落了。嘉庆年间,棠樾鲍氏宗祠共有田 1396.76 亩、塘 18.69 亩、地 21.55 亩②,但到民国时期,鲍氏宗祠族田已经寥寥无几,鲍氏宗族只有 33 户,鲍氏宗祠只有大买田 61.39 亩。③ 鲍氏宗族的房长也没有了,何时销声匿迹,没人能说得清楚。④ 嘉庆年间,许氏宗族仅许荫祠户就有族田 559 亩、地 70 亩、山 7 亩、塘 16 亩,总计 652 亩。⑤ 20 世纪 30 年代,许荫祠户仅剩族田 159.8 亩。⑥

表 2.8　宋代至清代徽州占有 100 亩及其以上族田的大宗祠统计

所在县	宗族	朝代、捐输人、田类及面积	资料来源
绩溪	盘川王氏	宋墓地 400 余亩	绩溪《盘川王氏宗谱·始祖常书府君墓地侵复纪略》
	城西周氏	清周槐堂学田二百数十亩	《绩溪城西周氏宗谱·十三都道遥田产》
休宁	旌城汪氏	宋汪泳祭田(含义田)100 亩	弘治《徽州府志》卷七《人物志·勋贤》
	东阁许氏	宋许文蔚义田 100 亩	程尚宽《新安名族志》后卷
	陪郭程氏	宋程信义田 500 亩	弘治《徽州府志》卷七《人物志》
	吴氏	明吴继良义田(含学田)178 亩	康熙《徽州府志》卷十五《人物志·尚义》
	竹林汪氏	清汪丕祠田 300 余亩	休宁《竹林汪氏宗祠记》
歙县	岩镇余氏	明余文义义田 100 亩	民国《歙县志》卷九《人物志·义行》
	呈坎前罗氏	明罗元孙学田 100 亩	康熙《徽州府志》卷十五《尚义》

① 数据来源于《徽州专区土改前户数人口统计表》,《徽州行署办公室》,全宗 14 第 59 卷,第 16 页。婺源县户数来源于婺源县志编纂委员会:《婺源县志》,档案出版社 1993 年版。
② 鲍宗:《棠樾鲍氏宣忠堂支谱》卷二十二《新置祀产》、《重修宣忠堂堂约》、《节俭户缘旧》、《衬葬银两公置祀产敬设冬祭缘由》;卷十九《敦本户田记》、《义田·体源户田记》。
③ 《歙县棠樾鲍氏宗祠地籍清册》,歙县档案馆藏。
④ 赵华富:《歙县棠樾鲍氏宗族个案报告》,《江淮论坛》1993 年第 2 期,第 81 页。
⑤ 《许荫祠实征归户册》,安徽省博物馆藏,藏号 2:23856。
⑥ 村长章继民、农会主任汪德兴、财粮员章日达:《歙县第 3 区唐模村地籍清册》,20 世纪 30 年代,歙县档案馆藏。

续表

所在县	宗族	朝代、捐输人、田类及面积	资料来源
歙县	潭渡黄氏	明黄立文义田 100 亩 明黄立文学田 100 亩 清黄算之义田 100 余亩 清黄天寿祭田（含义田学田）150 亩	歙县《潭渡孝里黄氏族谱》卷七《许氏义田记》《孝友》、《厚德》；卷十《彰义黄翁义田记》
	江村江氏	清江承炳祭田（含学田）1000 余亩 清江振鸿祀田（含学田）千数百亩 清江裕琇义田 100 亩	歙县《橙阳散志》卷三《人物志·义行》 民国《歙县志》卷九《人物志·义行》
	棠樾鲍氏	清鲍志道祭田 150 亩 清鲍汪氏义田 100 余亩 清鲍启运义田 1249 亩	歙县《棠樾鲍氏宣忠堂支谱》卷十九《祀事》
	溪南吴氏	清吴之骏义田（含学田）数千亩 吴邦伟与吴邦佩义田 1000 余亩	歙县《丰南志》卷六《艺文志·行状》 民国《歙县志》卷九《人物志·义行》
	雄村曹氏	清曹景宸义田 500 亩	民国《歙县志》卷九《人物志·义行》
	伏塘坑方氏	清方德龙义田 109 亩	民国《歙县志》卷九《人物志·义行》
	唐模许氏	清许以晟义田 100 亩 清许以景义田数百亩 清许承基义田 100 亩	民国《歙县志》卷九《人物志·义行》
	松明山汪氏	清汪人御义田 500 亩	民国《歙县志》卷九《人物志·义行》
	大阜潘氏	清潘景文义田 100 亩 清潘仲兰义田 100 亩	民国《歙县志》卷九《人物志·义行》
祁门	胡村胡氏	明胡天禄与胡征献祭田（含义田学田）330 亩	康熙《徽州府志》卷十五《人物志·尚义》
	善和程氏	明程新春等祭田（含义田学田军业田）320 亩	周绍泉、赵光亚：《窦山公家议校注》
	旸原谢氏	明谢明哲义田（含学田）140 亩	同治《祁门县志》卷三十《人物志·义行》
	石坑张氏	清张启勋祭田（含义田）数百十亩	同治《祁门县志》卷三十《人物志·义行》
	柽墅洪氏	清洪世迎义田 100 余亩	同治《祁门县志》卷三十《人物志·义行》
黟县	黄村黄氏	元黄真元祭田（含义田学田）630 亩	嘉庆《黟县志》卷七《人物志·质行》
	艾坑余氏	元余延椿祭田（含义田学田）1026 砠	嘉庆《黟县志》卷七《人物志·尚义》

续表

所在县	宗族	朝代、捐输人、田类及面积	资料来源
婺源	茶园朱氏	宋朱熹祭田 100 亩	汪懋竑：《朱子年谱》卷一上
	考川明经胡氏	元胡铤与胡澄学田 350 亩	弘治《徽州府志》卷五《学校》
	—	元程本中学田 300 亩	康熙《徽州府志》卷七《营建志·学校》
	中山祝氏	元祝寿朋学田 200 亩	康熙《徽州府志》卷七《营建志·学校》
	方村方氏	明方仲浩义田 100 亩	民国《重修婺源县志》卷三十七《人物·义行》
	桃溪潘氏	明宗族捐学田 100 亩	道光《徽州府志·学校》
	盘山程氏	清程世杰义田 30 余亩	民国《重修婺源县志》卷三十七《人物·义行》一

　　第二，大宗祠也不是一个统一整体，宗支分建支祠，形成不同的祠户，各个祠户的族田都独立经营，也削弱了宗族的势力。血缘亲属超过五世就可另立宗族，新的宗支不断产生，必然产生数以千计的支祠。歙县呈坎前罗氏族自唐末至民国时期，历 1000 多年，积 35 世，分化为许多宗支，宗支分建的支祠有贞一公祠、贞靖罗东舒先生祠、尚翁公祠、士元公祠、舜臣公祠、士达公祠（承善堂）、士文公祠、长房祠、世德祠（二房）、三房祠、四房祠、东峰公祠和秀书祠等。[1] 歙县江村江氏宗祠是赉成堂，支祠有伯固门、悠然堂、惇叙堂、笃本堂、千里门、东皋堂、居敬堂、安义堂、明善堂、贻庆堂、敦善堂、德新堂、滋德堂、荣养堂、展锡堂、茂荆堂、聚顺堂、太守昌公祠、都御史江公祠、忠功堂、以舟公祠、御史祠、乐野翁祠、桂林公祠和烈女祠等支祠。[2] 徽州地区各个支祠分别占有族田，使得宗祠地权更加分散。新中国成立前夕，龙川胡氏宗祠在大坑口拥有族田 44 宗，共 23.07 亩。龙川胡氏各支祠也分别占有族田：顺德堂占田 3.65 亩，地 0.5 亩；思敬堂占田 4.45 亩；五中堂占田 1 亩；胡大中堂占田 3.95 亩；大德堂占田 0.3 亩；元在堂占田 2.4 亩，租额 222 斤 12 两。[3] 黟县南屏叶氏宗

---

[1]　赵华富：《徽州宗族研究》，第 314 页。
[2]　（清）江登云：《橙阳散志》卷八《祠堂》。
[3]　《绩溪县第 4 区大坑口行政村土地清册》，20 世纪 30 年代，绩溪县档案馆藏。

族的宗祠是叙秩堂,其共设缴税祠户5个,他们是兴正户、善美户、荫大户、光裕户和善宝户。① 休宁古林黄氏宗祠有2个祠户,即黄宗祠户和黄承祀户。② 歙县唐模许氏宗祠包括许孝睦、许竞立、许森祚、许存礼等户。1950年上半年,祁门县莲花塘村两个较大的宗祠是吴致顺堂和余德宁祠,分别占地992.8亩和106.2亩。进一步深究发现,吴致顺堂是由58个祀会组成的,其中50亩以上的祀2个、10亩以上的祀28个、10亩以下的祀或会也有28个。余德宁祠则由5个祀组成,其中50亩以上祠会1个、10亩以上祠会1个、10亩以下祠会2个。莲花塘村超过100亩的祠户其实只有1个,占地146.51亩。③

第三,中小祠堂更不会对佃农形成强势地位。徽州祠堂众多,这是徽州族田比例高的原因,但是徽州绝大部分祠堂属于中小祠堂,单个中小祠堂占有族田面积都非常的小。如新中国成立前夕的唐模村有中小祠堂18个,许义斋和许伯龙分别占有族田37.3亩和32.15亩;许敬诚堂和胡致和堂分别占有族田28.39亩和20.9亩;许立本堂占有族田12.7亩;其他13个中小祠堂占有族田均在10亩以下。④ 再如祁门县莲花塘村中小祠堂土改前夕占有土地也很少,详见表2.9。

表2.9 土改时期祁门莲花塘村中小祠堂占有土地统计

祠堂	10亩以上		10亩以下	
项氏家祠	1个祀	22.91亩	3个祀	8.7亩
汪氏宗祠	1个祀	15.1亩	2个祀	8.1亩
朱务本堂	1个祀	19.4亩	—	—
黄家宗祠	—	—	1个祀	5.8亩
余家宗祠	—	—	1个祀	0.7亩

资料来源:华东军政委员会土地改革委员会:《安徽省农村调查》,1952年编印,第201页。

因此,民国时期的宗祠不再对普通农户构成强势地位,只能作为一个普通土地拥有主体而存在,这就为族田双层地权的分化创造了条件。另外,民国时

① 黟县《南屏叶氏族谱》卷一《叶氏族谱凡例》、《户籍》。
② 休宁《古林黄氏重修族谱》卷一。
③ 华东军政委员会土地改革委员会:《安徽省农村调查》,1952年编印,第201页。
④ 村长章继民、农会主任汪德兴、财粮员章日达:《歙县第3区唐模村地籍清册》。

期,国民政府对佃农永佃权的确认、近代社会的转型对永佃制度的促进、地主的城居化都促使宗祠地主更多地采取永佃制经营方式,使民国时期族田双层地权分化更加普遍。

总之,不能以静止和绝对的观点去看族田的所有制,清代至民国时期,中国社会的政治、经济、文化等各个方面都发生了变化,相应地徽州族田租佃制度也受到总土地制度变迁的影响。清代,宗祠或公堂逐渐失去了对佃农的强势地位,族田出现双层地权分化并逐步加深,单纯的宗法土地所有制被打破;民国时期,族田地权分化更加普遍,宗族主要掌握族田的田底权,田面权则主要被佃农分割,徽州祠堂只能作为一个普通土地拥有者参与土地租佃和交易。

第二节　皖南官田、学田、义田类公田与永佃制关系

20 世纪 30 年代,皖南地区有官田 75426 亩,团体所有田 128284.8 亩[1],民田 3488395.9 亩,其他 48472 亩,公田比重占 5.5%。[2] 官田、学田和义田等公田也是皖南耕地的重要组成部分,研究其地权状况对认识皖南土地制度有着极其重要的意义。民国时期,皖南官田、义田和学田类公田是否也出现了地权的双层分化呢? 下面以绩溪县官田、屯溪义田和青阳县学田为例,分别对官田、义田和学田类公田地权的地权状况予以考察。

一、青阳县和绩溪县官田地权的双层分化

至迟在清咸丰年间,青阳县的地权就出现了双层分化。青阳县的《丁巳年二月初四朱朝冻杜卖官田田面白契》[3]载:

> 立杜卖锦地契朱朝冻,今将分首己名下龙王庙东南首锦地两坵凭中出杜卖于吴阳春名下,上庄耕种官业所有,种青麦在内,当日三面议定时值价大钱两千三百文正,此即亲手顶迄,倘有亲疏人等异说,身一力承管。

---

① 团体所有田主要包括宗祠、寺庙、学堂、慈善机构等拥有田地。
② 郭汉民、洪瑞坚:《安徽省之土地分配与租佃制度》,正中书局民国二十五年印行,第25 页。
③ 《丁巳年二月初四朱朝冻杜卖官田田面白契》,《青阳县清朝契约》,青阳县档案馆藏。

自卖之后,各无异说,立此杜卖地契永远存照。内添字三个,地界以老为界,愿笔双批。

凭中　吴数万　押　朱长顺　押　吴义和　押　严律生　笔

丁巳年二月初四　立杜卖锦地契　朱朝冻　押

这件官田田面杜卖白契非常陈旧且以干支纪年,说明其订契年代当在民国之前,只写明丁巳年,难以确定是哪个丁巳年,但至迟是在咸丰七年(属丁巳年)订立的契约。朱朝冻有权把官田田面出卖,说明朱朝栋拥有官田的田面权,而且这份官田田面还是从祖上继承下来的,也说明佃农对官田田面享有继承权。朱朝冻占有官田的田面权,也可从其在"亲首顶迄"官田田面的交易手续中看出来。

民国时期,青阳和绩溪县官田地权进一步发生了双层分化。青阳县官田地权的双层分化,可从保存下来的青阳县官田田面交易契约得到印证,下面是笔者在青阳县档案馆发现的6件民国时期的官田田面交易契约。

(1)《民国八年九月二十日青阳县张金台官田田面杜卖赤契》①载:

立杜卖契人张金台情因正用不足,今将祖遗己分下土名坐落本邑九都八甲增田坂官田一亩七分,计一坵东至水沟及汪田,西至高田,南至水沟及章田,北至曹田,四至明白,水路杨家坝车放管救。凭中立契出杜卖与施意来外侄名下为业。当得时值田价纹银二十四两三钱整,比日银、契两交外,不另立收字,自卖之后,永不言加赎二字,倘有内外人言,系身一力承当,不干买主之事,此系两彼情愿,并无逼勒等情,恐口无凭,立此杜卖契永远为据。

凭中　刘中才等

民国八年九月二十日　立杜卖契人张金台亲书　青阳县印

从青阳县张金台官田田面杜卖契约可以看出,官田田面不仅可以继承,而且可以随时出卖。需强调的是,官田田面杜卖交易盖有县政府之印,说明民国政府不仅允许官田田面交易,而且对官田田面交易进行了管理。

---

①　《民国八年九月二十日青阳县张金台官田田面杜卖赤契》,《青阳县民国契约》,青阳县档案馆藏。

（2）《民国二十二年一月二十八日青阳县曹绍会杜卖官田田面白契》①载：

　　立杜卖契人曹绍会，情因正用不敷，今将祖遗己分售授下，土名坐落善心桥上增田坂杨家坝口官田一亩整，计两坵，东至胡田，西至官沟及左田，南至阴骘公田，北至汪田……以上四至明白，凭中立契出杜卖于施意来名下为业。比得时值卖价大龙洋七十五元整，洋、契即日两交外，不另立收字，自卖以后，其田听买主执业起窠另佃耕种，收户完纳。水照古例，郭杨两家上下两坝，车放灌救，此系自愿，并无逼勒等情，永无增找，永无回赎，倘有内外人言并典靠情由，俱系身等一力承当，不干买主之事，恐口无凭，立此杜卖契永远为据。

　　凭中杨茂生等　押

　　民国二十二年一月二十八日　日立杜卖人曹绍会等　押

上契为白契，说明佃农为了避免政府课税，往往不经官府而私自出卖官田的田面。

（3）《民国时期青阳县史忠发杜卖官田田面白契》②载：

　　立杜卖契人史忠发情因正用不足，愿将祖遗己分下，土名坐落河西方姓里大陇官田八分，计一坵，东至山，西至山，南北而至受主田，以上四至明白，凭中立契出杜卖于施意来名下为业。当得时值田价大洋二十八元正，洋契比即两交外，不另立收字，其田听受主执业起窠另佃耕种收户。永无增赎两字。水照古例。倘有内外人言，系身一力承当，不干受主之事，两无异说，恐口无凭，立此杜卖契永远为据。

　　凭中　史添寿　押　胡锦成　押　万长根　押　代笔　胡锦堂　押

　　民国　年　月　日　立杜卖契人史忠发　押

　　第一区泉溪联保土地陈报办事处　陈报验迄　印

这也是一件永佃农不经官府而私自出卖官田的田面，但在土地陈报时③，其交易得到了政府的追加承认。

----

① 《民国二十二年一月二十八日青阳县曹绍会杜卖官田田面白契》，《青阳县民国契约》，青阳县档案馆藏。
② 《民国时期青阳县史忠发杜卖官田田面白契》，《青阳县民国契约》，青阳县档案馆藏。
③ 民国时期的土地陈报主要发生在三十年代。

(4)《民国二十三年二月二十日青阳县李洁之杜卖官田白契》①载：

> 立杜卖契人李洁之等情因正用不敷，今将祖遗己分下土名坐落九都河西大冲里官田一亩五分，计二坵，东至江田，西、北两至施田，南至水沟。又本冲上塝官田一亩，计三坵，东、南两至施田，西至吴田，北至桥会公田。又同处上首官田五分，计四坵，东至施、吴两姓田，西至山，南至施地，北至施田，以上四至明白，凭中立契出杜卖于施意来名下为业。身等比得时值卖价大洋九十三元整，洋、契即日两交外，不另立收字，自卖以后，其田听买主执业起窠另佃耕种，收户完纳。水照古例，车放灌救，身无异说，此系自愿，并无逼勒等情，永无增找，永无回赎，倘有内外人言并典靠情由，俱系身等一力承当，不干买主之事，恐口无凭，立此杜卖契永远为据。
>
> 凭中　戴永青等　代笔东贵
>
> 民国二十三年二月二十日　立杜卖契人李洁之　押
>
> 第一区泉溪联保土地陈报办事处　陈报验迄　印

上契官田田面杜卖契亦为白契，但在土地产权陈报时，被官方盖有"陈报验迄"印章，其官田田面权最终得到了政府的确认。

(5)《民国二十八年十月十六日青阳县四十六保许村章根祥官田田面杜卖赤契》②载：

> 立杜卖契人章根祥，情因正用不敷，愿将先父所遗之业分授己下，土名坐落四十六保许村门前中五百坂、下五百坂及张家冲等处官田二十二亩一分，共计大小十九坵，水登古例，灌溉车放两便，四至坑段，另立踩单附粘于后，以上所有田亩当日凭中尽行立契出卖于胡兴都名下为业，当得受时值田价国币四百八十元整，币契当面两交外，不另立收字……立此杜卖契永远大发为据。
>
> 中人　吴福林　押　方承先　押　朱荣贵　押　许廷荣　押
>
> 中华民国二十八年十月十六日　立杜卖契人章根祥　押
>
> 青阳县契税交易监制　戳　监证人吴汝谐　印

---

① 《民国二十三年二月二十日青阳县李洁之杜卖官田白契》，《青阳县民国契约》，青阳县档案馆藏。

② 《民国二十八年十月十六日青阳县四十六保许村章根详官田田面杜卖赤契》，《青阳县民国契约》，青阳县档案馆藏。

这份官田田面交易契还附有《民国二十八年十月十六日青阳县四十六保许村章根祥官田田面踩单》①,其上载:

> 许村宅前,一号田一亩六分;许村宅前 2 号田三亩三分;张家冲 3 号田 0.5 亩;张家冲口 4 号田 1.5 亩;张家冲口 5 号田 2 亩;中五百坂 6 号田 1 亩;中五百坂 7 号田 0.8 亩;中五百坂 8 号田 2.8 亩;下五百坂沙凸边 9 号田 1.8 亩;下五百坂沙凸边 10 号田 0.8 亩;下五百坂沙凸边 11 号田 1.6 亩;下五百坂河凸边 12 号田 2 亩;天河硚 13 号田 2.4 亩。以上共计 13 号,共计官田 22 亩 1 分,共计大小十九坵。
>
> 民国二十八年十月十六日
>
> 戳青阳县契税交易监制,监证人吴汝谐 再笔 印

这件官田契约的田面权的交易量非常大,共 19 坵官田,交易时须向政府纳税,说明官田田面权交易不仅仅是一种民间交易,而且其官田田面权得到了政府的确认。

(6)《民国二十八年十一月十五日林伯祥官田田面杜卖赤契》②载:

> 立杜卖契人林伯祥因正用不足愿将坐落第一区许村坂村坐落中坂官田二亩,计一坵,东至吴田,南至张田,西至施田,北至吴田;又将下坂官田一亩二分,计一坵,东至文厂会田,南至江田,西至陈田,北至张田,以上共计官田三亩二分,计大小两坵,四至明白,身今凭中立契出杜卖与胡兴都名下为业,三面言定,当得时值田价国币七十八元正。币契比日两交外,不另立收字,其田听受主执业……水登古例,车放灌溉,未卖以先,并无佃靠。自卖以后,永不增找,永不回赎,倘有内外人言,系身一律承管,不干受主之事,恐口无凭,立此杜卖契永远为据。
>
> 中人 吴福林 林得才 方承先 张学书 许庭荣 张起登 吴先贵 吴天恩 押
>
> 民国二十八年十一月十五日 卖主 林伯祥 同弟振祥 押
>
> 青阳县契税局 印章

---

① 《民国二十八年十月十六日青阳县四十六保许村章根祥官田田面踩单》,《青阳县民国契约》,青阳县档案馆藏。

② 《民国二十八年十一月十五日林伯祥官田田面杜卖赤契》,《青阳县民国契约》,青阳县档案馆藏。

以上 7 件青阳县官田田面杜卖契约,持续时间至迟从咸丰年间开始,并贯穿整个民国时期。青阳县永佃农对官田田面进行交易,并最终得到了政府的确认,印证了官田地权的双层分化。

民国时期,绩溪县的官田地权也发生了双层分化。笔者在绩溪县档案馆首次发现了一种非常特殊的不同于普通民田鱼鳞册的一种特殊鱼鳞册——官田租佃鱼鳞册。① 和民田鱼鳞册不同的是,官田租佃鱼鳞册主要是针对官民租佃关系而攒造的鱼鳞册,其不记载田赋数据而记载官租数字,同一号田内的田坵也绘制成图;官田租佃鱼鳞册对坵数也做了记载,从田坵图可以直观地看到地块的大小。绩溪县档案馆所藏《议革马户收官田租申文案稿》②记载了官田租佃鱼鳞册的攒造过程:

> 嘉靖四十二年,衣巾生员程璜建言,民情议将各寺庵田产清查入官,协济里甲,连前廉惠官田,该两千四百六十八亩三分零,酌亩征银,不论年之荒歉,共该租银八百一十二两七钱九分,除府县公费外,内将租银四百八十两养马四十四,每匹该给草料鞍辔银一十二两,刊刻清册,永为规定,佃户轮银于官,不知其所谓养马二户,领银走递不知其所谓收租。行之二十余年,上下相安,官民两便……夫此法一复,佃户之粘利如此,马户之无害如彼,官田可保其不坏,民力可冀其永苏,诚冲邑救时之切务也。既经公举同情,相应议行申复,合无申将本年田租停收,准今佃户照前则例纳银入库支给。养马仍俟官田清毕,册籍草定列款,请详刊刻成书,永为遵守。

以上记载说明,明代嘉靖年间,就开始了《官田租佃鱼鳞册》的攒造,鱼鳞册一旦攒造,租额等将"永为遵守",其使用一直延续到民国时期。绩溪县 7个都均攒造了《官田租佃鱼鳞册》,其登载内容包括佃农姓名、佃农租额、田地号数、田地亩数、四至、鱼鳞图等内容,《绩溪县六都官田租佃鱼鳞册》部分佃户租佃官田情况,见表 2.10。

---

① 关于鱼鳞册的种类,参见栾成显:《徽州鱼鳞图册文书的遗存及其研究价值》,《黄山学院学报》2005 年第 2 期,第 6—7 页。
② 《议革马户收官田租申文案稿》,绩溪县档案馆藏。

表 2.10 《绩溪县六都官田租佃鱼鳞册》部分佃户登载内容

永佃农	坐落土名田号坵数	田地数	年租额（石）
胡三作	鹅田鸣字 233 号 3 坵	田 3 亩 20 步	5.20
潘田寿	胡西冲鸣字 805 号 4 坵	田 2 角 10 步	1.00
李庆寿	横干鸣字 710、717、713、714、715 等号 27 坵	田 24 亩 34 步	24.00
潘田寿	胡西冲鸣字 391 号 2 坵	田 1 亩 6 步	1.60
周宪	岱上鸣字 268、269 号 5 坵	田 5 亩 3 角	9.20
程松寿	苦竹坦草字 349 号 12 坵	田 1 亩 3 角 29 步	1.92
程武	普济寺弘济田东山培草字 344、345 号 32 坵	田 5 亩 1 角	6.40
石升阳	青坑草字 388 号 6 坵	田 1 角	0.28
葛秉钦	青坑草字 395、397 号 25 坵	田 4 亩 1 角 7 步	4.80
葛秉钦	舍里草字 144、465 号 46 坵	田 2 亩 2 角 50 步	2.72
葛秉钦	蔡水下草字 444、445 号 20 坵	田 1 亩 1 角 22 步；山 2 角	田租 1.6 石 山租 6 钱 8 分
葛秉钦	舍里草字 457 号 26 坵	田 3 亩 2 步	3.20
石升伯	舍里草字 461 号 13 坵	田 3 亩 2 步	3.30
程社头	桃木坞草字 549 号 8 坵	田 1 亩	1.20
程社头	宜平上草字 573 号 84 坵	田 3 亩 1 角 56 步	3.60
曹应紊	里南山草字 542、543 号 28 坵	2 亩 20 步	2.50
曹应紊	王坞青草字 542 号 7 坵	田 1 角	0.30
曹明	斗竹塘化字 13、14、777 号 74 坵	田 3 亩 35 步	3.20
石升伯	舍里草字 450 号	田 3 角	0.90
叶社二	舍里草字 421 号 62 坵	田 6 亩 1 角 44 步	田 7.8 石 山租银 3 分
曹明	虎龙坑化字 763 号 13 坵	田 3 角 40 步	3.92
曹旦	水竹塘化字 767 号	山 3 亩	山租银 9 分
葛秉钦	楮木坞草字 202 号 1 坵	田 1 亩	在前 214 号内
曹应鹅	杨株里草字 546 号	山 2 亩	租银 6 分
葛秉钦	王坞青草字 543、550 号	山 5 亩 2 角	租银 1 钱 6 分 5 厘
曹应紊	干坞青草字 546 号	山 1 亩 1 角	租银 3 分 8 厘

资料来源:《绩溪县六都官田租佃鱼鳞册》,绩溪县档案馆藏。

《官田租佃鱼鳞册》把永佃农的姓名、租额、田地号数、亩数、四至及佃田所有坵数的形状都登载或绘制得非常详细。影印件 2.1 是《绩溪县四都永佃农黄念租佃官田鱼鳞册图》原件,其上显示,永佃农黄念共佃耕官田 67 坵,其中 2 坵田黄念私自凿为己塘,在鱼鳞册攒造时才被追回,共有田 9 亩 2 角 40 步,计租 12 石 8 斗,折银 3 两 2 钱。影印件 2.2 是《绩溪县五都冯贻哲和冯敏教租佃官田鱼鳞册图》原件,其上显示,永佃农冯贻哲和冯敏教共佃耕官田 12 坵,坝上 1 坵被冯益占没并被卖给冯可言,坝下田坵被私自换与冯第,在鱼鳞册攒造时才被追回;其共田 2 亩 2 角 20 步,计租 3 石 3 斗 6 合,折银 8 钱 2 分 6 厘 5 毫。

表 2.11 是对《绩溪县七都官田租佃鱼鳞册》登载的部分永佃农佃耕官田坵数、田地亩数及年租额的统计。统计表明,从明朝嘉靖年间一直到民国时期,佃耕绩溪县官田的永佃农年交租额不仅很低,且延续数百年一直未变。

表 2.11 《绩溪县七都官田租佃鱼鳞册》部分佃户田坵数、田地数及年租额

永佃农	坐落土名田号坵数	田地数	年租额(石)
僧信全	上田冲化字 106、87 号 19 坵	田 3 亩 2 角 20 步	4.50
曹以德	江大垣化字 122 号 8 坵	田 3 亩	3.60
曹明	寺前食字 139、213 号 2 坵	田 2 亩 3 角 13 步	5.40
曹映	寺前食字 213、229 号 2 坵	田 3 亩 39 步	5.68
程应积	寺后食字 230 号 1 坵	田 1 亩 2 角	2.40
曹国用	江平墓食字 272 号 2 坵	田 2 亩 2 角 29 步	4.88
胡义定	江平墓场字 22 号 1 坵	田 2 角 12 步	0.88
曹立元	新竭头场字 562 号 1 坵	田 3 角 49 步	1.44
曹世科	白羊干凤字 394 号 2 坵	田 1 亩 3 角	2.45
曹涵宇	岩下在字 99 号 8 坵地 3 块	田 1 亩 2 角	1.60
曹明	石坎下在字 142 号 3 坵	田 1 亩 2 角	1.88
曹祥久	中王村驹字 163 号 1 坵	田 6 亩	10.80

永佃农	坐落土名田号坵数	田地数	年租额（石）
曹志福	中王村食字 59 号 1 坵	田 9 分 7 厘 9 毫	1.75
汪一理	横干食字 46、59 号 1 坵	田 2 亩 1 角 4 厘 3 毫	3.80
曹志映	曲及路食字 239 号 1 坵	田 1 亩	1.60
唐玄法、曹明	寺下食字 137、139 号 2 坵	田 2 亩	4.40
曹以德	寺上食字 243 号 2 坵	田 3 亩 2 角	6.30
程应积	寺后食字 129 号 1 坵	田 1 亩 2 角 32 步	2.74
胡义定	江平墓阳字 468 号 2 坵	田 2 亩 3 角 24 步	4.56
曹元宝	深湖场字 519、537 号 2 坵	田 3 亩 1 角	5.20
张五文	寒田干王字 313 号 1 坵	田 3 亩 1 角 34 步	4.00
胡永贵	茶园坂水坪 5、9、11、13 号 12 坵	田 4 亩 3 角 7 步	6.68
曹志英	上冲在字 756 号 7 坵	田 2 亩 3 角 41 步	4.00
柯岩次	石撞坑养字 240 号 19 坵	田 2 角 20 步	0.82
曹孟元	寺边食字 171 号 5 坵	田 6 亩 2 角	12.80①
汪仲女	坑边驹字 167 号 2 坵	田 2 亩 9 分 1 厘 7 毫	5.20②
曹志学	中王村食字 46 号	田 1 亩 2 分 7 厘 5 毫	2.25
曹孟元	中王村食字 122 号 2 坵	田 1 亩	1.80

资料来源:《绩溪县七都官田租佃鱼鳞册》,绩溪县档案馆藏。

　　鱼鳞册是一种即使朝代变更、也不会失去效力的土地所有权凭证,佃农姓名、租额、田地亩数均被登载其上,充分说明佃农在官田上的田面权得到了国家确认。但《官田租佃鱼鳞册》仅仅对佃农的官田田面权予以确认,官田的田底权则仍属于国家。绩溪县 7 个都攒造了《官田租佃鱼鳞册》,表明绩溪县官田地权普遍发生了双层分化。

---

　　① 此田为程林柳换,鱼鳞册注明:"缪称颖宾书院所易之业,不知前事视寺田入官,相隔二十二载,且清册刻于伊家宅,岂应殊误若此,情弊显然今改正,各执其业。"

　　② 此田胡汝懋原将民田挪换。

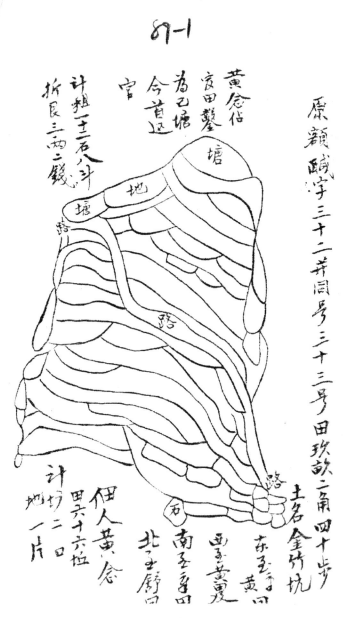

影印件 2.1　绩溪县四都永佃农黄念租佃官田鱼鳞册图

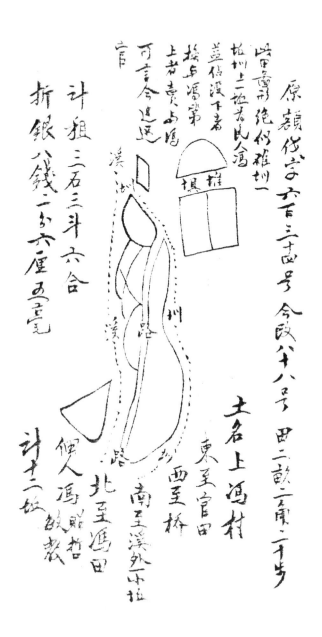

影印件2.2　绩溪县五都永佃农冯贻哲和冯敏教租佃官田鱼鳞册图

二、青阳县学田地权的双层分化

青阳县学田是指民国时期青阳县教育局和财政局共同管理的学田。青阳县文庙①、圣宫②和蓉城书院③，此外还有簧宫④、义养小学堂⑤、灵岩学堂⑥、蓉城初等小学堂⑦等均占有学田。下面是《民国二十二年丁宪长杜卖学田屋契》⑧：

> 立典契人丁宪长愿将先祖父于教育局管有双培岭后袁家桥公基上自造瓦屋曲尺子形五间，又草屋(与瓦屋毗邻)二间，瓦屋坐北朝南，草屋坐西朝东，出卖于财务委员会为业，三面言定，时值价洋五百五十元，洋契比日两交，外不另立收字，其屋听受主执业，身无异说。倘有内外人言，俱身一力承管，不干受主之事，自卖之后，永不增找，永不回赎，各无悔意。郑杜氏老契并缴。
>
> 凭中　孙仲贻　姜涤生　刘儆予等
>
> 民国二十二年十一月　　立杜卖契人刘栋材　代笔　徐芳芝

虽然学田田底权属于教育局，但是佃农却能在所租学田上随意建造房屋，如果教育局想使用这些房屋，还必须进行购买，才能取得房屋的产权，这就使教育局随意收回其学田变得困难。从契中可知，学田是由丁宪长祖父佃耕的，并且经过两代人的使用，传给了丁宪长，这就为其获得学田的田面权创造了条件。

下述事实都印证了青阳县学田地权的分化情况。

其一，青阳县学田地权在购买之前就发生了双层分化。《民国二十年陈浩如、陈镜如杜卖教育局虾子街基地大卖契》⑨载：

---

① 《嘉庆十七年周崐原输文庙屋契》，《青阳县清代契约》，青阳县档案馆藏。
② 《嘉庆二十四年朱成鹏输圣宫契》，《青阳县清代契约》，青阳县档案馆藏。
③ 《光绪十七年江志坚输书院田契》，《青阳县清代契约》，青阳县档案馆藏。
④ 《民国三年徐中羽公输簧宫田补契》，《青阳县民国契约》，青阳县档案馆藏。
⑤ 《民国三年招佃开垦湖边荒田补契》，《青阳县民国契约》，青阳县档案馆藏。
⑥ 《民国十八年孙吉之左怀谷捐输契》，《青阳县民国契约》，青阳县档案馆藏。
⑦ 《光绪二十八年青阳县张知县充湖田蓉城初等小学堂经费》，《青阳县清代契约》，青阳县档案馆藏。
⑧ 《民国二十二年丁宪长杜卖学田屋契》，《青阳县民国契约》，青阳县档案馆藏。
⑨ 《民国二十年陈浩如、陈镜如杜卖教育局虾子街基地大卖契》，《青阳县民国契约》，青阳县档案馆藏。

立杜卖契人陈浩如、陈镜如原买坐落虾子街基地一片,东至虾子街,西至段陈基北段地,堪上章地,南至太白楼滴水,北至金沙井人行路,以上四至明白。四至之内,形势面积绘图注明丈尺于后,凭中立契尽行出卖于青阳县教育局义务项下为业。当日三面言定时值价洋三百二十元正,洋契比日两交外,不另立收字……老契佃约并缴,计六纸。

凭中　孙仲贻　李焯铭　陈维宪　江步霄等　押

民国二十年七月　立杜卖契人　陈镜如　陈浩如等　押

上契中,陈浩如、陈镜如把田地卖给教育局时,契中写明把 6 件老契佃约交给教育局,田地的田底主尽管由旧主换成新主,但是佃农的佃权并没有改变,说明佃农在教育局购买陈浩如、陈镜如所卖田地之前就对其拥有田面权。

再如《民国二十年十二月陈海树大卖契》①载:

立杜卖契人陈海树坐落西城内太白楼北首,与受主原买虾子街陈浩如地基毗连屋基地一片……又两头毗连堪上熟地一块,东至堪下契内地,西至堪上宁姓桑地,南至堪下张姓地为界,北至堪上陈姓地为界。又身与张姓公买宁姓门楼基地,东到西计裁尺一丈,南到北计裁尺二丈,东至章姓墙角,西至张姓风墙,南至官街,北至契内基地。又太白楼后空坦,听受主与张姓公共出入通行。以上等业,各至明白,各至之内,毫不存留,并将太白楼北屋基地及熟地部分形势面积绘图注明丈尺于后,凭中立契出卖与青阳县教育局义务教育项下为业。当面言定将值业价大洋一百七十五元正,洋契即日两交外,不另立收字。其业自卖以后听受主照契执业,身无异说,事前并无靠当情由,事后永不增加,亦不回赎。并缴老契佃约三纸又照一纸。附契内太白楼北首屋地并毗连堪上熟地形势图。

凭中　孙仲怡　押　吴诚镕　押　曹粮美　章　代书　宁瑞卿　押

民国二十年十二月　日　立杜卖契人陈海树　押

上契是陈海树与教育局之间的田底权买卖契约,佃农的佃约在田底主之间进行了移交的事实表明教育局仅购买了陈海树的地基、熟地的田底权,田面权则属于租其地基、熟地的佃农,此次交易是没有涉及田面权的交易。

---

① 《民国二十年十二月陈海树大卖契》,《青阳县民国契约》,青阳县档案馆藏。

其二,在青阳县学田管理机关与佃农的官司诉讼中,青阳县学田地权双层分化的事实被透露出来。《光绪二十五年六月二十五日青阳县魏李氏收蓉城书院青苗牛工人力钱契》载①:

> 立收字人魏李氏,今收到遵县断结饬氏将飞占书院公田交出,荒田一亩六分毗连熟田七亩四分,共计荒熟田九亩正,总共毗连计大小十五坵,概行交出,归书院所有。县断青苗、牛工、人力每亩大钱二百文,蒙书院见氏贫苦,每亩恳求钱二百文,总共每亩计钱四百文。氏今凭中一概照数收清,以后不得生端,其田归书院招佃,亦不敢拦阻,如有此情,归中承管,听凭书院承官,亦无异说。
>
> 光绪二十五年六月二十五日　立收字人魏李氏　凭中　胡时安等

上契中,蓉城书院与魏李氏就魏李氏是否对9亩学田有田面权发生了纠纷。蓉城书院欲收回出租学田另佃,魏李氏以有田面权为由拒绝交出学田,蓉城书院告到县衙,县衙判决书院每亩补偿魏李氏200文后收回学田,魏李氏不服,书院被迫加到每亩补偿400文,这场官司实际上以承认魏李氏对学田有田面权的结果而告终。魏李氏能够胜诉并得到补偿的事实,表明民国时期青阳县学田地权发生了双层分化。

其三,佃农有权对其拥有的学田佃权进行抵押,说明佃农对其佃耕学田有田面权。请看《民国二十二年江培之抵押田面权借教育局款契约》②:

> 立抵押人江培之,情因并受承垦青阳县教育局管有灵岩圩身原招外股份缺乏并价,愿将身立约承垦灵岩圩所有一切权利全部提十分之三向局抵押大洋一百元正,身比收足外不另立收字,当面言定全年息金二十元,限期一年本息清缴到局,赎回股份不得延欠,倘过期本息不清,听局照契内股份执业,行使权利。其上项权利并无重复抵押情事,事成之后,如有内外人言,俱身一力担负。
>
> 凭中　曹粹修　押　江之棚　押　代书　江静之笔
> 民国二十二年二月二十七日　立抵押契人　江培之　印章

---

① 《光绪二十五年六月二十五日青阳县魏李氏收蓉城书院青苗牛工人力钱契》,《青阳县清代契约》,青阳县档案馆藏。
② 《民国二十二年江培之抵押田面权借教育局款契约》,《青阳县民国契约》,青阳县档案馆藏。

江培之能以其对青阳县教育局管有灵岩圩的佃耕权提 3/10 向教育局抵押借款大洋一百元正,这一事实说明教育局只拥有学田的田底权,田面权则属于佃耕其田的江培之,如果江不能还款,其田面权将被教育局收回。

其四,佃农有权转佃其佃耕学田也说明佃农拥有学田的田面权。

如民国七年一月,佃农吴狗保佃耕了财政局的一块学田①:

> 立佃约人吴狗保,今佃到地方财政局坐落北关外跑马坦下河滩白地一片,身请佃兴种,订定每年五月内交地租大洋七元五角送至上门,不得短少拖欠。
>
> 承保中　吴春和　押　王石泉　押
>
> 民国七年一月　立佃约人　吴狗保　押

同年四月吴狗保便把所佃学田转佃于吴春和与吴开会②,又过了 10 年,吴春和、吴开会又把学田转佃于朱书元,下面是《青阳县吴春和、吴开会转佃学田契约》③:

> 立转佃人吴春和、吴开会,今将佃到地方财政局坐落北关外跑马坦下河滩白地一片转佃于朱书元、吴春如等承佃,原定每年交租洋十八元,去秋因蛟洪陡发,桑地被沙押有十成之三,兹面允每年让洋六元,嗣后以十二元照缴。
>
> 民国十七年五月二十九日　批　立转佃人　吴春和、吴开会

佃农有权力转佃学田,说明佃农对其佃耕学田有田面权。

其五,青阳县学田管理机关攒造《青阳县公产租佃清册》④使佃农的田面权最终得到政府的确认。《青阳县公产租佃清册》登载项非常详细,包括公产编号、种类、坐落、土地名、面积、估价、永佃农、付租方式、押租数额、保证人、立约日期、附注等,见表 2.12。

---

① 《民国七年一月青阳县吴狗保佃学田约》,《青阳县民国契约》,青阳县档案馆藏。
② 《民国七年四月青阳县吴春和、吴开会转佃学田契约》,《青阳县民国契约》,青阳县档案馆藏。
③ 《民国十七年五月二十九日吴春和、吴开会转佃学田契约》,《青阳县民国契约》,青阳县档案馆藏。
④ 青阳县公产管理委员会:《青阳县公产租佃清册》,中华民国三十七年九月攒造,青阳县档案馆藏。

表 2.12　《青阳县公产租佃清册》田产项目举例

永佃农	产别	坐落	坵数	亩数	全年租息（谷以槽秤计）	有无某号佃约库存
李汉青	屋基田地山	腾家冲	屋基 1 块、田 43 坵、地 3 块、山 1 嶂	田27.99 亩	田租40 担地租年 5 块	83 号95 号
杨澄波	田	林家排	2 坵	2 亩	租谷1 担40 斤	87 号
徐宗庶	亭基田地	四板桥	田 3 坵	田3.9 亩	租谷4 担80 斤	82 号
张大兵	田	查坑口	1 坵	1 亩	租谷1 担20 斤	—
陈国调	田地	清泉铺	田地24 坵	田5.2 亩	租谷4 担	
陈国智	田	清泉铺	—	2 亩	租谷3 担	
汪泗洲	田	五溪阜	4 坵	2.1 亩	租谷2 担30 斤	
黄龙生	田	五溪五亩塘		2 亩	租谷3 担	72 号
卢有道	田	21 都 3 甲太后寺	3 坵	4 亩	租谷4 担50 斤	62 号
章全有	屋基田地山	五溪雷家凹	屋基 1 块、田 21 坵地 8 块山 1 嶂	45.5 亩	田租谷5 担50 斤地租年 5 角	60 号
徐柄南	亭基田	农官亭	—	亭基 1 块田 4 亩	田租谷7 担	—
詹质彬	田	忠义祠后	2 坵	1.2 亩	租谷1 担	61 号
徐志和	囚田	南寺坂	2 坵	3 亩	租谷6 担	79 号

　　青阳县学田管理机关攒造《青阳县公产租佃清册》标志着该机关对佃农田面权进行了普遍确认。

　　从以上分析可知,民国时期的青阳县学田普遍发生了双层分化。青阳县学田地权能够发生双层分化的原因主要有以下几个方面:

　　第一,永佃农投入了大量的人力、物力使学田地力得到改良,是学田管理机关赋予佃农田面权的重要原因。佃农租佃的大量青阳县学田多是贫瘠或坵亩很小的湖田、荒地、沙地、河滩冲刷地。如《民国三年青阳县北关埂公湖田补契》[①]载:

----

① 《民国三年青阳县北关埂公湖田补契》,《青阳县民国契约》,青阳县档案馆藏。

业主北关外埂公坐落焦家埠鸭坞塘等处湖田一百零八亩五分大小六十三坵,四至在册,此业系低洼湖荒,招佃开垦升科,若遇江潮不涨,所收租谷除完粮外,修筑堤埂需用作价洋七百六十元正。又紫竹窠沙埠裡等处湖田一百四十一亩八分,大小七十四坵,四至在册,此业原属低洼湖荒,于光绪十七年招佃开垦升科,若遇江潮不涨之年,所收租谷除完粮外修筑埂堤之用,作价洋一千一百二十元整。

中证人 孙美章 押 汪泽民 章 徐云峰 押 孙吉人 押

民国三年青阳县教育局印章

上契显示,北关外埂公坐落焦家埠鸭坞塘等处湖田 108.5 亩、紫竹窠沙埠裡等处湖田 141.8 亩,原均为湖荒,后经招佃开垦为湖田。又如《民国三年青阳县义养小学堂东坂湖湖田补契》①载:

义养小学堂坐落东坂湖湖田五十九亩一分,四至在册。此田原属湖荒低洼之处,招佃开垦升科,若收之租谷作为该学堂经费,价值作洋四百八十三元。

民国三年 月 中证人 徐云峰 押 江伯蓉 何嘉宾 孙怡棠 押

上契表明,东坂湖的湖荒低洼之田,经招佃开垦才成为湖田。再如《民国三年青阳县蓉城书院东坂湖王家圩湖田补契》②载:

蓉城书院初等小学堂坐落东坂湖王家圩湖田五十九亩五分,四至在册。此田原属湖荒,经客民开垦,互相争执,光绪二十八年前县张□充该湖田经费以充公业。

民国三年 月 中证人 江伯蓉 押 徐云峰 袁子宜 孙怡棠 押

上契显示,在收回湖荒低洼之地的所有权时,官府与佃农对垦田的所有权争执非常激烈,这成为官府承诺佃农田面权的重要动因。有的契约显示,在土地交易之前佃农就获得了该土地的田面权。《民国十八年孙吉之左怀谷捐输

---

① 《民国三年青阳县义养小学堂东坂湖湖面补契》,《青阳县民国契约》,青阳县档案馆藏。
② 《民国三年青阳县蓉城书院东坂湖王家圩湖田补契》,《青阳县民国契约》,青阳县档案馆藏。

契》①载：

> 立乐输字人孙吉之、左怀谷等缘县办学基金、教费支绌异常，无从筹措，吉之、怀谷本系教育分子，鉴此情形，教育前途不无危险，爰是公同集议，愿将公有之灵验学堂田产一业坐落东坂湖王家圩两处共计熟田一百十八亩六分，又太平桥牧牛厂圩内新垦之田计□亩，悉数输归县有。自输之后，由教育局执管收租、纳粮，毫无异说，又江培之承垦合议约一纸。

> 民国十八年十月　立乐输字人孙吉之　左怀谷等　押

孙吉之、左怀谷在捐输其所有的田底时，把和江培之签订的承垦合议约也一并移交学田管理机关，显然江培之在孙吉之、左怀谷将田底捐为学田之前，由于投入了大量工本获得了所捐田的田面权，捐输后江培之对学田的田面权并没有由于孙吉之、左怀谷把田底权移交给学田管理机关而发生改变。

学田机关有时给予佃农前两年免租的条件来吸引佃农承佃，如《民国二十四年青阳县汪连西佃学田约》②载：

> 立佃约人桐邑汪连西，今佃到教育局管有坐落十八都太平桥茅屋三间，圩内熟田二十一亩五分，计九坵；又荒田二亩七分，计一坵。订定每年熟田照东四佃六，每亩一百六十斤，计算静干租谷三十四担四十斤，荒田照熟田租成数，第一年全免，第二年完半，第三年全租谷四百三十二斤，秋收后一并送至公仓，不得短少拖欠。又佃地三块，地租秋季再议；又批圩内租关于江培之股份由局照佃约办理。

> 承保中　伍仁祥　押　汪绍庭　押

> 民国二十四年二月　日　立佃约人　汪连西　押

上契显示，教育局为了招佃开垦，给出了"第一年全免、第二年完半、第三年全租"的优惠条件，佃农汪连西才和教育局签订了佃耕契约。再如下面《民国二十四年青阳县吴万春佃学田约》③前两年也对佃农进行了免租。

> 立佃约人无为吴万春，今佃到教育局管有坐落十八都太贫桥圩田七坵计弓八亩四分；又荒田两坵，计弓六分，订定每年熟田照东四佃六每亩

---

① 《民国十八年孙吉之左怀谷捐输契》，《青阳县民国契约》，青阳县档案馆藏。
② 《民国二十四年青阳县汪连西佃学田约》，《青阳县民国契约》，青阳县档案馆藏。
③ 《民国二十四年青阳县吴万春佃学田约》，《青阳县民国契约》，青阳县档案馆藏。

一百六十斤计算,合计静干租谷十三担四十四斤。荒田租照熟田成数第一年全免,第二年完半,第三年净租谷九十六斤,秋收之日一并送至公仓,不得短少拖欠。又太平桥头地两块地租秋收看议又照。

　　保人伍仁详　押　许发如　押

　　民国二十四年二月　日　立佃约人吴万春　押

　　为佃农免租的重要原因是,只有投入大量的人力、物力,才能使湖荒低洼之地改造成良田。笔者对149份青阳县学田佃耕契约中反映的学田状况进行了统计,见表2.13。

表2.13　青阳县永佃农佃耕学田种类统计

永佃农	学田种类及坵数	亩数
1 王华祝(桐城)	朱冲水田24坵	8.8
2 吴长清	白麻墩水田1坵	1.0
3 黄照祥(桐城)	河冲水田1坵	0.4
4 江金榜	倒挂剌水田1坵	0.9
5 查德生(桐城)	西城外西港坂田20坵	25.3
6 王佃盛(桐城)与钟世义(湖南益阳)	梅家冲田17坵	10.3
7 葛得标(合肥)	梅家冲脑田3坵	0.8
8 刘宗海(桐城)	梅家冲水田9坵	5.1
9 吴正闲(桐城)	梅家冲水田48坵	18.7
10 吴启林(桐城)	梅家冲水田17坵	17.4
11 马宗宽	梅家冲水田10坵	5.6
12 王耀亭(桐城)	梅家冲山地4坵	2.0
13 湖南益阳的钟万全、钟万品、万红海、万秋荣	张家冲水田72坵	48.3
14 桐城吴茂怀、吴茂元	章家冲下冲大小坵数不等水田	24.0
15 钟万全、钟万春、钟万义、钟世和、钟海容、钟喜生、杨经得和卢辉义	章家冲山场一并在内,内有庄基1块及又大小桑白地块数不计	52.7
16 丁宪常(怀宁)	双培岭袁家桥大小田31坵	25.1
17 田志乐(桐城)	双培岭下街头水田1坵	1.2
18 江松柏	双培岭下街1坵水田	1.8

永佃农	学田种类及垴数	亩数
19 马宗广（无为）	兔儿桥水田2垴	5.0
20 李少臣（巢县）	察院后水田1垴	4.0
21 徐蓉蜂	杨家坂水田2垴	3.0
22 陈景虞	桥前徐门前等坂水田1垴	16.4
23 章金龙（桐城）	慕阙里徐塘里田4垴	2.8
24 柯晓岚	柯家冲水田3垴	1.4
25 詹汉清	下边孙姓山脚水田3垴	1.4
26 邢发芝	刘村坂水田19垴	9.2
27 益顺和油坊	刘村坂水田2垴	2.5
28 汪才有（桐城）	木埂坂水田9垴	12.7
29 朱庚业（无为）	木埂坂水田25垴	29.4
30 汪庚年（无为）	木埂坂水田17垴	16.3
31 江志训	木埂坂水田8垴	9.9
32 吴洪告	木干坂水田1垴	1.0
33 江志生	摹干坂水田5垴	3.1
34 何伯成（舒城）	牙雀冲水田4垴	2.4
35 托德启（桐城）	朱冲水田3垴	3.8
36 王忠保（桐城）	曹冲水田1垴	1.8
37 陶益才（桐城）	朱冲水田1垴	1.7
38 江乐华	凤冲水田5垴	4.0
39 陶连生（桐城）	朱冲水田1垴	1.8
40 陶乐善（桐城）	朱冲水田4垴	3.0
41 沈芳礼（庐江）	邓家塝水田	2.2
42 马起全（无为）	曹冲下坂水田7垴	4.0
43 章维宾	洪冲水田4垴	3.8
44 王宏升（楚北）	汪冲水田2垴	2.2
45 朱四九	河冲水田	1.5
46 左连升（桐城）	河冲水田4垴	8.1
47 徐成意（桐城）	曹冲水田2垴	2.1
48 伍启怀（桐城）	汪冲水田3垴	3.9
49 徐得财（桐城）	金家冲水田3垴	2.6

永佃农	学田种类及坵数	亩数
50 罗能义(桐城)	曹冲水田1坵	2.4
51 王柱香(桐城)	梅家坦水田1坵	2.0
52 谢尚志(无为)	朱冲水田2坵	2.3
53 姜来发(无为)	河冲水田8坵	13.1
54 章文琇	章家坂田1坵	1.6
55 周明喜	曹冲水田	2.4
56 陈锡洲	周家塝及曹冲坂水田2坵	1.4
57 江启棠	木埂坂水田2坵	1.7
58 江志福	海冲坂水田17坵	12.4
59 章仁树	骆家冲骆排漾山1遍,官荒1遍,共计大小山田37坵	—
60 张台保(庐江)	卢家圩田1坵	1.6
61 王维志	龙头山等处水田25坵	16.7
62 王有明	龙头山等处水田5坵	3.5
63 朱有德(潜山)	下嶂坡坂水田2坵	2.4
64 方为高	下嶂坡坂水田1坵	1.8
65 江伯明	17都9甲九龙弯水田1坵	3.0
66 江金塝	到挂茨水田1坵	0.9
67 江伯枝	汪阳村水田1坵	2.0
68 张克质	西城外崔家坂水田20坵	27.1
69 张金塝(无为)	县政府衙后水田1坵	4.0
70 张鉴财(无为)	县政府衙后水田13坵,又白地大小7块1亩	12.0
71 王金鉴	17都龙头山等处水田18坵	13.1
72 王有和	17都龙头山等处水田8坵	4.4
73 王有发	17都龙头山等处水田4坵	2.7
74 鲍礼南	梅家冲30坵水田	18.8
75 丁宪长	双培岭袁家桥水田坵	30.5
76 王南松	太白楼北首熟地2片	—
77 许同科	太白楼北首熟地1片	—
78 章有才	梅家冲水田10坵	5.6

续表

永佃农	学田种类及坵数	亩数
79 徐根发	梅家冲水田 17 坵	17.4
80 钟万全	张家冲庄	随庄田 1 半 24.3，桑地 14.2
81 施昌和	梅家冲坂只水田 9 坵	5.1
82 陈有来	双培岭北袁家桥水田 37 坵	30.5
83 张书来（庐江）	柏家桥西边汪冲上坂田	2.2
84 王家如	西门外施家坂青山 1 嶂，内熟地数块	—
85 王余友（桐城）	梅家冲山地 2 坵	3.2
86 沈本道（无为）	梅家冲荒山 1 嶂白地大小 11 块	—
87 钟世义（益阳）	梅家冲山地 1 块	0.6
88 桐城李得喜、王世盛	梅家冲 7 坵田 3 坵	地 3 田 0.3
89 沈本道（乌叶）张万春（大冶）	梅家冲山地 2 坵	1.0
90 王腊春（桐城）	西城外崔家坡水田 13 坵	12.9
91 徐满堂	大南门官冲水田 10 坵塘 1 口	7.0
92 陈有根	孔庙西边坐西朝东空地	—
93 张清义	忠义祠东边地基，稻场 1 块	—
94 詹质彬（桐城）	忠义祠东边屋基 1 块，白地 1 片	—
95 查海生	西城外崔家坂水田 21 坵	25.3
96 王春太	梅家冲里水田 2 坵	0.9
97 徐镜钟	南城外南寺坂水田 1 坵	3.4
98 汪连西（桐城）	18 都太平桥圩内熟田 9 坵荒田 1 坵	熟田 21.5 荒田 2.7
99 陈良周（桐城）	东坂湖水田	41.5
100 汪有才（无为）	东坂湖水田 8 坵	12.4
101 政山（庐江）	东坂湖水田 19 坵	30.6
102 施长春（桐城）	东坂湖水田 18 坵	23.4
103 陶祥生	梅家冲水田 10 坵	5.6
104 吴万春（无为）	18 都太平桥圩田 7 坵，荒田 2 坵	圩田 8.4 荒田 0.6
105 吴茂卿（桐城）	县府后水田 1 坵	4.0

永佃农	学田种类及坵数	亩数
106 吴茂盛（桐城）	张家冲水田1单,白地桑地	水田24 白地桑地9
107 章京有（桐城）	7都1甲雷太阴名下坐落五溪雷家凹水田21坵	5.5
108 詹质彬（桐城）	忠义祠后水田2坵	1.2
109 卢有道	陆军营田坐落21都太后寺后水田3坵	4.0
110 刘柄连	五溪铺铺田林家牌水田2坵	2.0
111 徐光克	囚田花园口水田4坵	4.0
112 徐际茂	南寺坂毛竹窠村后水田3坵	3.0
113 胡丙义	童家嘴水田1坵	4.0
114 严振荣、杨泰和	分硚河水田	
115 张学文（武昌）	宋家冲宋祠下首水田2坵	5.0
116 何立宽（庐江）	南寺坂水田4坵	7.0
117 丁长生（无为）	东坂龙观亭水田	4.0
118 汪四州	五溪铺铺田名下麻家龙水田3坵	2.1
119 黄龙生（桐城）	五溪铺铺田五亩塘下水田1坵	2.0
120 江南修（桐城）	五里桥水田1坵	2.0
121 刘柏来（无为）	囚田名下南寺坂水田1坵	0.6
122 郭邦富（湖北兴国）	万福亭名下四坂桥水田3坵	3.9
123 徐东才、徐志和（民国十四年新佃约）	囚田名下南寺坂水田2坵	3.0
124 刘福之（无为）	囚田名下母鸡墩水田3坵	2.6
125 徐道朋（桐城）	葭膜墩前北首水田1坵	1.1
126 朱羲发	南寺坂水田3坵	7.0
127 朱羲发	南寺坂水田2坵	3.0
128 徐宗庶	万福亭名下西城外四板桥贴南水田3坵	3.9
129 湖北临湘李汉卿、李玉卿	腾子京公名下藤家冲水田43坵	27.99
130 江文道	湖里冲水田16坵	8.0
131 毕品臣	老县衙后地1块	—
132 袁燮臣	前县捕厅衙基熟地1块	—

续表

永佃农	学田种类及坵数	亩数
133 杨澄波	五溪店汪冲下施家塝干田 2 坵	2.0
134 董志荣	大南门月城内熟地 1 块	—
135 蔡汝霖	老县基桑叶地 1 块	约 1.0
136 姚水源	祝圣寺名下宝塔荒地 1 块	—
137 袁必有(庐江)	木形山尾熟地 1 块	1.0
138 湖北临湘李汉卿	腾公祭奠产藤家冲西首山场桑白各地 1 遍、屋基 1 块,潘姓桑地	山场 8、屋基 1,潘姓桑地 2
139 吴南泽、吴启泽	詹姓公产 9 都 10 甲半边街桑地 2 块,坟山 1 块	—
140 吴驹保	北关外跑马坦下河滩白地 1 片	—
141 佃上转佃于吴春和、吴开会	北关外跑马坦下河滩白地 1 片	—
142 上佃又转佃朱书元、吴春和等	北关外跑马坦下河滩白地 1 片 584	—
143 包长根	雷太阴公五溪河西葫芦塝白地两连	—
144 吴锡山	北关内东仓熟地 1 方,毗连荒地	熟地 2.6 荒地 0.4
145 汪连魁	老县衙后基地 1 块	1.2
146 王月桂、王树林 586	北关外跑马坦下首老河心新涨荒沙地 1 块,北首沙地 1 块	3.0
147 吴守银 588	北关外跑马场下首河滩桑地白熟地 1 片	东到西 60 号,南到北 110 号
148 曹正兴	北关城内熟地 1 块,更鼓楼荒地	—
149 杜坤生	腾家冲贴两边山 1 块,庄基 1 块输契	—

资料来源:《青阳县民国契约》,青阳县档案馆藏。

表 2.13 说明,佃农佃耕学田绝大部分属于冲水田、湖水田、河滩白地、荒沙地、荒地及坂田等生地,且坵数众多,耕作不易,需投入大量的人力、物力。佃农佃耕这样的生地,如果学田机关不许诺永佃权,很难想象佃农会愿意投入大量的人力、物力去改良学田。

第二,青阳县佃耕学田的许多佃农属于外来移民,佃耕时,都和学田管理机关签订租佃契约,契约的签订使得学田管理机关很难撤佃,久而久之,佃农就会获得学田的田面权。笔者收集了 149 件青阳县学田佃约(见表 2.14),兹举6件佃约如下：

(1)《民国三年青阳县江耀轩佃学田约》①载：

立佃约人江耀轩，今佃到蓉城书院名下，坐落老堪屋后水田两坵，计弓一亩七分，订定秋收交干额租谷二百三十斤，送至仓库，不得短少。

承保中人　江秋浦　押

民国三年八月　日　立佃约人　江耀轩　押

(2)《民国三年青阳县吴长清佃学田约》②载：

立佃约人吴长清，今佃到蓉城书院名下坐落白蔴墩水田一坵，计弓一亩正，订定秋收交干额租谷一担二十斤，送至公仓，不得短少拖欠。

承保中人　吴少廉　姜来发　押

民国三年八月　立佃约人　吴长清　押

(3)《民国八年青阳县江金榜佃学田约》③载：

立佃约人江金榜，今佃到劝学所经管学田土名坐落倒挂刺水田一坵计弓九分，订定每年秋收交干额租谷一百五十斤，送至公仓，不得短少拖欠。

承保中人　江玉卿　押　代笔　江少伯　押

民国八年冬月　立佃约人　江金榜　押

(4)《民国十三年青阳县吴正闲佃学田约》④载：

立佃约人桐城县吴正闲，今佃到劝学所名下坐落梅家冲水田四十八坵计弓二十八亩七分，订定每年秋收交干租额谷四十担八十斤送至公仓，不得短少拖欠。外批内有屋基地五分不收租。

承保中人　周锡清　押　代书　陶巨川　押

民国十三年七月初二日　立佃约人　吴正闲　押

上契表明，为了招徕佃农佃耕，学田机关还免费提供屋基让盖房建屋。

(5)《民国十四年青阳县钟万全佃学田约》⑤载：

①　《民国三年青阳县江耀轩佃学田约》，《青阳县民国契约》，青阳县档案馆藏。
②　《民国三年青阳县吴长清佃学田约》，《青阳县民国契约》，青阳县档案馆藏。
③　《民国八年青阳县江金榜佃学田约》，《青阳县民国契约》，青阳县档案馆藏。
④　《民国十三年青阳县吴正闲佃学田约》，《青阳县民国契约》，青阳县档案馆藏。
⑤　《民国十四年青阳县钟万全佃学田约》，《青阳县民国契约》，青阳县档案馆藏。

立佃约人钟万全等今佃到教育局所管土名坐落章家冲属本局山场一并在内,内有庄基一块。又大小桑白地,块数不计,共计弓五十二亩七分,身等托承保中一总承佃。身自架屋居住,看榛兴种,三面言定,每地按每亩每年交东行租大洋一元,内除每亩租洋两角作身等看榛森林砍割大路工资,其余每亩租洋均照八角扣算,每年分五、八两月,由身等亲送到局交纳不得短少分文,如租不清,归承保中完全负责,所有山场、树木、苗条除由东指定,宅后山炮两个及砍火路周围山脊宽计二丈,归身烧火柴外,其余一律严禁。由身等担负看守蓄榛,不得私行窃害。所有分佃地亩姓名及亩数粘单附后。

承保中　卢中道　押　凭中　王子房　押　鲍觉三　押　代书　唐冶夫　押

民国十四年十一月　日　立佃约人　钟万全　万春　世和　万义海容　喜生　押

(6)《民国十五年九月青阳县邢发芝佃学田约》①载:

立佃约人无为县邢发芝,今佃到劝学所名下坐落刘村坂水田十九坵,计弓十九亩二分,订定每年秋收交干额租谷三十四担八十斤正,送至公仓,不得短少拖欠。

计开随佃保管业产物件(一)正屋一所,余屋五间;(二)正屋余屋后及西首余基北面余基一遍四至俱有老界;(三)余屋西首余基长方形一遍;(四)正余屋门坦及西首余基南首均直至大河为界;(五)青蔴石磉六个,麻石条三小根,田井麻石板计五件,户前拔阶麻石板三块;(六)屋内条基全副木椅四张,八仙大桌一张,以上基地物件,归身谨慎看守,不另起租。

承保中　何澍人　押　代书　何肖求　押

民国十五年九月　立佃约人　邢发芝

从上述6件契约可知,佃农佃耕学田所签佃约对佃田坵数、亩数、年租额缴租时间、缴租地点和缴租方式等都做了规定。所交租额均为常年定额租,交租时间一般在秋季,缴租方式为自动缴纳,缴租地点在公仓。笔者还对佃耕青

① 《民国十五年九月青阳县邢发芝佃学田约》,《青阳县民国契约》,青阳县档案馆藏。

阳县学田的佃农来源地及签订时间进行了统计,见表2.14。

表 2.14 青阳县永佃农与学田管理机关签订契约统计

永佃农及契约签订时间	永佃农及契约签订时间
1 王华祝(桐城)民国三年八月	29 刘福之(无为)民国五年七月
2 吴长清民国三年八月	30 汪连魁民国六年
3 黄照祥(桐城)民国三年八月	31 吴驹保民国七年一月
4 徐满堂民国三年十二月	32 佃上转佃于吴春和、吴开会民国七年四月
5 詹质彬(桐城)民国三年十一月	33 包长根民国七年六月
6 章京有(桐城)民国三年七月	34 王月桂、王树林民国七年
7 詹质彬(桐城)民国三年八月	35 曹正兴民国七年一月
8 刘柄连民国三年七月二十日	36 杜坤生民国七年三月
9 徐光克民国三年九月	37 江金榜民国八年冬月
10 胡内义民国三年七月	38 江文道民国九年十月
11 张学文(武昌)民国三年七月	39 湖北临湘李汉卿、李玉卿民国十年
12 丁长生(无为)民国三年六月	40 湖北临湘李汉卿民国十年二月
13 汪四州民国三年七月二十日	41 查德生(桐城)民国十三年七月
14 黄龙生(桐城)民国三年七月二十日	42 葛得标(合肥)民国十三年七月
15 郭邦富(湖北兴国)民国三年十一月	43 刘宗海(桐城)民国十三年七月
16 董志荣民国三年五月	44 吴正闲(桐城)民国十三年七月
17 吴锡山民国三年	45 吴启林(桐城)民国十三年七月
18 卢有道民国四年二月	46 湖南益阳的钟万全、钟万品、万红海、万秋荣民国十三年七月
19 严振荣、杨泰和民国四年十月	
20 毕品臣民国四年正月	47 丁宪常(怀宁)民国十三年七月
21 徐道朋(桐城)民国四年十月	48 田志乐(桐城)民国十三年
22 蔡汝霖民国四年一月二十日	49 江松柏民国十三年七月
23 姚水源民国四年二月	50 马宗广(无为)民国十三年七月六日
24 徐际茂民国五年九月	51 李少臣(巢县)民国十三年三月
25 何立宽(庐江)民国五年五月三日	52 陈景虞民国十三年七月
26 江南修(桐城)民国五年五月三日	53 詹汉清民国十三年七月
27 刘柏来(无为)民国五年五月三日	54 益顺和油坊民国十三年八月
28 徐东才、徐志和(民国十四年新佃约)民国五年五月、民国十四年十月	55 汪才有(桐城)民国十三年
	56 朱庚业(无为)民国十三年

永佃农及契约签订时间	永佃农及契约签订时间
57 汪庚年（无为）民国十三年	88 江金塝民国十三年六月
58 吴洪告民国十三年	89 桐城李得喜、王世盛民国十三年十一月
59 江志生民国十三年七月	90 王腊春（桐城）民国十三年七月
60 何伯成（舒城）民国十三年七月	91 徐宗庶民国十三年九月
61 托德启（桐城）民国十三年七月	92 钟万全、钟万春、钟万义、钟世和、钟海容、钟喜生、杨经得和卢辉义民国十四年十一月
62 王忠保（桐城）民国十三年七月	
63 陶益才（桐城）民国十三年七月	
64 江乐华民国十三年八月	93 袁燮臣民国十四年六月
65 陶乐善（桐城）民国十三年七月	94 邢发芝民国十五年九月
66 沈芳礼（庐江）民国十三年七月	95 袁必有（庐江）民国十五年
67 马起全（无为）民国十三年七月	96 马宗宽民国十六年冬月
68 章维宾民国十三年七月	97 王耀亭（桐城）民国十六年三月
69 王宏升（楚北）民国十三年七月	98 徐蓉蜂民国十六年
70 朱四九民国十三年七月	99 王余友（桐城）民国十六年三月八日
71 左连升（桐城）民国十三年七月	100 钟世义（益阳）民国十六年三月
72 徐成意（桐城）民国十三年七月	101 沈本道（乌叶）张万春（大冶）民国十六年三月八日
73 伍启怀（桐城）民国十三年七月	
74 徐得财（桐城）民国十三年七月	102 王佃盛（桐城）与钟世义（湖南益阳）民国十七年二月
75 罗能义（桐城）民国十三年7月	
76 王柱香（桐城）民国十三年七月	103 桐城吴茂怀、吴茂元民国十七年
77 谢尚志（无为）民国十三年七月	104 章文琇民国十七年十月
78 姜来发（无为）民国十三年七月	105 周明喜民国十七年十月
79 陈锡洲民国十三年七月	106 章仁树民国十七年十月
80 江启棠民国十三年十二月二十七日	107 王家如民国十七年七月
81 江志福民国十三年七月	108 张清义民国十七年一月
82 张台保（庐江）民国十三年七月	109 吴南泽、吴启泽民国十七年五月
83 王维志民国十三年七月	110 上佃又转佃朱书元、吴春和等民国十七年五月二十九日
84 王有明民国十三年七月	
85 朱有德（潜山）民国十三年七月	111 沈本道（无为）民国十八年三月二十三日
86 方为高民国十三年八月	
87 江伯明民国十三年七月	112 朱羲发民国十八年十月

永佃农及契约签订时间	永佃农及契约签订时间
113 杨澄波民国十八年十月	132 徐镜钟民国二十三年二月
114 陶连生(桐城)民国十九年	133 江伯枝民国二十四年七月
115 张金塝(无为)民国十九年十一月	134 张克质民国二十四年二月
116 张鉴财(无为)民国十九年二月	135 陈有根民国二十四年十月二十八日
117 许同科民国二十年七月一日	136 汪连西(桐城)民国二十四年二月
118 江志训民国二十一年一月	137 陈良周(桐城)民国二十四年二月
119 王金鉴民国二十一年十月	138 汪有才(无为)民国二十四年二月
120 王有和民国二十一年十月	139 叶政山(庐江)民国二十四年二月
121 王有发民国二十一年十月	140 施长春(桐城)民国二十四年二月
122 鲍礼南民国二十一年三月	141 陶祥生民国二十四年十月五日
123 王南松民国二十一年一月一日	142 吴万春(无为)民国二十四年二月
124 章有才民国二十一年一月	143 陈有来民国二十五年十二月
125 徐根发民国二十一年十二月	144 吴茂卿(桐城)民国二十五年二月
126 钟万全民国二十一年八月	145 吴茂盛(桐城)民国二十五年二月
127 施昌和民国二十一年九月	146 吴守银民国二十五年十月
128 朱羲发民国二十一年十二月	147 章金龙(桐城)
129 丁宪长民国二十二年二月	148 柯晓岚 3 担 80 斤
130 查海生民国二十三年一月一日	149 张书来(庐江)民国二十九年十一月二十九日
131 王春太民国二十三年四月	

资料来源:《青阳县民国契约》,青阳县档案馆藏。

从表 2.14 可知,许多佃耕学田户为外来移民。外来移民中,来自桐城的有 36 户、无为 14 户、庐江 6 户、合肥 1 户、怀宁 1 户、巢县 1 户、潜山 1 户、舒城 1 户、湖北 6 户、湖南 2 户;以上共 69 户,占上表统计总户数的 46.3%。其他许多契约虽没有写明佃农来自何方,但可推断里边一定还有不少外来移民户。为了招徕外来移民开垦生地,学田拥有机关必然许以佃农永佃权。上表还显示,佃农和学田管理机关在 1914 年签有佃约 17 件、1915 年 6 件、1916 年 6 件、1917 年 1 件、1918 年 6 件、1920 年 1 件、1921 年 2 件、1924 年 51 件、1925 年 2 件、1926 年 2 件、1927 年 5 件、1928 年 8 件、1929 年 3 件、1930 年 3 件、1931 年 1 件、1932 年 10 件、1933 年 1 件、1934 年 3 件、1935 年 10 件、1936 年

4 件、1940 年 1 件。1927 年以前签订的契约占契约总数的 66% , 占契约的绝大部分。大部分佃约签订年限在 15 年以上,最长为 27 年。因此,由于外来移民和学田机关都签有佃耕契约,契约的签订使得学田管理机关很难撤佃,是促使学田机关给予佃农永佃权的重要原因。

第三,许多佃农在和青阳县学田管理机关①签订租佃契约时缴纳了押金是佃农取得永佃权的又一重要原因。有了契约和押金的保证,出租者在佃农足额缴租的情况下,就没有理由随意撤佃。兹举 2 件缴押金佃约如下:

(1)《民国二十年青阳县许同科佃耕学田契约》②载:

> 立佃约人许同科,今佃到教育局经理坐落太白楼北首熟地一片,东北两至围墙南头地内韭菜桥十整伦又两半伦。身承佃兴种,比缴东押租洋十元,每年订定行租大洋三十元正,三期送缴,如租不清及韭椿围墙损坏缺少,除押租扣抵外,归承保中赔偿。

> 承保中　宁沄州　押　代书　何兆镕　押

> 民国二十七年七月一日　立佃约人许同科　押

(2)《民国七年青阳县王月桂等佃耕学田契约》③载:

> 立佃约人王月桂、王树林,今佃到地方财政局管理坐落北关外跑马坦下首老河心新涨荒沙地一块约二亩,又北首沙地一块约一亩,身佃开垦栽桑,订定本年交租洋两元,此后每年租洋三元正。摘桑时送至上门不得短少拖欠,当缴押租洋两元。月桂下种一亩,树林下种一亩。

> 凭中　何菊人等　代书　孙玉堂　押

> 民国七年元月　立佃约人王月桂、王树林　押

另外,民国时期佃农和学田管理机关地位较为平等也是佃农能够取得永佃权的重要原因。永佃农一般在指定的仓库纳租,如果拖欠田底租,学田机关在催租时对佃农的人格也比较尊重。《一九四九年青阳县教育局委员会吴金城缴租通知》④载:

---

① 主要有青阳县榕城书院、青阳县劝学所、青阳县教育局等学田管理机关先后和佃农签订了佃田契约。
② 《民国二十年青阳许同科佃耕学田契约》,《青阳县民国契约》,青阳县档案馆藏。
③ 《民国七年青阳县王月桂等佃耕学田契约》,《青阳县民国契约》,青阳县档案馆藏。
④ 《一九四九年青阳县教育局委员会吴金城缴租通知》,青阳县档案馆藏。

你佃的公田三亩本年以三七五乘,实纳租数二百六十斤送至东门贺森泰仓库,盼三日内送齐为荷。

此致

吴金城台照

青阳县教育局委员会

公元一九四九年十一月通知

学田机关在收租通知中竟然称欠租佃农为"吴金城台照",其语气是何等的客气,从一个侧面折射出民国时期学田机关与佃农关系较为平等的历史事实。

以上从青阳县学田在购买之前是否发生双层地权分化、田面权纠纷、佃农是否有权继承学田佃权且有权在学田上建造房屋、佃农是否有权抵押学田佃权、佃农是否有权转佃学田、学田管理机关攒造租佃清册情况等方面对青阳县学田的地权状况进行了分析,如果说从某一方面还不能完全肯定青阳县学田是否发生地权双层分化的话,那么从以上六个方面综合分析,完全可以证明青阳县学田地权发生了双层分化。青阳县学田地权能够发生双层分化的原因:一是由于佃农在学田上投入了大量的人力、物力使学田地力得到改良,从而获得永佃权;二是因为佃耕学田的许多佃农属于外来移民,佃耕时,都和学田管理机关签订租佃契约,契约的签订使得学田管理机关很难撤佃,久而久之,佃农就会获得学田的田面权;三是由于青阳县学田管理机关与佃农订立租佃契约时许多佃农缴纳了押金,这是佃农取得永佃权的又一重要原因。

三、屯溪义田地权的双层分化

屯溪公济善局是在光绪十五年由屯溪茶商绅董创办的施行医药棺木、保婴、种牛痘的慈善机关。① 以下从黄山市屯溪区档案馆所藏公济善局田产捐输契、交易契、租批、产权陈报单等档案资料分析民国时期屯溪公济善局义田的地权状况。

第一,从屯溪义田捐输契考察义田地权的双层分化。许多屯溪义田捐输契都显示屯溪义田地权发生了双层分化。捐输是义田的一个重要来源,有的

---

① 《光绪二十二年五月九日休宁县正堂李呈抚、藩、府衙禀文》,《新安屯溪公济局征信录》,黄山市屯溪区档案馆藏。

义田在捐输之前就发生了地权的双层分化,田底被捐输成为学田后,永佃农继续拥有义田的田面权。《光绪二十九年四月休宁二十五都一图十甲吕观寿捐输田租契》①载:

> 自情愿立捐输田租字人吕观寿缘贵局乐善好施,存心济世,举办已历年,所惟经费日大,必须集腋成裘。身是农家,无力伙助,但置有薄田数亩,自愿将该田输于贵局,以为泰山土壤之助,其田系经理鞠字三四九二号,土名善坑口,计田税九分八厘九毛,计骨租六秤;又鞠字三四七七号,土名余家园,计田税七分一厘二丝,计骨租四秤;又鞠字三三〇五号,土名打断龙,计田税一亩二分八厘八毛,计骨租八秤。以上共田三号,计田税二亩九分八厘七毛二丝正,其税在二十五都一图十甲吕观寿内起割推入十六都十一图十甲公济户内办纳粮赋无异,今欲有凭,立此捐输字存据。
>
> 押　代书记人　鲍启唐　押
>
> 光绪二十九年四月　日立捐输字人吕观寿

从三个方面综合判断吕观寿所捐田属于永佃田:一是捐输契没有被称做"捐田字",而是称做"捐输田租字",说明吕观寿所捐田只有收租权而没有耕种权;二是把年租额写在进行产权转移的捐输契上,说明吕观寿所捐租额是不能变动的;三是田租被称做骨租,说明吕所捐田租为田底租,吕仅拥有所捐田的田底,其田面则属于永佃农。

再如民国五年十二月歙县黄口村人毕孙氏所捐田也为田底田。《民国五年十二月歙县黄口村毕孙氏输田愿书》②载:

> 立愿助租产书毕孙氏歙县黄口村人,缘嗣侄不克家,自愿将翁遗及自置田业一宗,计额租五十五石,所有该田字号税亩、步则、土名开具于后,概行出具愿书捐助于公济善局为业,任凭管业收租,用襄善举,其田既捐助后,倘有亲房内外人言,均系氏自行理直,不涉善局之事,其田税在于十六都一图十甲毕氏达户户丁剑辰名下起割,推入十六都十一图十甲公济户内办纳粮赋永无异说,今欲有凭,立此愿书存照。当缴付金票四十四

---

① 《光绪二十九年四月休宁二十五都一图十甲吕观寿捐输田租契》,《民国屯溪公济户档案》,黄山市屯溪区档案馆藏。

② 《民国五年十二月歙县黄口村毕孙氏输田愿书》,《民国屯溪公济户档案》,黄山市屯溪区档案馆藏。

张,税票四纸,赤契四纸,附佃户名单一纸。

再所助之田按年所收租谷,氏逮存日,每年秋收后,由局拨付干净谷十石,以为养赡,俟氏身后,即行停止,概作养赡经费,又批计开字字一千九百二十八号,土名中段,中田税一厘三毛七丝正……又一千二百九十八号,土名开掘塘,计税一厘整,共四十三号田。

见助中　毕坤和押　代笔　陈少石　押

民国五年十二月　日立愿助租产书毕孙氏　押

从三个方面判断歙县黄口村毕孙氏捐田为田底田:一是捐输契被称做"助租产书";二是助产书言明田产按年所受额租为 55 石,说明田产每年的租额固定不变;三是助租产书中特别强调"附佃户名单一纸",如果佃户没有田面权,佃户名单不会被写在进行产权转移的"助产书"上。毕孙氏所捐 43 宗田共 37 亩,平均每亩田底租 1.48 石。

第二,从屯溪义田交易契约考察义田地权的双层分化。有的公济善局义田契约显示,佃农有权改变其佃耕义田用途,如在义田上自行建造房屋,这就为佃农对所租义田获取田面权创造了条件。《民国二十年休宁县屯溪孙吕氏杜卖地白契》①载:

立杜卖地契人孙吕氏同次男孙世庚、长孙孙光辉等,今因正用自愿将先夫仰之公遗下之基地一宗系新丈服字九百七十九号……服字九百八十号……服字九百八十一号……以上 3 号现租孙祥泰建造店面楼屋;又服字一千零九十八号……服字一千三百零八号……以上 2 号现租李正茂豆腐店,建造平屋;又服字一千一百三十六号……服字一千三百零七号……以上 2 号现租方茂盛铜匠店建造店面楼屋。又服字一千一百六十八号……现租味香斋建造店面楼屋。综上各地四至悉照鳞册注明,今央中将上开总共 8 号……尽行杜买与永达德记名下为业,当日三面言定得受时值杜买价洋四千元正,其洋当成契日是氏亲手眼同一并收足,不另立领,即将以上所开 8 号,计地 126 步 1 分 3 厘 6 毫,共地税 5 分 9 厘 2 毫 7 丝 4 忽交受买人管业,听凭建筑取用换折,其粮在 16 都 2 图 10 甲孙福荣

① 《民国二十年休宁县屯溪孙吕氏杜卖地白契》,《民国屯溪公济户档案》,黄山市屯溪区档案馆藏。

户丁世申名下起割推入 16 都 4 图 10 甲永达德记户名下自行办纳粮赋无辞……当缴付新佥 8 张,原进赤契 4 张,收税票 4 张,来脚老契 9 张,老佥 11 张,老收税票式 2 张,租批 3 纸,租折 3 本,孙祥泰立议合约 1 纸,此批。

　　立杜卖人孙吕氏,同次男孙世庚、长孙孙光辉

　　凭中人　洪孝先等　民国二十年国历十月　日

从上面孙吕氏卖给永达德记的地契可知,佃农孙祥泰、李正茂、方茂盛和拥有味香斋的佃农分别在原孙吕氏服字 979 号、980 号、981 号、1098 号、1308 号、1136 号、1307 号和服字 1168 号地上建造了房屋,从而改变了其地的用途,从而为佃农获得其地的田面权创造了条件,此其一;其二,原孙吕氏分别和佃农签有租批 3 纸和立议合约 1 纸,在上述 8 宗地权交易时,杜卖地契上明确写明租批 3 纸、立议合约 1 纸及租折 3 本交于永达德记,说明尽管所卖地田底权发生了转移,但是佃农的田面权仍然属于原来的佃农;其三,在有产权转移效力的卖地契上写有佃农孙祥泰、李正茂、方茂盛和拥有味香斋的佃农的名字,也表明以上佃农拥有所租地的田面权。

民国二十九年,永达德记又把上述 8 宗土地的前 7 宗的田底权出卖于屯溪公济户名下。《民国二十九年休宁县屯溪永达德记杜卖地赤契》[1]载:

　　立杜卖契人,永达德记庄,坐落 1 区上街保屯溪街,今因公济局存款之用,自愿将新丈服字九百七十九号……又九百八十号……又九百八十一号……以上 3 号自行建造店面楼屋,现租孙祥广货店;又服字一千零九十八号……又一千三百零八号……以上 2 号现租李正茂豆腐店;又服字一千一百三十六号……又服字一千三百零七号……以上 2 号现租方茂盛铜匠店建造店面楼屋。综上各地四至悉照鳞册注明,今尽行出让与公济户名下为业,当日三面言定,得受时值屋地让价国币二千二百元整,其币成契之日,是小庄亲手收足讫,不另立,领其屋地,业即交售业人管业,换折收租,其税粮在于 16 都 4 图 10 甲永达德记户名下,起割推入 16 都 11 图 10 甲公济户自行办纳粮赋无辞。该屋地未买之先,并无重复交易,以及来历不明等情,今让之后,如有内外人言之,尽是小庄一力承值,不涉授

────────────

① 《民国二十九年休宁县屯溪永达德记杜卖地赤契》,《民国屯溪公济户档案》,黄山市屯溪区档案馆藏。

业人之事,今欲有凭立此出让基地匠屋契存照为据。当缴付新金7纸,原
赤契3张,收税票3张,来脚老契1张,老税票1张,租批2纸,租折两本,
孙祥泰号立议合约新老各一纸,统交受业人收执,此批。田赋正额,契内
服字九七九号、九百八十号和九百八十一号屋地均于(光绪)三十二年二
十二日出让孙用和名下,此批。

　　卖主　永达德记　印　买主公济善局　中人　胡庭新　休宁县契税
局　印

　　吴玉钧　吴景武　监证人　吴盾文　印

　　民国二十九年

　　这份卖契同样仅是田底权的交易契约。在交易时,永达德记又把孙祥泰
号立议合约新老各1纸,租批2纸,租折两本转给了屯溪公济户,虽然田底主
的田底权进行了两次转移,但佃农孙祥广(孙祥泰后人)、李正茂和方茂盛的
佃权却没有转移,更进一步说明以上佃农对所租田有永佃权,此其一;其二,上
次孙吕氏与永达德记的土地交易仅是民间私下进行的交易,而这次永达德记
和公济户的土地交易在休宁县契税局注册时,佃农名字能够出现在官方注册
的所有权交易契约上,说明佃农的田面权得到了政府的确认。

　　第三,从屯溪义田的产权纠纷中可以看出义田地权的双层分化。1937
年,屯溪市土地所有权陈报时,屯溪公济善局与毕孙氏嗣侄毕镜明围绕"额租
55石田是否被毕孙氏捐助于公济局"发生了一起产权纠纷。公济善局为了保
住其田产,向休宁县第一区率口乡保长联合办事处主任致函、申诉,《民国二
十六年公济局局董洪轶群、孙列五向休宁县第一区率口乡保长联合办事处主
任呈函》①称:

　　　　迳启者,敝局自前清光绪十五年经茶商绅董创办……常年经费需六
　　千洋以上。概归茶商担负,向章不在外募捐,如有自动捐款输田者,是其
　　慨解,义囊共襄善举,敝局亦乐于接受,兹查有毕孙氏,歙县黄口村人,于
　　民国五年自愿将田业一宗,计额租五十五石,捐助善堂,收租充作经费,当
　　交付金票四十四张,并税票契剧等收执,其税已由十六都一图十甲毕士达

---

① 《民国二十六年公济局局董洪轶群、孙列五向休宁县第一区率口乡保长联合办事处主
　任呈函》,黄山市屯溪区档案馆藏。

户户丁刘臣兆锟名下起割推入十六都十一图十甲公济户完纳粮赋经今二十余载，收租纳粮无异、现值国家政令办理土地陈报之期，讵有毕孙氏之嗣侄毕镜明（即毕天保）出而干涉，串通佃户，凭藉家中未交无用证物，强插坵牌，蒙混编查，敝局坐落率口乡驹字号田塘，以至多有编入毕士达户者，试问田产业经输出多年，现管权已经丧失二十余载，金契毫无，但不知其陈报何所依据，若毕姓以证明书或持民国六年以后新补金票，蒙混陈报，应请注意，勿予接受，是所至盼，惟查陈报期限已迫，敝局特具公函并将驹字号土名、税亩、抄单、粘呈并检同金票十六号呈验，遽章陈报，务希查照，准予照办，至纫公谊。再毕姓日后如发生纠葛，敝局自当负责交涉，呈县判决，不涉贵主任之事，素仰贵主任办事公正，此乃地方慈善产业，定荷乐与赞助也。

此致

休宁县第一区率口乡一百四十六保保长联合办事处主任程　押

民国二十六年　公济局局董洪轶群、孙列五　押

根据前面毕孙氏捐输契和上述呈函，不难判断是毕孙氏嗣侄侵占了公济局田产。我们关注的不是纠纷本身，而是从田产纠纷中透露出的公济局义田地权双层分化的信息。从以下几个方面可以判断毕孙氏捐助田的田面权属于永佃农。其一，虽然毕孙氏捐助公济局田产已有20余年时间，但是田租一直未变，始终是五十五石，说明捐田年租额是固定不变的；其二，毕镜明为了达到冒领田产的目的，竟采取串通佃户的手段反过来证明田产田底权属于自己，说明佃农在产权中的重要地位，如果佃农没有田面权，是不能反证田主田底权的；其三，在毕镜明呈送休宁县第一区率口乡保长联合办事处主任程的函件中，仍然只提田产租额55石，而不提田产亩数，说明纠纷者所关心的是收取租额权，而非田产的亩数。详见《民国二十六年毕镜明呈送休宁县第一区率口乡保长联合办事处主任程函件》①：

呈为声明，原为杜朦陈报事由，窃承清于民元年往南通经商，至民九年新正归梓办理母丧，未及两月，复往南通，迄至旋休，清理家务，检视公

---

① 《民国二十六年毕竟明呈送休宁县第一区率口乡保长联合办事处主任程函件》，黄山市屯溪区档案馆藏。

济局凭折一扣,上书毕孙氏于民五年助田租一宗,计额55石,经俞仰霞、张瑞卿先生在场定议等等,然毕孙氏系承清之继母,此种捐助,并未征得承清同意……程保长办事公正,地方慈善产业,定荷蒙于赞助也。

此致

休宁县第一区率口乡一百四十六保保长联合办事处主任程　押

民国二十六年　休宁县第一区率口乡　毕镜明　押

第四,屯溪义田所有机关对其田底权及永佃农的田面权一道进行申报的事实说明屯溪义田地权发生了双层分化。1937年,皖南土地陈报时,屯溪公济善局对其义田产权进行了陈报。屯溪公济善局土地产权陈报项目包括:地号、圻数、坐落、亩数、佃农、佃农住址、陈报人或代理陈报人、接收审核人、地价等。民国二十六年安徽省休宁县屯溪120联保公济善局土地陈报单登载的项目,见表2.15。

表2.15　1937年安徽省休宁县率口联保公济善局土地陈报单登载项目

地号	地类	地目	坐落土名	契串亩数	每亩地价（元）	永佃户姓名	租额（斗）	证明契据种类	代理陈报人
993	田	稻田	中段	1.3838	20	王根林	6	金票	江铁纯
991	田	稻田	下干	1.0493	20	程福田	6	金票	江铁纯
1171	田	稻田	庵后	1.8900	20	黄红仍	6	金票	江铁纯
1039	田	稻田	后干	1.6966	20	程永安	6	金票	江铁纯
1066	田	稻田	中段	1.2270	20	王根林	6	金票	江铁纯
1204	田	稻田	皮刀圻	0.9725	20	李观贵	6	金票	江铁纯
1354	田	稻田	银匠圻	2.8290	20	童金元	6	金票	江铁纯
1516	田	稻田	下井塘	1.0940	20	余项金	6	金票	江铁纯
962	田	稻田	墓林后	2.1537	20	程日新	6	金票	江铁纯
415	田	稻田	徐畔源	1.3370	20	叶春生	6	金票	江铁纯
415	田	稻田	鸟儿林	0.6980	20	余有福	6	金票	江铁纯
415	田	稻田	栏圩圻	1.3600	20	王子华	6	金票	江铁纯
474	田	稻田	栏圩圻	1.0505	20	江春林	6	金票	江铁纯
474	田	稻田	丁字圻	1.0100	20	刘俊林	6	金票	江铁纯

资料来源:《民国二十六年安徽省休宁县第一区率口联保七段土地呈报单》《民国二十六年安徽省休宁县第一区率口联保八段土地呈报单》《民国二十六年安徽省休宁县第一区率口联保十段土地呈报单》《公济善局档案》,黄山市屯溪区档案馆藏。

从上表可以看出,在向政府进行土地产权陈报时,屯溪公济善局是和佃户一道进行陈报的,佃农的名字也被填到安徽省政府印制的具有产权效力的陈报单上。这次土地陈报极其严格,1937 年,安徽省休宁县第一区率口联保七段对土地呈报有如下要求:①

执管本段土地业经编查完竣,并将应行陈报各就如上仰,即逐项切实核对,如有错误,限即日向联保办事处申请更正,如无错误,应即遵式签名或按指印履行呈报手续,以资确定产权,如有冒报、虚报或逾限陈报者,一律照章处罚,毋稍延误为要。

由上可知,土地陈报时,必须对土地编查项目逐项核对,如有错误必须进行更正,更正后还得签名或按指印,或如有冒报、虚报或逾限陈报者,一律照章处罚。土地陈报完后,政府还给公济户核发了土地陈报单收据②。在如此严格的产权陈报中,佃农的名字却被写到产权陈报单上,说明佃农对义田是享有田面权的。

第五,从公济善局义田的租佃期限、租额、签订的租批、押金及产权陈报单综合推断,佃农对其佃耕的公济局义田是享有田面权的。屯溪公济善局对大量租折之类的契据进行了长期保管,见表 2.16。

表 2.16　1943 年休宁县公济善局和永佃农有关部分契据目录

义田	有关契据及其说明
第 2 号	①光绪二十年邵姓出卖赤契 1 纸; ②周干城租批一纸、租折一扣,光绪三十二年承租租金每年二百元,本年已收 100 元,无押租; ③陈凤占租批一纸,光绪三十二年一月承租,每年租金 96 元,本年收清,无押租
第 3 号	①永达、德记买契一纸、金票 4 纸、税票 1 纸;②上首老契金票等件 1 包;③李正茂租批 1 纸、租折 1 扣,光绪二十九年立,年收地租 80 元(本年未收),收有押租 60 元;④方茂盛租折 1 扣,光绪二十年立,年收地租 50 元,本年未收,收有押租 20 元,本年租未收;⑤3 号义田本年土地陈报收条 1 纸

---

① 《民国二十六年安徽省休宁县第一区率口联保七段土地呈报单》,《公济善局档案》,黄山市屯溪区档案馆藏。

② 《休宁县第一区高阳乡保长联合办事处下发公济善局土地陈报单收据》,黄山市屯溪区档案馆藏。

续表

义田	有关契据及其说明
第4号、毕孙氏37亩助田	①助产书1纸,休宁县黄口村人,民国五年助,载有额租55石;②推单1纸;③买业收税票9纸,民国六年收税,十六都十一图十甲公济户;④契据金票(旧的)1包;⑤田赋通知、县级公粮通知3纸
第5号、柯万煜助地基	①助产契1纸,民国六年助,坐落徽城十字街;②老契1纸;③永安水龙会租批1纸,年收租金八十元,收过押租40元,租金收至光绪三十年止;④民国二十六年土地陈报收据1纸
第6号、吕观寿助田	①助产字1纸,光绪二十九年助,安庆怀宁人,住歙县水南坑口,计田3号,共税2亩9分8厘7毛2丝;②老契1纸;③金票3纸,光绪七年休宁二十五都一图十甲吕观寿户;④税票1纸;⑤旧揽租字2纸,干谷40斤。⑥永达德记卖出赤契1纸
第7号、程淦泉助田	①助产契1纸,歙县人,民国三年助田2号,歙县二十五都三图九甲罔字号,土名张家坞,税9分余,年收租谷1石4斗;②收税票1纸;③金业票2纸;④归户册1本
第8号、扬子坑义地	①孙姓助地,税2亩6分5厘8毛5丝5忽;②江永清租折1扣,年租60元,压租10元;③苏贵全租折1扣,年租20元,收押租10元,旧批契遗失,字号税亩旧簿可查;④旧信封1个,上批字号税则甚详;⑤民国二十六年土地申报一纸
租簿	①2本田租簿;②1本欠租簿
土地陈报单	①民国二十六年土地陈报单3纸,有佃户姓名租谷可查

资料来源:休宁县茶叶公会:《休宁县茶叶公会暂行保管公济善局契据》,20世纪30年代,黄山市屯溪区档案馆藏;公济善局:《公济善局现有财产证件清册》,1937年,黄山市屯溪区档案馆藏。

从表2.16可知,屯溪公济善局义田契据有如下特点:一是租佃期限长,租额始终未变。公济局所有义田的租额情况均被登载在2本田租簿上。如公济局第2号义田,2个佃农分别为周干城和陈凤占,从1906年至1937年,年租额分别为200元和96元,租额32年未变;李正茂租第3号义田店屋基地,从1904年至1937年,年租额80元,租额35年未变;方茂盛租第3号义田另一处店屋基地,从1894年至1937年,年租额为50元,租额44年未变;第4号毕孙氏助产,从1916年至1937年,年租额55石,租额22年未变;永安水龙会租第5号柯万煜助地基,年租金80元;第6号吕观寿助田,从1881年签旧揽租字起,到1937年,租额总是干谷40斤,租额57年始终未变;第7号程淦泉助田,年收租谷1石4斗,至少从1904年起,至1937年已有23年租谷数量未变;江永清租第8号扬子坑义地,年租额60元;苏贵全租第8号扬子坑另一块义地年租额20元。二是永佃农和公济局都签有租批和租折等契约。如周干城和陈凤占租公济局对门市屋分别签有租批1纸、租折1纸；李正茂租店屋基地签有租批1纸、租折1扣；方茂盛租店屋基地签有租折1扣；永安水龙会租第5号柯万煜助地基，签有租批1纸、租折1扣；某佃农租吕观寿助田，签有揽租字2纸；江永清租扬子坑义地签有租折1扣；苏贵全租第8号扬子坑另一块义地，签有租折1扣。三是义田出租时常收取押金。如李正茂租店屋基地，收押金60元，方茂盛租店屋基地，收押金20元；永安水龙会租柯万煜助地基，收押金40元；江永清租扬子坑义地收押金10元，苏贵全租第8号扬子坑义地收押金10元。四是租佃者常常拖欠地租。如周干城在1937年欠租100元，陈凤占则历年欠租，本年才收清；李正茂和方茂盛租店屋基地本年都未收租；永安水龙会租柯万煜助地基，租金收至光绪三十年止，以后未再收。关于公济局所有欠租情况则被登载在1本欠租簿上。五是屯溪公济善局在向政府进行土地产权陈报时，是和佃户一道进行陈报的，佃农的名字和租谷数量被填写到安徽省政府印制的具有产权效力的陈报单上。屯溪公济善局义田契据的上述五个方面特点均是公济局义田地权发生双层分化的重要证据。

以上从屯溪义田捐输契、义田交易契约、义田产权纠纷、产权申报、义田的租佃期限、租额、租批、租佃押金等方面对佃农是否对义田的地权状况进行了考察，如果说从某一方面还不能完全肯定屯溪义田是否发生地权双层分化的话，那么从以上诸方面综合分析，完全可以证明屯溪义田地权发生了双层分化。

本章研究表明，皖南族田、官田、学田和义田等公田的地权普遍发生了双层分化。公田地权的双层分化是佃农群体力量同公田所有者力量博弈、民间习惯法、政府立法、社会经济综合因素促成的结果。从清至民国，由于宗祠、官府、学田、义田等公产管理机关与佃农关系逐步趋于平等，对佃农不利的宗族土地所有制、官田国家所有制、学田及义田的普通租佃制发生了重大变迁。在这种社会趋势下，清代族田、官田、义田和学田等公田的地权出现双层地权分化并逐步加深；民国时期，公田地权分化更加普遍，逐渐形成了公田所有者主要掌握田底权、永佃农主要掌握田面权的双层地权格局。

第三章　民国时期皖南永佃制的比重及分布

　　目前学术界主要对永佃制的概念、性质、起源、原因、制度属性等方面进行研究,还没有学者利用数百个村庄的统计数据对永佃制进行实证研究。就安徽的永佃制来说,仅有刘和惠、彭超等少数几位学者的几篇论文对徽州的永佃制作了研究。[1] 此外,章有义在徽州土地制度的研究中,也述及了永佃制[2]。在资料应用上,主要以零星契约和少数租簿为主,还没有学者对跨数个县(市)几百个村每一户的详细永佃制状况进行实证研究。

　　本章首次利用祁门、绩溪、屯溪市[3]及沿江地带的当涂县[4] 4 个县(市)的《土改前各阶层占有使用土地统计表》及歙县档案馆所藏民国时期《歙县地籍清册》等永佃制档案资料,从微观角度对民国时期皖南永佃户占当地农户比重、永佃田占当地耕地比重及分布进行实证研究,以具体的统计数字证明民国时期皖南永佃制的普遍存在。

第一节　皖南永佃田统计标准及永佃户的比重分布

　　对永佃制的分布进行统计分析,厘清永佃制的内涵及其标准非常关键,否

---

[1]　刘和惠:《清代徽州田面权考察》,《安徽史学》1984 年第 5 期;彭超:《论徽州永佃权和"一田二主"制》,《安徽史学》1985 年第 4 期。

[2]　见章有义:《明清徽州土地关系研究》,中国社会科学出版社 1984 年版;《近代徽州租佃关系案例研究》,中国社会科学出版社 1988 年版。章有义引用的资料主要是地租簿,且涉及区域仅仅局限于徽州地区,对徽州以外的皖南地区没有涉及。赵冈在研究永佃制时间接地利用了章有义的资料。

[3]　民国时的屯溪市大致相当于今天黄山市的屯溪区。

[4]　民国时的当涂县相当于现在的当涂县及马鞍山市。

则统计出的数字就会大相径庭,因为标准不一样,结果自然也不相同。笔者认为,应该把永佃制界定为非典型性永佃制和典型性永佃制两种永佃制。① 非典型性的永佃制是指"在不欠租的情况下,佃农仅有永远佃耕权利"的初始阶段的永佃制,典型性的永佃制是指"田底权和田面权分离的、可自由转让佃权"的成熟阶段的永佃制。广义的永佃制既包括非典型性的永佃制,又包括典型性的永佃制。狭义的永佃制则仅指典型性的永佃制。民国时期的浙江、江苏等省既分布着非典型性永佃制,又分布着典型性永佃制。如曹树基把浙江的田面田分为两种:一种是把由于佃农向地主交纳"顶首"或"押租",从而"可以转顶而不可转佃且有撤佃可能的'田面'"称做"相对的田面权"或"相对的永佃权",此种永佃制即为非典型性永佃制;②另一种是把"参与垦荒的佃户或他们的后代","因出卖田底转化而成的佃户,他们与田面的关系,是与先辈的血汗和家族的血缘联系在一起的"理解为"公认的永佃权",此种永佃制即为典型性永佃制。③ 土改时期,皖南的永佃制属于那种类型的永佃制呢?皖南各地的调查给了我们很好的回答。屯溪隆新乡徐村的村民们说:"买到不计年限的田皮,就算买到永佃权了,只要交原地主大租,不交小租,那就永远种,叫小买,俗称佃皮贵,这种情况好像北方押租、押金的形式,表面上看一样,实际上不一样,押租、押金到年限要还,但此地不还,叫小买"。④ 屯溪地区的田面权俗称佃皮贵,说明田皮价格经常高于田底价格,在这种情况下,地主向田皮主撤佃的可能性就不会存在,如若撤佃,此佃农一定是没有获得田面权。因此,屯溪地区是不把交"顶首"或"押租",从而可以转顶的情况称做小买,即这样的情况是不算做有田面权的。皖南贵池县民生村更把有田面权的人称做"二东家"⑤,被称做"二东家",其田面田更不可能被撤佃。因此,可能被撤佃的"相对的田面田"在皖南并未被发现。从饶漱石发布的命令,"在原耕的基础上分配土地时,原耕农民租入土地之有田面权者,其田面权价格,一般得依

① 关于永佃制内涵的讨论,详见引论。

② 曹树基:《两种"田面田"与浙江的"二五减租"》,《历史研究》2007 年第 2 期,第 113 页。

③ 同上书,第 111 页。

④ 隆新乡徐村:《屯溪市隆新乡徐村经济情况的调查》,1950 年 2 月 8 号,全宗 1:《中共屯溪市委办公室》,第 60—61 页。

⑤ 中共池州地区委员会:《贵池县民生村土改试验总结》(1950 年 10 月 12 日),全宗 2:《中共贵池县委办公室》第 3 卷,第 32 页。

抗日战争前的价格计算,但个别应视当地情况规定之"中,我们也可看出皖南土改中计算有永佃权土地时,没有把有"顶首"或"押租"之类的土地归为有田面权的土地。① 所以,本书利用的档案是把有田面权的土地作为有永佃权土地统计标准的,即属于典型性的永佃制。关于田面权价格的折算方法,在屯溪阳湖乡大买与小买田的折实标准是对折。② 在贵池县民生村采用"底四面六"的标准。③

　　关于永佃户占总户数状况的统计,国民政府全国土地委员会在 1937 年对全国 16 个省各类租佃期限的户数进行了抽查,安徽省共抽查 43012 户,其中永佃户 18990 户,占抽查户数的 44.15%;定期租佃户 5536 户,占抽查户数的 12.87%;不定期租佃户数 18482 户;占抽查户数的 42.96%,其他户 4 户,占抽查户数的 0.01%。④ 本书统计了皖南 4 个县(市)568 个村 139784 户,是 1937 年国民政府全国土地委员会对安徽省统计户数的 3.25 倍,从区域上看更集中,调查更为翔实。

一、祁门县 4 个区和屯溪市永佃户的比重分布

　　祁门县共有 7 个区,祁门县档案馆仅保存有第 4、第 5、第 6、第 7 区有关永佃制的档案。祁门县第 4 区 17 个村中,有 8 个村有永佃户,占全区村总数的 47%。祁门县第 4 区共有永佃户 1512 户,其中地富永佃户 81 户,占全区总户数的 1.9%,中农以下阶层永佃户 1431 户,占全区总户数的 33.58%。第 4 区所有永佃户占总户数的 35.48%,永佃户比重较高。祁门县第 5 区 12 个村中,只有竹集村有永佃户,共有 95 户,全部为中农以下阶层户,占全区总户数的 2.26%,中农以下阶层永佃户,占全区总户数的 33.58%。第 5 区永佃户比重很低。祁门县第 6 区共有 30 个村,有 9 个村有永佃户,共有永佃户 883 户,其中地富永佃户 13 户,占全区总户数的 0.25%,中农以下阶层永佃户 870 户,

①　饶漱石:《解答若干有关土地改革的问题》,1950 年 10 月,当涂县档案馆藏,第 34 页。
②　阳湖乡方口村:《阳湖乡方口村土改工作报告》1950 年 11 月 30 日,全宗 2 第 4 卷,黄山市屯溪区档案馆藏,第 8 页。
③　中共池州地委会:《贵池县民生村土改试验总结》,全宗 2 第 3 卷,池州市贵池县档案馆藏,第 35 页。
④　全国土地委员会编:《全国土地调查报告纲要》,《逢甲学报》1937 年第 7 期,南京大学图书馆藏,第 45 页。

占全区总户数的 16.49%。第 6 区所有永佃户占全区总户数的 16.74%，永佃户数比重一般。祁门县第 7 区共有 21 个村，有 5 个村有永佃户，共有永佃户 673 户，其中地富永佃户 24 户，占全区总户数的 1.69%，中农以下阶层永佃户 649 户，占全区总户数的 45.64%。第 7 区所有永佃户占全区总户数的 47.33%，永佃户比重较高。祁门县 4 个区的永佃户比重分布，见表 3.1。

表 3.1　民国末年祁门县 4 个区各阶层永佃户比重分布

区	所有户数	地富户数	地富		中农以下阶层户数	中农以下阶层		永佃总户数	永佃总户数占所有户数比重%
			永佃户数	%		永佃户数	%		
第 4 区	4262	200	81	1.90	4062	1431	33.58	1512	35.48
第 5 区	4198	140	0	0	4058	95	2.26	95	2.26
第 6 区	5275	115	13	0.25	5160	870	16.49	883	16.74
第 7 区	1422	74	24	1.69	1348	649	45.64	673	47.33

资料来源：①祁门县土改办：《祁门县第 4 区程石村土改前各阶层占有使用土地统计表》(1951 年 4 月)，全宗：《祁门县土改办》第 4 卷，祁门县档案馆藏；同卷同类档案还包括祁门县第 4 区其他 16 个村，这些村是：奇岭、余坑、莲坑、板石、花桥、平里、查湾、竹林里、大痕、芦溪、溶口、葭湾、贵溪、双凤、倒湖、奇口村。

②祁门县土改办：《祁门县第 5 区竹集村土改前各阶层占有使用土地统计表》(1951 年 4 月)，全宗：《祁门县土改办》第 5 卷，祁门县档案馆藏；同卷同类档案还包括祁门县第 5 区其他 11 个村是：桃源、文堂、良木、石马、高塘、新合、察箬、舜栗、沧伦、西易、闪里村。

③祁门县土改办：《祁门县第 6 区林村土改前各阶层占有使用土地统计表》(1951 年 4 月)，全宗：《祁门县土改办》第 6 卷，祁门县档案馆藏；同卷同类档案还包括祁门县第 6 区 30 个村总的档案及其他 28 个村单个村的档案(缺一村)，这些村是：辅岭、忠信、陈田、深都、道源、渚口、历溪、毛坦、新林、古溪、伊坑、河西、至善、彭龙、方村、西坑、黄龙口、河东、清溪、环砂、石迹、樵溪、正冲、沙堤、磴上、西源、水村、淑里村。

④祁门县土改办：《祁门县第 7 区复兴村土改前各阶层占有使用田地统计表》(1951 年 4 月)，全宗：《祁门县土改办》第 7 卷，祁门县档案馆藏；同卷同类档案还包括祁门县第 7 区其他有永佃及代表性的 5 个村：枫岑、善何、湘溪、沙溪、大中村。

屯溪市共有永佃户 4518 户，其中地富永佃户 351 户，占全区总户数的 6.68%，中农以下阶层永佃户 4167 户，占全区总户数的 86%。屯溪市所有永佃户占全区总户数的 86%。屯溪市永佃户比重非常高，见表 3.2。

表 3.2　民国末年屯溪市各阶层永佃户比重分布

县（市）	所有户数	地富户数	地富永佃户数	地富户数占总户数%	中农以下阶层户数	中农以下阶层永佃户数	中农以下阶层永佃户所占比重%	永佃总户数	永佃总户数占所有户数%
屯溪市	5253	408	351	6.68	4845	4167	79.33	4518	86

资料来源:《屯溪市四乡三十六村土改前各阶层占有使用土地统计表》,全宗:《屯溪市土改办》第 2 卷,黄山市屯溪区档案馆藏。

二、绩溪县永佃户的比重分布

绩溪县共有 7 个区,第 1 区共有 17 个村,16 个村有永佃户,共有永佃户 3154 户,其中地富永佃户 130 户,占全区总户数的 3.15%,中农以下阶层永佃户 3024 户,占全区总户数的 73.35%。第 1 区所有永佃户占全区总户数的 76.51%,永佃户比重相当高。绩溪县第 2 区共有 27 个村,有 15 个村有永佃户,共有永佃户 1839 户,其中地富永佃户 67 户,占全区总户数的 1.19%,中农以下阶层永佃户 1772 户,占全区总户数的 31.34%。第 2 区所有永佃户占全区总户数的 32.53%,永佃户比重一般。绩溪县第 3 区共有 12 个村,仅 3 个村有永佃户,共有永佃户 525 户,其中地富永佃户 40 户,占全区总户数的 1.48%,中农以下阶层永佃户 485 户,占全区总户数的 17.95%。第 3 区所有永佃户占全区总户数的 19.43%,永佃户比重一般。绩溪县第 4 区共有 18 个村,有 11 个村有永佃田户,共有永佃户 2005 户,其中地富永佃户 84 户,占全区总户数的 2.58%,中农以下阶层永佃户 1921 户,占全区总户数的 59.04%。第 4 区所有永佃户占全区总户数的 61.62%,永佃户比重高。绩溪县第 5 区 24 个村都有永佃户,共有永佃户 2900 户,其中地富永佃户 92 户,占全区总户数的 2.86%,中农以下阶层永佃户 2808 户,占全区总户数的 87.4%。第 5 区所有永佃户占全区总户数的 90.26%,全区几乎全为永佃户。绩溪县第 6 区没有永佃户。绩溪县第 7 区共有 27 个村,有 21 个村有永佃户,共有永佃户 2334 户,其中地富永佃户 49 户,占全区总户数的 1.37%,中农以下阶层永佃户 2285 户,占全区总户数的 48.08%。第 7 区所有永佃户占全区总户数的 65.23%,绝大部分户为永佃户。绩溪县 7 个区的永佃户比重,见表 3.3。

表 3.3　民国末年绩溪县 7 个区各阶层永佃户比重分布

区	所有户数	地富户数	地富		中农以下阶层户数	中农以下阶层		永佃总户数	永佃总户数占所有户数比重%
			永佃户数	%		永佃户数	%		
第 1 区	4122	169	130	3.15	3953	3024	73.36	3154	76.51
第 2 区	5654	226	67	1.19	5428	1772	31.34	1839	32.53
第 3 区	2702	183	40	1.48	2519	485	17.95	525	19.43
第 4 区	3254	117	84	2.58	3137	1921	59.04	2005	61.62
第 5 区	3213	115	92	2.86	3098	2808	87.40	2900	90.26
第 6 区	3050	102	—	—	2948	—	—	—	0
第 7 区	3578	98	49	1.37	3480	2285	63.86	2334	65.23

资料来源:①中共绩溪县委:《朗坞村土改前各阶层占有使用土地统计表》(1951 年),《绩溪县第 1 区土改情况统计表》,绩溪县档案馆藏,全宗:《中共绩溪县委员会办公室档案》,第 19 卷,绩溪县档案馆藏;同卷同类档案还包括绩溪县第 1 区其他 16 个村,这些村是:闾田、新兴、王家源、凤凰、孔灵、义兴、高村、高榴、川源、仁里、中街、凤灵、蒲川、西街、北街、东街村。

②中共绩溪县委:《下旺村土改前各阶层占有使用土地统计表》,《绩溪县第 2 区(旺川区)土改情况统计表》,全宗:《中共绩溪县委员会办公室档案》(1951 年),第 20 卷,绩溪县档案馆藏;同卷同类档案还包括绩溪县第二区其他 26 个村,其他村是:东团、上庄、濠寨、上旺、河南、庄川、余川、江川、杨滩、新川、冯川、坞川、模范、镜塘、会川、坦头、潭竹、旺山、镇珍、宋家、石㲚、鲍西、黄川、金山、瑞川、择里村。

③中共绩溪县委:《西溪村土改前各阶层占有使用土地统计表》,《绩溪县第 3 区土改情况统计表》,全宗:《中共绩溪县委员会办公室档案(1951 年)》,第 21 卷,绩溪县档案馆藏;同卷同类档案还包括绩溪县第 3 区其他 11 个村,这些村是:长岭、楼形、板桥、蒙坑、杨村、大谷、尚田、蜀马、庙山下、玉台、龙从村。

④中共绩溪县委:《浒里村土改前各阶层占有使用土地统计表》,《绩溪县第 4 区土改情况统计表》,全宗:《中共绩溪县委员会办公室档案》(1951 年),第 22 卷,绩溪县档案馆藏。同卷同类档案还包括绩溪县第 4 区其他 17 个村,这些村是:杨溪、梧川、大坑口、横川、周仙、岭外、孔岱、东村、百兽、西山、龙川、瀛洲、汪村、云杨、岭里、巧川、丛山村。

⑤中共绩溪县委:《四明村土改前各阶层占有使用土地统计表》,《绩溪县第 5 区(伏岭下区)土改情况统计表》,全宗:《中共绩溪县委员会办公室档案》(1951 年),第 23 卷,绩溪县档案馆藏;同卷同类档案还包括绩溪县第 5 区其他 23 个村,这些村是:古塘、南坛、平联、纹岩、长田、平义、中兴、永来、石岱、石门、逍遥、竹园、鸡鸣、黎明、鱼川、西门、石龙、南户、怡敬、瑞霞、沄河、望及、先进村。

⑥中共绩溪县委:《双溪村土改前各阶层占有使用土地统计表》,《绩溪县第 6 区土改情况统计表》,全宗:《中共绩溪县委员会办公室档案》(1951 年),第 21 卷,绩溪县档案馆藏;同卷同类档案还包括表列绩溪县第 6 区其他 20 个村。

⑦中共绩溪县委:《沙坝村土改前各阶层占有使用土地统计表》,《绩溪县第 7 区土改情况统计表》,全宗:《中共绩溪县委员会办公室档案》(1951 年),第 24 卷,绩溪县档案馆藏。同卷同类档案还包括绩溪县第 7 区其他 26 个村,这些村是:和平、如法、富溪、和阳、石山、敦昇、胜利、志云、联合、铜山、共和、共风、堪头、太平、东岩、石门、仙照、霞水、炉坝、社明、阳平、泽民、云川、梅圩、竹里、介春村。

三、当涂县永佃户的比重分布

当涂县共有 14 个区,其中第 2 区共有 32 个村,有 9 个村有永佃户,共有永佃户 1864 户,其中地富永佃户 93 户,占全区总户数的 1.1% ,中农以下阶层永佃户 1771 户,占全区总户数的 20.01% 。第 2 区所有永佃户占全区总户数的 21.2% ,永佃户比重一般。当涂县第 3 区共有 32 个村,有 9 个村有永佃户,共有永佃户 325 户,其中地富永佃户 17 户,占全区总户数的 0.23% ,中农以下阶层永佃户 308 户,占全区总户数的 4.16% 。第 3 区所有永佃户占全区总户数的 4.39% ,永佃户比重低。当涂县第 4 区共有 29 个村,有 3 个村有永佃户,共有永佃户 1247 户,其中地富永佃户 77 户,占全区总户数的 0.95% ,中农以下阶层永佃户 1170 户,占全区总户数的 14.35% 。第 4 区所有永佃户占全区总户数的 15.3% ,永佃户比重不高。当涂县第 5 区共有 25 个村,所有村都有永佃户,共有永佃户 6555 户,其中地富永佃户 357 户,占全区总户数的 0.54% ,中农以下阶层永佃户 6198 户,占全区总户数的 93% ,几乎全为永佃户。第 5 区所有永佃户占全区总户数的 98.36% ,永佃户比重非常高。当涂县,12 区共有 20 个村,只有观山村永佃户 23 户,全部为地富永佃户,占全区总户数的 0.33% ,永佃户很少。当涂县第 13 区共有 22 个村,有 8 个村有永佃户 2033 户,其中地富永佃户 55 户,占全区总户数的 0.8% ,中农以下阶层永佃户 1978 户,占全区总户数的 28.88% 。当涂县第 13 区所有永佃户占全区总户数的 29.68% ,永佃户比重一般。当涂县第 14 区共有 26 个村,有 4 个村有永佃户,其中地富永佃户 23 户,占全区总户数的 0.35% ,中农以下阶层永佃户 1188 户,占全区总户数的 17.85% 。第 14 区所有永佃户占全区总户数的 18.2% ,永佃户比重不高。当涂县 14 个区的永佃户比重分布,见表3.4。

表 3.4 民国末年当涂县 14 个区各阶层永佃户比重分布

区	所有户数	地富户数	地富		中农以下阶层户数	中农以下阶层		永佃总户数	永佃总户数占所有户数比重%
			永佃户数	%		永佃户数	%		
第 1 区	1320	36	0	0	1275	0	0	0	0
第 2 区	8819	470	93	1.10	8349	1771	20.10	1864	21.20
第 3 区	7404	329	17	0.23	7075	308	4.16	325	4.39

续表

区	所有户数	地富户数	地富		中农以下阶层户数	中农以下阶层		永佃总户数	永佃总户数占所有户数比重%
			永佃户数	%		永佃户数	%		
第 4 区	8152	575	77	0.95	7577	1170	14.35	1247	15.30
第 5 区	6664	357	357	0.54	6307	6198	93.00	6555	98.36
第 6 区	6599	401	0	—	6198	—	—	0	0
第 7 区	6790	289	0	—	6501	—	—	0	0
第 8 区	4055	115	0	—	3940	—	—	0	0
第 9 区	9815	366	0	—	9449	—	—	0	0
第 10 区	6854	404	0	—	6450	—	—	0	0
第 11 区	6754	355	0	—	6399	—	—	0	0
第 12 区	7072	360	23	0.33	6712	0		23	0.33
第 13 区	6849	260	55	0.80	6589	1978	28.88	2033	29.68
第 14 区	6654	362	23	0.35	6292	1188	17.85	1211	18.20

注:当涂县第 1、第 2、第 3、第 4、第 7、第 9、第 11、第 12、第 13、第 14 区的族田公产户数未统计。

资料来源:①《当涂县第 2 区北阳村土改前各阶层占有使用土地统计表》,全宗 W017:《当涂土改办》第
50 卷,当涂县档案馆藏;同卷同类档案还包括当涂县第 2 区其他 31 个村,这些村是:永
兴、省庄、花园、天寿、莲云、马厂、金柱、彭兴(以上村有永佃)、园通、路西、新桥、大桥、连
蒲、张林、保顺、秦河、安民、慈云、葱山、大圣、宁西、宁东、大信、东海、宏庙、龙山、中谷、双
闸、褐山、永台、曹姑村。

②《当涂县第 3 区港东村土改前各阶层占有使用土地统计表》,全宗 W017:《当涂土改办》第
51 卷,当涂县档案馆藏;同卷同类档案还包括当涂县第 3 区其他 26 个无永佃权土地的
村,这些村是:永安、西林、道东、斗娃、太仓、路东、黄汉、竹塘、构桥、官碾、王村、张林、姑
山、韦店、双梅、朝阳、荆山、夏公、保宁、中仙、正觉、如是、钓鱼、兹巍、福城、栖方村。

③《当涂县第 4 区星西村土改前各阶层占有使用土地统计表》,全宗 W017:《当涂土改办》第
52 卷,当涂县档案馆藏;同卷同类档案还包括当涂县第 4 区其他 28 个村,这些村是:郭
厂、星东(以上村有永佃)、团月、兴城、济南、复兴、新东、永宁、四圣、石桥、新西、光华、籍
泰、马桥、南小、普济、陶林、瑞阴、济北、柘林、洪潭、金城、万寿、亭颐、济东、沛西、沛东、上
华村。

④《当涂县第 5 区大村土改前各阶层占有使用土地统计表》,全宗 W017:《当涂土改办》第
53 卷,当涂县档案馆藏;同卷同类档案还包括当涂县第 5 区其他 24 个村,这些村是:黄
池、桃林、杨桥、威桥、三元、上坝、洪露、工官、长福、沙潭、张林、王潭、一枝、五里、楼社、禅
定、福山、大江、狮村、龙集、朱村、边湖、麻碾、胜平村。

⑤《当涂县第 12 区观山村土改前各阶层占有使用土地统计表》,全宗 W017:《当涂土改办》
第 60 卷,当涂县档案馆藏;同卷同类档案还包括当涂县第 12 区其他 19 个村,这些村是:
马塘、平阳、潘村、黄陂、沙塘、濮塘、修村、聚贤、杜塘、落星、板山、尚甸、镇东、祠山、古坎、
镇西、陶村、徐山、宋庄村。

⑥《当涂县第 13 区阳湖村土改前各阶层占有使用土地统计表》,全宗 W017:《当涂土改办》

第 61 卷,当涂县档案馆藏;同卷同类档案还包括当涂县第 13 区其他 21 个村,这些村是:冯里、金钟、杨桥、陶庄、三台、安明、佳山(以上村有永佃)、官罗、烟墩、青邮、彩秣、西塘、大河、玉泉、葛阳、思贤、昭明、山湖、南镇、恒兴、北镇。

⑦《当涂县第 14 区新锦村土改前各阶层占有使用土地统计表》,全宗 W017;《当涂土改办》第 62 卷,当涂县档案馆藏;同卷同类档案还包括当涂县第 14 区其他 25 个村,这些村是:金马、尚徐、泰兴(以上村有永佃)、沙上、卸巷、金山、皇硚、四顾、镇北、汤阳、通议、普济、大垅、鲫鱼、南生、横互街、中市街、九华街、唐贤、太平街、公园街、乔家、襄孟、路北、大庄村。

进一步归纳,皖南 4 县(市)25 个区 568 个村共有 139784 户,永佃户为 33696 户,占总户数的 24.11%;中农以下阶层①共有户数 133158 户,其中永佃户为 32120 户,永佃户占该阶层总户数的比重亦为 24.1%,占 25 个区总户数的 22.98%。皖南 4 县(市)25 个区永佃户数占总户数状况,见表 3.5(其详细状况见附表 3.1 至附表 3.18)。

表 3.5　民国末年皖南 4 县(市)各阶层永佃户比重分布

县(市)	所有户数	地富户数	地富永佃户数	地富户数占总户数%	中农以下阶层户数	中农以下阶层永佃户数	中农以下阶层永佃户所占比重%	永佃总户数	永佃总户数占所有户数%
祁门县	15157	529	118	0.008	14628	3045	20.86	3163	20.87
屯溪市	5253	408	351	6.68	4845	4167	79.33	4518	86.00
绩溪县	25573	1010	462	1.81	24563	12295	48.08	12757	49.88
当涂县	93801	4679	645	0.69	89122	12613	13.45	13258	14.13
合计	139784	6626	1576	1.13	133158	32120	22.98	33696	24.11

资料来源:①祁门县土改办:《祁门县土改前各阶层占有使用土地统计表》(1951 年),全宗:《祁门县土改办》第 4—7 卷,祁门县档案馆藏。

②《屯溪市四乡三十六村土改前各阶层占有使用土地统计表》,全宗:《屯溪市土改办》第 2 卷,黄山市屯溪区档案馆藏。

③中共绩溪县委:《绩溪县土改前各阶层占有使用土地统计表》,全宗:《中共绩溪县委员会办公室档案》(1951 年),第 19—25 卷,绩溪县档案馆藏。

④《当涂县土改前各阶层占有使用土地统计表》,全宗 W017:《当涂土改办》第 49—62 卷,当涂县档案馆藏。

从表 3.5 可知,皖南 4 县(市)的永佃户数比重平均为 24.11%,屯溪市永

---

①　本书涉及阶层划分标准,依据原档案资料。

佃户数比重是最高的,达86%,其次是绩溪县,为49.88%。可以看出,皖南永佃制在屯溪、绩溪两个县(市)涉及的农户比重最高,在祁门及当涂县永佃户数涉及的比重则不高,但也涉及了1/5左右的农户。因此,永佃制在皖南是广泛存在于千家万户的一种土地制度。据华东军政委员会的调查,皖南有7.3%①属于非农业户,如果排除这些非农业户,永佃制在皖南涉及的农户比重就会更高。另外,以往研究表明,安徽永佃制发达的区域位于皖南,皖北的永佃户数比重肯定大大低于皖南,所以,在1949年前后,安徽全省的永佃户数比重是不可能高于24.11%的。但1937年全国土地委员会关于安徽省的调查认定永佃户占全省总户数的比重为44.15%。于此,似可推测,或者是由于1937年后连续10余年的战争和革命斗争的冲击,使很多永佃户失了永佃田;或者是1937年全国土地委员会关于安徽永佃户的调查有所偏差。

第二节　皖南各地永佃田的比重分布

关于皖南永佃田的比重和分布状况,1937年全国土地委员会的调查对此没有涉及。土改时期的中共皖南徽州分区委员会估计,"有永佃权的土地,绩溪占三分之一,旌德占二分之一,祁门占十分之三,休宁占十分之一,歙县占十分之一,全分区共占三分之一"。②可惜的是,中共皖南徽州分区委员会对徽州各地的永佃制状况仅仅做了一个估计,并没有对土地清丈时得到的永佃田数字进行汇总。

土改时的土地清丈的准确程度远远超过明清时期的历次土地清丈。皖南地区各地的土改清丈人员对土地的丈量非常细致,特别强调对土改前包括地主、富农、中农、贫农、小土地出租者、工人等村内各个阶层的永佃土地数量的登记,所以才使笔者能够详细地计算出民国末年皖南地区4个县(市)永佃田的比重和分布。

---

① 华东军政委员会土地改革委员会:《安徽省农村调查》,1952年编印,第3页。
② 中共皖南区党委农委会:《农村土地关系的初步研究》(1950年5月31日),全宗:1 第40卷,芜湖市档案馆藏,第96页。

一、祁门县4个区和屯溪市永佃田的比重分布

祁门县第4区位于县西南部,阊江河谷与两岸的中、低山谷交错,17个村中有8个村有永佃田,占全区村总数的47%。祁门县第4区的程石和竹荪里2个村的永佃田超过非永佃田,分别占所在村田地的91.76%和58.85%。葭湾、贵溪、溶口和余坑4个村的永佃田较多,分别占所在村田地的33.52%、31.21%、29.81%和24.22%。大痕村的永佃田也不少,占到全村土地的16.35%。芦溪村永佃田占全村田地的8.67%。就全区而言,永佃田总数占各阶层租入田地总数的21.32%,占各阶层使用田地总数的17.53%,占全区土地总数的16.04%。第4区永佃田总量较多,永佃制发展水平高。第4区永佃田的比重分布状况,见表3.6。

表3.6 民国末年祁门县第4区各村永佃田比重分布

田地单位:亩

项目 数字 村	永佃田	在村各阶层租入田地①	在村各阶层使用田地	在村各阶层占有田地②	外出各阶层占有田地	永佃田占在村各阶层租入田地比重%	永佃田在村各阶层使用田地比重%	永佃田占全村田地比重%③
程石④	341.372	822.974	914.817	127.170	244.837	41.48	37.32	91.76
奇岭	0	904.435	956.275	1028.239	14.536	0	0	0
余坑	148.774	366.534	605.568	327.640	286.522	40.59	24.57	24.22
莲坑	0	643.235	881.523	661.673	271.175	0	0	0
板石	0	155.373	302.862	222.539	85.898	0	0	0
花桥	0	749.325	790.800	276.000	514.800	0	0	0
平里	0	554.12	769.414	1834.220	113.689	0	0	0
查湾	0	1826.424	1928.318	1735.918	141.230	0	0	0
竹荪里	580.83	662.130	1018.405	530.320	456.660	87.72	57.03	58.85
大痕	122.4	630.123	749.401	188.666	569.078	19.42	16.33	16.35
芦溪	56.898	751.739	809.881	643.228	13.262	7.57	7.02	8.67
溶口	578.812	1222.106	1586.103	1599.085	342.320	47.36	36.49	29.81
葭湾	488.4	1006.710	1192.308	708.81	748.045	48.51	40.96	33.52

续表

数字 村 项目	永佃田	在村各阶层租入田地①	在村各阶层使用田地	在村各阶层占有田地②	外出各阶层占有田地	永佃田占在村各阶层租入田地比重%	永佃田占在村各阶层使用田地比重%	永佃田占全村田地比重%③
贵溪	765.866	1771.823	2282.19	1779.871	673.726	42.22	33.56	31.21
双凤	0	1059.379	1341.247	490.847	871.956	0	0	0
倒湖	0	634.755	665.205	727.728	150.788	0	0	0
奇口	0	704.196	795.0	706.54	138.366	0	0	0
17村合计	3083.352	14465.381	17589.317	13588.494	5636.888	21.32	17.53	16.04

注：①在村各阶层租入田地包括地主租入田地,祁门县的地主绝大部分自己参与耕作。

②在村各阶层占有田地包括其在外村占有的田地。

③村田地总数等于在村各阶层占有田地数加上外出各阶层占有田地数。

④在程石村,村民的永佃权完全超越了居住村的范围,全村有永佃权的土地不仅包括租于本村的土地,而且包括租于外村的土地。

资料来源:祁门县土改办:《祁门县第4区程石村土改前各阶层占有使用土地统计表》(1951年4月),全宗:《祁门县土改办》第4卷,祁门县档案馆藏;同卷同类档案还包括祁门县第4区其他16个村,这些村是:奇岭、余坑、莲坑、板石、花桥、平里、查湾、竹箬里、大痕、芦溪、溶口、葭湾、贵溪、双凤、倒湖、奇口村。

祁门县第5区位于县西北部,察坑河及东河交错于狭小的山间谷地之间,本区12个村中只有竹集村有永佃田,是祁门县永佃田最少的一个区。第5区永佃田的比重分布状况,见表3.7。

表3.7　民国末年祁门县第5区各村永佃田比重分布

田地单位:亩

数字 村 项目	永佃田	在村各阶层租入田地①	在村各阶层使用田地	在村各阶层占有田地②	外出各阶层占有田地	永佃田占在村各阶层租入田地比重%	永佃田占在村各阶层使用田地比重%	永佃田占全村田地比重%③
竹集	3.261	1597.870	1983.774	1439.575	747.643	0.20	0.16	0.15
桃源	0	1655.181	2242.18	1652.318	589.862	0	0	0
文堂	0	2354.257	2931.002	3270.092	238.110	0	0	0
良木	0	946.716	1677.366	1280.742	0	0	0	0

续表

数字 项目 村	永佃田	在村各阶层租入田地①	在村各阶层使用田地	在村各阶层占有田地②	外出各阶层占有田地	永佃田占在村各阶层租入田地比重%	永佃田占在村各阶层使用田地比重%	永佃田占全村田地比重%③
石马	0	488.651	871.437	490.979	74.484	0	0	0
高塘	0	1013.242	1137.541	1179.626	9.762	0	0	0
新合	0	1345.601	1827.823	1070.282	0	0	0	0
察箸	0	246.477	479.306	1090.218	62.021	0	0	0
舜栗	0	1596.3	2130.32	2227.108	80.949	0	0	0
沧伦	0	1743.999	2018.468	1954.218	570.357	0	0	0
西易	0	1916.428	2667.132	1158.973	1529.544	0	0	0
闪里	0	1619.713	1959.269	2120.577	227.545	0	0	0
12村合计	3.216	16524.435	21925.617	18934.707	4130.277	0.019	0.001	0.014

注:①在村各阶层租入田地包括地主租入土地,祁门县的村内地主绝大部分自己参与耕作。
　②在村各阶层占有田地包括其在外村占有的田地。
　③村田地数等于在村各阶层占有田地数加上外出各阶层占有田地数。
资料来源:祁门县土改办:《祁门县第5区竹集村土改前各阶层占有使用土地统计表》(1951年4月),全宗:《祁门县土改办》第5卷,祁门县档案馆藏;同卷同类档案还包括祁门县第5区其他11个村,这些村是:桃源、文堂、良木、石马、高塘、新合、察箸、舜栗、沧伦、西易、闪里村。

祁门县第6区位于县中北部,流源河及古溪河穿行于狭小的山间谷地之中,共有30个村,有9个村有永佃田,占全区村总数的30%。沙堤村的永佃田超过非永佃田,占全村田地的67.99%。西源和伊坑村的永佃田地数量较多,分别占所在村田地的38.20%和23.30%。清溪和辅岭村的永佃田分别占所在村田地的12.85%和10.54%,都超过了所在村田地的10%。深都、磴上、淑里和石迹村的永佃田地较少,分别占所在村田地总数的4.62%、2.77%、1.58%和0.86%。全区永佃总数占本区各阶层租入田地总数的12.18%,占各阶层使用田地总数的8.28%,占全区田地总数的6.81%。总体上看,祁门县第6区的永佃制发展水平不高,且分布不均衡。第6区永佃田的比重分布状况,见表3.8。

表3.8　民国末年祁门县第6区各村永佃田比重分布

田地单位:亩

村 \ 项目 数字	永佃田	在村各阶层租入田地①	在村各阶层使用田地	在村各阶层占有田地②	外出各阶层占有田地	永佃田占在村各阶层租入田地比重%	永佃田占在村各阶层使用田地比重%	永佃田占全村田地比重%③
林村	0	345.29	554.703	573.103	9.0	0	0	0
辅岭	52.23	239.882	477.929	339.877	155.342	21.77	10.93	10.54
忠信	0	228.6	255.6	83.185	176.875	0	0	0
陈田	0	474.591	655.237	424.665	240.792	0	0	0
深都	21.0	212.446	389.587	359.435	95.322	9.88	5.39	4.62
道源	0	101.752	309.669	267.238	68.375	0	0	0
渚口	0	655.307	1017.126	2356.63	27.702	0	0	0
历溪	0	761.652	966.179	1023.650	185.298	0	0	0
毛坦	0	53.31	127.505	215.034	11.336	0	0	0
新林	0	1524.581	1888.0	928.479	979.271	0	0	0
古溪	0	196.273	355.774	296.997	59.277	0	0	0
伊坑	150.0	505.143	597.922	225.778	418.06	29.69	25.09	23.30
河西	0	670.166	997.979	1623.583	168.79	0	0	0
至善	0	626.615	905.623	784.511	239.192	0	0	0
彭龙	0	883.651	1224.266	1831.117	92.587	0	0	0
方村	0	128.29	218.7	171.18	52.84	0	0	0
西坑	0	479.992	635.39	329.221	320.569	0	0	0
黄龙口	0	409.930	636.195	712.908	10.754	0	0	0
河东	0	675.978	903.0	1050.895	172.857	0	0	0
清溪	94.38	523.884	684.988	621.416	116.326	18.02	13.78	12.85
环砂	0	463.765	619.703	464.523	172.955	0	0	0
石迹	3.13	138.837	359.678	297.081	65.545	2.25	0.87	0.86
樵溪	0	280.004	502.1	288.747	213.253	0	0	0
正冲	0	629.809	1255.283	1324.855	32.966	0	0	0
沙堤	1199.8	1199.781	1579.785	1464.878	299.850	100.0	75.95	67.99
磉上	4.23	219.476	364.086	211.305	152.781	1.97	1.16	2.77
西源	153.13	185.9	399.59	348.95	51.94	82.37	38.32	38.20
水村	0	862.997	1178.296	542.336	662.936	0	0	0

续表

数字　项目　村	永佃田	在村各阶层租入田地①	在村各阶层使用田地	在村各阶层占有田地②	外出各阶层占有田地	永佃田占在村各阶层租入田地比重%	永佃田占在村各阶层使用田地比重%	永佃田占全村田地比重%③
淑里	4.305	129.928	250.933	230.8	41.091	3.33	1.72	1.58
第6区30村合计	1682.18	13807.829	20310.826	19392.377	5293.882	12.18	8.28	6.81

注:①在村各阶层租入田地包括地主租入田地,祁门县的村内地主绝大部分自己参与耕作。
　　②在村各阶层占有田地包括其在外村占有的田地。
　　③村田地数等于在村各阶层占有田地数加上外出各阶层占有田地数。
资料来源:祁门县土改办:《祁门县第6区林村土改前各阶层占有使用田地统计表》(1951年4月),全宗:《祁门县土改办》第6卷,祁门县档案馆藏;同卷同类档案还包括祁门县第6区30个村总的档案及其他28个村单个村的档案(缺一村),这些村是:辅岭、忠信、陈田、深都、道源、渚口、历溪、毛坦、新林、古溪、伊坑、河西、至善、彭龙、方村、西坑、黄龙口、河东、清溪、环砂、石迹、樵溪、正冲、沙堤、碰上、西源、水村、淑里村。

　　祁门县第7区位于县东部阊江上游大洪河山谷,共有21个村,有5个村有永佃田,占全区村总数的24%。本区有5个村有永佃田,占全区21个村总数的29%。湘溪、大中村的永佃田超过了非永佃田,分别占所在村田地的86.26%和72.84%。沙溪村和枫岑的永佃田也不少,分别占所在村田地总数的16.66%和12.28%。祁门县第7区是祁门县4个区中拥有永佃田最多的一个区,永佃田总数占各阶层租入田地总数的26.08%,占各阶层使用田地总数的20.66%,占全区田地总数的20.15%。第7区永佃田比重分布状况,见表3.9。

表3.9　民国末年祁门县第7区各村永佃田比重分布

田地单位:亩

数字　项目　村	永佃田	在村各阶层租入田地①	在村各阶层使用田地	在村各阶层占有田地②	外出各阶层占有田地	永佃田占在村各阶层租入田地比重%	永佃田占在村各阶层使用田地比重%	永佃田占全村田地比重%③
复兴	0.78	631.155	979.538	500.653	500.715	0.12	0.08	0.08
枫岑	86.938	528.188	644.493	592.136	115.946	17.03	13.49	12.28
善何	0	1362.856	1574.837	1275.153	37.065	0	0	0

项目 / 数字 / 村	永佃田	在村各阶层租入田地①	在村各阶层使用田地	在村各阶层占有田地②	外出各阶层占有田地	永佃田占在村各阶层租入田地比重%	永佃田占在村各阶层使用田地比重%	永佃田占全村地比重%③
湘溪	477.105	477.105	551.082	553.083	0	100.00	86.58	86.26
沙溪	308.82	1392.012	1637.652	1167.743	685.656	22.19	18.86	16.66
大中	964.177	964.177	1294.218	1143.672	180.093	100.00	74.50	72.84
第7区合计	1837.820	7045.669	8894.731	6675.117	2443.919	26.08	20.66	20.15

注:①在村各阶层租入田地包括地主租入田地,祁门县的村内地主绝大部分自己参与耕作。

②在村各阶层占有田地包括其在外村占有的田地。

③村田地数等于在村各阶层占有田地数加上外出各阶层占有田地数。

资料来源:祁门县土改办:《祁门县第7区复兴村土改前各阶层占有使用田地统计表》(1951年4月),
全宗:《祁门县土改办》第7卷,祁门县档案馆藏;同卷同类档案还包括祁门县第7区其他有
永佃及代表性的5个村,这些村是:枫岑、善何、湘溪、沙溪、大中村。

祁门县4个区共有永佃田6606.61亩。总体而言,祁门县4个区的永佃田总量较多,永佃制发展水平高,但分布不均衡。

屯溪市位于徽州中部盆地新安江两岸平原,下辖4个乡,共有36个村,有31个村有永佃田,占全市村总数的86%。屯溪市永佃田占全市租入田地的32%,占全市使用田地的15.65%,占全市田地总数的18.15%。总体上看,屯溪市的永佃制是皖南4县(市)发展水平最高的,且分布比较均衡。屯溪市永佃田的分布状况,见表3.10。

表3.10 民国末年屯溪市4乡36村各阶层土地占有及永佃田比重分布

田地单位:亩

成分	永佃田	租入田地	使用田地	各阶层占有田地	各阶层永佃田比例%	永佃田占租入田地比重%	永佃田占使用田地比重%	永佃田占全部田地比重%
地主	199.088	451.143	1531.827	18235.818	2.89	44.13	13.00	1.09
富农	345.132	750.307	2002.036	1659.575	5.02	46.00	17.24	20.80
地富小计	544.220	1201.450	3533.863	19895.393	7.91	45.30	15.40	2.74
中农	4393.567	12315.550	24496.496	8547.831	63.86	35.67	17.94	51.40
贫农	1765.799	6954.182	13880.833	5484.537	25.67	25.39	12.72	32.20

续表

成分	永佃田	租入田地	使用田地	各阶层占有田地	各阶层永佃田比例%	永佃田占租入田地比重%	永佃田占使用田地比重%	永佃田占全部田地比重%
雇农、小土地出租者、工商业者等	176.590	1031.921	2047.832	3982.743	2.57	17.11	8.62	4.43
中农以下阶层小计	6335.956	20301.653	40425.161	18015.111	92.1	31.21	15.67	35.17
总计	6880.176	21503.102	43959.024	37910.503	100	32.00	15.65	18.15

注:①全部土地不包括外县在屯溪市占有的土地。
资料来源:《屯溪市四乡三十六村土改前各阶层占有使用土地统计表》,全宗:《屯溪市土改办》第2卷,黄山市档案馆藏,第70页。

二、绩溪县永佃田的比重分布

绩溪县共有7个区,第1区位于绩溪县的西南部,多山间平原和河谷平原,交通较便利,共有17个村,除蒲川村没有永佃田外,16个村有永佃田,占全区村总数的94%。闾田、新兴和凤灵村永佃田分别占所在村田地的14.07%、10.62%和10.33%,都超过了全村田地的10%。义兴、虎凤、高村、西街和高榴村的永佃田分别占所在村田地的7.56%、6.47%、6.41%、5.14%和5.06%。川源村、仁里、王家源、朗坞、北街、东街、中街、孔灵村的永佃田较少,分别占所在村土地总数的4.87%、3.86%、3.41%、2.44%、1.97%、1.95%、1.41%和0.187%。绩溪县第1区永佃田总数占全区各阶层租入田地总数的11%,占全区各阶层使用田地总数的5.91%,占全区田地总数的4.45%。总体上看,绩溪县第1区永佃田地分布范围广,但永佃制发展水平一般。绩溪县第1区永佃田的比重分布状况,见表3.11。

表3.11 民国末年绩溪县第1区各村永佃田比重分布

田地单位:亩

数字 \ 项目 \ 村	永佃田	在村各阶层租入田地①	在村各阶层使用田地	在村各阶层占有田地②	外出各阶层占有田地	永佃田占在村各阶层租入田地比重%	永佃田占在村各阶层使用田地比重%	永佃田占全村田地比重%③
朗坞	18.435	471.878	746.746	439.983	315.818	5.84	2.47	2.44

续表

数字\村\项目	永佃田	在村各阶层租入田地①	在村各阶层使用田地	在村各阶层占有田地②	外出各阶层占有田地	永佃田占在村各阶层租入田地比重%	永佃田占在村各阶层使用田地比重%	永佃田占全村田地比重%③
闿田	44.67	147.02	317.462	234.822	82.64	30.38	14.07	14.07
新兴	199.493	1010.037	1845.25	1205.666	671.92	19.75	10.81	10.62
王家源	19.597	181.34	426.581	473.295	101.699	10.81	4.59	3.41
虎凤	103.42	619.205	1520.117	1524.636	74.55	16.70	6.80	6.47
孔灵	5.545	2026.661	2919.886	1792.128	1169.05	0.27	0.19	0.187
义兴	64.023	359.044	836.741	622.26	224.765	17.83	7.65	7.56
高村	121.499	955.98	1624.897	1452.797	442.78	12.71	7.48	6.41
高榴	81.07	644.664	1509.288	1531.93	70.592	12.58	5.37	5.06
川源	24.982	263.271	497.741	416.144	97.273	9.49	5.02	4.87
仁里	63.597	560.696	1277.131	1560.541	87.296	11.34	4.98	3.86
中街	13.05	72.65	183.65	869.967	60.775	17.96	7.11	1.41
凤灵	225.355	1326.733	2125.02	1229.483	951.938	16.99	10.60	10.33
蒲川	0	1120.5	1921.35	1988.75	125.15	0	0	0
西街	79.50	304.732	574.382	1386.188	151.644	26.09	13.84	5.14
北街	43.398	349.262	692.105	2033.785	174.382	12.43	6.27	1.97
东街	45.91	220.99	488.688	2232.130	125.635	20.77	9.39	1.95
17个村总计	1153.544	10634.663	19507.035	20994.505	4927.907	11.00	5.91	4.45

注:①各阶层租入田地包括地主租入田地,绩溪县的村内地主绝大部分自己参与耕作。
　　②在村各阶层占有田地包括其在外村占有的田地。
　　③村田地数等于在村各阶层占有田地数加上外出各阶层占有田地数。
资料来源:中共绩溪县委:《朗坞村土改前各阶层占有使用土地统计表》,《绩溪县第1区(城厢区)土改
　　情况统计表》,全宗:《中共绩溪县委员会办公室档案》(1951年),第19卷,绩溪县档案馆
　　藏;同卷同类档案还包括绩溪县第1区其他16个村,这些村是:闿田、新兴、王家源、虎凤、孔
　　灵、义兴、高村、高榴、川源、仁里、中街、凤灵、蒲川、西街、北街、东街村。

　　绩溪县第2区位于县西部,田地以狭小的山间谷地为主,共有27个村,有
15个村有永佃田,占全区村总数的56%。黄川、潭竹、镜塘和鲍西4个村的永
佃田都超过了所在村田地的10%,分别占所在村田地的13.30%、14.12%、
11.43%和10.03%。梧川、东团、江川和杨滩4个村的永佃田分别占所在村
田地的8.10%、7.92%、7.10%和5.60%。宋家、庄川、冯川、上旺、濠寨和上

庄村的永佃田较少,分别占所在村田地总数的 3.91%、3.76%、1.48%、
1.40%、0.39% 和 0.07%。第 2 区永佃田总数占各阶层租入田地总数的
6.42%,占各阶层使用田地总数的 3.42%,占全区田地总数的 2.89%。总体
上看,绩溪县第 2 区永佃制发展水平不高。绩溪县第 2 区永佃田的比重分布
状况,见表 3.12。

表 3.12　民国末年绩溪县第 2 区各村永佃田比重分布

田地单位:亩

项目　村　数字	永佃田	在村各阶层租入田地①	在村各阶层使用田地	在村各阶层占有田地②	外出各阶层占有田地	永佃田占在村各阶层租入田地比重%	永佃田占在村各阶层使用田地比重%	永佃田占全村田地比重%③
下旺	—④	593.59	930.71	1278	364.16	无统计	无统计	无统计
东团	82.932	374.954	936.394	846.485	200.839	22.12	8.86	7.92
上庄	1.8	1182.797	1812.819	2512.150	183.534	0.15	0.1	0.07
濠寨	6	640.07	1352.95	1287.54	243	0.94	0.44	0.39
上旺	29.4	854.2	1244.2	1712.49	393.8	3.44	2.36	1.40
河南	0	734.45	960	941.45	486.8	0	0	0
庄川	52.504	684.09	1245.61	1124.535	273.115	7.68	4.22	3.76
余川	0	633.598	912.96	746.296	258.882	0	0	0
江川	89.94	486.786	1089.964	1091.688	172.686	18.48	8.25	7.10
杨滩	91.205	664.485	1519.3	1380.12	247.605	13.73	6.0	5.60
新川	0	468.3	1041.58	926.69	195	0	0	0
冯川	19.25	494.92	994.318	1224.138	76.83	3.9	1.93	1.48
梧川	59.845	280.625	735.125	563.4	175.72	21.33	8.14	8.10
模范	0	119.86	493.216	459.566	53.83	0	0	0
镜塘	189	1042.9	1641.1	859.1	794	18.12	11.52	11.43
会川	0	381.26	692.56	404.5	288.06	0	0	0
坦头	0	821.39	1990.87	2151.79	144	0	0	0
潭竹	115.15	315.7	799.54	572.34	243.1	36.47	14.40	14.12
旺山	0	429.31	701.57	989.86	138.07	0	0	0

— 131 —

续表

数字\项目\村	永佃田	在村各阶层租入田地①	在村各阶层使用田地	在村各阶层占有田地②	外出各阶层占有田地	永佃田占在村各阶层租入田地比重%	永佃田占在村各阶层使用田地比重%	永佃田占全村田地比重%③
镇珍	0	702.25	1282.43	1320.14	205.81	0	0	0
宋家	34.57	479.08	866.01	633.05	251.26	7.22	4.00	3.91
石龛	0	508.22	1356.6	975.08	401.92	0	0	0
鲍西	69.571	369.33	693.48	440.23	253.25	18.84	10.03	10.03
黄川	135.54	546.17	979.18	640.91	378.24	24.82	13.84	13.30
金山	0	114.048	361.292	266.154	95.138	0	0	0
瑞川	0	802.06	1130.51	1093.45	244.46	0	0	0
檫里	0	527.15	792.61	442.91	370.2	0	0	0
27个村总计	976.707	15224.723	28556.898	26870.812	6912.479	6.42	3.42	2.89

注:①各阶层租入田地包括地主租入田地,绩溪县的村内地主绝大部分自己参与耕作。
　　②在村各阶层占有田地包括其在外村占有的田地。
　　③村田地数等于在村各阶层占有田地数加上外出各阶层占有田地数。
　　④下旺村的永佃权田已折实并入自耕或出租栏内计算,具体数字无从得知,见中共绩溪县委:《下旺村土改前各阶层占有使用土地统计表》,《绩溪县第2区土改情况统计表》,全宗:《中共绩溪县委员会办公室档案》(1951年),第20卷,第1页。
资料来源:中共绩溪县委:《下旺村土改前各阶层占有使用土地统计表》,《绩溪县第2区(旺山区)土改情况统计表》,全宗:《中共绩溪县委员会办公室档案》(1951年),第20卷,绩溪县档案馆藏;同卷同类档案还包括绩溪县第2区其他26个村,这些村是:东团、上庄、濠寨、上旺、河南、庄川、余川、江川、杨滩、新川、冯川、梧川、模范、镜塘、会川、坦头、潭竹、旺山、镇珍、宋家、石龛、鲍西、黄川、金山、瑞川、檫里村。

绩溪第3区位于县西北部,地形以陡峭的山谷为主,交通极为不便,共有12个村,仅3个村有永佃田,占全区村总数的25%。玉台和龙从村永佃土地超过了所在村土地的10%,分别占所在村土地的16.63%和13.96%。长岭村的永佃田占村田地的6.26%。第3区永佃田总数占全区各阶层租入田地总数的6.0%,占全区各阶层使用田地总数的2.88%,占全区田地总数的2.80%。总体上看,第3区的永佃田分布范围小,永佃制发展水平不高。绩溪县第3区永佃田的比重分布状况,见表3.13。

表 3.13 民国末年绩溪县第 3 区各村永佃田比重分布

田地单位:亩

数字\项目\村	永佃田	在村各阶层租入田地①	在村各阶层使用田地	在村各阶层占有田地②	外出各阶层占有田地	永佃田占在村各阶层租入田地比重%	永佃田占在村各阶层使用田地比重%	永佃田占全村田地比重%③
西溪	0	1357.232	2555.571	2147.732	660.78	0	0	0
长岭	98.856	734.441	1536.769	1204.33	376.017	13.46	6.43	6.26
楼形	0	999.034	1754.555	1286.816	496.330	0	0	0
板桥	0	643.407	1563.965	1795.925	80.442	0	0	0
蒙坑	0	828.777	2044.292	1732.023	456.253	0	0	0
杨村	0	1168.555	2132.599	1519.843	639.955	0	0	0
大谷	0	1221.16	2761.27	2429.395	469.695	0	0	0
尚田	0	809.41	1702.0	1655.2	68.885	0	0	0
蜀马	0	1360.617	2628.496	2534.263	324.406	0	0	0
庙山下	0	712.419	1472.485	1218.64	332.583	0	0	0
玉台	370.32	1064.035	2208.203	1144.168	507.251	34.80	16.77	16.63
龙从	220.457	593.45	1551.3	1237.27	341.5	37.15	14.21	13.96
总计	689.633	11492.537	23911.5	19905.605	4754.097	6.00	2.88	2.80

注:①各阶层租入田地包括地主租入田地,绩溪县的村内地主绝大部分自己参与耕作。
②在村各阶层占有田地包括其在外村占有的田地。
③村田地数等于在村各阶层占有田地数加上外出各阶层占有田地数。
资料来源:中共绩溪县委:《西溪村土改前各阶层占有使用土地统计表》,《绩溪县第 3 区土改情况统计表》,全宗:《中共绩溪县委员会办公室档案》(1951 年),第 21 卷,绩溪县档案馆藏;同卷同类档案还包括绩溪县第 3 区其他 11 个村,这些村是:长岭、楼形、板桥、蒙坑、杨村、大谷、尚田、蜀马、庙山下、玉台、龙从村。

　　绩溪县第 4 区位于县东南部,地形以山地及河谷为主,共有 18 个村,有 11 个村有永佃田,占全区村总数的 61%。百兽、巧川、周仙、浒里、瀛洲、杨溪和横川村的永佃田分别占所在村田地的 12.65%、9.80%、7.30%、6.89%、6.08%、5.90% 和 5.31%。丛山、大坑口、西山和汪村的永佃田较少,分别占所在村田地总数的 4.74%、3.87%、2.33% 和 0.60%。第 4 区永佃田总数占全区各阶层租入土地总数的 9.08%,占全区各阶层使用田地总数的 4.26%,占全区田地总数的 2.67%。总体上看,第 4 区永佃制发展水平不高。绩溪县第 4 区永佃田的比重分布状况,见表 3.14。

表 3.14 民国末年绩溪县第 4 区各村永佃田比重分布

田地单位:亩

项目 / 数字 / 村	永佃田	在村各阶层租入田地①	在村各阶层使用田地	在村各阶层占有田地②	外出各阶层占有田地	永佃田占在村各阶层租入田地比重%	永佃田占在村各阶层使用田地比重%	永佃田占全村田地比重%③
浒里	39.33	291.04	549.12	532.1	39.11	13.51	7.16	6.89
巧川	24.66	103.64	251.6	168.64	82.96	23.79	9.80	9.80
丛山	57.244	334.775	985.986	1115.764	90.666	17.10	5.81	4.74
杨溪	94.04	748.35	1389.87	1365.07	236.9	12.61	6.79	5.90
梧川	0	183.947	421.517	416.936	70.01	0	0	0
大坑口	48.513	453.546	983.849	1209.950	45.211	10.70	4.93	3.87
横川	23.928	205.64	437.718	367.597	82.806	11.64	5.47	5.31
周仙	42.48	348.025	574.898	338.098	243.887	12.21	7.39	7.30
岭外	0	102.72	333.37	277.57	55.8	0	0	0
孔岱	0	147.405	237.635	218.78	23.855	0	0	0
东村	0	563.02	1285.71	1198.295	188.82	0	0	0
百兽	46.036	147.591	346.97	264.23	99.72	31.19	13.27	12.65
西山	47.201	431.425	1062	1932.33	2028.275	10.94	4.44	2.33
龙川	0	538.22	1235.89	1163.62	114.05	0	0	0
瀛洲	109.79	947.553	1653.488	1626.35	179.377	11.59	6.64	6.08
汪村	26.726	393.334	678.604	4437.465	41.977	6.79	3.94	0.60
云杨	0	86.3	214.035	219.085	23.735	0	0	0
岭里	0	140.472	498.717	491.235	14.002	0	0	0
总计	559.948	6167.003	13140.977	17343.115	3661.161	9.08	4.26	2.67

注:①各阶层租入田地包括地主租入田地,绩溪县的村内地主绝大部分自己参与耕作。

②在村各阶层占有田地包括其在外村占有的田地。

③村田地数等于在村各阶层占有田地数加上外出各阶层占有田地数。

资料来源:中共绩溪县委:《浒里村土改前各阶层占有使用土地统计表》,《绩溪县第 4 区土改情况统计表》,全宗:《中共绩溪县委员会办公室档案》(1951 年),第 22 卷,绩溪县档案馆藏;同卷同类档案还包括绩溪县第 4 区其他 17 个村,这些村是:杨溪、梧川、大坑口、横川、周仙、岭外、孔岱、东村、百兽、西山、龙川、瀛洲、汪村、云杨、岭里、巧川、丛山村。

绩溪县第 5 区位于县东部登源河谷,全区 24 个村都有永佃田。平联、四明、黎明、古塘、南坛、鸡鸣、竹园、长田、先进、南户、逍遥、平义和望及 13 个村的永佃田都超过了全村田地的 10%，分别占所在村田地的 19.22%、17.41%、15.04%、14.2%、13.28%、12.78%、12.51%、12.49%、12.20%、11.03%、10.89%、10.84% 和 10.63%。中兴、鱼川、石岱、石龙、石门、西门和怡敬村的永佃土地分别占所在村田地的 9.62%、8.84%、8.06%、7.92%、6.22%、5.54% 和 5.41%。纹岩、永来、瑞霞和沄河村的永佃田较少，分别占所在村田地总数的 3.73%、3.07%、1.63% 和 1.59%。第 5 区永佃田总数占全区各阶层租入田地总数的 28.85%，占全区各阶层使用田地总数的 11.90%，占全区田地总数的 9.65%。总体上看，第 5 区永佃田分布均衡，永佃制发展水平较高。绩溪县第 5 区永佃田的比重分布状况，见表 3.15。

表 3.15 民国末年绩溪县第 5 区各村永佃田比重分布

田地单位：亩

项目\数字\村	永佃田	在村各阶层租入田地①	在村各阶层使用田地	在村各阶层占有田地②	外出各阶层占有田地	永佃田占在村各阶层租入田地比重%	永佃田占在村各阶层使用田地比重%	永佃田占全村田地比重%③
四明	75.744	223.7	424.688	253.338	181.6	33.86	17.83	17.41
古塘	82.095	256.83	533.025	417.125	161.061	31.96	15.4	14.2
南坛	107.646	323.2	694.071	667.106	143.49	33.3	15.51	13.28
平联	90.45	206.025	423.405	311.713	158.85	43.9	21.36	19.22
纹岩	1.4	6.35	34.58	31.18	6.35	22.04	4.05	3.73
长田	56.62	150.032	437.404	345.072	108.282	37.74	12.94	12.49
平义	49.44	165.621	432.116	349.49	106.646	29.85	11.44	10.84
中兴	45.55	161.669	354.887	370.163	103.374	28.17	12.84	9.62
永来	7.676	76.975	252.185	206.458	46.825	9.97	3.04	3.07
石岱	42.15	136.65	450.047	428.149	94.8	30.84	9.37	8.06
石门	22.405	132.175	323.775	299.925	60.5	16.95	6.92	6.22
逍遥	35.186	96.884	321.232	256.931	66.151	36.32	10.95	10.89
竹园	69.72	147.205	404.855	475.28	81.86	47.36	17.22	12.51
鸡鸣	52.401	142.287	386.939	317.002	93.062	36.83	13.54	12.78
黎明	106.360	267.487	658.239	541.292	165.771	39.76	16.16	15.04
鱼川	45.303	194.035	438.90	419.801	92.626	23.21	10.32	8.84
西门	53.169	302.911	599.16	871.983	87.701	17.55	8.87	5.54

续表

数字 项目 村	永佃田	在村各阶层租入田地①	在村各阶层使用田地	在村各阶层占有田地②	外出各阶层占有田地	永佃田占在村各阶层租入田地比重%	永佃田占在村各阶层使用田地比重%	永佃田占全村田地比重%③
石龙	63.964	287.454	682.013	650.003	158.039	22.25	9.37	7.92
南户	63.04	178.32	487.173	464.613	106.985	35.35	12.94	11.03
怡敬	42.834	202.314	511.633	704.626	87.288	21.17	8.37	5.41
瑞霞	8.645	174.844	340.275	473.403	55.9	4.94	2.54	1.63
沄河	17.523	163.177	433.263	1070.542	34.715	10.74	4.04	1.59
望及	91.783	269.808	767.005	743.577	119.857	34.02	11.97	10.63
先进	109.557	380.635	871.735	642.623	255.712	28.78	12.57	12.20
总计	1340.661	4646.588	11262.605	11311.395	2577.445	28.85	11.90	9.65

注:①各阶层租入田地包括地主租入田地,绩溪县的村内地主绝大部分自己参与耕作。

②在村各阶层占有田地包括其在外村占有的田地。

③村田地数等于在村各阶层占有田地数加上外出各阶层占有田地数。

资料来源:中共绩溪县委:《四明村土改前各阶层占有使用土地统计表》、《绩溪县第5区(伏岭下区)土改情况统计表》,全宗:《中共绩溪县委员会办公室档案》(1951年),第23卷,绩溪县档案馆藏;同卷同类档案还包括绩溪县第5区其他23个村,这些村是:古塘、南坛、平联、纹岩、长田、平义、中兴、永来、石岱、石门、逍遥、竹园、鸡鸣、黎明、鱼川、西门、石龙、南户、怡敬、瑞霞、沄河、望及、先进村。

绩溪县第6区没有永佃田,其田地占有状况,见表3.16。

表3.16 民国末年绩溪县第6区各村田地统计

田地单位:亩

数字 项目 村	在村各阶层租入田地总数①	在村各阶层使用田地	在村各阶层占有田地②	外出各阶层占有田地
双溪	195.5025	442.325	355.0975	95.24
京峰	227.965	410.0	414.985	71.64
平川	264.985	402.55	237.225	179.775
东峰	266.107	512.499	481.594	126.242
石门	386.345	811.6	920.861	129.325
钟形	133.0575	399.1505	311.843	97.1675

续表

数字 村 ＼ 项目	在村各阶层租入田地总数①	在村各阶层使用田地	在村各阶层占有田地②	外出各阶层占有田地
楼坛	407.079	781.882	645.86	153.259
石京	296.785	618.12	485.372	140.175
楼木	334.255	848.48	917.252	136.290
嵩湾	125.9675	364.6365	360.5365	24.85
尚村	250.825	682.46	855.79	85.92
西坑	331.91	662.28	732.059	69.726
合庄	318.1	607.345	378.2	232.0905
桐坑	132.2505	306.366	204.9785	103.5375
胡家村	261.5005	643.0305	799.7615	59.765
合社	171.2315	444.8575	411.335	83.075
云山	244.861	559.987	523.752	105.245
潭章	148.8	401.223	579.99	27.098
上西	214.7286	461.7371	555.5255	15.5916
凤形	207.016	503.305	733.983	75.895
中心	190.6155	426.628	341.462	89.7675
总计	5109.8871	11290.4621	11247.4625	2101.6746

注:①各阶层租入土地包括地主租入田地,绩溪县被划成地主成分的农民绝大部分自己参与耕作。
　　②在村各阶层占有田地包括其在外村占有田地。
资料来源:中共绩溪县委:《双溪村土改前各阶层占有使用土地统计表》,《绩溪县第6区土改情况统计
　　　　　表》,全宗:《中共绩溪县委员会办公室档案》(1951年),第21卷,绩溪县档案馆藏;同卷同
　　　　　类档案还包括表列绩溪县第6区其他20个村。

　　绩溪县第7区位于县东北部,处于通向浙江的天门溪上游,交通较便利,共有27个村,有21个村有永佃田,占全区村总数的78%。梅圩、东岩、堪头、石山、共风和富溪村的永佃田较多,分别占所在村田地的44.28%、30.62%、23.88%、23.85%、22.93%和21.71%。铜山、联合、志云、竹里、云川、和平、敦昇、沙坝和炉坝9个村的永佃田都超过了所在村田地的10%,分别占所在村田地的19.31%、18.51%、17.30%、15.55%、15.37%、14.46%、13.57%、13.50%和13.41%。霞水、和阳和胜利村的永佃田分别占所在村田地的

9.57%、7.06%和5.16%。仙照、阳平和社明村的永佃田较少,分别占所在村田地总数的4.78%、3.04%和0.14%。第7区永佃田总数占全区各阶层租入土地总数的45.49%,占全区各阶层使用田地总数的16.01%,占全区田地总数的13.44%。总体上看,第7区永佃田分布范围广,永佃制发展水平较高。绩溪县第7区永佃田的比重分布状况,见表3.17。

表3.17 民国末年绩溪县第7区各村永佃田比重分布

田地单位:亩

数字 项目 村	永佃田	在村各阶层租入田地①	在村各阶层使用田地	在村各阶层占有田地②	外出各阶层占有田地	永佃田占在村各阶层租入田地比重%	永佃田占在村各阶层使用田地比重%	永佃田占全村田地比重%③
沙坝	22.891	26.973	153.018	166.472	3.146	84.87	14.96	13.50
和平	82.681	87.919	398.686	549.918	21.990	94.04	20.74	14.46
如法	0	7.5	51.96	49.50	54.2	0	0	0
富溪	43.962	33.647	142.715	187.533	14.997	130.66	30.80	21.71
和阳	38.787	94.308	250.381	535.328	14.199	41.13	15.49	7.06
石山	58.702	71.414	241.925	200.133	45.992	82.20	24.26	23.85
敦昇	43.794	118.720	234.341	265.02	57.620	36.89	18.69	13.57
胜利	14.67	104.311	274.874	232.443	52.081	13.49	5.34	5.16
志云	65.004	160.166	368.156	284.52	91.156	40.59	17.66	17.30
联合	52.754	63.55	285.04	242.368	42.672	83.01	18.51	18.51
铜山	42.160	61.371	215.855	173.211	45.104	68.70	19.53	19.31
共和	0	82.925	359.297	430.035	27.819	0	0	0
共风	170.45	280.04	711.83	627.46	116.03	60.87	23.95	22.93
堪头	153.089	152.15	488.02	626.038	15.13	100.61	31.37	23.88
太平	0	249.63	519.48	415.36	152.62	0	0	0
东岩	139.455	108.07	411.97	363.512	91.9	129.04	33.85	30.62
石门	0	532.35	822.42	527.505	348.45	0	0	0
仙照	25.931	199.075	532.715	358.525	183.90	13.03	4.87	4.78
霞水	75.49	187.26	557.86	741.73	46.82	40.31	13.53	9.57
炉坝	40.344	96.608	287.899	253.031	47.758	41.76	14.01	13.41
社明	0.41	62.152	268.623	279.013	24.068	0.66	0.15	0.14

项目 / 数字 / 村	永佃田	在村各阶层租入田地①	在村各阶层使用田地	在村各阶层占有田地②	外出各阶层占有田地	永佃田占在村各阶层租入田地比重%	永佃田占在村各阶层使用田地比重%	永佃田占全村田地比重%③
阳平	9.188	72.545	272.268	273.113	29.43	12.67	3.37	3.04
泽民	0	3.72	53.02	103.04	104.44	0	0	0
云川	100.05	175.04	599.764	531.684	119.16	57.16	16.68	15.37
梅圩	302.485	220.88	635.052	556.557	126.491	136.95	47.63	44.28
竹里	76.590	117.638	351.997	472.250	20.24	65.11	21.76	15.55
介春	0	56.622	245.635	240.385	19.545	0	0	0
总计	1558.887	3426.584	9734.831	9685.684	1916.958	45.49	16.01	13.44

注:①各阶层租入田地包括地主租入田地,绩溪县的村内地主绝大部分自己参与耕作。

②在村各阶层占有田地包括其在外村占有的田地。

③村田地数等于在村各阶层占有田地数加上外出各阶层占有田地数。

资料来源:中共绩溪县委:《沙坝村土改前各阶层占有使用土地统计表》,《绩溪县第7区土改情况统计表》,全宗:《中共绩溪县委员会办公室档案》(1951年),第24卷,绩溪县档案馆藏;同卷同类档案还包括绩溪县第7区其他26个村,这些村是:和平、如法、富溪、和阳、石山、敦昇、胜利、志云、联合、铜山、共和、共风、堪头、太平、东岩、石门、仙照、霞水、炉坝、社明、阳平、泽民、云川、梅圩、竹里、介春村。

三、当涂县永佃田的比重分布

当涂县共有14个区。第2区位于县西部姑溪河入口,沿长江地带,交通便利,共有32个村,有9个村有永佃田,占全区村总数的28%。彭兴村田地均属于永佃田,是全区永佃田数量最多的一个村。莲云、天寿、省庄、花园、金柱和马厂6个村的永佃田都占所在村田地的绝大部分,分别占所在村田地的88.45%、85.08%、84.35%、80.06%、77.16%和71.07%。北阳和永兴村的永佃田都超过了非永佃田,分别占所在村田地的51.31%和65.26%。第2区的永佃田总数占全区各阶层租入田地总数的27%,占全区各阶层使用田地总数的20.79%,占全区田地总数的20.60%。总体上看,第2区的永佃村分布集中,永佃制发展水平高。当涂县第2区永佃田的比重分布状况,见表3.18。

表 3.18　民国末年当涂县第 2 区各村永佃田比重分布

田地单位:亩

项目 村	永佃田	在村各阶层租入田地①	在村各阶层使用田地	在村各阶层占有田地②	外出各阶层占有田地	永佃田占在村各阶层租入田地比重%	永佃田占在村各阶层使用田地比重%	永佃田占全村田地比重%③
北阳	1048.5	1053.5	1399.7	663.1	1380.3	99.53	74.91	51.31
永兴	2931.1	2931.1	3712.5	2196.35	2295.15	100	78.95	65.26
省庄	1956.5	1956.5	2302.6	425.1	1894.5	100	84.97	84.35
花园	3013.5	3079.3	3636.0	922.5	2841.5	97.86	82.88	80.06
天寿	2315.6	2315.6	2572.6	516.5	2721.6	100	90.01	85.08
莲云	2174.2	2174.2	2365.2	412	2046.5	100	91.92	88.45
马厂	2618.75	2618.75	3295.32	1663.67	2021	100	79.47	71.07
金柱	1822.05	1822.05	2201.65	631.35	1730.05	100	82.76	77.16
彭兴	1416.7	1416.7	1416.7	0	1416.7	100	100	100
32 村总计④	19296.9	71478.54	92806.6	39507.96	54146.5	27	20.79	20.60

注:①各阶层租入田地包括地主租入田地,当涂县被划成地主成分的农民绝大部分自己参与耕作。
　　②在村各阶层占有田地包括其在外村占有的田地。
　　③村田地数等于在村各阶层占有田地数加上外出各阶层占有田地数。
　　④此表仅把有永佃田的村详细列出,总计数为第 2 区 32 个村的各项田地总数。
资料来源:《当涂县第 2 区北阳村土改前各阶层占有使用土地统计表》,全宗 W017;《当涂土改办》第
　　　　50 卷,当涂县档案馆藏;同卷同类档案还包括当涂县第 2 区其他 31 个村,这些村是:永兴、
　　　　省庄、花园、天寿、莲云、马厂、金柱、彭兴(以上村有永佃)、园通、路西、新桥、大桥、连蒲、张
　　　　林、保顺、秦河、安民、慈云、葱山、大圣、宁西、宁东、大信、东海、宏庙、龙山、中谷、双闸、褐山、
　　　　永台、曹姑村。

　　当涂县第 3 区位于县西南部青山河西岸平原,共有 27 个村,只有港东村
有永佃田。当涂县第 3 区永佃田的比重分布状况,见表 3.19。

表 3.19　民国末年当涂县第 3 区各村永佃田比重分布

田地单位:亩

项目 村	永佃田	在村各阶层租入田地①	在村各阶层使用田地	在村各阶层占有田地②	外出各阶层占有田地	永佃田占在村各阶层租入田地比重%	永佃田占在村各阶层使用田地比重%	永佃田占全村田地比重%③
港东	2632.4	2632.4	3184.6	833.2	2400.4	100	82.66	81.41

续表

村\数字\项目	永佃田	在村各阶层租入田地①	在村各阶层使用田地	在村各阶层占有田地②	外出各阶层占有田地	永佃田占在村各阶层租入田地比重%	永佃田占在村各阶层使用田地比重%	永佃田占全村田地比重%③
27村总计	2632.4	36234.57	62954.17	43086.9	33404.37	7.26	4.18	3.44

注:①各阶层租入田地包括地主租入田地,当涂县被划成地主成分的农民绝大部分自己参与耕作。
　　②在村各阶层占有田地包括其在外村占有的田地。
　　③村田地数等于在村各阶层占有田地数加上外出各阶层占有田地数。
资料来源:《当涂县第3区港东村土改前各阶层占有使用土地统计表》,全宗 W017:《当涂土改办》第
　　51卷,当涂县档案馆藏;同卷同类档案还包括当涂县第3区其他26个无永佃权土地的村,
　　这些村是:永安、西林、道东、斗娃、太仓、路东、黄汉、竹塘、构桥、官碾、王村、张林、姑山、韦
　　店、双梅、朝阳、荆山、夏公、保宁、中仙、正觉、如是、钓鱼、兹巍、福城、栖方村。

当涂县第4区位于县南部,青山河东岸平原,共有29个村,有3个村有永佃田,占全区村总数的10%。郭厂、星西、星东村的永佃田都占全村田地的绝大部分,分别占所在村田地的88.01%、87.32%和63.82%。第4区永佃田的总数占全区各阶层租入田地总数的29.01%,占全区各阶层使用田地总数的15.29%,占全区田地总数的13.16%。总体上看,第4区永佃制发展水平高,但分布过于集中。当涂县第4区永佃田的比重分布状况,见表3.20。

表3.20　民国末年当涂县第4区各村永佃田比重分布

田地单位:亩

村\数字\项目	永佃田	在村各阶层租入田地①	在村各阶层使用田地	在村各阶层占有田地②	外出各阶层占有田地	永佃田占在村各阶层租入田地比重%	永佃田占在村各阶层使用田地比重%	永佃田占全村田地比重%③
星西	4095	4211.8	4689.5	594.5	4095	97.23	87.32	87.32
郭厂	6919.88	6919.88	7630.78	1497.5	6364.68	100	90.68	88.01
星东	3239.73	3583.98	5050.98	1836.25	3239.73	90.39	64.14	63.82
29村总计④	14254.6	49134.674	93201.298	68262.917	40049.7	29.01	15.29	13.16

注:①各阶层租入田地包括地主租入田地,当涂县被划成地主成分的农民绝大部分自己参与耕作。
　　②在村各阶层占有田地包括其在外村占有的田地。
　　③村田地数等于在村各阶层占有田地数加上外出各阶层占有田地数。
　　④此表仅把有永佃田的村详细列出,总计数为第4区29个村的各项田地总数。
资料来源:《当涂县第4区星西村土改前各阶层占有使用土地统计表》,全宗 W017:《当涂土改办》第
　　52卷,当涂县档案馆藏;同卷同类档案还包括当涂县第4区其他28个村,这些村是郭厂、星
　　东(以上村有永佃)、团月、兴城、济南、复兴、新东、永宁、四圣、石桥、新西、光华、籍泰、马桥、
　　南小、普济、陶林、瑞阴、济北、柘林、洪潭、金城、万寿、亭颐、济东、沛西、沛东、上华村。

当涂县第 5 区位于县南部青山河北岸平原,共有 25 个村,所有村都有永佃田。大村的永佃田超过非永佃田,占全村田地的 69.44%。桃林村的永佃田较多,占全村田的 29.76%。第 5 区的永佃田总数占全区各阶层租入田地总数的 100%,占全区各阶层使用田地总数的 52.25%,占全区田地总数的 48.15%。总体上看,当涂县第 5 区的永佃制最发达,是皖南 4 县 25 个区中发展水平最高的。当涂县第 5 区永佃田的比重分布状况,见表 3.21。

表 3.21 民国末年当涂县第 5 区各村永佃田比重分布

田地单位:亩

数字 \ 项目 \ 村	永佃田	在村各阶层租入田地①	在村各阶层使用田地	在村各阶层占有田地②	外出各阶层占有田地	永佃田占在村各阶层租入田地比重%	永佃田占在村各阶层使用田地比重%	永佃田占全村田地比重%③
大村	2157.9	2157.9	3017.9	1228.5	1878.9	100	71.50	69.44
桃林	952.1	952.1	2947.4	2832.08	366.9	100	32.30	29.76
25 村总计④	42533.89	42533.89	81423.52	60780.25	27577.01	100	52.25	48.15

注:①各阶层租入田地包括地主租入田地,当涂县被划成地主成分的农民绝大部分自己参与耕作。
②在村各阶层占有田地包括其在外村占有的田地。
③村田地数等于在村各阶层占有田地数加上外出各阶层占有田地数。
④25 个村全部有永佃田,仅列出 2 个村。

资料来源:《当涂县第 5 区大村土改前各阶层占有使用土地统计表》,全宗 W017;《当涂土改办》第 53 卷,当涂县档案馆藏;同卷同类档案还包括当涂县第 5 区其他 24 个村,这些村是:黄池、桃林、杨桥、威桥、三元、上坝、洪露、工官、长福、沙潭、张林、王潭、一枝、五里、楼社、禅定、福山、大江、狮村、龙集、朱村、边湖、麻碾、胜平村。

当涂县第 12 区位于现在的马鞍山市东部平原,共有 20 个村,只有观山村有永佃田。当涂县第 12 区永佃田的比重分布状况,见表 3.22。

表 3.22 民国末年当涂县第 12 区各村永佃田比重分布

田地单位:亩

数字 \ 项目 \ 村	永佃田	在村各阶层租入田地①	在村各阶层使用田地	在村各阶层占有田地②	外出各阶层占有田地	永佃田占在村各阶层租入田地比重%	永佃田占在村各阶层使用田地比重%	永佃田占全村田地比重%③
观山	65	2837.85	3825.19	2128.66	1959.0	2.29	1.70	1.60

续表

数字 项目 村	永佃田	在村各阶层租入田地①	在村各阶层使用田地	在村各阶层占有田地②	外出各阶层占有田地	永佃田占在村各阶层租入田地比重%	永佃田占在村各阶层使用田地比重%	永佃田占全村田地比重%③
20村合计④	65	53156.48	69311.12	39086.32	35652.82	0.12	0.094	0.087

注:①各阶层租入田地包括地主租入田地,当涂县被划成地主成分的农民绝大部分自己参与耕作。

②在村各阶层占有田地包括其在外村占有的田地。

③村田地数等于在村各阶层占有田地数加上外出各阶层占有田地数。

④此表仅把有永佃田的观山村详细列出,总计数为第12区20个村的各项田地总数。

资料来源:《当涂县第12区观山村土改前各阶层占有使用土地统计表》,全宗 W017:《当涂土改办》第60卷,当涂县档案馆藏;同卷同类档案还包括当涂县第12区其他19个村,这些村是:马塘、平阳、潘村、黄陂、沙塘、濮塘、修村、聚贤、杜塘、落星、板山、尚甸、镇东、祠山、古坎、镇西、陶村、徐山、宋庄村。

　　当涂县第13区位于该县的沿江平原地带,共有22个村,有8个村有永佃田,占全区村总数的36%。三台和佳山2个村的永佃田都超过了非永佃田,分别占所在村田地的77.64%和69.18%。金钟、杨桥、冯里和陶庄村的永佃田较多,分别占所在村田地的44.22%、40.69%、40.60%和23.27%。安明村的永佃田占全村田地的8.69%。阳湖村的永佃田较少,占全村田地总数的2.90%。第13区永佃田总数占全区各阶层租入田地总数的18.64%,占全区各阶层使用田地总数的14.34%,占全区田地总数的12.70%。总体上看,第13区的永佃制已发展到相当水平,但分布不均衡。当涂县第13区永佃田的比重分布状况,见表3.23。

表3.23　民国末年当涂县第13区各村永佃田比重分布

田地单位:亩

数字 项目 村	永佃田	在村各阶层租入田地①	在村各阶层使用田地	在村各阶层占有田地②	外出各阶层占有田地	永佃田占在村各阶层租入田地比重%	永佃田占在村各阶层使用田地比重%	永佃田占全村田地比重%③
阳湖	83.0	2029.5	2647.7	1100.5	1762.0	4.09	3.13	2.90
冯里	1387.0	1854.9	3165.1	1951.0	1465.3	74.77	43.82	40.60
金钟	1130.8	1130.8	1582.33	1726.93	830.1	100	71.46	44.22
杨桥	2061.3	2417.9	3616.00	3140.9	1924.9	85.25	57.00	40.69

续表

数字\项目\村	永佃田	在村各阶层租入田地①	在村各阶层使用田地	在村各阶层占有田地②	外出各阶层占有田地	永佃田占在村各阶层租入田地比重%	永佃田占在村各阶层使用田地比重%	永佃田占全村田地比重%③
陶庄	583.5	1943.45	2447.45	699.2	1808.85	30.02	23.84	23.27
三台	1870.2	1870.2	2408.84	721.04	1687.8	100.0	77.64	77.64
安明	258.0	2158.5	2834.5	963.6	2004.9	11.95	9.10	8.69
佳山	1916.0	2123.2	2605.8	1110.5	1659.0	90.24	73.53	69.18
22个村总计④	9289.8	49841.17	64799.3	30438.18	42738.17	18.64	14.34	12.70

注:①各阶层租入田地包括地主租入田地,当涂县被划成地主成分的农民绝大部分自己参与耕作。
　　②在村各阶层占有田地包括其在外村占有的田地。
　　③村田地数等于在村各阶层占有田地数加上外出各阶层占有田地数。
　　④此表仅把有永佃田的村详细列出,总计数为第13区22个村的各项田地总数。
资料来源:《当涂县第13区阳湖村土改前各阶层占有使用土地统计表》,全宗W017;《当涂土改办》第61卷,当涂县档案馆藏;同卷同类档案还包括当涂县第13区其他21个村,这些村是:冯里、金钟、杨桥、陶庄、三台、安明、佳山(以上村有永佃)、官罗、烟墩、青邮、彩秣、西塘、大河、玉泉、葛阳、思贤、昭明、山湖、南镇、恒兴、北镇。

当涂县第14区(采石区)位于现在的马鞍山市西部沿江平原及江心岛上,共有26个村,有4个村有永佃田,占全区村总数的15%。泰兴村田地全部为永佃田。金马、尚徐、新锦3个村所拥有的永佃田都超过了非永佃田,分别占所在村田地的79.41%、74.85%、69.48%。第14区的永佃田总数占全区各阶层租入田地总数的23.93%,占全区各阶层使用田地总数的19.25%,占全区田地总数的15.29%。总体上看,第14区的永佃制发展水平高,但分布不均衡。当涂县第14区永佃田的比重分布状况,见表3.24。

表3.24　民国末年当涂县第14区各村永佃田比重分布

田地单位:亩

数字\项目\村	永佃田	在村各阶层租入田地①	在村各阶层使用田地	在村各阶层占有田地②	外出各阶层占有田地	永佃田占在村各阶层租入田地比重%	永佃田占在村各阶层使用田地比重%	永佃田占全村田地比重%③
新锦	3709.4	3709.4	5147.35	1989.55	3949.2	100.00	72.06	69.48
金马	3482.7	3482.7	4385.6	1950.38	2435.22	100.00	79.41	79.41

续表

数字\项目\村	永佃田	在村各阶层租入田地①	在村各阶层使用田地	在村各阶层占有田地②	外出各阶层占有田地	永佃田占在村各阶层租入田地比重%	永佃田占在村各阶层使用田地比重%	永佃田占全村田地比重%③
尚徐	3252.08	3252.08	4255.124	2078.994	2266.08	100.00	76.43	74.85
泰兴	3452.81	3452.81	3452.81	0	3452.81	100.00	100.00	100
26个村总计④	138967	58065.47	72184.424	47651.348	43210.22	23.93	19.25	15.29

注:①各阶层租入田地包括地主租入田地,当涂县被划成地主成分的农民绝大部分自己参与耕作。
　　②在村各阶层占有田地包括其在外村占有的田地。
　　③村田地数等于在村各阶层占有田地数加上外出各阶层占有田地数。
　　④此表仅把有永佃田的村详细列出,总计数为第14区26个村的各项田地总数。
资料来源:《当涂县第14区新锦村土改前各阶层占有使用土地统计表》,全宗 W017:《当涂土改办》第
　　　　62卷,当涂县档案馆藏;同卷同类档案还包括当涂县第14区其他25个村,这些村是:金马、
　　　　尚徐、泰兴(以上村有永佃)、沙上、卸巷、金山、皇碛、四顾、镇北、汤阳、通议、普济、大垅、鲫
　　　　鱼、南生、横互街、中市街、九华街、唐贤、太平街、公园街、乔家、襄孟、路北、大庄村。

当涂县第1、第6、第7、第8、第9、第10、第11区7个区没有永佃田,其地
权状况见表3.25。

表3.25　民国末年当涂县第1、第6、第7、第8、第9、第10、第11区各村地权状况

田地单位:亩

数字\项目\村	永佃田	租入田地总数①	各阶层使用本村田地	在村各阶层占有田地②	外出各阶层在本村占有田地
第1区	0	12560.6	16421.0	7150.4	10473.8
第6区	0	24377.45	74938.65	66722.45	11360.9
第7区	0	36851.27	74813.37	58029.75	27908.39
第8区	0	4845.929	16305.549	16963.442	361.173
第9区	0	12406.1	54642.98	53378.08	4916.24
第10区	0	33500.5	62904.76	51797.76	22965.36
第11区	0	60258.2	81494.4	48373.25	47031.0

注:①各阶层租入田地包括地主租入田地,当涂县被划成地主成分的农民绝大部分自己参与耕作。

②在村各阶层占有田地包括其在外村占有的田地。

③村田地数等于在村各阶层占有田地数加上外出各阶层占有田地数。

资料来源:(1)《当涂县第1区(市区)行陈、铬吾、广安、白纻4个村土改前各阶层占有使用土地统计表》,1951年4月9日,全宗W017:《当涂土改办》第49卷,当涂县档案馆藏。(2)《当涂县第6区(塘南区)南桤村土改前各阶层占有使用土地统计表》,全宗W017:《当涂土改办》第54卷,当涂县档案馆藏;同卷同类档案还包括当涂县第6区其他17个村,这些村是:三潭、团四、塘南、普新、凤凰、团东、正觉、新生、复兴、圩丰、广福、白马、王南、大垅、汤明、(未知村名)、庄尚村。(3)《当涂县第7区(护河区)芮港村土改前各阶层占有使用土地统计表》,全宗W017:《当涂土改办》第55卷,当涂县档案馆藏;同卷同类档案还包括当涂县第7区其他22个村,这些村是:前井、太平、广济、新埂、清平、双天、尼坡、威天、黄兴、静居、永宁、九华、问坎、(未知村名)、灵应、上禾、太白、坊桥、楚阳、香龙、护驾、禾丰村。(4)《当涂县第8区(湖阳区)祖李村土改前各阶层占有使用土地统计表》,全宗W017:《当涂土改办》第56卷,当涂县档案馆藏;同卷同类档案还包括当涂县第8区其他19个村,这些村是:东王、南徐、后刑、前邗、小洛、西徐、中徐、吴唐、周埠、刘复、三陈、赵村、后韦、前高、后高、居旭、河北、塘沟、大芮村。(5)《当涂县第9区(博望区)西十村土改前各阶层占有使用土地统计表》,全宗W017:《当涂土改办》第57卷,当涂县档案馆藏;同卷同类档案还包括当涂县第9区其他16个村,这些村是:圣庙、隆禅、凤山、梗东、新安、梗西、西社、万里、西南、东社街、迟林、槎陂、东北、东溪、长流、南溪村。(6)《当涂县第10区(新市区)西墅村土改前各阶层占有使用土地统计表》,全宗W017:《当涂土改办》第58卷,当涂县档案馆藏;同卷同类档案还包括当涂县第10区其他18个村,这些村是:山口、谢塘、六沟、黄七庙、黄塘、黄土、津关三、广近、庙广、宏庙、镇西、河东、镇东、(两村未知名)、澄心、六团、彭东村。(7)《当涂县第11区(薛津区)孙杨村土改前各阶层占有使用土地统计表》,全宗W017:《当涂土改办》第59卷,当涂县档案馆藏;同卷同类档案还包括当涂县第11区其他23个村,这些村是:接涧、薛津、下八卦、上八卦、寺前、广福、下四团、八团、、上四团、甑山、藏汉、石林、松塘、百举、龙泉、洞塘、复兴、陈张、孙袁、普济、后岗、黄墩、关马村。

当涂县14个区共有306个村,其中有51个村有永佃田,共有永佃田101969.59亩,占租入田地的18.70%,占使用田地的11.11%,占全县总田地的10.20%。当涂县永佃田的分布特点是永佃制发展水平非常高,但分布不均衡。①

民国时期皖南4个县(市)25个区永佃田总体分布状况,见表3.26。

① 资料来源:《当涂县土改前各阶层占有使用土地统计表》,全宗W017:《当涂土改办》第49—62卷,当涂县档案馆藏。

表 3.26　民国末年绩溪县、祁门县、屯溪市、当涂县永佃田比重分布

田地单位:亩

县或市	区	永佃村数及村总数	占全区村总数%	永佃田①	各阶层租入田地②	各阶层使用田地③	田地总数④	永佃田占各阶层租入田地比重%	永佃田占各阶层使用田地比重%	永佃田占区田地总数比重%
祁门县	第4区	8/17	47	3083.3517	14465.3804	17589.3153	19225.3824	21.32	17.53	16.04
	第5区	1/12	8	3.2610	16524.4347	21925.617	23064.707	0.019	0.0147	0.0139
	第6区	9/30	30	1682.1815	13807.8285	20310.8257	24686.2587	12.18	8.28	6.81
	第7区	5/21	24	1837.8197	7045.6687	8894.7313	9119.0364	26.08	20.66	20.15
	小计	23/80	29	6606.61	51843.3132	68720.4893	76095.3834	12.74	9.61	8.68
屯溪	4个乡	31/36	86	6880.1763	21503.1021	43959.024	37910.5033	32.00	15.65	18.15
绩溪县	第1区	16/17	94	1153.5435	10478.601	19507.034	25922.4092	11.0	5.91	4.45
	第2区	15/27	56	976.707	15224.723	28556.898	33783.2912	6.42	3.42	2.89
	第3区	3/12	25	689.633	11492.5363	23911.5043	24659.7016	6.0	2.88	2.80
	第4区	11/18	61	559.9471	6167.0025	13140.9765	21004.2759	9.08	4.26	2.67
	第5区	24/24	100	1340.6605	4646.5867	11262.6028	13888.8385	28.85	11.90	9.65
	第6区	0/21	0	0	5109.8871	11290.4621	13349.1371	0	0	0
	第7区	21/27	78	1558.886	3426.5831	9734.8291	11602.6412	45.49	16.01	13.44
	小计	90/146	62	6279.3731	56545.9197	117404.31	144210.2947	11.11	5.35	4.35
当涂县	第2区	9/32	28	19296.9	71478.54	92806.6	93654.46	27.00	20.79	20.60
	第3区	1/27	4	2632.4	36234.57	62954.17	43086.9	7.26	4.18	3.44
	第4区	3/29	10	14254.61	49134.674	93201.298	108312.6	29.01	15.29	13.16
	第5区	25/25	100	42533.89	42533.89	81423.52	88357.26	100	52.24	48.14
	第12区	1/20	5	65	53156.48	69311.12	74739.14	0.12	0.094	0.087
	第13区	8/22	36	9289.8	49841.17	64799.3	73176.35	18.64	14.34	12.70
	第14区	4/26	15	13896.99	58065.47	72184.424	90861.57	23.93	19.25	15.29
	第1、6、7、8、9、10、11区	0/125	0	0	184800.05	381520.71	427431.995	0	0	0
	小计	51/306	17	101969.59	545244.84	918201.141	999620.275	18.70	11.11	10.20
25区总计		195/568	34	121735.76	675137.18	1148284.97	1257836.46	18.03	10.60	9.68

注:①永佃田指田面田。

②各阶层租入田地包括地主租入田地,皖南被划成地主成分的农民绝大部分自己参与耕作。

③各阶层使用田地等于自耕田地加租入田地。

④田地总数指各阶层占有的有田底权的或底面合一的田地。

资料来源:绩溪、祁门、当涂县及黄山市屯溪区档案馆的土改前田地统计资料,具体来源上文列出,不再赘述。

从表3.26可知,祁门县4个区80个村中,有23个村有永佃田,其永佃田占4个区租入田地的12.74%,占4个区使用田地的9.61%,占4个区总田地的8.68%。祁门县4个区的永佃田分布的特点是分布不均衡,发展达到相当水平。绩溪县146个村中,有90个村有永佃田,占全县总村数的62%,全县永佃田占全县租入田地的11.11%,占全县使用田地的5.35%,占全县总田地的4.35%。总体而言,绩溪县的永佃田分布范围较广泛。屯溪市下辖4个乡,共有36个村,有31个村有永佃田,占全市村总数的86%。屯溪市永佃田占全市租入田地的32%,占全市使用田地的15.65%,占全市田地总数的18.15%。屯溪市的永佃制是皖南4县(市)发展水平最高的,且分布比较均衡。当涂县306个村中的51个村有永佃田,其永佃田占租入田的18.70%,占使用田地的11.11%,占全县总田地的10.20%。当涂县永佃田的分布特点是永佃制发展水平非常高,但分布不均衡。

进一步汇总,皖南4县市25个区共有568个村,其中有永佃田的村195个,占总村数的34%;25个区共租入田地675137.18亩,其中永佃田121735.76亩,占总租入田地的18.03%;25个区共使用田地1148284.97亩,永佃田占总使用田地的10.60%;25个区总田地数为1257836.46亩,永佃田占总土地数的9.68%。永佃土地大约相当于总田地面积的10%。因此,无论从皖南永佃村的数量,还是从永佃田占各阶层租入田地的比例、永佃田占各阶层使用田地和永佃田占总田地的比例等方面,都证明民国时期皖南永佃制的普遍存在,认为民国永佃制趋向衰落是不符合历史事实的。

第四章　民国时期皖南永佃制的租佃与经营

关于永佃制租佃与经营的研究是永佃制研究领域最薄弱的环节。赵冈的《永佃制研究》是目前唯一一本对永佃制进行研究的著作,但也没有深入到村庄内部对永佃田的租佃与经营状况进行研究。为此,笔者首次深入到皖南26个有代表性的永佃制村庄,一方面,对永佃制下的主佃关系、租佃契约签订过程及其内容、永佃租佃类型及其形成原因、田底主出租田地数量、永佃农租入田地数量、城居地主比例、交租方式等租佃状况及其运行机制进行了研究;另一方面,对永佃田的市场交易、永佃农具体经营状况、永佃经营与普通地主制经营异同、永佃户规模、农场规模、农业外劳动力转移情况、人均劳动力经营亩数及产量等永佃制经营的诸多问题都进行了详细探讨。

本章先对皖南永佃田租佃总体运行状况进行探讨;接着选取皖南25个有代表性的永佃制村对皖南永佃租佃关系进行深入考察;最后以唐模村为个案对皖南永佃村的永佃经营状况进行更为细致的探讨。

第一节　皖南永佃租佃的运行

一、皖南永佃制主佃关系

永佃制形成后,永佃农地位较原来佃农地位大为提高。早在清朝光绪年间,官府稽核田赋时,让业主和佃户同时填报"保报单",以便稽核田赋数字的真实性。下面是笔者在贵池县档案馆发现的《光绪二十二年贵池县田赋保报单》①。

---

① 《光绪二十二年贵池县田赋报保单》,《贵池县清朝档案》,贵池县档案馆藏。

保报单

纳粮之田田数、粮数俱从实报,未完粮之田,但报田数,不得以多报少,查出入官场。贵池县正堂柯绍发报单事,照得清丈一案,现奉宪札,勒限三个月,先报隐匿熟业,已经本县议定章程,合发报单,仰该业、佃人等无分土客绅民,各将本名下所有熟田地及山塘基业一概遵章按照单开格式,逐一开报,交董送局核办,切勿隐漏干咎,切切,须至单者。

共熟弓田二坵计一亩五分;共熟湖田□坵计□亩□分;共熟地□坵计□亩□分;共山□号计□亩□分;共塘□□计□亩□分;共基□块计□亩□分。

贵池县　印

光绪二十二年　月　日发　业户　吴春　印　陈报佃户徐敬宗　押

从上面的保报单可以看出,县衙不仅要求业户,而且要求佃户也填报"保报单",从一个侧面反映了清朝皖南佃农地位的提高。

进入民国时期,佃农地位较清朝又有了显著提高。1933 年 1 月国民政府实业和内政两部颁布的《租佃暂行条例》①在租额、主佃关系、永佃权、主佃纠纷等方面都做了有利于佃农的规定。在租额方面,《租佃暂行条例》规定:"缴租限度,不得超过当地正产物收获总额千分之三百七十五"。在主佃关系方面特别规定:"业主和佃农身份平等,业主绝不能强课佃农以立役或供应"(第六条)。在佃农的永佃权方面,条例规定:"有偿或无偿取得永佃权者,得仍依习惯办理"(第十一条),这就使佃农的永佃权获得了政府承认。在佃农改良田地方面规定:"如佃农对于租地确有特别改良,尚未完全享有其报酬者,业主应偿还其损失"(第十二条)。业主须对永佃农予以补偿的规定,产生了业主须对永佃农的田面权价格进行给付的实际运作效果。此外,在主佃纠纷方面规定:"当主佃之间发生纠纷时,应报由向存自治机关调解处理之,不服仍得向法院起诉",对佃农的佃权给予司法上的支持。国民政府颁布的《租佃暂行条例》虽然不是专门针对永佃农而颁布的,但此条例特别强调其规定也适用于永佃农,对永佃农与田底主建立较为平等关系有着重要意义。正如刘大

---

① 《实业部档案》,见中国第二历史档案馆编:《中华民国史档案资料汇编》第 5 辑第 1 编《财政经济》七,第 214—215 页。

钧所言："民国以前,佃户欠租之时,可送官府究办或由田主自命奴仆加以笞责;民国时期,佃户受主笞责则颇为罕见,盖笞刑已废,视为违法,田主虽有请求而地方官吏往往不许,故官府颇有究官宪过于宽缓,以至佃户难以约束者,然由社会之观点言之,此实为一种进步也。"①

二、皖南永佃租佃总体状况

民国时期,安徽的租佃分两种情况:一种是普通租佃;另一种是永佃租佃。永佃农对永佃田有两项权利:一是地主对永佃农只能收租不能退佃;二是永佃农对其永佃田有转租权。《民事习惯调查报告录》载:

> 安徽关于佃田契约,有两种性质:一、"东顶东卸";二、"客顶客庄"。"东顶东卸"谓之清庄,"客顶客庄"谓之客庄。凡属清庄,地主可以随时退佃自种,或另行转租;客庄则异是,地主只能收租不能退佃,佃户以佃权之全部或一部自由顶拨、辗转……俱无须得地主同意。②

永佃租佃和普通租佃的最大不同就是永佃租佃年纳租额固定不变,递年毫无增减。据安徽高等审判厅调查:

> (安徽)佃户认纳租课,有踩租、分租、额租三种。将届秋收之时,由佃户邀请业主履亩踩看,估计收成,业四佃六,当场议定,俟收获后履行者,谓之踩租。秋收时由业主监视收割,依所收之全数,东、佃平分者,谓之分租。额租者,系佃人承揽时,凭中言定年纳租额,毫无增减。③

上述所谓额租者就是永佃租佃,因为只有永佃租佃才能租额总是固定,毫无增减。民国的调查也表明,安徽各地"永佃制度下的田皮与田底价格的比例为七比三至五比五,有少数区域,田底租金小,或田赋负担重,田面价格反而超过田底价格,甚至有超出两三倍者。新旧佃农与中人等同赴地主家中,新佃必须赠送承种礼与地主,或为现金,或为实物"。④

永佃租佃在皖南是更为普遍的租佃制度。在当涂县,永佃农不仅有永远租佃之权,而且已成为独立于田底主之外的田面田租佃主体。《民事习惯调

---

① 刘大钧:《我国佃农经济状况》,(上海)太平洋书店1929年版,第31页。
② 南京国民政府司法行政部编:《民事习惯调查报告录》,第391页。
③ 同上书,第895页。
④ 金陵大学农业经济系:《豫鄂皖赣四省之租佃制度》,第109页。

查报告录》载:

> 当涂境内佃户因人力或费用缺乏,即将所佃之田分拨若干,转给他人接种,每亩取银七八角至一两元,名之曰"肥土钱"。分佃人对于业主并不另立佃约,收租时,仍由原佃转交业主。

繁昌县的永佃农则在永佃权之外,获得了由田底主负责修复圩堤的权利。《民事习惯大全》载:

> 繁邑滨江田地,多系肥美,但畏旱之日少,畏水之日多,恒由业户合资,修筑圩堤,以御江潮,而圩内积水,非有沟港、涧坝等处无以为蓄泄之预备。期初圩民(指佃农)对于沟港、涧坝之埂,视为自己原有之田埂,不待他人之督饬,无不勤加修补。迨后人心不古,其佃他人圩田者,或因于东不合,任埂塌卸,不为修理,其种自有圩田者,或与人有隙,不惜挖自己数亩薄田之埂,冀害他人多数之禾苗。有此种种情事,于是众以圩内沟港、涧坝之埂原是靠沟港、涧坝之埂,如有倒塌,应由靠沟港、涧坝之有田地者,照数赔修,相沿成习。故一遇土埂溃决,致淹害他人之田地者,由本圩首事责令修复原状,全邑人民无不认为至当之办法。①

繁昌县田主所谓"人心不古",实际上是永佃农敢于在利益面前和田底主较量的真实写照,最后田底主也不得不屈服,承担起修筑圩堤的责任。

繁昌县之外,皖南沿江平原的其他地区,永佃农佃耕之圩田筑堤费用则是主佃分摊。安徽高等审判厅于民国七年审判张宗德等与阜成公司因佃权涉讼案时,发现此惯例:

> 滨江之地,筑堤以卫田,谓之圩堤。每年秋收后,圩堤有应行修理之处,名曰岁修;若遇洪水冲塌,急待修复原状时,号称大修,岁修费用完全归佃户负担,与田东无涉;大修费用则概由田东摊派,惟有永佃权之佃户,仍应与田东平均担认。②

芜湖县永佃租佃分为三种情况:一是缴纳羁庄钱获得田面权的租佃;二是

---

① 施沛生等编:《中国民事习惯大全》第6编《杂录》第2类《物权及债权之习惯》,第24页。

② 南京国民政府司法行政部编:《民事习惯调查报告录》,第916页。

改良荒地而获得田面权的租佃;三是改良湖滨滩地获得"水面权"①的租佃。《民事习惯调查报告录》称:

> 芜湖佃种田地,凡分两种:一为熟田、熟地之佃,地主于退佃时,只负返还羁庄钱之义务。一为荒田、荒地之佃,退佃时,除返还羁庄钱外,并须酌给搬迁费若干,以为垦荒及下庄之费用。②

关于水面权,民国《芜湖县志》载:

> 芜湖境内当湖水泛涨之际,有水面权者乃能于一定范围内网取鱼鲜……此项草滩大都为随田附属产业,田主执有土地权,佃户割草肥田即以刀数载明拨帖或另立议字,要即随田以转移也。③

芜湖获得田面权的佃户有权出租田面,获取银利稻,被称做"活拨",芜湖地方审判厅报告:

> 芜湖前佃人将承佃田亩转行活拨后佃人耕种者,后佃人除对于田东纳田租外,尚须对于前佃人每年纳银利稻,其额数视双方约定之数为准。此因前佃之佃权存在,尚为活拨,故后佃人愿意负此义务,杜拨则凡是。④

另据芜湖县独山圩租佃的调查,普通租佃较永佃租佃为苦的原因在于普通佃农多系极贫无资承购永佃权,或仅能缴出佃价1/3,其余则纳银利——即秋收时除纳地主租谷外,每元另纳利息稻6—7斤与永佃权者,作为佃价。加以农具蓄力肥料皆不如人,故稻登场而腹已饥矣。永佃农则不然,上季所收春粮,并不完租,而下季所收之稻谷,仅缴30%与主人,每亩约收稻500斤,纳租仅约150斤。又据芜湖县李家村的调查,该村农民大部分种湖南会馆之地,有佃权,每年每亩缴160斤稻,还有给收租管车人的5斤小费,平均每亩收400斤,占2/5强。⑤

关于旌德县的田面田转租情况,据旌德县知事调查报告⑥:

---

① 皖南的永佃权有"水面权"、"肥土钱"、"银利稻"等不同的叫法,尽管其叫法不同,实际上均为田面田。
② 南京国民政府司法行政部编:《民事习惯调查报告录》,第893页。
③ (民国)余谊密等纂修:《芜湖县志》卷八,《地理志·风俗》,第7页。
④ 南京国民政府司法行政部编:《民事习惯调查报告录》,第894页。
⑤ 实业部中国经济编撰委员编:《中国经济年鉴》(1934年)第7章,G部第196—200页。
⑥ 南京国民政府司法行政部编:《民事习惯调查报告录》,第396页。

　　旌德有佃权者除自行耕种外,并得租于他人耕种不须业主同意,其与他人所列之租约,名曰借种字,其租息按该田向例分收。丈田租额约占全租五分之四,佃田租额约占全租五分之一。例如,业主有丈田一亩,每年应收租谷一百斤或米五斗,有佃田者亦应收租谷二十斤或米一斗,彼此权利各不相混。

　　可见,旌德县的田面田在转租时不仅要签订租佃田面田转租契约,永佃农还获得根据惯例占全租 1/5 的田面租。

　　绩溪县土地租佃有三种名目,其中两种属于永佃田的租佃,据绩溪县知事报告:

　　　　绩溪田地向分三种名目:一曰起佃,此等田地系将大买、小买、草粪之权利并合为一,最为上格。次曰大买,此等田地只有所有权,而无佃权。三曰小买,又名小顶,其权利以佃种为限,如或自己不种,转佃于他人耕种,得与大买人分收谷租,并独收麦租。大买人与小买人分收租谷时,其成数或二八或三七或四六不等。例如二八大买名色,每亩大买占谷租八分,小买只占二分,余均与此类推。惟大买名色无论二八、三七、四六,只收谷租,而无麦租。此外,西乡八都一带尚有草粪权一项,其名目始于前清雍乾以后。有草粪权,始有耕种权,每年只按四分租数缴纳大小买之租谷。其四分租之中大小买仍按成约多寡分配。虽该田最为膏腴,亦不能四分租之外增加分毫,其性质与小买相似,而收益权利则超大小买而上之,其情形极为特别。①

　　绩溪县田面租差别很大,没有达到划一的程度,永佃田的租佃较其他县复杂,这可能和全县经济发展不平衡有关。

　　黟县田主和佃农签订垦荒契约后,田主不能过问佃农在荒地上的一切利益。黟县县知事调查称:

　　　　黟县未开垦或已荒芜之田地招人开垦,订明期间,佃约内即载一切费用皆由承佃人负担,该地上所得之利益,地主不得过问,即以为开垦费用之报酬……②

---

① 施沛生编:《中国民事习惯大全》第 2 编《物权》第 4 类《地上权之习惯》,第 42 页。
② 南京国民政府司法行政部编:《民事习惯调查报告录》,第 939 页。

因此,黟县田主和佃农签订的垦荒契约确保了永佃农的田面权。

又,《黟县四志》卷三《风俗·黟俗小纪》载:

> 买正租而不买典首者,但收谷一季,而无麦价。

上述记载表明黟县田底主只能收一季稻谷租,而不能收麦租,只有既购田底又购田面才能既收稻谷租,又收麦租。

祁门县租佃有正租、小租之别,据祁门县知事调查:

> 正租以二十斤为一秤,西乡地方亦有以十斤为一秤者,每亩岁纳正租四五秤或六七秤不等,其瘠薄之区亦有少至二三秤者。小租一名田皮,有祖遗者,有连同正租买受者,俗谓之"己租己皮",佃户应向业户照常缴纳。[①]

永佃农获得了田地的田面权后,只缴纳田底租,正如吴文晖所言:"田面权属于佃农,租额较低,因佃农对于田地既有部分有所有权,这部分地权的使用,无须给付代价。"[②]

以上分析表明,民国时期的皖南地区形成了一种主佃关系较为平等、权责分明的契约化永佃租佃制度。在永佃租佃制度下,永佃农获得的权利是多方面的:一是有永远租佃的权力;二是缴纳的年田底租额固定不变;三是永佃农有独立的转租并收取田面租的权力。田底主的权力则受到极大的限制,其权利主要有:一是田底主有收取租额较轻的田底租的权力;二是田底主对永佃农只能收租不能退佃。此外,有的田底主还须承担一定的诸如修复圩堤费用的义务。

三、皖南永佃租佃契约的签订

永佃租佃契约包括田底契约和田面转租契约两种,主要以皖南当涂、青阳、贵池县为例,对皖南永佃契约的签订过程中的主佃接洽、寻觅保人、议定押租金、地主审察、契约类型、契约在押租金、租额,主佃权利、义务等方面的议定情况进行考察。

---

① 　南京国民政府司法行政部编:《民事习惯调查报告录》,第 932 页。
② 　吴文晖:《中国土地问题及其对策》,(重庆)商务印书馆 1944 年版,第 175 页。

1. 当涂县

当涂县永佃关系的确立要经过主佃接洽、议定押租金、订立永佃契约等程序,在契约中对主佃的双方权利和义务等都做了明确界定。当涂县永佃农在佃耕前,必须先觅妥保人,备相当押金,请求地主,表示愿意承种田亩,经过地主审察,认为合格,允许承种,即行凭同保人,议定押金数目,即订立永佃契约,农民概称为绍约。契约内容包括:

A. 押绍金数目;B. 佃户纳租最大限度;C. 每季收获应缴租谷,不得短少颗粒及延欠时日;D. 庄屋农具,佃户应付保管责任;E. 在庄数目,佃户有培植责任,不得戕伐;F. 佃户无力耕种,只有自请退佃,押绍即由地主发还;G. 佃户如不欠租谷,地主不能辞退佃户。

当涂县押绍金依田亩优劣而定数目,起初数量不多,至20世纪30年代,以人多地少,押金綦重,每亩约至五角至两元。佃户承租后,地主便将庄房、农具点缴佃户,即任其居住使用,如系正当原因,毁坏及短少,仍归地主负责添置修理。①

2. 青阳县

青阳县永佃租佃契约名称有租契、批帖、承租约、租字等。永佃租佃契约系载明业佃双方权利与义务的证明文件,通常多由佃农单方书立租约交地主存执。内容一般包括:业佃双方姓名、田底种类面积及坐落、押租的有无及租额的缴付、地租之种类及方法、立约及中证人签章、立约时间等。② 据青阳县知事调查,该县佃农通过和田底主签订租约底稿来获取永佃权。

青阳缔结赁贷借契约,先由赁贷人草一租约底稿,给赁借人照此立约,底稿即由赁贷人收存,以为退佃时退回押金之根据,赁贷人交给底稿之后,不能另向他人缔结租约。③

典型的青阳县永佃契约,如《民国二十三年正月二十日青阳县吴荣贵佃施意来田地约》④:

① 实业部中国经济编撰委员编:《中国经济年鉴》(1934年)第7章,G部第196—200页。
② 《中国经济年鉴续编》(1935)第7章"租佃制度",G部第71—75页。
③ 南京国民政府司法行政部编:《民事习惯调查报告录》,第918页。
④ 《民国二十三年正月二十日青阳县吴荣贵佃施意来田地约》,《青阳县民国契约》,青阳县档案馆藏。

立佃约人吴荣贵今佃到施意来名下，土名坐落汤儿冲口盛姓庄屋门前熟田一亩，计共两坵；又毗连白地大小数块；又同处毗连熟田一亩七分，计共十二坵；又佃同处并朱姓后塝、万家陇等处熟田三亩五分，计十一坵，共计田六亩二分。乾稻租八百零六斤，另交地租一百斤。又承看五水岗并麻涝、坟山、森林、蓄样。身一并凭中承佃兴种看管。比付押租大洋四元，订定每年秋收交东额租乾稻九百零六斤，租鸡一只，一并送至上门，不得短少。如租不清，收押租扣除，以及一切不合等情，听东起案另佃，身不得霸种侵害。其地裁押起佃之日，身应挖椿还地，无得异说，立此佃约为据。

凭中　万先水　押　胡锦成　押　盛永兴　押　朱鹤年　押　代笔吴汉卿

民国二十三年正月二十日　立佃约人　吴荣贵　押

上契中，吴荣贵通过缴纳押金取得所租田地的永佃权，按照契约中的约定，施意来只有在返还收取的押金后，才能收回永佃权，但在实际操作中，施意来是很难收回永佃权的。青阳县永佃农在获得田面后，常把田面转租，田底主无权干涉，《民国六年二月初九青阳县阳春佃田面转租白契》[①]载：

立承约兄阳春今承到弟自洋吴东花椒树田、启秉田一连两坵，种一斗二升半，额租一石五斗。言定每年除缴东租外，实纳田上银利米五斗。又刘谭二东头田一坵，种一斗二升半，额租一石五斗，言定每年除缴东租外，实纳田上银利三斗五升，其米务要干好，两季缴清，不得短少，此据。菜园棉地在内，又批。

民国六年二月初九　立承约兄阳春　押

凭中　吴自宽　吴宝田　龙秀堂　龙春桂笔

上契是民国时期青阳县典型的田面田转租契约，契约内容包括永佃农及佃耕人姓名、田面面积、坵数及田底租额、田面租额、立约时间、凭中等。青阳县永佃农能够独立签订田面田转租契约的事实，充分说明永佃农出租田面田并收取田面租是不受田底主干涉的。

---

① 《民国六年二月初九青阳县阳春佃田面转租白契》，《青阳县民国契约》，青阳县档案馆藏。

3. 贵池县

贵池县则以签订"顶首契"的方式确定主佃之间的永佃租佃关系,以签订"杜顶契"的方式确立永佃租佃关系的转移。贵池县的永佃田有杜顶田、佃田、垦种田等类型。杜顶田又称"留结顶首田"或"死笔顶首田"。田价分租价和顶首价两项,约各占一半,有时顶首价占全部田价 3/5 以上。若佃户变卖此种田地,其契约称为杜顶契,不必经地主同意。地主变卖田地契约称为租契。贵池县永佃租佃关系极为普遍,只要不欠地租,主佃便各相安。即使欠租,地主亦只可起诉请追,不能取回田地。佃户能自行私顶私卸,而地主无权干涉,与地主只不过有"承约"之订定,换新业主时,可向佃户换取新约,但常被佃户拒绝。佃田即"活笔顶首田",亦分租价和顶首价两项,数量各占一半,但普通顶首价多为 2/5,租价为 3/5。变卖此种田面田的契约称为顶契,与地主的关系也多与杜顶田相同,只是不能拒绝换"承约",并有定期年限的限制。在期限未满年内,如不欠租,地主亦无法取回其田。垦种田是公司或个人集股筑圩后,广集农民在圩内"辟草开荒",垦成熟田后自种,则与公司成永佃关系,如不自种转贷于人,则赚"银利稻"。贵池银利田又称"发佃",除完地主租课外,须缴上首(普通称二东家)"银利稻",与地主无契约之协定,种一年算一年,有的也交"押金"(羁脚),则"纳稻数额稍减,耕种之权亦稍有可恃"。[①]

据贵池县知事调查:

> 未垦之荒招佃承垦,必俟佃户垦熟获利后,方能立约按亩计租,但佃户有不能承种时,得私顶于他佃接种,收回顶礼银若干,业主即向后之佃户换约,直接收租。如业主因佃欠租,欲其退庄,亦必酌给开垦之工资为退庄费。[②]

田面权发生转移时,贵池县田底主必须和新田面主签订新的永佃租佃契约。贵池县知事称:

> 贵池佃户不能承种时,得私顶与他佃接种,收回顶礼银若干,即向后之佃户换约,直接收租。[③]

---

① 实业部中国经济编撰委员编:《中国经济年鉴》(1934 年)第 7 章,G 部第 196—200 页。

② 南京国民政府司法行政部编:《民事习惯调查报告录》,第 391 页。

③ 同上书,第 395 页。

贵池县田面转租契约,如《民国三十一年贵池县傅家余承佃田面田契约》①:

> 立承佃字人佃人傅家余,今承到冯东名下水田一业,坐落东五里马场庄活顶种东田一石一斗一升一合,上租据东契,上租依照原佃人承佃字。此田系顶王志庆份内,立此承佃字为据。
>
> 凭中人　袁学宏　见　孙泽民　笔
>
> 民国二十二年八月二十九日　立承佃字人　佃人　傅家余　押

上述贵池县田面转租契约详细写明,田底租根据东契缴纳,田面租为1石1斗1升1合。契约还显示,田面已被转租两次,原先田面主为王志庆,王志庆转租给冯东,冯东又转租给傅家余。田面主在转租田面过程中是不需经过田底主的。

通过当涂、青阳和贵池县永佃契约签订过程的考察可知:永佃农和田主签订永佃契约时一般都缴纳押租金;永佃农所租田地都缴纳很轻的定额租;永佃契约签订后,田底主就不再有随意撤佃的权力。有的永佃契约规定,在返还收取的押金后,才能收回永佃权,但在实际操作中,田底主是很难收回永佃权的。永佃农在获得田面后,有权对田面转租并收取田面租,田底主无权干涉。

四、皖南永佃田交易

皖南永佃田交易被分解为田底田和田面田两个层次的地权交易,两个层次分别进行地权交易减少了地权交易成本,这就使佃农以同样货币购买更多田地成为可能。吴文晖在皖南的调查中发现,民国时期的"永佃权多由购买而来"。② 民国时期,安徽省有两种类型的田地交易,一种是非永佃田的交易,一种是永佃田的交易。《民事习惯调查报告录》载:

> 凡属清庄,地主可以随时退佃自种,或另行转租;客庄则异是,地主只能收租不能退佃,佃户以佃权之全部或一部自由顶拨、辗转、让渡,俱无须

---

① 《民国三十一年贵池县傅家余承佃田面田契约》,贵池县档案馆藏。

② 吴文晖:《中国土地问题及其对策》,(重庆)商务印书馆1944年版,第160页。

得地主同意。①

可见，就安徽全省而言，永佃农完全可以自由地顶拨、辗转、让渡其占有的田面权。再看皖南具体县永佃田交易情况。

1. 芜湖县

芜湖县永佃农出租田面田被称做"活拨"，出卖田面田则被称做"杜拨"。芜湖县地方审判厅对此项习惯进行了调查：

> 芜湖前佃人将承佃田亩转行活拨后佃人耕种者，后佃人除对于田东纳田租外，尚须对于前佃人每年纳银利稻……此因前佃之佃权存在，尚为活拨，故后佃人愿意负此义务；杜拨则反是。②

芜湖县永佃农对其佃耕湖田的水面权，对租佃草场的割草权均有转卖权力，芜湖地方审判厅于民国七年审理孟世泰控诉一案，记述了水面权（即田面权）买卖时要另立"拨帖"或"议字"的情况：

> 芜湖境内当湖水泛涨之际，有水面权者乃能于一定范围内网取鱼鲜；水退后，其水底之柴场、草场港潦沟地则归有水底权者分界管有。仅有水面权者不能行使水底之权利，仅有水底权者不能行使水面之权利，此疆彼界划然各别。芜湖县境内湖地最多，其割取柴草各有地段，大抵以刀数为持分标准，于某湖草场内占几把刀，即于该湖草场内有几把刀打草之权，其权利移转时，契约内亦注有此等字样。此项草滩大都为随田附属产业，田主执有土地权，佃户割草肥田即以刀数载明拨帖或另立议字，要即随田以转移也。③

《民事习惯调查报告录》也记载了芜湖县永佃农对其租佃草场割草权的转卖权力：

> 芜湖县境内湖地最多，其割取柴草，各有地段，大抵以刀数为持分标准，于某湖草场内占几把刀，即于该湖草场内有几把刀打草之权，其权利移转时，契约内亦注有此等字样。④

① 南京国民政府司法行政部编：《民事习惯调查报告录》，第391页。
② 同上书，第894页。
③ （民国）余谊密等纂修：《芜湖县志》卷八，《地理志·风俗》，第7页。
④ 南京国民政府司法行政部编：《民事习惯调查报告录》，第391页。

2. 青阳县

青阳县田面出卖后,在田面交接时签订佃田推契①:

> 立推字张昌盛,去岁佃耕吴根应田六亩七分,此二意情愿。今推出田
> 肆亩壹分,其余二亩六分凭中言明,已尽推出,不得有误,尚有票据一纸,
> 言主八月缴付归楚(胡楚伯——作者注),恐口无凭,立此推字为据,纸内
> 填有八字。
>
> 原笔批,伯代押。
>
> 凭中　张先扬　吴轮熙　张子衡笔　同见
>
> 光绪二十年二月十八日立推字　张昌盛　押

田面田推收交接后,其所有权就正式发生了转移。

3. 贵池县

贵池县田面田转卖称收回"顶礼银",田底主收回田面权得酌给"退庄费":

> 贵池佃户不能承种时,得私顶与他佃接种,收回顶礼银若干……如业
> 主因佃欠租,欲其退庄,亦必酌给开垦之工资为退庄费。②

贵池县佃农转租后收回的顶礼银、田底主让佃农退庄给付开垦的工资,实质是给付田面田以价格。《乾隆二十七年贵池县张正士沙山领基及爨山佃权卖契》③载:

> 立卖契人张正士等,今将李五先所佃祖遗沙山领基并随爨山,不便管
> 业,身得□股,凭中出卖于施□名下为业执管,当得时值价纹银十两整,其
> 差听施在本保□里张正士户收当一厘,日后不得生端异说,今欲有凭,立
> 此卖契为照。
>
> 凭中　施班若　押　王可奇　押　张楚珍　押
>
> 乾隆二十七年四月二十日　立卖契人　张正士　押　张绍汤　押
>
> 文先　押　直裕等　押

从上面契约可以看出,沙山领基及爨山佃权不止一次被出卖,其最早佃权属于李五先,后被张正士先祖所卖,张正士又把继承的佃权出卖于施□名下

---

①　《光绪二十八年二月十八日青阳县张昌盛佃田推契》,《青阳县民国契约》,青阳县档案
　　馆藏。

②　南京国民政府司法行政部编:《民事习惯调查报告录》,第 395 页。

③　《乾隆二十七年贵池县张正士沙山领基及爨山佃权卖契》,贵池县档案馆。

为业。

光绪十九年四月,贵池县施硕廷把屯地的田面出卖给施义堂公名下:

　　立拨约人施硕廷,今因用度不凑,自情愿将父手所遗分受己名下屯地一块,土名坐落林家罗东塝口,计弓五分,东至蛟如地西,南北俱至大路,四至明白,凭中立契出拨于施义堂公名下为业,另招耕种当得时值价钱六千文正,比日两明,不必另立收字,日后地不取租钱,不取息,其粮系公完纳,其业无论年月远近,系身备原价赎回,自拨之后,两无悔意,并无逼勒重复等情,倘有家外人等生端异说,系身承领,不干公事,恐口无凭,立此拨约永远为据。

　　外批汛取公两字再照。

　　光绪十九年四月□日　立拨约人　施硕廷　相廷　占魁　押　梦松笔①

贵池县屯地佃权出卖契约被称做"拨约",以区别于田底买卖契约。

4. 南陵县

南陵县购买田面田被称做"上业礼":

　　南陵县不动产卖买契约成立时,须将上首卖契出业人邀请到场,商明界限,有无错误凭中划字,由买主送给银洋,谓之上业礼(一曰上业科,又名上首钱之支付)。上业主收受上业礼之价金后,书立字样,交与买主收执为据,名上业礼字。其支付之多寡则以该不动产现在卖买之价额而定,有十分之一与二分之一不等(一般每亩给银两角)。例如甲有地若干,曾卖于乙。乙于受业后转卖于丙,乙对丙为卖主,甲对于乙为上业主。上业礼之支付即甲对丙之请求。②

5. 旌德县

旌德县的田底和田面分别出卖,互不干涉。旌德县知事对旌德县永佃土地的卖买情况做了调查:

　　旌德丈田和佃田可以同时或分别卖买,出卖丈田谓之大买,出卖佃田谓之小买。③

① 《光绪十九年四月贵池县施硕廷屯地田面拨约》,贵池县档案馆。
② 施沛生编:《中国民事习惯大全》第2编《物权》第2类《不动产之卖买习惯》,第23页。
③ 南京国民政府司法行政部编:《民事习惯调查报告录》,第396页。

6. 歙县

歙县知事收集了大量的田底和田面卖买契约,证明歙县田底田和田面田的买卖都非常普遍:

> 歙县卖买田地之契约,有大买、小买之区别。大买有管业收租之权利,小买则仅有收租权,对于大买主,仍应另立租约。大买契内注明立大买契人、今将某号大买田出卖与某收租管业等语,小买契内则书退顶小买田人、今将受分小买田出退与某过割耕种字样……小买田之转移,大买主不得干涉。①

7. 黟县

《黟县四志》卷三《风俗·黟俗小纪》载:

> 我邑田业所谓典首者,不知始自何年,往往一业两主,正买契券则须收割投印,典首契无收割投印,而价与正买不甚相远,称曰小买。

黟县田底和田面都可从市场上购得,不同之处在于田底田的卖买契约须向官府纳税盖印,交割田粮,田面田的卖买则不需经过官府,卖买双方签订白契即可。虽然两种地权卖买手续不同,二者价格却不相上下。

如果田底和田面属于同一业主且同时出卖时,卖契中须说明田地并"佃首"一同出卖:

> 立杜断卖契人江陆富,今因钱粮急用无措,自情愿将祖遗下豆坦一处,东至第315号,土名上大山,系经理周字号,计坦租7租正,计地税五分六厘,其坦业新立四至,东至西里塝,计6丈1尺,东至西外塝4丈7尺,北至南东向计五丈阔,北至南西向计4丈阔,东至胡姓业坦沟为界,西至本卖主坟园外格至为界,南至塝脚为界,北至邢至界,今将前项四至之内并典首尽行凭中立契出卖与吴长茂名下为业,听从受买人管业耕种……未卖之先并无重叠交易及内外人声说。
>
> 中见人　王祥忠　陈金塝母代　押　陈胡氏　押
>
> 黟县东区官中图　胡焕臣　印章
>
> 民国六年阴历腊月　立卖断契人　江纯富　押②

---

① 南京国民政府司法行政部编:《民事习惯调查报告录》,第407页。

② 《民国六年黟县江陆富杜卖豆坦并佃首契》,黟县档案馆藏。

黟县田底主在进行田底买卖时对田地有多大面积并太关心,反而对能收多少租很在意,因而田底主在买卖田底时以地租的砠为买卖单位,而不是以亩为买卖单位。黟县知事的调查写道:

> 黟邑田地收租,以砠数计算,每砠计稻谷二十斤,典卖田地时,即依砠数为标准定其价额,至典卖山业,则依亩数计算之,方法不同。①

《民国十五年二月黟县王梦生杜断卖白契》②虽然也写明税亩,但强调的重点是租额:

> 立杜断卖契王梦生,今因正用无措,将前承祖遗田业,土名罗田段,田一坵,计实租十四砠正并佃在内,系经理坐字不等号,计田税一亩二分六厘五毫,其田新立四至内业均依古界,凭中杜断卖与族叔名下为业,三面言定,时值价洋三十元整,其洋当日亲手收足无欠,如有来历不明及内外人声说等情,尽身支当,不干受业者之事,未卖之先,并无重叠交易,既卖之后,两无异议,恐口无凭,立此杜断卖契为据。再批上首老契付缴又照。
>
> 中见　地保　王仁德　押
>
> 民国十五年二月　日　立杜断卖契　王梦生亲笔

8. 祁门县

祁门县田面田可以自由买卖,祁门县知事报告称:

> 祁门小租一名田皮,有祖遗者,有连同正租买受者,俗谓之"己租己皮"……③

因此,祁门县永佃农的田面田有的是从祖上继承来的,有的是从市场上购买来的。

皖南还在卖契外另立议单,对田底权和田面权及其他附属条件进行详细记载:

> 变卖田地,除缔结卖契外。另有议单一纸,记载业权、租权或佃权及其他附属条件,俗称之为契议。此项议单由中人出名书立,经卖主、买主列名画押,即为成立,其仅立卖契,不书议单者,实居少数。安徽高等审判

---

① 南京国民政府司法行政部编:《民事习惯调查报告录》,第402页。

② 《民国十五年二月黟县王梦生杜断卖白契》,黟县档案馆藏。

③ 南京国民政府司法行政部编:《民事习惯调查报告录》,第932页。

厅历年审理民事案件,当事人所陈田土卖买契约,多附有议单,各县皆然。①

通过对皖南芜湖、青阳、贵池、南陵、旌德、歙县、黟县和祁门县永佃田交易的考察可知:皖南永佃田交易被分解为田底田和田面田两个层次的地权交易,其永佃田交易非常普遍。尽管皖南各县永佃田交易名称各异,但是永佃农完全有权自由顶拨、辗转、让渡其田面权的情况是相同的。

本节研究表明,皖南的永佃租佃是一种契约化租佃。永佃租佃和普通租佃最大的不同就是永佃租佃的年纳租额固定不变,递年毫无增减。田主和永佃农在发生租佃关系时,大多签订确保永佃农田面权的租佃契约。永佃契约签订后,田底主就不再有随意撤佃的权力。有的永佃契约虽规定,在返还收取的押金后,可收回永佃权,但在实际操作中,田底主是很难收回永佃权的。永佃农还有权把其拥有的田面田转租出去收取小租的权利。当田面权发生转移时,田底主一般和新田面主签订新的永佃租佃契约。皖南永佃田交易非常普遍,被分解为田底田和田面田两个层次的地权交易。皖南永佃农有权自由买卖永佃田为永佃农实现永佃田的经营整合创造了条件。

第二节 皖南村庄永佃制实况

永佃田租佃是永佃经营最重要的环节。对于地主来说,保留田底权,予佃农永佃权,虽然租额减少了,但是减少了收租成本。对于中农、贫农来说,虽然暂时在城镇获得了就业,但是如果让他们完全出卖田地,势必有生存后顾之忧,因此他们更愿意采行永佃制转让田地。由于上述阶层都愿意采行永佃制转让其田地,所以使民国时期皖南乡村的永佃制更加普遍。

本节选取皖南 25 个有代表性的永佃村,包括从祁门县 4 个区选取的 4 个永佃村,从绩溪县 6 个区选取的 6 个永佃村,从当涂县 7 个区选取的 15 个永佃村,深入到皖南村庄内部对永佃租佃进行研究。皖南 25 个有代表性村和其

---

① 施沛生编:《中国民事习惯大全》第 1 编《债权》第 3 类《契约之习惯》,广益书局 1926 年版,第 9 页。

他章节涉及的皖南9个代表性永佃村所处位置,见地图1。

据李伯重的研究,民国时期江南农户经营规模达到户均10亩,才能维持一家人的生活,才算得上自耕农。① 章有义认为,在江南地区,占地20亩者可算殷实之户,有地30亩以上者才是依靠地租收入为生的地主。② 章的估计是合理的,因为如以地租占土地收益50%计算,必须超过自耕农两倍田地出租,才能以地租为生,所以对皖南25个永佃村庄各阶层的地权状况进行统计时,将施行以下标准:

(1)地主:占有田地30亩及其以上且出租田地的农户;

(2)自耕农:占有田地10—30亩田地以自耕为主的农户;

(3)小出租者:占有10—30亩田地且全部出租其田地的农户;

(4)永佃农:占有田地低于10亩且拥有田面的佃农;

(5)少量出租者:占有田地低于10亩且全部出租其田地的农户。

一、祁门县和绩溪县村庄永佃制实况

关于皖南祁门县和绩溪县的永佃租佃,分别从祁门县第4、第5、第6、第7区中选取4个代表性的永佃村庄,从绩溪县6个有永佃的区中选取6个代表性永佃村庄进行考察。祁门县和绩溪县的永佃租佃主要包括土地不足型永佃租佃和族田型永佃租佃两个类型。

(一)土地不足型永佃租佃

1. 祁门程石村③

程石村属祁门县第4区,处于县西南部阊江河谷之中,是一个山多、地狭、人多的村落,该村是祁门县第4区永佃制发展水平最高的村落。程石村共有419户,其中在村户286户、在村人口1170人。全村共有田地523.89亩,户均田地1.25亩,户均占有田地严重不足。该村有自耕农、永佃农、雇农、小商贩、

---

① 关于江南户均经营规模的研究,见李伯重:《"人耕十亩"与明清江南农民的经营规模》,《中国农史》1996年第1期,第7页。虽然李伯重侧重于研究明清时期的江南户均经营规模,但李伯重在此文中也涉及了民国时期江南户均经营规模。

② 章有义:《明清徽州土地关系研究》,第2—4页。章有义的估计也适用于民国时期。

③ 资料来源:祁门县土改办:《祁门县第4区程石村土改前各阶层占有使用土地统计表》(1951年4月),全宗:《祁门县土改办》第4卷,祁门县档案馆藏。

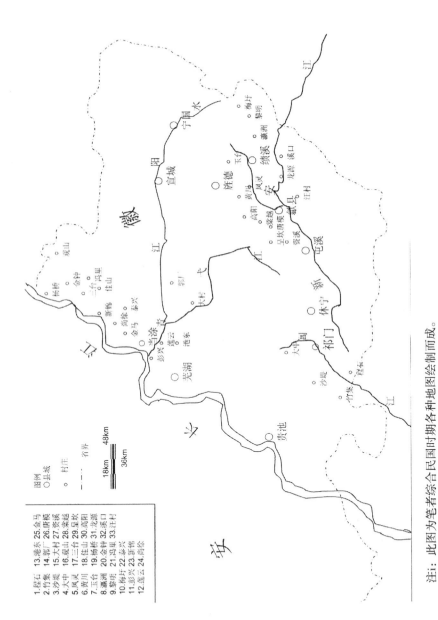

注：此图为笔者综合民国时期各种地图绘制而成。

地图 4.1　20 世纪三四十年代皖南 34 个典型永佃村

1.程东　13.港东　25.金马
2.竹集　14.郭厂　26.屏陔
3.沙堤　15.大村　27.资溪
4.大中　16.观山　28.梁越
5.凤灵　17.三台　29.呈坎
6.黄川　18.佳山　30.高阳
7.五台　19.杨桥　31.龙源
8.瀛洲　20.金种　32.溪口
9.黎明　21.冯里　33.汪村
10.梅圩　22.泰兴
11.彭兴　23.芽塘
12.莲云　24.尚除

图例
○县城
○村市
--- 省界

18km　48km
36km

宗教职业者、流民、手工业者、高利者和陶职业者等阶层,是一个无地主村落。该村有 3 户自耕农,仅占全村户数的 0.72%;永佃农 250 户,占全村户数的 59.67%,是该村户数最多的阶层;外出少量出租者 133 户,占总户数的 31.74%。此外,该村还有雇农 3 户、小商贩 13 户、宗教职业者 1 户、流民 7 户、手工业者 7 户、高利者 1 户和陶职业者 1 户。

程石村租佃关系错综复杂,见示意图 2 和表 4.1,与非永佃村的租佃关系显著不同,主要表现在以下四个方面:

第一,永佃制是程石村主导性的租佃及经营方式。程石村共有田地经营户 275 户,其中永佃户 250 户,占村经营户的 90.9%。该村 3 户自耕农经营永佃田 4.71 亩。该村第 1 组 6 户永佃农经营永佃田 9.58 亩;第 2 组 6 户永佃农经营永佃田 11.34 亩;第 3 组 1 户永佃农经营永佃田 17.35 亩。以上农户永佃田都占其租入田地的 100%。第 4 组 45 户永佃农拥有永佃田 98.9 亩,占其租入田地总数的 40.41%;第 5 组 188 户永佃农经营永佃田 171 亩,占其租入田地总数的 36.78%;第 6 组 2 户永佃农经营永佃田 7.7 亩,占其租入田地总数的 87.49%;第 7 组 2 户永佃农经营永佃田 4.6 亩,占其租入田地总数的 100%。此外,小商贩、宗教职业者和流民也占有少量永佃田。

第二,永佃制下的田地占有和租佃打破了村的界限。程石村各阶层不仅在本村占有和出租田地,而且在外村占有和出租田地,不仅本村阶层租入本村田地,而且外村阶层也租入本村田地。该村在村阶层共占有田地 278.99 亩,其中在本村占有田地 219.84 亩,又在外村占有田地 59.15 亩;该村外出阶层全部为少量出租者,该阶层在村中共占有田地 244.84 亩。在田地出租方面,在村阶层既出租在本村占有田地与本村阶层 127.81 亩,又出租在外村占有田地与外村阶层 59.15 亩;外出阶层既出租田地与本村阶层 91.46 亩,又出租田地与外村阶层 153.38 亩。在田地使用方面,在村阶层自耕田地 92.03 亩,不仅从在村阶层租入田地 127.81 亩,而且又从外出阶层租入田地 91.46 亩,还从外村租入田地 603.7 亩。此外,外村阶层从程石村外出阶层租入程石村田地 153.38 亩。

第三,程石村的永佃租佃主要属于土地严重不足型永佃租佃。土地不足型永佃租佃是指一部分小土地占有者因土地严重不足转向农业外就业采行永

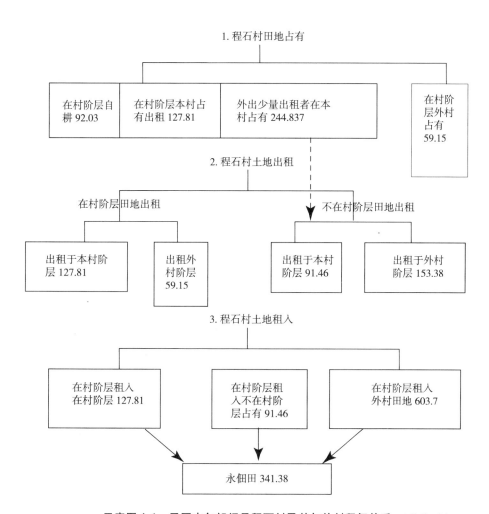

示意图4.1　民国末年祁门县程石村及其与外村租佃关系　（单位：亩）

资料来源：祁门县土改办：《祁门县第4区程石村土改前各阶层占有使用土地统计表》（1951年4月），全宗：《祁门县土改办》第4卷，祁门县档案馆藏。

佃制出租其田地而形成的租佃。程石村耕地严重不足,该村几乎所有农户都占有小块田地,但户均仅占有耕地1.25亩。该村有无地户11户,占全村户的2.63%;1.33亩以下户256户,占全村户的61%;1.84亩以下户389户,占全村户的92.84%。因此,程石村极度零碎化、户均经营田地严重不足的地权状况极大地制约了农户的经营效益。但小块耕地毕竟是农民安身立命之本,如

表4.1 民国末年祁门县程石村各阶层田地占有及永佃租佃关系

田地单位：亩

成分及组别	在村阶层							外出阶层				在村阶层				
	户数	占村普通户比例%	户均自耕	户均在本村占有并出租本村田地	户均在外村占有并出租本村田地	合计占有	户均占有	成分	户数	户均出租田地	在村与外出阶层占有田地合计	租入在村阶层田地	租入外出阶层田地	租入田地合计	永佃田	永佃田占租入田地比例%
自耕农	3	0.72	1.43	6.08	6.50	42.02	14.01	—	—	—	42.02	0.713	4	4.713	4.71	100
永佃农1	6	1	0.05	2.44	6.73	55.37	9.23	少量出租者	133	1.84	300.21	1.587	7.99	9.577	9.58	100
永佃农2	6	1.4	1.27	0.49	3.095	29.155	4.86	—	—	—	29.155	2.504	8.836	11.34	11.34	100
永佃农3	1	0.2	0.25	0	0.0417	0.2917	0.2917	—	—	—	0.2917	3.912	13.44	17.35	17.35	100
永佃农4	45	10.7	0.57	0.09	0.67	59.8905	1.33	—	—	—	59.8905	67.73	177	244.73	98.9	40.41
永佃农5	188	44.9	0.32	0.036	0.017	61.5085	0.33	—	—	—	61.5085	124.66	340.3	464.96	171	36.78
永佃农6	2	0.5	0.2	4.18	5.435	19.6364	9.82	—	—	—	19.6364	1.7116	7.089	8.8006	7.7	87.49
永佃农7	2	0.5	0	2.034	0.2682	4.6033	2.3	—	—	—	4.6033	0	4.6	4.6	4.6	100
雇农	3	0.7	—	—	—	—	—	—	—	—	—	—	—	—	—	—
小商贩	13	3.1	0.023	—	—	0.3	0.023	—	—	—	0.3	6.601	14.9	21.501	2.3	10.7
宗教职业	1	0.2	—	0.81	0.81	0.81	0.81	—	—	—	0.81	3.25	2.45	5.7	4.4	77.19
流民	7	1.7	0.23	0	0.45	4.7652	0.68	—	—	—	4.7652	6.6	22.3	28.9	9.5	32.87
手工业者	7	1.7	—	—	—	—	—	—	—	—	—	—	—	—	—	—
高利货者	1	0.2	—	—	—	—	—	—	—	—	—	—	0.8	0.8	—	—
陶职业者	1	0.2	—	0.64	0.64	0.64	0.64	—	—	—	0.64	—	—	—	—	—
总计	286	68.3	—	—	—	278.99	0.975	—	—	—	523.89	219.27	603.71	822.97	341.38	41.48

资料来源：祁门县土改办：《祁门县第4区程石村土改前各阶层占有使用土地统计表》(1951年4月)，全宗：《祁门县土改办》第4卷，祁门县档案馆藏。

若彻底放弃其土地所有权寻求农业外就业,一方面会使小块土地所有者利益受到损坏,另一方面也切断了其生活的退路。但永佃制使程石村找到了部分农户扩大经营规模,另一部分农户既能从事农业外就业又能保障其以往投入收益且免除其后顾之忧的土地流转之法。该村共有 133 户少量出租者,占全村总户数的 31.74%,户均出租田地 1.84 亩,该阶层出租田地后都从事了农业外就业。该村少量出租者一般采行永佃制出租其田地。另外,该村的佃耕者有时也采行永佃制佃耕外村土地,从而打破了程石村与邻村的租佃界限。

第四,程石村永佃农不是单向的只进行佃耕的佃农,而是为了达到土地零碎整合在出租田地的同时又佃耕田地的佃农。程石村第 4 组 45 户永佃农在出租 34.25 亩地的同时,又佃耕 244.73 田地亩,户均经营面积为 6.01 亩;第 5 组 188 户永佃农在出租 9.9 亩田地的同时,又佃耕田地 464.96 亩,户均经营面积达 2.80 亩,尽管户均经营面积还不高,但相对于全村户均占有田地 1.25 亩来说,经营面积却增加了一倍多。

2. 祁门县竹集村①

竹集村属祁门县第 5 区,该村是第 5 区中唯一有永佃田的村落。该村共有在村普通户 359 户、在村人口 1135 人,在村普通户共占有田地 579.65 亩,户均 1.61 亩,田地严重不足。本村有公堂户 251 个,共占有田地 835.12 亩,平均每个公堂出租田地 3.33 亩。外村 353 个公堂也在本村占有田地 437.22 亩。该村共有田地 2187.22 亩,其中族田 1272.34 亩,族田占全村总土地的 58.2%。佃农主要从公堂佃耕田地。此外,外村阶层也在竹集村占有田地 301.79 亩。

竹集村在村阶层包括自耕农、佃农和雇农三个阶层,是没有地主的村落。该村共有佃农 354 户,占在村普通户总数的 98.6%,共佃耕田地 1542.42 亩,平均每户佃耕土地 4.36 亩。

该村永佃田非常少,只有 3.26 亩。该村公堂势力强大,佃农和公堂之间没有形成平等关系也是该村永佃制很少的原因。

---

① 祁门县土改办:《祁门县第 5 区竹集村土改前各阶层占有使用土地统计表》(1951 年 4 月),全宗:《祁门县土改办》第 5 卷,祁门县档案馆藏。

3. 绩溪黄川①、玉台②、瀛洲③、梅圩④、凤灵⑤、黎明等村⑥

黄川、玉台、瀛洲、梅圩、凤灵、黎明等村分别属绩溪县第2、第3、第4、第7、第1和第5区,是笔者从绩溪县6个有永佃区的125个村中、每个区各选取1个村落的6个代表性永佃村落(以下简称绩溪6村,绩溪6村民国末年各阶层田地占有及永佃租佃关系,见表4.2、表4.3、表4.4、表4.5、表4.6和表4.7)。黄川村位于绩溪西部大源河上游;玉台村在绩溪中部;瀛洲和黎明村在绩溪东南部登源河谷;梅圩村位于绩溪东北部,处于流向浙江的天门溪上游,交通较便利;凤灵村则位于绩溪西南部杨之河中游河谷平原。

绩溪6村分别属于所在区永佃制水平最高的村落。黄川村共有永佃田135.54亩,占该村总租入田地的26.1%。玉台村共有永佃田370.32亩,占该村总租入田地的34.8%,占全村总田地的16.63%。瀛洲村共有永佃田109.79亩,占该村总租入田地的11.59%。梅圩村共有永佃田302.49亩,占全村总田地的44.28%,该村也是绩溪县永佃制发展水平最高的村落。凤灵村共有永佃田225.355亩,占该村总租入田地的16.99%。黎明村共有永佃田106.36亩,占该村总租入田地的39.77%,占全村总土地的15.04%。绩溪6村永佃农在其所在村均属于比例最高的阶层。黄川村有永佃农118户,占该村普通户的70.24%;玉台村有永佃农198户,占该村普通户的69.47%;瀛洲村有永佃农355户,占该村普通户的67.49%;梅圩村有永佃农125户,占该

① 中共绩溪县委:《黄川村土改前各阶层占有使用土地统计表》,《绩溪县第2区(旺川区)土改情况统计表》,全宗:《中共绩溪县委员会办公室档案》(1951年),第20卷,绩溪县档案馆藏。
② 中共绩溪县委:《玉台村土改前各阶层占有使用土地统计表》,《绩溪县第3区土改情况统计表》,全宗:《中共绩溪县委员会办公室档案》(1951年),第21卷,绩溪县档案馆藏。
③ 中共绩溪县委:《瀛洲土改前各阶层占有使用土地统计表》,《绩溪县第4区土改情况统计表》,全宗:《中共绩溪县委员会办公室档案》(1951年),第22卷,绩溪县档案馆藏。
④ 中共绩溪县委:《梅圩村土改前各阶层占有使用土地统计表》,《绩溪县第7区土改情况统计表》,全宗:《中共绩溪县委员会办公室档案》(1951年),第24卷,绩溪县档案馆藏。
⑤ 中共绩溪县委:《凤灵村土改前各阶层占有使用土地统计表》(1951年),《绩溪县第1区土改情况统计表》,绩溪县档案馆藏,全宗:《中共绩溪县委员会办公室档案》(1951年),第19卷,绩溪县档案馆藏。
⑥ 中共绩溪县委:《黎明村土改前各阶层占有使用土地统计表》,《绩溪县第5区(伏岭下区)土改情况统计表》,全宗:《中共绩溪县委员会办公室档案》(1951年),第23卷,绩溪县档案馆藏。

田地单位：亩

表 4.2　民国末年绩溪县黄川村各阶层田地占有及永佃租佃关系

成分及组别	在村阶层						外出阶层				在村户与外出户占有田地合计	在村阶层				
	户数	占村普通户比例%	户均自耕	户均在本村占有并出租本村田地	户均在外村占有并出租外村田地	合计占有	成分	户数	占村普通户比例%	户均出租田地		租入在村阶层田地	租入外出阶层田地	租入田地合计	永佃田	永佃田占租入田地比例%
地主	2	1.19	7.825	22.3	10.4	81.05	—	—	—	—	81.05	0.75	0.75	0.75	—	—
自耕农 1	1	0.6	5.5	12.25	2	19.75	小出租者	未知	—	—	240.58	—	—	—	—	—
佃农 1	1	0.6	5.5	4.25	—	9.75	—	—	—	—	9.75	1.75	1.75	1.75	—	—
永佃农 1	39	23.2	6.06	0.40	0.27	262.55	—	—	—	—	262.55	37.75	140.2	177.95	73.09	41.07
永佃农 2	79	47	2.33	0.17	0.05	200.94	—	—	—	—	200.94	96.71	232.84	329.55	62.45	18.95
雇农	2	1.19	—	—	—	—	—	—	—	—	—	1.5	1.5	1.5	—	—
少量出租者	8	4.76	1.63	1.4	0.31	26.75	少量出租者	36	21.43	1.30	73.59	6.6	1.2	7.8	—	—
公堂	59	—	—	—	—	40.12	公堂	41	—	2.70	150.69	—	—	—	—	—
总计	191	—	—	—	—	738.23	—	—	—	—	1019.65	141.06	378.24	519.3	135.54	26.10

资料来源：中共绩溪县委：《黄川村土改前各阶层占有使用土地统计表》(1951 年)，《绩溪县第 2 区（旺川区）土改情况统计表》，全宗：《中共绩溪县委会办公室档案》(1951 年)第 20 卷、绩溪县档案馆藏。

表 4.3 民国末年绩溪县玉台村各阶层田地占有及永佃租佃关系

田地单位：亩

成分及组别	在村阶层							外出阶层				在村与外出阶层占有田地合计	在村阶层				
	户数	占村普通户比例%	户均自耕	户均在本村占有并租出本村田地	户均在外村占有并租出本村田地	合计占有		成分	户数	占普通户比例%	户均出租田地		租入在村阶层田地	租入外阶层田地	租入田地合计	永佃田	永佃田占租入田地比例%
地主	11	3.86	11.41	28.712	0.41	445.89		—	—	—	—	445.89	25.325	16.118	41.443	14.5	34.99
自耕农1	1	0.35	3.513	20.9	—	24.413		—	—	—	—	24.413	0.487	—	—	—	—
自耕农2	3	1.05	15.56	1.33	—	50.678		小出租者	26	9.12	12.06	364.258	4.875	5.197	10.072	3.75	37.23
永佃农1	98	34.39	7.66	0.84	0.024	835.306		—	—	—	—	835.306	265.042	249.859	514.901	178.1	34.59
永佃农2	100	35.09	1.97	0.06	0.015	204.487		—	—	—	—	204.487	260.405	231.652	492.057	172.2	35.0
少量出租者	9	3.16	2.26	3.924	1.19	66.331		少量出租者	29	10.18	2.84	148.629	0.65	4.425	5.075	1.77	34.88
雇农	6	2.11	—	—	—	—		—	—	—	—	—	—	—	—	—	—
小手工业	2	0.71	—	—	—	—		—	—	—	—	—	—	—	—	—	—
公堂	37	—	—	—	—	175.493		—	—	—	—	175.493	—	—	—	—	—
公田	—	—	—	—	—	13.451		—	—	—	—	13.451	—	—	—	—	—
路会	—	—	—	—	—	15.42		—	—	—	—	15.42	—	—	—	—	—
总计	267	—	—	—	—	1831.469		—	—	—	—	2227.355	556.784	507.251	1064.04	370.32	34.8

资料来源：中共绩溪县委：《玉台村土改前各阶层占有使用土地统计表》,《绩溪县第 3 区土改情况统计表》, 全宗：《中共绩溪县委员会办公室档案》(1951年)第 21 卷, 绩溪县档案馆藏。

表 4.4　民国末年绩溪县濠洲村各阶层田地占有及永佃租佃关系

田地单位:亩

成分及组别	在村阶层						外出阶层				在村与外出阶层占有田地合计	在村阶层				
	户数	占村普通户比例%	户均自耕	户均在村占有并出租本村田地	户均在村占有并出租外村田地	合计占有	成分	户数	占村普通户比例%	户均出租田地		租入在村阶层田地	租入外阶层田地	租入田地合计	永佃田	永佃田占租入田地比例%
地主	9	2.21	4.36	16.95	9.81	280.005	—	—	—	—	280.005	1.25	—	1.25	—	—
自耕农	1	0.25	8.7	4.01	1.94	14.01	—	—	—	—	14.01	2.57	3.875	7.745	1.3	16.79
永佃农1	90	22.1	3.78	1.03	0.32	461.348	—	—	—	—	461.348	201.125	43.11	270.13	25.9	9.59
永佃农2	238	58.3	1.10	0.206	0.03	317.63	—	—	—	—	317.63	438.779	130.3	648.7	79.56	12.26
永佃农3	27	6.62	2.01	3.68	3.95	260.433	—	—	—	—	260.433	10.618	0.78	14.428	3.03	21
少量出租者	2	0.49	1.06	7.42	1.92	18.69	少量出租者	118	22.43	1.39	182.337	3.5	—	3.5	—	—
工人	1	0.25	—	0.375	—	0.375	—	—	—	—	0.375	—	—	—	—	—
不明户	24	5.88	0.047	2.74	0.63	81.975	—	—	—	—	81.975	0.525	1.275	1.8	—	—
贫民	16	3.92	—	—	—	—	—	—	—	—	—	—	—	—	—	—
公堂	—	—	—	—	—	205.449	—	—	—	—	205.449	—	—	—	—	—
总计	408	—	—	—	—	1642.04	—	—	—	—	1805.727	658.386	179.377	947.553	109.79	11.59

资料来源:中共绩溪县委:《濠洲土改前各阶层占有使用土地统计表》,《绩溪县第4区土改情况统计表》,全宗:《中共绩溪县委员会办公室档案》(1951年),第22卷,绩溪县档案馆藏。

表4.5 民国末年绩溪县梅圩村各阶层田地占有及永佃佃租关系

田地单位：亩

成分及组别	户数	在村阶层					外出阶层				在村与外出阶层占有田地合计	在村阶层				
		占村普通户比例%	户均自耕	户均在本村占有并出租本村田地	户均在本村占有并出租村外田地	合计占有	成分	户数	占村普通户比例%	户均出租田地		租入在村阶层田地	租入外阶层田地	使用田地合计	永佃田	永佃田地占使用田地比例%
地主	2	1.43	8.7	1.4	22.68	65.55	—	—	—	—	65.55	0.9	2.1	20.4	1.3	6.37
佃农1	2	1.43	4.74	4.37	—	18.224	—	—	—	—	18.224	0.24	3.0	12.725	9.365	73.60
佃农2	68	48.6	4.1	0.22	0.03	296.13	—	—	—	—	296.13	39.53	72.58	391.043	199.85	51.10
佃农3	53	37.9	1.98	0.02	0.006	106.26	—	—	—	—	106.26	53.725	48.311	206.88	88.72	42.89
佃农4	2	1.43	1.75	2.6	0.125	8.95	—	—	—	—	8.95	—	0.5	4	3.25	81.25
少量出租者	1	0.71	—	1.25	—	1.25	少量出租者	12	8.57	3.80	46.81	—	—	—	—	—
公堂	12	—	—	—	—	141.13	—	—	—	—	141.13	—	—	—	—	—
合计	140	—	—	—	—	636.414	—	12	—	—	683.047	94.34	126.49	635.05	302.49	47.63

资料来源：中共绩溪县委：《梅圩村土改前各阶层占有使用土地统计表》，《绩溪县第７区土改情况统计表》，全宗：《中共绩溪县委员会办公室档案》(1951年)第24卷,绩溪县档案馆藏。

表 4.6　民国末年绩溪县凤灵村各阶层田地占有及永佃租佃关系

田地单位:亩

成分及组别	在村阶层						外出阶层				在村与外出阶层占有田地合计	在村阶层				
	户数	占村普通户比例%	户均自耕	户均在本村占有并出租本村田地	户均在外村占有并出租本村田地	合计占有	成分	户数	占村普通户比例%	户均出租田地		租入在村阶层田地	租入外出阶层田地	租入田地合计	永佃田	永佃田占租入田地比例%
自耕农1	3	0.51	1.11	11.43	0.715	39.785	—	—	—	—	39.785	5.155	6.1375	11.2925	0.34	3.01
自耕农2	3	0.51	8.43	4.105	0.57	39.3075	—	—	—	—	39.3075	3.8	24.8975	28.6975	11.6975	40.76
永佃农1	68	11.49	4.15	1.652	0.323	416.588	—	—	—	—	416.588	98.3675	270.385	368.7525	61.6145	16.71
永佃农2	241	40.71	1.96	0.389	0.12	594.1303	—	—	—	—	594.1303	264.6625	626.084	890.7465	147.4355	16.55
永佃农3	5	0.85	3.0	7.02	0.46	52.3875	少量出租	256	43.2	3.28	893.129	1.54	9.2725	10.8125	4.2675	39.47
雇农	16	2.70	0.016	—	—	0.25	—	—	—	—	0.25	1.25	15.16	16.41	—	—
公产	30	—	—	198.22	—	198.22	—	—	—	—	—	—	—	—	—	—
总计	366	—	—	—	—	1340.67	—	256	—	—	2181.42	374.775	951.94	1326.71	225.355	16.99

资料来源:中共绩溪县委:《凤灵村土改前各阶层占有土地统计表》(1951年),《绩溪县第1区土改情况统计表》,绩溪县档案馆藏,全宗:《中共绩溪县委员会办公室档案》(1951年)第19卷,绩溪县档案馆藏。

表4.7 民国末年绩溪县黎明村各阶层田地占有及永佃租佃关系

田地单位：亩

成分及组别	在村阶层						外出阶层				在村与外出阶层占有田地合计	在村阶层				
	户数	占村普通户比例%	户均自耕	户均在本村占有并出租本村田地	户均在外村占有并出租外村田地	合计占有	成分	户数	占村普通户比例%	户均出租田地		租入在村阶层田地	租入外阶层出租田地	租入田地合计	永佃田	永佃田占田地租入比例%
自耕农1	2	0.91	7.09	1.74	5.49	28.635	—	—	—	—	28.635	0.6	2.778	3.378	4.75	140.6
自耕农2	1	0.45	11.451	0.9	1.55	13.901	—	—	—	—	13.901	0.948	2.676	3.624	4.866	134.3
永佃农1	50	22.7	3.58	0.19	0.09	193.26	—	—	—	—	193.26	20.835	51.88	72.716	35.135	48.32
永佃农2	70	31.8	1.39	0.05	0.01	101.59	—	—	—	—	101.59	47.48	50.80	98.285	32.929	33.5
永佃农3	5	2.27	4.22	2.25	3.91	51.892	—	—	—	—	51.892	2.892	5.1	7.992	12.74	159.4
永佃农4	15	6.82	1.54	0.10	0.09	25.882	—	—	—	—	25.882	17.86	41.86	59.717	5.028	8.42
永佃农5	7	3.18	2.98	2.53	0.23	40.1452	—	—	—	—	40.1452	4.25	1.2	5.45	3.633	66.66
少量出租者	6	2.73	—	1.28	0.75	8.125	少量出租者	45	20.45	1.88	173.896	—	—	—	—	—
雇农	5	2.27	—	—	—	—	—	—	—	—	—	2.5	4.25	6.75	—	0
工人	10	4.55	1.26	0.33	—	15.884	—	—	—	—	15.884	2.25	2.5	4.75	4.026	84.76
小商贩	6	2.73	1.83	0.74	0.23	16.775	—	—	—	—	16.775	2.01	2.725	4.735	3.07	64.84
公产	—	—	—	—	—	127.138	—	—	—	—	127.138	—	—	—	—	—
总计	175	—	—	—	—	662.4324	—	45	—	—	707.063	101.63	165.8	267.43	106.36	39.77

注：有的永佃田占租入田地的比例超过100%的原因是自耕田地中也包含永佃田。

资料来源：中共绩溪县委：《黎明村土改前各阶层田地占有使用土地统计表》，《绩溪县第5区（伏岭下区）土改情况统计表》，全宗：《中共绩溪县委员会办公室档案》（1951年）第23卷，绩溪县档案馆藏。

村普通户的 89.29%；凤灵有永佃农 314 户，占该村普通户的 53.04%；黎明村有永佃农 147 户，占该村普通户的 66.8%。上述 6 个村永佃租佃主要属于田地不足型永佃租佃。田地不足型永佃租佃是指一部分小土地占有者因土地严重不足转向农业外就业采行永佃制出租其田地而形成的租佃。绩溪 6 村能够形成田地不足型永佃租佃的原因主要有以下几个方面：

第一，农业外就业时，田地严重不足、农户更愿意采行永佃制出租其田地是黄川等 6 村形成田地不足型永佃租佃的首要原因。绩溪 6 村大部分农户只占有小块田地，户均占有田地一般在 10 亩以下，低于江南户均经营至少 10 亩的面积。黄川、玉台、瀛洲、梅圩、凤灵和黎明等村的普通户户均占有田地分别为 3.85 亩、7.12 亩、3.04 亩、3.87 亩、3.35 亩和 2.63 亩；6 个永佃村中，有 5 个村户均占有田地低于 4 亩，户均经营田地面积普遍不足。黄川等村田地占有极度零碎化、户均经营田地严重不足的地权状况极大地制约了农户的经营效益，但是毕竟小块耕地是农民安身立命之本，如若彻底放弃其土地所有权寻求农业外就业，一方面是小块土地所有者利益受损，另一方面也切断了农民生活的退路。永佃制使黄川等村找到了使一部分农户扩大经营规模的同时，另一部分农户既能从事农业外就业又能保障其以往投入收益免除其后顾之忧的土地流转之法。因此，绩溪 6 村一部分田地不足农户纷纷采行永佃制出租其田地成为小土地出租者或少量田地出租者，因为保留田底权既使其以往田地投入得到了回报，又免去了生存后顾之忧。黄川村有外出户 36 户，全部属于少量出租者，占该村普通户的 21.43%；该村外出户共出租田地 267.67 亩，其中小出租者出租 220.83 亩，少量出租者出租 46.84 亩。玉台村有外出户 55 户，其中少量出租者 29 户，占全村普通户的 10.18%，共出租田地 82.298 亩，平均每户出租田地 2.84 亩；小出租者 26 户，占全村普通户的 9.12%，共出租田地 313.58 亩，平均每户出租田地 12.06 亩。瀛洲村有外出户 118 户，全部为少量出租者，占村普通户的 22.43%，共出租田地 163.68 亩，平均每户出租田地 1.39 亩。梅圩村外出户全部属于少量出租者，共有 12 户，共出租田地 45.56 亩，平均每户出租田地 3.80 亩。凤灵村有外出户 256 户，全部为少量出租者，占该村普通户的 43.24%，少量出租者共出租田地 840.74 亩，平均每户出租 3.28 亩。黎明村有外出户 45 户，全部为少量出租者，占全村普通户的 20.45%，少量出租者共出租田地 84.63 亩，平均每户出租 1.88 亩。

第二,绩溪6村户人均占有田地严重不足,村中不存在强势地主或者没有地主,绝大部分出租者属于占有田地不足而从事农业外就业的小出租者和少量出租者,其出租是一种非强势出租,也促成了这些村庄田地不足型永佃租佃的形成。黄川村地主比例很小,只有2户小地主,占全村普通户的1.19%,地主户均占有田地40.53亩。该村普通户共出租田地421.83亩,其中小地主出租田地65.4亩,占普通户出租田地总数的15.5%,自耕农、少量出租者与永佃农出租田地356.43亩,占普通户出租田地总数的84.5%。绝大部分田地出租者属于非强势的自耕农、小出租者、少量出租者。另外,黄川村小地主没有强势地位是其愿意采行永佃制出租其田地的重要原因。黄川村2户小地主户均出租田地32.7亩的同时,也户均佃耕田地0.38亩。

同样的情况也存在于玉台、瀛洲和梅圩村。这3个村的永佃农和地主之间发生租佃关系的比例均很小,绝大部分租佃在自耕农、少量出租者和永佃农阶层之间进行。玉台村普通户共出租田地884.89亩,其中小地主出租田地320.32亩,占普通户出租田地总数的36.2%,自耕农、小出租者、少量出租者和永佃农共出租田地564.56亩,占普通户出租田地总数的63.8%。玉台村地主比例很小,有11户小地主,占全村普通户的3.86%,地主户均占有田地40.54亩;该村小地主属于自己也进行耕作的小地主,户均出租田地29.12亩,户均自耕田地11.41亩,且每户佃耕土地3.77亩。

在瀛洲村,普通户共出租田地894.37亩,其中小地主出租田地240.8亩,占普通户出租田地总数的26.92%,自耕农、少量出租者、永佃农、工人和不明户出租田地653.57亩,占普通户出租田地总数的73.08%。瀛洲村地主比例很小,有9户小地主,占全村普通户的1.71%,户均占有田地31.11亩;该村小地主属于自己也进行耕作的小地主,户均自耕田地4.36亩,且户均佃耕田地0.138亩。

在梅圩村,普通户共出租田地127.747亩,其中小地主出租田地48.19亩,占普通户出租田地总数的37.73%,少量出租者与永佃农出租田地79.55亩,占普通户出租田地总数的62.27%。梅圩村地主比例很小,有2户小地主,占全村普通户的1.43%,地主户均占有田地仅32.78亩。该村小地主属于自己也进行耕作的小地主,户均自耕田地8.7亩,且户均佃耕田地1.5亩。

凤灵和黎明村则属于无地主村,租佃者之间关系完全平等。凤灵村全部租佃关系发生在自耕农、永佃农、少量出租者和雇农之间。该村自耕农、少量出租者和永佃农共出租田地 1128.51 亩,占村出租田地总数的 85.01%。黎明村租佃则在自耕农、少量出租者与永佃农之间进行。

第三,绩溪 6 村的佃农不是传统意义上的处于依附地位的无地佃农,而是属于虽田地不足却也占有一定自耕田地的非弱势佃农,同样也促成了这些村庄田地不足型永佃租佃的形成。绩溪 6 村永佃农和少量出租者之间不存在阶级差别,均为占有田地在 10 亩以下的田地不足农户,其区别仅在于其选择不同:选择永佃制佃耕田地的田地不足农户成为了永佃农,而选择永佃制出租田地从事农业外就业的田地不足农户成为了小土地出租者。黄川村永佃农自己也拥有小块自耕田地。该村共有自耕田地 459.88 亩,占全村田地总数的58.59%;绝大部分自耕田地被永佃农占有,永佃农共占有自耕田地 438.74亩,占全村土地总数的 55.8%。黄川村共有永佃户 118 户,占村经营户的89.4%,其中第 1 组 39 户永佃农户均占有自耕田地 6.06 亩;第 2 组 79 户永佃农户均占有自耕田地 2.33 亩。

玉台、瀛洲、梅圩、凤灵和黎明等村的永佃农情况也是如此。这 5 个村的永佃农也拥有自己的小块耕地,且在佃耕田地的同时,也出租少量土地。玉台村共有永佃户 198 户,占村经营户的 89.19%,户均占有自耕田地 1.45 亩,在户均佃耕田地 5.09 亩的同时,也户均出租田地 0.46 亩。该村第 1 组 98 户永佃农户均占有自耕田地 7.66 亩;第 2 组 100 户永佃农户均占有自耕田地 1.97 亩。

在瀛洲村,共有永佃户 355 户,占村经营户的 96.73%,户均占有自耕田地 2.93 亩,在户均佃耕田地 2.34 亩的同时,也户均出租田地 1.37 亩。该村第 1 组 90 户永佃农户均占有自耕田地 3.78 亩;第 2 组 238 户永佃农户均占有自耕田地 1.1 亩;第 3 组 27 户永佃农户均占有自耕田地 2.01 亩。

在梅圩村,共有永佃户 125 户,占村经营户的 98.4%,其中 123 户永佃农户均占有自耕田地 3.34 亩,在户均佃耕土地 1.745 亩的同时,也户均出租田地 0.196 亩。该村第 1 组 2 户永佃农户均占有自耕田地 4.74 亩;第 2 组 68户永佃农户均占有自耕田地 4.1 亩;第 3 组 53 户永佃农户均占有自耕田地1.98 亩;第 4 组 2 户永佃农户均占有自耕田地 1.75 亩。

在凤灵村,共有永佃户 314 户,占村经营户的 93.45%。该村第 1 组 68 户永佃农户均占有自耕田地 4.15 亩;第 2 组 241 户永佃农户均占有自耕田地

1.96亩;第3组5户永佃农户均占有自耕田地3亩。

在黎明村,共有永佃户147户,占村经营户的89.63%。该村第1组50户永佃农户均占有自耕田地3.58亩;第2组70户永佃农户均占有自耕田地1.39亩;第3组5户永佃农户均占有自耕田地4.22;第4组15户永佃农户均占有自耕田地1.54亩;第5组7户永佃农户均占有自耕田地2.98亩。

第四,永佃制破解了一方面绩溪6村有的农户由于"经营田地严重不足而不能施行规模经营",另一方面有的农户"试图实现农业外就业却有后顾之忧又不愿放弃小块田地"的双重难题,永佃制的这一制度机制更加促进了绩溪6村田地不足型永佃租佃的形成。田地不足型永佃租佃最重要的功能是一方面使一些田地不足农户扩大了经营规模,另一方面又使另一部分田地不足农户找到了既能从事农业外就业、又能获得其应得土地收益的土地流转之法。绩溪6个田地不足村的永佃农都通过永佃制实现了对田地一定程度的整合经营。黄川村第1组39户永佃农户均经营面积达10.62亩;第2组79户永佃农户均经营面积达6.5亩。

在玉台村,第1组98户永佃农户均经营面积达12.91亩;第2组100户永佃农户均经营面积达7.58亩。

在瀛洲村,第1组90户永佃农户均经营面积达6.78亩;第2组238户永佃农户均经营面积达3.82亩。

在梅圩村,第1组2户永佃农户均经营面积达11.74亩;第2组68户永佃农户均经营面积达7.73亩;第3组53户永佃农户均经营面积达5.88亩。

在凤灵村,第1组68户永佃农户均经营田地达9.57亩;第2组241户永佃农户均经营田地为5.66亩;第3组5户永佃农户均经营田地为6.6亩。

在黎明村,第1组50户永佃农户均经营面积达5.03亩;第2组70户永佃农户均经营面积达2.79亩;第3组5户永佃农户均经营面积达5.82亩;第4组15户永佃农户均经营面积达5.52亩。

通过整合经营,绩溪6村永佃农经营面积虽然还不是很大,但是和其户均占有面积相比,增加也是显著的,大部分永佃户超过或接近了江南户均10亩的经营面积。

总之,农业外就业时,绩溪6村田地严重不足农户更愿意采行永佃制出租其田地是黄川等6村形成田地不足型永佃租佃的首要原因。绩溪6村户均占有田地严重不足,村中不存在强势地主或者没有地主,绝大部分出租者属于占有田地不足而从事农业外就业的小出租者和少量出租者,其出租是一种非强势出租,也促成了这些村庄田地不足型永佃租佃的形成。绩溪6村的佃农不是传统意义上的处于依附地位的无地佃农,而是属于虽田地不足却也占有一定自耕田地的非弱势佃农,同样也促成了这些村庄田地不足型永佃租佃的形成。更为重要的是,永佃制解决了一方面绩溪6村有的农户由于"经营田地严重不足而不能施行规模经营";另一方面有的农户"试图实现农业外就业却有后顾之忧又不愿放弃小块田地"的双重难题。

(二)族田型永佃租佃

沙堤①、大中村②

沙堤、大中村分别属于祁门县第6、7区,是笔者从祁门县第6、7区2个有永佃区的51个村中、每个区各选1个村落的2个代表性永佃村落。沙堤村位于祁门县西北群山环绕的古溪河谷;大中村位于祁门县东部阊江上游支流柏溪河谷。以上两村各阶层田地占有及永佃租佃关系,见表4.8和表4.9。

沙堤、大中村主要属于族田型永佃租佃。族田型永佃租佃是指公堂采行永佃制出租其田地而形成的租佃。沙堤、大中村能够形成族田型永佃租佃的原因主要有以下两个方面:

第一,尽管沙堤、大中村祠堂数量众多,其族田在村庄中占主体地位,但单个公堂占有田地并不多,所以公堂势力不会对主佃建立平等关系产生障碍,这是这两个村庄能够形成族田型永佃租佃的首要原因。沙堤、大中村内祠堂数量众多,村中族田比例也高。沙堤村共有406户,其中普通户191户,公堂户215户,公堂户占村总户数的52.96%。该村共有田地1764.73亩,其中族田1168.96亩,占全村总田地的66.24%。大中村共有340户,其中普通户252户,公堂户88户,公堂户占村总户数的25.9%。

---

① 祁门县土改办:《祁门县第6区沙堤村土改前各阶层占有使用土地统计表》(1951年4月),全宗:《祁门县土改办》第6卷,祁门县档案馆藏。

② 农会主席许在竹:《祁门县第7区大中村土改前各阶层占有使用土地统计表》(1951年4月),全宗:《祁门县土改办》第7卷,祁门县档案馆藏。

表4.8 民国末年祁门县沙堤村各阶层田地占有及永佃租佃关系

田地单位：亩

项目 阶层	成分及组别	户数	占村户数比例%	田地占有								田底出租		田面租入			
				户均自耕	户均在本村占有并出租本村	户均在外村占有并出租外村	户均经营面积	自耕	在本村占有并出租本村	在外村占有并出租外村	合计占有	各阶层田底占有	各阶层田底占有比例%	各阶层田地入田地	永佃田	永佃田占租入田地比例%	各阶层占有永佃田比例%
在村	自耕农1	2	0.49	6.29	14.245	1.55	9.92	12.5775	28.491	3.1	44.1695	28.491	2.37	7.2595	7.2595	100	0.61
	自耕农2	2	0.49	8.07	6.69	3.23	19.35	16.149	13.386	6.45	35.995	13.386	1.12	22.563	22.563	100	1.88
	永佃农1	70	17.24	3.78	0.85	0.07	14.36	264.665	59.7928	4.901	329.359	59.7928	4.98	740.607	740.607	100	61.73
	永佃农2	75	18.47	1.15	0.23	0.02	6.86	86.5968	17.2125	1.405	105.214	17.2725	1.44	428.031	428.031	100	35.68
	雇农	1	0.25	0.016							0.016						0
	手工业者	3	0.74		2.13									1.32	1.32	100	0.11
	公堂	215	52.96	52.96					999.87	169.09	1168.96	999.873	83.33				
不在村	少量出租者	38	9.36						81.0257		81.0257	81.0257	6.75				
	总计	406	100					308.004	1199.78	184.946	1764.73	1199.78	100	1199.78	1199.78	100	100

资料来源：祁门县土改办:《祁门县第6区沙堤村土改前各阶层占有使用土地统计表》,全宗:《祁门县土改办》(1951年)第6卷,祁门县档案馆藏。

表4.9　民国末年祁门县大中村各阶层田地占有及永佃租佃关系

田地单位：亩

项目／阶层 成分及组别	户数	占村户数比例%	田地占有								田底出租				田面租入		
			户均自耕	户均在本村占有并出租本村	户均在外村占有并出租外村	户均经营面积	自耕	在本村占有并出租本村	在外村占有并出租外村	合计占有	各阶层田底占有	各阶层田底占有比例%	各阶层租入田地	各阶层租入田地比例%	永佃田	永佃田占租入田地比例%	各阶层占有永佃田比例%
在村　地主	11	3.24	1.62	22.20	32.28	2.65	17.86	244.289	355.106	617.255	244.189	25.3	11.34	11.34	11.34	100	1.176
在村　自耕农1	2	0.59	4.03	12.8	1.25	9.95	8.06	25.6	2.5	36.16	25.6	2.66	11.84	11.84	11.84	100	1.228
在村　自耕农2	2	0.59	8.1	5.96	4.14	9.5	16.2	11.92	8.275	36.395	11.92	1.24	2.8	2.8	2.8	100	0.29
在村　永佃农1	66	19.4	2.97	1.415	0.594		195.795	93.364	39.183	328.343	93.365	9.68	565.332	565.332	565.332	100	58.63
在村　永佃农2	94	27.6	0.896	0.29	0.06	4.847	84.266	27.106	6.07	113.442	23.106	2.4	371.395	371.395	371.395	100	38.52
在村　雇农	4	1.18	—	—	—	—	—	—	—	—	—	—	—	—	—	—	—
在村　少量出租者	8	2.35	—	—	—	—	7.88	46.197	22.64	76.717	46.197	4.79	1.47	1.47	1.47	100	0.15
在村　公堂	88	25.9	—	1.75	—	—	—	339.607	166.684	572.79	406.107	42.1	—	—	—	—	—
不住村　少量出租者	65	19.1	—	—	—	—	—	113.693	—	113.693	113.693	11.8	—	—	—	—	—
总计	340	100	—	—	—	—	330.061	964.277	600.458	1894.796	964.177	100	964.177	100	964.177	100	100

资料来源：农会主席许任任作：《祁门县第7区大中村土改前各阶层占有使用土地统计表》，全宗：《祁门县土改力》（1951年）第7卷，祁门县档案馆藏。

由于单个公堂力量弱小,为了租额的足额征收,公堂一般采行永佃制出租其田地。沙堤村公堂族田全部采行永佃制出租,在本村共出租田底田 999.87 亩(有 169.08 亩公堂土地出租外村),占该村永佃田的 83.3%,平均每个公堂出租田底田 5.44 亩。大中村公堂在本村和外村共占有族田 572.79 亩,也全部采行永佃制出租,平均每个公堂出租田底田 6.51 亩。

第二,佃耕公堂田地的永佃农非传统意义上对公堂有依附关系的佃农,也是沙堤、大中村能够形成族田型永佃租佃的重要原因。沙堤、大中村永佃农也拥有自己的小块耕地,且在佃耕田地的同时,也出租少量田地。沙堤村共有永佃农 145 户,占在村普通户总数的 94.7%。沙堤村第 1 组 70 户永佃农户均占有田地 4.7 亩,在户均佃耕田底田 10.58 亩的同时,也户均出租田底田 0.92 亩,户均经营面积 14.36 亩;第 2 组 75 户永佃农户均占有田地 1.4 亩,在户均佃耕田底田 5.71 亩,也户均出租田底田 0.25 亩,户均经营面积 6.86 亩。大中村第 1 组 66 户永佃农户均占有田地 4.97 亩,在户均佃耕田底田 8.57 亩的同时,也户均出租田底田 2.01 亩,户均经营面积 11.54 亩;第 2 组 94 户永佃农户均占有田地 1.21 亩,在户均佃耕田底田 3.95 亩的同时,也户均出租田底田 0.32 亩,户均经营面积 4.85 亩。

由于以上两个方面的原因,沙堤、大中村形成了以族田型永佃租佃为主的租佃。沙堤、大中村这样典型性族田型永佃租佃村落,主要分布于族田比例较高的祁门县,在族田比例不高的皖南其他县并不多见。虽然族田在大多数皖南村庄中的田地中不占主体地位,但皖南族田的地域分布却很广泛,绩溪田地不足型永佃租佃村庄,如黄川、玉台、瀛洲和梅圩村的族田分别占其所在村田地总数的 19.19%、7.61%、11.38% 和 20.62%,当涂城居型永佃租佃村庄如莲云、港东、大村、三台、佳山、杨桥、金钟、冯里和尚徐村族田分别占其所在村田地总数的 8.01%、7.81%、4.46%、3.37%、4.13%、4.09%、3.98%、5.23% 和 8.50%。以田地不足型永佃租佃为主要类型的村庄及以城居型永佃租佃为主要类型的村庄一般也有一定比例的族田采行永佃制出租,这样族田永佃租佃就成为这些村庄第二位的永佃租佃类型。

二、当涂县村庄永佃制实况

关于皖南当涂县的永佃租佃,从当涂县第2、第3、第4、第5、第2、第13、第14区中选取15个代表性永佃村庄进行考察。当涂县永佃租佃包括土地不足型永佃租佃、城居型永佃租佃、公产型永佃租佃和族田型永佃租佃四个类型。当涂县的大部分永佃村的租佃属于城居型永佃租佃,主要以当涂县的莲云、港东、郭厂、大村、三台、佳山、杨桥、金钟、冯里、泰兴、新锦、尚徐和金马村为代表。城居型永佃租佃形成的城居阶层主要是地主,但也有小出租者城居后形成的永佃租佃,其以当涂县的金桥村为代表。当涂县以城居型永佃租佃为主要租佃类型的村庄一般也有一定比例的族田采行永佃制出租,这样族田型永佃租佃就成为这些村庄占据第二位的租佃类型。此外,当涂县有一些村庄的租佃属于公产型永佃租佃,这类租佃以当涂县彭兴村为代表。完全公产型永佃村不多,但是公产型永佃租佃作为第二位租佃类型的村庄在皖南却很普遍。

(一)城居型永佃租佃

1. 莲云①、港东②、郭厂③、大村④、三台⑤、佳山⑥、杨桥⑦、冯里⑧、泰兴⑨、

---

① 《当涂县第2区莲云村土改前各阶层占有使用土地统计表》,全宗 W017:《当涂土改办》第 50 卷,当涂县档案馆藏。

② 《当涂县第3区港东村土改前各阶层占有使用土地统计表》,全宗 W017:《当涂土改办》第 51 卷,当涂县档案馆藏。

③ 《当涂县第4区郭厂村土改前各阶层占有使用土地统计表》,全宗 W017:《当涂土改办》第 52 卷,当涂县档案馆藏。

④ 《当涂县第5区大村土改前各阶层占有使用土地统计表》,全宗 W017:《当涂土改办》第53 卷,当涂县档案馆藏。

⑤ 《当涂县第13区三台村土改前各阶层占有使用土地统计表》,全宗 W017:《当涂土改办》第61 卷,当涂县档案馆藏。

⑥ 《当涂县第13区佳山村土改前各阶层占有使用土地统计表》,全宗 W017:《当涂土改办》第61 卷,当涂县档案馆藏。

⑦ 《当涂县第13区杨桥村土改前各阶层占有使用土地统计表》,全宗 W017:《当涂土改办》第61 卷,当涂县档案馆藏。

⑧ 《当涂县第13区冯里村土改前各阶层占有使用土地统计表》,全宗 W017:《当涂土改办》第61 卷,当涂县档案馆藏。

⑨ 《当涂县第14区泰兴村土改前各阶层占有使用土地统计表》,全宗 W017:《当涂土改办》第62 卷,当涂县档案馆藏。

新锦①、尚徐②、金马村③

    莲云、港东、郭厂、大村等村分别属当涂县第 2、3、4、5 区；三台、佳山、杨桥、冯里等村属当涂县第 13 区；冯里、泰兴、尚徐、金马等村属当涂第 14 区。上述 12 个村是笔者从当涂县 6 个有永佃区的 161 个村中选取的具有代表性的永佃村落（以下简称当涂 12 村，这 12 个村各阶层田地占有及永佃租佃关系，见表 4.10、表 4.11、表 4.12、表 4.13、表 4.14、表 4.15、表 4.16、表 4.17、表 4.18、表 4.19、表 4.20 和表 4.21）。莲云村位于姑溪河下游平原地带，交通便利；港东村位于当涂县西南扁担河东岸；郭厂村位于当涂县南部，青山河东岸平原；大村位于当涂县南部青山河北岸平原；三台、佳山、杨桥、金钟、冯里、泰兴和新锦等村均位于当涂西北部长江沿岸平原；尚徐村和金马村在当涂西县部江心岛上。

    当涂 12 村永佃租佃主要属于城居型永佃租佃。城居型永佃租佃是指从事工商业或农业外就业的地主或小出租者城居后采行永佃制出租其田地而形成的租佃。当涂 12 村能够形成城居型永佃租佃的原因主要有以下几个方面：

    第一，当涂 12 村形成了城居地主（或小出租者）在城，佃耕者在村的居住格局，这就为城居型永佃租佃的形成创造了条件。当涂 12 村所处皖南沿江平原工商业发达，这些村的地主或小出租者阶层大都城居化；相应地，永佃农成为在村主体阶层。莲云村共有地主 63 户，占全村普通户的 25%，绝大部分地主属于城居地主，有 58 户，占地主总户数的 92.06%；永佃农 169 户，占全村普通户的 67.06%，是该村户数最多的阶层。港东村共有地主 30 户，占全村普通户的 8.29%，其中城居地主 24 户，占地主总户数的 80%；永佃农 301 户，占全村普通户的 83.15%，是该村户数最多的阶层。郭厂村共有地主 50 户，占全村总户数的 8.82%，其中城居地主 30 户，占地主总户数的 60%；永佃农 517 户，占全村总户数的 91.18%，是该村户数最多的阶层。大村共有地主 60 户，

---

① 《当涂县第 14 区新锦村土改前各阶层占有使用土地统计表》，全宗 W017：《当涂土改办》第 62 卷，当涂县档案馆藏。

② 《当涂县第 14 区尚徐村土改前各阶层占有使用土地统计表》，全宗 W017：《当涂土改办》第 62 卷，当涂县档案馆藏。

③ 《当涂县第 14 区金马村土改前各阶层占有使用土地统计表》，全宗 W017：《当涂土改办》第 62 卷，当涂县档案馆藏。

表 4.10　民国末年当涂县莲云村各阶层田地占有及永佃租佃关系

田地单位:亩

阶层	成分及组别	户数	占村户数比例%	户均自耕本村	户均在本村占有并出租本村	户均在外村占有并出租外村	户均经营面积	自耕	在本村占有并出租本村	在外村占有并出租外村	合计占有	各阶层田底占有	各阶层田底占有比例%	各阶层租入田地	永佃田	永佃田占租入田地比例%	各阶层占有永佃田比例%
												田底出租			**田面租入**		
在村	地主	5	1.90	11.2	10.5	12.4	24.4	56	52.5	62	170.5	52.5	2.42	66	66	100	3.04
	小出租者	1	0.38	—	—	24	—	—	—	24	24	—	—	—	—	—	—
	佃农1	67	25.48	1.91	0.49	10.45	20.59	128	32.5	7	167.5	32.5	1.50	1212	1212	100	55.74
	佃农2	102	38.78	0.07	0.02	—	8.83	7	2	—	9	2	0.09	893.2	893.2	100	41.08
	雇农	12	4.56	—	—	—	—	—	—	—	—	—	0	3	3	100	0.14
公堂		11	4.18	—	—	—	—	—	197	—	—	197	9.06	—	—	—	—
不在村	城居地主	58	22.05	—	—	—	—	—	1782.5	—	—	1782.5	81.98	—	—	—	—
	小出租者	7	2.66	—	—	—	—	—	107.7	—	—	107.7	4.95	—	—	—	—
总计		263	100	—	—	—	—	191	—	2174.2	2458.2	2174.2	100	2174.2	2174.2	100	100

资料来源:《当涂县第 2 区莲云村土改前各阶层占有使用土地统计表》,全宗 W017:《当涂土改办》第 50 卷,当涂县档案馆藏。

表4.11　民国末年当涂县港东村各阶层田地占有及永佃佃佃关系

田地单位：亩

项目 阶层	成分及组别	户数	占村户数比例%	户均自耕	户均在本村占有并出租本村	户均在外村占有并出租外村	户均经营面积	自耕	在本村占有并出租本村	在外村占有并出租外村	合计占有	各阶层占有田底	各阶层田底占有比例%	各阶层租入田地	永佃田	永佃田占租入田地比例%	各阶层占有永佃田比例%
在村	地主	6	1.57	13.58	13.72	8.17	18.05	81.5	82.3	49	212.8	82.3	3.13	26.8	26.8	100	1.02
	自耕农1	7	1.83	26.37	10.46	—	29.44	111.4	73.2	—	184.6	73.2	2.78	21.5	21.5	100	0.82
	自耕农2	4	1.05	12.9	8.63	—	19.15	51.6	34.5	—	86.1	34.5	1.31	25	25	100	0.95
	永佃农1	187	49	1.37	0.11	—	11.68	257.2	21	—	278.2	21	0.8	1928.1	1928.1	100	73.24
	永佃农2	96	25.1	0.48	—	—	5.31	46.5	—	—	46.5	—	0	463.2	463.2	100	17.60
	永佃农3	18	4.71	0.22	0.67	—	9.38	4	12	—	16	12	0.46	164.8	164.8	100	6.26
	雇农	7	1.83	—	—	—	—	—	—	—	—	—	0	3	3	100	0.11
公田	公学田	2	0.52	—	—	—	—	—	133	—	133	133	5.05	—	—	—	—
	公堂田	18	4.71	—	—	—	—	—	252.6	—	252.6	252.6	9.6	—	—	—	—
不在村	城居地主	24	6.28	—	—	—	—	—	1799.02	—	1799.02	1799.02	68.3	—	—	—	—
	小出租者	12	3.14	—	—	—	—	—	209.5	—	209.5	209.5	7.96	—	—	—	—
	少量出租者	1	0.26	—	—	—	—	—	6.1	—	6.1	6.1	0.23	—	—	—	—
总计		382	100	—	—	—	—	552.2	2632.4	49	3233.6	2632.4	100	2632.4	2632.4	100	100

资料来源：《当涂县第3区港东村土改前各阶层占有使用土地统计表》，全宗W017：《当涂土改办》第51卷，当涂县档案馆藏。

表 4.12　民国末年当涂县郭厂村各阶层田地占有及永佃租佃关系

田地单位:亩

项目／阶层	成分及组别	户数	占村户数比例%	田地占有								田底出租			田面租入		
				户均自耕	户均在本村占有并出租本村	户均在外村占有并出租外村	户均经营面积	自耕	在本村占有并出租本村	在外村占有并出租外村	合计占有	各阶层田底占有	各阶层田底占有比例%	各阶层租入田地	永佃田	永佃田占租入田地比例%	各阶层占有永佃田比例%
在村	地主	20	3.53	10.71	24.49	11.57	29.53	214.2	489.7	231.4	935.3	489.7	7.08	356.3	356.3	100	5.15
	永佃农 1	2	0.35	—	—	—	37.55	—	—	—	—	—	—	75.1	75.1	100	1.09
	永佃农 2	4	0.71	—	—	—	35.13	—	—	—	—	—	—	140.5	140.5	100	2.03
	永佃农 3	185	32.6	2.23	0.256	—	19.18	413.3	47.5	—	460.8	47.5	0.69	3135.73	3135.73	100	45.3
	永佃农 4	296	52.2	0.233	—	—	10.76	68.9	—	—	68.9	—	—	3114.95	3114.95	100	45
	永佃农 5	30	5.29	0.48	0.6	—	3.73	14.5	18	—	32.5	18	0.26	97.3	97.3	100	1.41
外出	城居地主	30	5.29	—	—	—	—	—	6364.68	—	6364.68	6364.68	91.97	—	—	—	—
总计		567	100	—	—	—	14.21	710.9	6919.88	231.4	7862.18	6919.88	100	6919.88	6919.88	100	100

资料来源:《当涂县第 4 区郭厂村土改前各阶层占有(使用)土地统计表》,全宗 W017:《当涂土改办》第 52 卷,当涂县档案馆藏。

表4.13　民国末年当涂县大村各阶层田地占有及永佃租佃关系

田地单位：亩

项目／阶层	成分及组别	户数	占村户数比例%	田地占有 户均自耕	户均在本村占有并出租本村	户均在外村占有并出租外村	户均经营面积	自耕	在本村占有并出租本村	在外村占有并出租外村	合计占有	田底出租 各阶层田底占有	各阶层田底占有比例%	各阶层田入田地	田面租入 永佃田	永佃田占田地租入田地比例%	各阶层占有永佃田比例%
在村	地主1	4	1.59	20.25	44.25	—	21.13	81	177	—	258	177	8.06	3.5	3.5	100	0.16
在村	地主2	1	0.4	13.5	—	41	22.5	13.5	—	41	54.5	—	0	9	9	100	0.40
在村	地主3	7	2.79	25.71	6.5	—	25.71	180	45.5	—	225.5	45.5	2.07	—	—	—	0
在村	永佃农1	74	29.5	7.22	0.54	14.86	22.76	534	40	11	585	40	1.82	1149.9	1149.9	100	52.38
在村	永佃农2	72	28.7	0.60	—	—	14.57	43.5	—	—	43.5	—	—	1006	1006	100	45.82
在村	永佃农3	4	1.59	2	—	—	8.75	8	—	—	8	—	—	27	27	100	1.23
在村	小出租者	2	0.8	—	10.75	—	—	—	21.5	—	21.5	21.5	0.98	—	—	—	—
在村	小手工业	3	1.2	—	—	—	—	—	—	—	—	—	—	—	—	—	—
在村	自由职业	15	5.98	—	—	—	—	—	—	—	—	—	—	—	—	—	—
在村	游民	2	0.8	—	—	—	—	—	—	—	—	—	—	—	—	—	—
公堂	公堂	11	4.38	—	—	—	—	—	138.5	—	138.5	138.5	6.309	—	—	—	—
不在村	城居地主	48	19.1	—	—	—	—	—	—	—	1667.4	1667.4	75.95	—	—	—	—
不在村	小出租者	8	3.19	—	—	—	—	—	—	—	105.5	105.5	4.81	—	—	—	—
总计		251	100	—	—	—	—	860	316.5	52	3107.4	2195.4	100	2195.4	2195.4	100	100

资料来源：《当涂县第5区大村土改前各阶层占有使用土地统计表》，全宗 W017：《当涂土改办》第53卷，当涂县档案馆藏。

田地单位：亩

表 4.14　民国末年当涂县三合村各阶层田地占有及永佃租佃关系

项目/阶层	成分及组别	户数	占村户数比例%	田地占有								田底出租		田面租入			
				户均自耕	户均在本村占有并出租本村	户均在外村占有并出租外村	户均经营面积	自耕	在本村占有并出租本村	在外村占有并出租外村	合计占有	各阶层田底占有	各阶层田底占有比例%	各阶层租入田地	永佃田	永佃田租入田地比例%	各阶层占有永佃田比例%
在村	地主1	1	0.29	24.5	48	—	24.5	24.5	48	—	72.5	48	—	—	—	—	—
	自耕农	5	1.44	17.39	2.5	—	17.53	86.94	12.5	—	99.44	12.5	—	0.7	0.7	100	0.04
	永佃农1	1	0.29	1	—	—	8	—	—	—	—	—	—	8	8	100	0.43
	永佃农2	142	40.9	2.69	0.296	—	11.11	381.9	42	—	423.7	42	—	1195.1	1195.1	100	63.9
	永佃农3	147	42.4	0.31	0.014	—	4.84	45.5	2	—	47.5	2	—	666.4	666.11	100	35.63
	雇农	11	3.17	—	—	—	—	—	—	—	—	—	—	—	—	—	—
公田	公堂	11	3.17	—	—	—	—	—	89.9	—	89.9	89.9	—	—	—	—	—
	采小	1	0.29	—	—	—	—	—	24.5	—	24.5	24.5	—	—	—	—	—
不在村	城居地主	24	6.92	—	66.38	—	—	—	1593	—	1593	1593	—	—	—	—	—
	小出租者	4	1.15	—	14.575	—	—	—	58.3	—	58.3	58.3	—	—	—	—	—
总计		347	100	—	—	—	—	538.64	1870.2	—	2408.84	1870.2	—	1870.2	1870.2	100	100

资料来源：《当涂县第 13 区三合村土改前各阶层占有使用土地统计表》，全宗 W017：《当涂土改办》第 61 卷，当涂县档案馆藏。

表4.15 民国末年当涂县佳山村各阶层田地占有及永佃租佃关系

田地单位：亩

| | 在村阶层 | | | | | | 外出阶层 | | | | | | | | 在村阶层 | |
成分及组别	户数	占村普通户比例%	户均自耕	户均在本村占有并出租本村田地	户均在外村占有并出租外村田地	合计占有	成分	户数	占村普通户比例%	户均出租田地	在村与外出阶层占有田地合计	租入在村阶层田地	租入外出阶层田地	租入田地合计	永佃田	永佃田占田租入比例%
地主1	7	2.16	9.4	43.44	20.81	515.6	城居地主	30	9.2	43.39	1997.2	—	1024.05	11	11	100
地主2	2	0.62	24.25	5.5	9	77.5	—	—	—	—	77.5	—	618.45	2	2	100
永佃农1	115	35.49	2.78	0.31	—	319.6	—	—	—	—	319.6	238.6	1024.05	1262.65	1123	88.94
永佃农2	169	52.16	0.288	—	—	48.7	少量出租者	未知	—	—	81.7	225.6	618.45	844.05	780	92.41
雇农	1	0.31	—	—	—	—	—	—	—	—	—	—	3.5	3.5	—	—
公田	未知	—	—	—	—	144.4	—	—	—	—	144.4	—	—	—	—	—
公堂	未知	—	—	—	—	112.9	—	—	—	—	112.9	—	—	—	—	—
总计	294	—	—	—	—	1218.7	—	—	—	—	2733.3	464.2	1659	2123.2	1916	90.24

资料来源：《当涂县第13区佳山村土改前各阶层占有使用土地统计表》，全宗 W017：《当涂土改办》第61卷，当涂县档案馆藏。

表4.16 民国末年当涂县杨桥村各阶层田地占有及永佃租佃关系

田地单位:亩

| 在村阶层 | | | | | | | 外出阶层 | | | | | 在村阶层 | | | | |
成分及组别	户数	占村普通户比例%	户均自耕	户均在本村占有并出租本村田地	户均在外村占有并出租本村田地	合计占有	成分	户数	占村普通户比例%	户均出租田地	在村与外出阶层占有田地合计	租入在村阶层田地	租入外阶层田地	租入田地合计	永佃田	永佃田占租入田地比例%
地主1	13	3.34	13.14	3.46	17.52	1870.7	城居地主	36	9.25	37.81	3232.2	7	70.2	77.2	54	69.95
自耕农	5	1.29	16.46	1.04	2.8	101.5	—	—	—	—	101.5	2	53.5	55.5	41.6	74.95
永佃农1	115	29.56	6.27	0.22	0.13	760.9	—	—	—	—	760.9	301.2	964	1265.2	1130	89.31
永佃农2	181	46.53	1.14	0.006	0.01	208.7	—	—	—	—	208.7	172.3	787	959.3	795	82.87
永佃农3	23	5.913	0.33	0.13	—	10.5	—	—	—	—	10.5	10.5	50.2	60.7	40.7	67.05
少量出租者	2	0.52	3	4.25	—	14.5	少量出租者	13	3.34	6.73	102	—	—	—	—	—
游民	1	0.26	4.5	—	—	4.5	—	—	—	—	4.5	—	—	—	—	—
公堂	23	—	—	—	—	207.3	—	—	—	—	207.3	—	—	—	—	—
公田	1	—	—	—	—	436.2	—	—	—	—	436.2	—	—	—	—	—
闸田	1	—	—	—	—	2	—	—	—	—	2	—	—	—	—	—
总计	365	—	—	—	—	3616.8	—	—	—	—	5065.8	493	1924.9	2417.9	2061.3	85.25

资料来源:《当涂县第13区杨桥村土改前各阶层占有使用土地统计表》,全宗W017:《当涂土改办》第61卷,当涂县档案馆藏。

田地单位：亩

表4.17 民国末年当涂县冯里村各阶层田地占有及永佃租佃关系

成分及组别	在村阶层						外出阶层				在村与外出阶层合有田地合计	在村阶层				
	户数	占村普通户比例%	户均自耕	户均在本村占有并出租本村田地	户均在外村占有并出租外村田地	合计占有	成分	户数	占村普通户比例%	户均出租田地		租入在村阶层田地	租入外出阶层田地	租入田地合计	永佃田	永佃田占租入田地比例%
地主1	3	0.9	22.67	19.13	73.5	345.9	城居地主	36	10.75	38.78	1741.9	—	28	28	28	100
地主2	6	1.79	24.83	11.55	3	236.3	少量出租者	5	1.49	6.36	268.1	—	—	—	—	—
永佃农1	120	35.8	7.73	87.42	0.089	1043.5	—	—	—	—	1043.5	151.6	840.6	992.2	766.2	77.22
永佃农2	131	39.1	1.2	0.01	0.015	160.9	—	—	—	—	160.9	229.4	596.7	826.1	586.8	71.03
永佃农3	32	9.55	0.247	—	—	7.9	—	—	—	—	7.9	8.6	—	8.6	6	69.77
小出租者	1	0.3	—	11	—	11	—	—	—	—	11	—	—	—	—	—
小贩	1	0.3	—	—	—	—	—	—	—	—	—	—	—	—	—	—
公堂	18	5.37	—	—	—	96	—	—	—	—	95.5	—	—	—	—	—
公田	1	0.3	—	—	—	4.5	—	—	—	—	4.5	—	—	—	—	—
庙田	1	0.3	—	—	—	82.5	—	—	—	—	82.5	—	—	—	—	—
总计	314	93.7	—	—	—	1988.5		41	—	—	3416.3	389.6	1465.3	1854.9	1387	74.77

资料来源：《当涂县第13区冯里村土改前各阶层占有使用土地统计表》全宗W017；《当涂土改办》第61卷，当涂县档案馆藏。

表4.18　民国末年当涂县泰兴村各阶层田地占有及永佃租佃关系

田地单位：亩

阶层	成分及组别	户数	占村户数比例%	田地占有								田底出租		各阶层租入田地	田面租入		
				户均自耕	户均在本村占有并出租本村	户均在外村占有并出租外村	户均经营面积	自耕	在本村占有并出租本村	在外村占有并出租外村	合计占有	各阶层田底占有	各阶层田底占有比例%		永佃田	永佃田占租入田地比例%	各阶层占有永佃田比例%
在村	永佃农1	1	0.32	—	—	—	68	—	—	—	—	—	—	68	68	100	1.97
	永佃农2	4	1.28	—	—	—	23.31	—	—	—	—	—	—	93.24	93.24	100	2.7
	永佃农3	75	24	—	—	—	15.74	—	—	—	—	—	—	1180.79	1180.79	100	34.2
	永佃农4	224	71.8	—	—	—	9.36	—	—	—	—	—	—	2097.48	2097.48	100	60.75
	永佃农5	3	0.96	—	—	—	4.43	—	—	—	—	—	—	13.3	13.3	100	0.39
不在村	城居地主	5	1.6	—	690.562	—	—	—	3452.81	—	3452.81	3452.81	100	—	—	—	—
总计		312	100	—	690.562	—	—	—	3452.81	—	3452.81	3452.81	100	3452.81	3452.81	100	100

资料来源：《当涂县第14区泰兴村土改前各阶层占有使用土地统计表》，全宗W017：《当涂土改办》第62卷，当涂县档案馆藏。

表4.19 民国末年当涂县新锦村各阶层田地占有及永佃租佃关系

田地单位：亩

项目\阶层	成分及组别	户数	占村户数比例%	田地占有								田底出租		各阶层租入田地	田面租入		
				户均自耕本村	户均在本村占有并出租本村	户均在外村占有并出租外村	户均经营面积	自耕	在本村占有并出租本村	在外村占有并出租外村	合计占有	各阶层田底占有	各阶层田底占有比例%		永佃田	永佃田占租入田地比例%	各阶层占有永佃田比例%
在村	地主1	5	1.49	39.34	69.34	7.98	41.02	196.7	346.7	39.9	583.3	346.7	9.35	8.4	8.4	100	0.23
	地主2	5	1.49	22.14	—	10.6	50.49	110.7	—	53	163.7	—	0	219.7	219.7	100	5.92
	永佃农1	114	33.93	7.99	0.12	86.4	27.49	911.25	13.5	98.5	1023.25	13.5	0.364	2224.05	2224.05	100	59.96
	永佃农2	134	39.88	1.57	—	—	10.34	210.9	—	—	210.9	—	0	1174.85	1174.85	100	31.67
	永佃农3	59	17.56	0.14	—	—	1.54	8.4	—	—	8.4	—	0	82.4	82.4	100	2.22
不在村	城居地主	19	5.66	—	176.27	—	—	—	3349.2	—	3349.2	3349.2	90.29	—	—	—	—
总计		336	100	—	—	—	—	1437.95	3709.4	191.4	5338.75	3709.4	100	3709.4	3709.4	100	100

资料来源：《当涂县第14区新锦村土改前各阶层占有使用土地统计表》，全宗W017；《当涂土改办》第62卷，当涂县档案馆藏。

表4.20　民国末年当涂县尚徐村各阶层田地占有及永佃租佃关系

田地单位：亩

阶层	成分及组别	户数	占村户数比例%	田地占有 户均自耕	田地占有 户均在本村占有并出租本村	田地占有 户均在外村占有并出租外村	田地占有 户均经营面积	田地占有 自耕	田地占有 在本村占有并出租本村	田地占有 在外村占有并出租外村	田地占有 合计占有	田底出租 各阶层田底占有	田底出租 各阶层田底占有比例%	田底出租 各阶层租入田地	永佃田	田面租入 永佃田占各阶层租入田地比例%	田面租入 各阶层占有永佃田比例%
任村	地主1	2	0.65	28.75	309.7	23.33	28.75	57.5	619.4	46.65	723.55	619.4	19.05	—	—	—	—
任村	地主2	4	1.30	22.381	8.5	—	22.381	89.524	34	—	123.524	34	1.05	—	—	—	—
任村	永佃农1	100	32.47	6.31	0.07	—	30.75	630.87	6.7	—	637.57	6.7	0.21	1812.65	1812.65	100	55.74
任村	永佃农2	145	47.08	1.55	—	—	13	224.45	—	—	224.45	—	—	1435.43	1435.43	100	44.14
任村	雇农	30	9.74	0.023	—	—	0.023	0.7	—	—	0.7	—	—	4	4	100	0.12
任村	宗教职业	1	0.33	—	—	—	—	—	—	—	—	—	—	—	—	—	—
任村	公堂	—	—	—	—	—	—	—	325.9	43.3	369.2	325.9	10.02	—	—	—	—
不在村	城居地主	23	7.47	—	97.37	—	—	—	2239.58	—	2239.58	2239.58	68.87	—	—	—	—
不在村	小出租者	2	0.65	—	10.25	—	—	—	20.5	—	20.5	20.5	0.63	—	—	—	—
不在村	少量出租者	1	0.33	—	—	—	—	—	6	—	6	6	0.19	—	—	—	—
总计		308	100	—	—	—	—	1003.044	3552.08	89.3	4345.074	3552.08	100	3252.08	3252.08	100	100

资料来源：《当涂县第14区尚徐村土改前各阶层占有使用土地统计表》，全宗W017；《当涂土政办》第62卷，当涂县档案馆藏。

田地单位：亩

表4.21 民国末年当涂县金马村各阶层田地占有及永佃租佃关系

阶层	成分及组别	户数	占村户数比例%	田地占有 户均自耕	户均在本村占有并出租本村	户均在外村占有并出租外村	户均经营面积	自耕	在本村占有并出租本村	在外村占有并出租外村	合计占有	田底出租 各阶层田底占有	各阶层田底占比例%	各阶层租入田地	田面租入 永佃田	永佃田占租入田地比例%	各阶层占有永佃田比例%
在村	地主	5	1.51	6.02	209.496	—	7.02	30.1	1047.48	—	1077.58	1047.48	30.08	5	5	100	0.14
	自耕农	3	0.9	22.07	—	—	56.1	66.2	—	—	66.2	—	—	102.1	102.1	100	2.93
	永佃农1	78	23.49	6.47	—	—	29.22	504.3	—	—	504.3	—	—	1774.4	1774.4	100	50.9
	永佃农2	188	56.63	1.61	—	—	10.04	302.3	—	—	302.3	—	—	1585.9	1585.9	100	45.5
	雇农	38	11.45	—	—	—	0.4	—	—	—	—	—	—	15.3	15.3	100	0.44
不在村	城居地主	19	5.72	—	126.06	—	—	—	2414.22	—	—	2414.22	69.32	—	—	—	—
	小出租者	1	0.3	—	21	—	—	—	21	—	—	21	0.6	—	—	—	—
总计		332	100	—	—	—	—	902.9	3482.7	—	4385.6	3482.7	100	3482.7	3482.7	100	100

资料来源：《当涂县第14区金马村土改前各阶层占有使用土地统计表》，全宗 W017：《当涂土改办》第62卷，当涂县档案馆藏。

表 4.22　民国末年当涂县金钟村各阶层田地占有及永佃租佃关系

田地单位：亩

阶层	成分及组别	户数	占村户数比例%	田地占有								田底出租			田面租入		
				户均自耕	户均在本村占有并出租本村	户均在外村占有并出租外村	户均经营面积	自耕	在本村占有并出租本村	在外村占有并出租外村	合计占有	各阶层田底占有	各阶层田底占比例%	各阶层租入田地	永佃田	永佃田占租入田地比例%	各阶层占永佃田比例%
在村	地主1	4	1.34	13.41	40.43	241.18	14.14	53.65	161.7	964.7	1180.05	161.7	14.3	4	4	100	0.35
	地主2	2	0.67	5.75	27.4	5	7.85	11.5	54.8	10	76.3	54.8	4.85	4.2	4.2	100	0.37
	永佃农1	5	1.68	7.676	2.2	—	14.06	38.38	11	—	49.38	11	0.97	31.9	31.9	100	2.82
	永佃农2	63	21.1	3.27	0.28	—	10.96	206.15	17.5	—	223.65	17.5	1.55	484.6	484.6	100	42.9
	永佃农3	104	34.9	1.15	—	—	—	120	—	—	120	—	—	506.1	506.1	100	44.8
	永佃农4	50	16.8	0.367	—	—	—	18.35	—	—	18.35	—	—	95.5	95.5	100	8.45
	永佃农5	1	0.34	3.5	15	—	—	3.5	15	—	18.5	15	1.33	4.5	4.5	100	0.4
公田	国有土地	2	0.67	—	89.175	—	—	—	178.35	—	178.55	178.35	15.8	—	—	—	—
	祠堂庙宇	10	3.36	—	10.17	—	—	—	101.7	—	101.7	101.7	8.99	—	—	—	—
其他户		28	—	9.4	—	—	—	—	—	—	—	—	—	—	—	—	—
不在村	小出租者	20	6.71	—	28.01	—	—	—	560.3	—	560.3	560.3	49.5	—	—	—	—
	少量出租者	9	3.02	—	3.38	—	—	—	30.45	—	30.45	30.45	2.69	—	—	—	—
总计		298	100	—	—	—	—	451.53	1130.8	974.4	2557.03	1130.8	100	1130.8	1130.8	100	100

资料来源：《当涂县第 13 区金钟村土改前各阶层占有使用土地统计表》，全宗 W017：《当涂土改办》第 61 卷，当涂县档案馆藏。

占全村普通户的 25%,绝大部分地主属于城居地主,有 48 户,占地主总户数的 80%;永佃农 150 户,占全村普通户的 62.5%,是该村户数最多的阶层。三台村共有地主 25 户,占全村普通户的 7.7%,绝大部分地主属于城居地主,有 24 户,占地主总户数的 96%;永佃农 290 户,占全村普通户的 86.6%,是该村户数最多的阶层;该村在村地主仅有 1 户,自己也经营田地 24.5 亩,把无力耕种田地 48 亩田底田出租,属于非剥削性地主。佳山村共有地主 39 户,占全村普通户的 12.04%,其中城居地主,有 30 户,占地主总户数的 76.92%;永佃农 284 户,占全村普通户的 87.65%,是该村户数最多的阶层。杨桥村共有地主 49 户,占全村普通户的 12.60%,其中城居地主,有 36 户,占地主总户数的 73.47%;永佃农 319 户,占全村普通户的 82%,是该村户数最多的阶层。冯里村共有地主 45 户,占全村普通户的 13.43%,绝大部分地主属于城居地主,有 36 户,占地主总户数的 80%;永佃农 283 户,占全村普通户的 84.48%,是该村户数最多的阶层。泰兴村共有 312 户,其中城居地主 5 户,占总户数的 1.6%,永佃农 307 户,占总户数的 98.4%,是一个在村阶层全部为永佃农的纯永佃村,外出阶层则全部为城居地主。新锦村共有地主 29 户,占全村户的 8.63%,绝大部分地主属于城居地主,有 19 户,占地主总户数的 79.17%;永佃农 307 户,占全村的 91.37%,永佃农户占绝对优势。尚徐村共有地主 29 户,占全村普通户的 9.42%,绝大部分地主属于城居地主,有 23 户,占地主总户数的 79.31%;永佃农 245 户,占全村普通户的 79.55%,是该村户数最多的阶层。金马村共有地主 24 户,占村总户数的 7.69%,绝大部分地主属于城居地主,有 19 户,占地主总户数的 79.17%;永佃农 266 户,占全村户的 80.12%,是该村户数最多的阶层。

第二,当涂 12 村的城居地主愿意采行永佃制出租其田地最主要的动机是永佃制既保证了其租额的足额征收,又降低了其收租成本;在村佃农也愿意采行永佃制经营田地,其动机是避免官府征收苛捐杂税,主佃双方各自的利益诉求促成了当涂县沿江平原城居型永佃租佃的普遍形成。城居型永佃租佃村庄一般形成城居地主(有少数村庄是城居小出租者)主要占有田底、永佃农主要占有田面的地权格局。城居地主仅有收取定额地租权,没有监管佃农田地经营的权力。莲云村城居地主共占有田底田 1782.5 亩,占村全部田底田的 81.98%。该村田面田主要属于永佃农,永佃农共占有田面田 2105.2 亩,占村田面田总数的96.83%。莲云村第1组永佃农67户均占有田地2.5亩,户均佃耕田底田18.09亩;第2组102户永佃农户均占有田地0.09亩,户均佃耕田底田8.76亩。

在港东村,城居地主共占有田底田1799.07亩,占村田底田总数的68.3%;该村城居地主户均占有田底田较多,达74.96亩。该村田面田主要属于永佃农,共占有田面田2556.1亩,占村田面田总数的97.1%。港东村第1组187户永佃农户均自耕田地1.37亩,户均出租田地0.11亩,户均佃耕田底田10.31亩;第2组96户永佃农户均自耕田地0.48亩,户均佃耕田底田4.83亩;第3组18户永佃农户均自耕田地0.22亩,户均出租田地0.67亩,户均佃耕田底田9.16亩。

在郭厂村,城居地主共占有田底田6364.68亩,占村全部田底田的91.98%。城居地主均为大地主,户均占有田底田212.16亩。该村田面田主要属于永佃农,永佃农共占有田面田6563.58亩,占村田面田总数的91.82%。郭厂村第1组2户永佃农没有田地,户均佃耕田底田37.55亩;第2组4户永佃农也没有田地,户均佃耕田底田35.13亩;第3组185户永佃农户均占有田地2.49亩,户均佃耕田底田16.95亩;第4组296户永佃农户均占有田地0.23亩,户均佃耕田底田10.52亩;第5组30户永佃农户均占有田地1.08亩,户均佃耕田底田3.24亩。

在大村,城居地主虽然均属于小地主,但是由于数量多,占有田底田也多,达1667.4亩,占村全部田底田的75.95%,户均占有田底田34.73亩。该村田面田主要属于永佃农,永佃农共占有田面田2182.9亩,占村田面田总数的99.43%。大村第1组74户永佃农户均占有田地7.91亩,户均佃耕田底田15.54亩;第2组72户永佃农户均占有田地0.61亩,户均佃耕田底田13.97亩;第3组4户永佃农户均占有田地2亩,户均佃耕田底田6.75亩。

在三台村,城居地主占有的田底田达1593亩,占村全部田底田的85.18%,户均占有田底田66.38亩。该村田面田主要属于永佃农,永佃农共占有田面田1869.21亩,占村田面田总数的99.9%。三台村第1组永佃农1户没有田地,佃耕田底田8亩;第2组142户永佃农户均占有田地2.98亩,户均佃耕田底田8.42亩;第3组147户永佃农户均占有田地0.32亩,户均佃耕田底田4.53亩。

在佳山村,城居地主虽然均属于小地主,但是由于数量多,占有田底田总量也较多,达 1481.6 亩,占村全部田底田的 77.33%,户均占有田底田 43.39 亩。该村田面田主要属于永佃农,共有田面田 1903 亩,占村田面田总数的 99.32%。该村共有田地经营户 293 户,其中永佃户 284 户,占村经营户的 96.9%。佳山村第 1 组 115 户永佃农拥有永佃田 1123 亩,占其租入田地总数的 88.94%;第 2 组 169 户永佃农拥有永佃田 780 亩,占其租入田地总数的 92.41%。

在杨桥村,城居地主虽然均属于小地主,但是由于数量多,占有田底田总量较多,达 1361.5 亩,占村全部田底田的 66.05%,户均占有田底田 37.81 亩。该村田面权则主要属于永佃农,永佃农共占有田面田 1965.7 亩,占村田面田总数的 95.36%。杨桥村共有田地经营户 340 户,其中永佃经营户 319 户,占村经营户的 93.82%。杨桥村第 1 组 115 户永佃农拥有永佃田 1130 亩,占其租入田地总数的 89.31%;第 2 组户永佃农拥有永佃田 795 亩,占其租入田地总数的 82.87%;第 3 组户永佃农拥有永佃田 40.7 亩,占其租入田地总数的 67.05%。

在冯里村,田底田主要属于城居地主。该村田面权则主要属于永佃农,永佃农共占有田面田 1359 亩,占村田面田总数的 98%。冯里村共有田地经营户 292 户,其中永佃户 283 户,占村经营户的 96.92%。冯里村第 1 组 120 户永佃农拥有永佃田 766.2 亩,占其租入田地总数的 77.22%;第 2 组 131 户永佃农拥有永佃田 586.8 亩,占其租入田地总数的 71.03%;第 3 组 32 户永佃农拥有永佃田 6 亩,占其租入田地总数的 69.77%。

泰兴村是城居地主占有全部田底、永佃农占有全部田面的最典型的城居型永佃租佃村庄。泰兴村全部 3452.81 亩田地都发生了双层地权的分化;全部田底属于 5 户城居地主,户均占有田底田 690.56 亩,属特大田底田主;该村田面田则全部属于永佃农,永佃农共占有田面田 3452.81 亩。该村永佃农完全没有田底田,只占有田面田。泰兴村第 1 组 1 户永佃农占有田面田 68 亩;第 2 组 23 户永佃农占有田面田 93.24 亩;第 3 组 75 户永佃农占有田面田 1180.71 亩;第 4 组 224 户永佃农占有田面田 2097.48 亩;第 5 组 3 户永佃农占有田面田 13.3 亩。

泰兴村全部田底田属于城居地主,产生这样一种效果:村民完全和政府没有赋税关系,和政府打交道的仅是 5 户地主。这 5 户地主每户都有 600 多亩田底田,有足够的力量制约官府,官府的苛捐杂税不会随意摊派到他们头上;佃农则少了外界干扰,可以安心地从事农业生产。

在新锦村,城居地主均为大地主,共占有田底田 3349.2 亩,占村全部田底田的 90.29%,户均占有田底田 176.27 亩。该村田面田则主要属于永佃农,永佃农共占有田面田 3481.3 亩,占村田面田总数的 93.85%。新锦村第 1 组 114 户永佃农占有田面田 2224.05 亩;第 2 组 134 户永佃农占有田面田 1174.85 亩;第 3 组 59 户永佃农占有田面田 82.4 亩。

在尚徐村,城居地主共占有田底田 2239.58 亩,占村全部田底田的 68.87%,户均占有田底田 97.37 亩。该村田面田则主要属于永佃农,永佃农共占有田面田 3248.08 亩,占村田面田总数的 99.88%。尚徐村第 1 组 100 户永佃农户均占有田面田 24.44 亩;第 2 组户永佃农户均占有田面田 11.45 亩。

在金马村,城居地主共占有田底田 2414.22 亩,占村全部田底田的 69.32%,户均占有田底田 126.06 亩,均为大田底田主。该村田面田则主要属于永佃农,永佃农共占有田面田 3360.3 亩,占村田面田总数的 96.49%。金马村第 1 组 78 户永佃农占有田面田 1774.4 亩;第 2 组 188 户永佃农占有田面田 1585.9 亩。

第三,当涂 12 村永佃户(包括其他阶层)通过永佃制实现了对田地适度规模的整合经营。由于绝大部分田地的田面权掌握在佃农手中,佃农只要选择距离相邻田垅的田底田进行佃耕,就能把不同业主的田地整合在一起,从而扩大田地的经营规模,这是永佃制能够促进地权整合的重要原因。莲云村 5 户在村小地主户佃耕田底田 13.2 亩,户均经营面积达 24.4 亩;该村第 1 组永佃农户均经营面积达 20.59 亩;第 2 组永佃农户均经营面积为 8.83 亩。

在港东村,许多永佃户实现了永佃田的适度规模经营。该村第 1 组 187 户永佃农户均经营面积达 11.68 亩。尽管这 187 户属于佃农,但其经营面积则达到了章有义所称江南自耕农所经营土地面积。港东村第 3 组 18 户永佃农户均经营面积也达 9.38 亩。

在郭厂村,94.41% 以上田地经营户佃耕的田底田达到 10 亩以上。该村 20 户在村小地主户均佃耕田底田 18.82 亩,户均经营面积达 29.53 亩。郭厂村第 1 组 2 户永佃农户均经营面积达 37.55 亩,是全村经营面积最多的 1 组农户;第 2 组 4 户永佃农户均经营面积为 35.13 亩;第 3 组 185 户永佃农户均自耕田 2.23 亩,户均佃耕田底田 16.95 亩,户均经营面积达 19.18 亩;第 4 组 296 户永佃农户均自耕田地 0.23 亩,户均佃耕田底田 10.52 亩,户均经营面积达 10.76 亩。

在大村,在村小地主和绝大部分永佃户属于永佃田经营大户。该村 12 户在村小地主户均佃耕田底田 1.04 亩,户均经营面积达 23.92 亩。大村第 1 组 74 户永佃农户均经营面积达 22.76 亩;第 2 组 72 户永佃农户均经营面积为 14.57 亩;第 3 组 4 户永佃农户均经营面积达 8.75 亩。

在三台村,许多永佃户实现了永佃田的适度规模经营。该村第 1 组 1 户永佃农经营面积达 8 亩;第 2 组户永佃农户均经营面积为 11.11 亩。

在佳山村,在村小地主和绝大部分永佃户实现了永佃田的适度规模经营。该村第 1 组 7 户在村地主户均经营面积达 10.97 亩;第 2 组 2 户在村地主户均经营面积达 25.25 亩。该村第 1 组 115 户永佃农户均经营面积达 13.76 亩。

在杨桥村,许多永佃户实现了田地的适度规模经营。该村 13 户在村地主户均佃耕田底田 4.15 亩,户均经营面积达 17.29 亩;5 户自耕农户均佃耕田底田 8.32 亩,户均经营面积达 24.78 亩;第 1 组户永佃农户均佃耕田底田 9.83 亩,户均经营面积达 16.10 亩。

在冯里村,在村地主和许多永佃户实现了永佃田的适度规模经营。该村第 1 组 3 户在村地主户均经营面积达 34.16 亩。该村第 1 组 120 户永佃农户均经营面积达 16 亩。

在泰兴村,绝大部分永佃户属于永佃田经营大户。该村第 1 组 1 户永佃农经营田面田 68 亩,是该村最大的经营户;第 2 组 4 户永佃农户均经营面积达 23.31 亩;第 3 组 75 户永佃农户均经营面积为 15.74 亩;第 4 组 224 户永佃农户均经营面积为 9.36 亩。

在新锦村,在村小地主和绝大部分永佃户属于永佃田经营大户。第 1 组 5 户地主户均经营面积达 41.02 亩;第 2 组 5 户地主户均经营面积达 50.49 亩。新锦村第 1 组 114 户永佃农户均经营面积达 27.49 亩;第 2 组 134 户永佃农户均经营面积为 10.34 亩。

在尚徐村,绝大部分永佃户实现了永佃田的适度规模经营。该村第 1 组 100 户永佃农户均经营面积达 30.75 亩;第 2 组 145 户永佃农户均经营面积为 13 亩。

在金马村,自耕农和许多永佃户实现了永佃田的适度规模经营。该村有 3 户自耕农户均佃耕田底田 34.03 亩,户均经营面积达 56.1 亩;该村第 1 组 78 户永佃农户均经营面积达 29.22 亩。

因此,由于永佃制的经营整合功能,当涂 12 村的永佃农普遍扩大了经营规模。

2. 金钟村①(小出租者城居型永佃租佃)

金钟村在当涂县西北部长江沿岸平原,属于当涂县第 13 区。该村共有普通户 286 户,其中在村户 257 户,在村人口 1046 人。全村共有田地 2557.03 亩,其中普通户占有田地 2311.68 亩,户均占有田地 8.08 亩。该村有地主、永佃农、小出租者、少量出租者等阶层。该村共有地主 6 户,占全村普通户的 2.1%,均为在村户;永佃农 223 户,占全村普通户的 77.97%,是该村户数最多的阶层;小出租者 20 户均为外出户,占全村普通户的 6.7%。此外,还有外出少量出租者 9 户。

金钟村内发生租佃关系的田地共有 1130.8 亩,占全村总田地的 44.22%,全部采行永佃制进行租佃,见表 4.22。该村租佃主要属于小出租者城居型永佃租佃,主要表现在:

其一,金钟村属于城居小出租者主要占有田底、永佃农主要占有田面的永佃制发达村落。该村田底权主要属于城居小出租者,达 560.3 亩,占村全部田底田的 49.55%,户均占有田底田 28.01 亩。此外,还有 9 户少量出租者,户均占有田底田 3.38 亩。城居小出租者和外出少量出租者作为普通田地占有者采行永佃制出租其田地,既保障了其以往投入能得到回报,又保证了其租额的足额征收。

金钟村田面权则主要属于永佃农,永佃农共占有田面田 1122.6 亩,占村田面田总数的 99.27%。该村第 1 组 5 户永佃农户均占有田面田 6.38 亩;第

---

① 《当涂县第 13 区金钟村土改前各阶层占有使用土地统计表》,全宗 W017:《当涂土改办》第 61 卷,当涂县档案馆藏。

2组63户永佃农户均占有田面田7.69亩;第3组104户永佃农户均占有田面田4.87亩;第4组50户永佃农户均占有田面田1.91亩;第5组1户永佃农占有田面田4.5亩。

其二,金钟村的经营户通过永佃制实现了对田地适度规模的整合经营。金钟村第1组4户地主户均经营面积14.14亩;第2组2户地主户均经营面积7.85亩。该村第1组5户永佃农户均经营面积达14.06亩;第2组63户永佃农户均经营面积为10.96亩。

此外,金钟村公产田和族田也采行永佃制出租。金钟村有公产田178.35亩,占村田地总数的6.97%;有祠堂和庙宇田产101.7亩,占村田地总数的3.98%。

3. 观山村

观山村属于当涂县第12区,共有426户,其中在村户358户,外出户56户,公产户8户。观山村共有田地4087.66亩,其中在村户占有田地2128.66亩,外出户占有田地1843.7亩,公产户占有田地115.3亩;该村共有永佃田65亩,占全村各阶层总租入田地的2.29%,占全村田地总数的1.6%,永佃田比例很低。观山村永佃制特点是佃农没有永佃田,全村仅有的65亩永佃田都掌握在地主和自耕农手中。

观山村的永佃制不发达,在当涂县具有典型性。当涂县永佃制不发达的主要原因:一是由于观山村处于当涂县偏僻的远离城镇的北部丘陵地带,该村的地主都没有城居,也为田地经营户,导致其出租土地不多,这就限制了该村土地的流转,进而极大地制约了该村永佃制的发展。观山村第1组11户地主户均占有田地81.18亩,用于自耕的田地户均就达11.47亩,户均佃耕4.05亩,户均出租田地仅11.47亩;第2组4户地主户均占有田地42.725亩,用于自耕的田地户均达13.1亩,户均佃耕田底田0.325亩。二是由于该村远离城镇,大部分田地低于10亩的农户很难从事农业外就业,使其不得不自耕其小块土地,进而也制约了该村永佃制的发展。该村低于10亩的农户主要靠自耕其田地生存,能租到的土地不多。该村第1组126户佃农户均自耕其田地4.87亩,户均出租田地0.8亩;第2组189户佃农户均自耕田地0.63亩,户均佃耕田地6.44亩,户均出租田地0.04亩。

观山村本村没有公堂,该村的115.3亩族田为外村占有,其中外村的天门书院占田 101 亩,外村祠堂占田 9.3 亩,外村庙会占田 5 亩。①

(二)公产型永佃租佃

彭兴村②

彭兴村属当涂县第二区,位于当涂县西部彭兴沙州,是一个典型的公田型永佃租佃村庄,见表 4.23。公产型永佃租佃是指公产机关采行永佃制出租公产田而形成的租佃。彭兴村公产型永佃租佃主要表现在以下两个方面:

其一,彭兴村形成公学场占有村庄全部田底、永佃农占有全部田面的地权格局。公学场只有收取定额地租权,没有监管佃农田地经营的权力。彭兴村在村户全部为永佃农,共有 122 户,503 人。全村 1416.7 亩田地的田底田全部属于公学场,其田面则全部属于在村永佃农。该村第 1 组 3 户永佃农户均佃耕田底田 31.43 亩;第 2 组 78 户永佃农户均佃耕田底田 13.59 亩;第 3 组 25 户永佃农户均佃耕田底田 5.98 亩。该村有 8 户雇农户均佃耕田底田 3.73 亩。另外,该村有 8 户田面田主把其田面田转租给另外 8 户代耕,户均代耕田面 10.4 亩。

其二,彭兴村公产机关通过永佃制出租其田地减少了管理成本,保证了租额的足额征收,永佃农则通过永佃制获得了极轻的地租率,永佃制是对公产机关和佃农双方都有利的租佃制度。彭兴村的绝大部分永佃户属于永佃田经营大户。该村第 1 组 3 户永佃农户均经营面积达 31.43 亩,是全村户均经营面积最多的 1 组永佃农;第 2 组 2 户永佃农户均经营面积为 32.15 亩;第 3 组 78 户永佃农户均经营面积达 13.59 亩。

完全采行公产型永佃租佃的村庄不多,但是公产型永佃租佃作为第二位永佃租佃类型的村庄在皖南却很普遍,如绩溪县的凤灵、玉台、黎明等村和当涂县的港东、佳山、杨桥、金钟、冯里等村为代表,其公产田分别占其所在村田地总数的 9.09%、1.30%、17.91%、4.11%、5.28%、8.65%、6.97% 和 0.13%,绝大部分公产机关采行永佃制出租其田地。

---

① 《当涂县第 12 区观山村土改前各阶层占有使用土地统计表》,全宗 W017:《当涂土改办》第 60 卷,当涂县档案馆藏。
② 《当涂县第 2 区彭兴村土改前各阶层占有使用土地统计表》,全宗 W017:《当涂土改办》第 50 卷,当涂县档案馆藏。

表4.23 民国末年当涂县彭兴村各阶层田地占有及永佃租佃关系

田地单位：亩

项目 / 阶层	成分及组别	户数	占村户数比例%	田地占有								田底出租		各阶层租入田地	田面租入		
				户均自耕	户均在本村占有并出租本村	户均在外村占有并出租外村	户均经营面积	自耕	在本村占有并出租本村	在外村占有并出租外村	合计占有	各阶层田底占有	各阶层田底占有比例%		永佃田	永佃田占租入田地比例%	各阶层占永佃田比例%
在村	佃农1	3	—	—	—	—	—	—	—	—	—	—	—	94.3	94.3	100	6.66
	佃农2	78	—	—	—	—	—	—	—	—	—	—	—	1059.9	1059.9	100	74.8
	佃农3	25	—	—	—	—	—	—	—	—	—	—	—	149.9	149.9	100	10.6
	雇农	8	—	—	—	—	—	—	—	—	—	—	—	29.9	29.9	100	2.11
	代耕地	8	—	—	—	—	—	—	—	—	—	—	—	83.2	83.2	100	5.87
公学场		1	—	—	—	—	—	—	—	—	—	1416.7	100	—	—	—	—
总计		123	—	—	—	—	—	—	—	—	—	1416.7	100	1416.7	1416.7	100	100

资料来源：《当涂县第2区彭兴村土改前各阶层占有使用土地统计表》，全宗W017：《当涂土改办》第50卷，当涂县档案馆藏。

此外,当涂城居型永佃租佃村庄,如莲云、港东、大村、三台、佳山、杨桥、金钟、冯里和尚徐等村的族田分别占其所在村田地总数的 8.01%、7.81%、4.46%、3.37%、4.13%、4.09%、3.98%、5.23% 和 8.50%,这些村庄一般采行永佃制出租其族田,这样族田型永佃租佃就成为这些村庄占据第二位的租佃类型。

上面通过祁门、绩溪和当涂 3 县 25 个代表性永佃村田地占有及其永佃租佃关系的考察可知,皖南永佃田租佃有以下几个方面的特点:

第一,皖南永佃租佃包括土地不足型永佃租佃、城居型永佃租佃、族田型永佃租佃和公产型永佃租佃四个类型。祁门和绩溪县的大部分永佃村的租佃属于土地不足型永佃租佃,主要以祁门县的程石、竹集村,绩溪县的凤灵、黄川、玉台、瀛洲、黎明和梅圩村为代表。在祁门和绩溪县大部分永佃村落中,很少有强势地位的大地主,地主主要属于户均占有田地在 30 亩至 45 亩之间的小地主,许多村落没有地主,其租佃主要在小地主、自耕农、少量出租者与永佃农之间进行,租佃者之间地位较为平等。这些村落中的小地主采行永佃制出租田地更能保证其租额的足额征收;佃农也不属于传统意义上的处于依附地位的无地佃农,而是属于虽田地不足却也占有一定自耕田地的非弱势佃农;外出户主要属于土地占有严重不足而从事农业外就业的小出租者。由于土地不足村庄的各种土地占有者都愿意采行永佃制出租其土地,这样就在祁门和绩溪两县形成了以土地不足型永佃租佃为主要类型的永佃租佃。

当涂县的大部分永佃村的租佃属于城居型永佃租佃,主要以当涂县的莲云、港东、郭厂、大村、三台、佳山、杨桥、冯里、泰兴、新锦、尚徐和金马等村为代表。城居型永佃租佃形成的城居阶层主要是地主,但也有小出租者城居后形成的永佃租佃,其以当涂县的金钟村为代表。

族田型永佃租佃以祁门县沙堤和大中两村为代表。许多祁门、绩溪两县以土地不足型永佃租佃为主要类型的村庄及当涂县以城居住型永佃租佃为主要类型的村庄一般也有一定比例的族田采行永佃制出租,这样族田型永佃租佃就成为这些村庄占据第二位的租佃类型。

此外,在皖南还形成公产型永佃租佃。这类租佃以当涂县彭兴村为代表,该村全部田地属于公产田且全部采行永佃制出租。完全公产型永佃村不多,但是公产型永佃租佃作为第二位永佃租佃类型的村庄在皖南很普遍。

第二，永佃制解决了农户"经营田地严重不足"和"试图实现农业外就业却有后顾之忧又不愿放弃小块田地"的双重难题。在祁门和绩溪两县大部分永佃村落中，大部分农户只占有小块土地，户均占有田地一般在10亩以下，低于江南户均经营至少10亩的面积。祁门和绩溪田地占有极度零碎化、户均经营田地严重不足的地权状况极大地制约了农户的经营效益。但毕竟小块耕地是农民安身立命之本，如若彻底放弃其土地所有权寻求农业外就业，一方面是小块土地所有者利益受损，另一方面也切断了农民的退路。永佃制使田地严重不足村庄找到了部分农户扩大经营规模，另一部分农户既能从事农业外就业又能保障其以往投入收益且免除其后顾之忧的土地流转之法。

第三，公堂采行永佃制出租田地是皖南永佃租佃的重要地域特色。皖南几乎村村有公堂，这是皖南族田普遍存在的原因。尽管公堂在皖南以族田为主体的村庄中族田比例较高，但是由于公堂数量众多，单个公堂占有田地并不多，所以公堂势力不会对主佃建立平等关系产生障碍，这样就在以族田为主体的村庄中形成族田型永佃租佃。以田地不足型永佃租佃为主要类型的村庄及以城居型永佃租佃为主要类型的村庄一般也有一定比例的族田采行永佃制出租，这样族田永佃租佃就成为这些村庄第二位的永佃租佃类型。

第四，皖南沿江平原是城居型永佃形成的最重要的地区。皖南沿江平原工商业发达，使得这一地区的地主等阶层大都城居化。城居地主愿意采行永佃制出租其田地最主要的动机是永佃制既保证了其租额的足额征收，又降低了其收租成本；在村佃农也愿意采行永佃制经营田地，其动机是避免官府苛捐杂税的征收，主佃双方各自的利益诉求促成了皖南沿江平原城居型永佃租佃的普遍形成。城居型永佃租佃类型村庄一般形成城居地主（有少数村庄是城居小出租者）主要占有田底，永佃农主要占有田面的地权格局。城居地主只有收取定额地租权，没有监管田地经营的权力。

第五，通过永佃制皖南永佃农等阶层实现了田地的适度规模经营。皖南佃农（包括其他阶层）通过永佃制实现了对田地适度规模的整合经营。由于绝大部分田地的田面权掌握在佃农手中，佃农只要选择距离相近田垆的田底田进行佃耕，就能把不同业主的田地整合在一起，从而扩大田地的经营规模，这是永佃制能够促进地权整合的重要原因。

第三节　唐模村永佃田经营

笔者特别深入到民国时期徽州的一个典型永佃村唐模村内部①,对永佃制下的地权分配、永佃租佃的运行及其原因、永佃制下劳力配置等方面进行探讨;对永佃户经营田地的座落、田垆、田底田、底面全业田、族田、人口、劳力、户经营面积、人均劳力经营亩数和产量、各种永佃田亩产及其租率、田底主收入、佃农收入等方面的数量进行逐项统计;对永佃制是如何实现田地零碎整合、如何使得地权更加平均、如何形成较低稳定永佃租率、永佃田的租佃类型、劳动力在户与户及农业和非农行业间的配置状况等方面进行深入研究,②对永佃田的租佃与经营的运行机制进行了历史还原。

唐模村(见地图 2)位于黄山东南麓,新安江北,西邻潜口,东接棠樾,檀干

---

① A. 拉德克利夫—布朗(A. Radcliffe-Brown)、吴文藻、雷孟德·弗思(Raymond Firth)和费孝通都认为对人们的生活进行深入细致的研究时,把一个村子作为研究单位最为合适(费孝通:《江村经济》,《费孝通文集》第 2 卷,群言出版社 1999 年版,第 5 页)。章有义:《明清徽州土地关系研究》(中国社会科学出版社 1984 年版)及《近代徽州租佃关系案例研究》(中国社会科学出版社 1988 年版)两本著作涉及了 22 户地主的总体经营状况,但是这些户跨越了黟县、休宁、歙县、祁门县数县,涉及范围大,以致对村庄内部地权状况缺乏深入的了解。本书则另辟研究思路,深入到唐模村,对该村 249 户每一垆土地的经营状况进行特别细致的研究,特别注重一个村土地经营状况的完整性。

② 20 世纪 30 年代的《歙县第 3 区唐模村地籍清册》对唐模村的土名、田底主、田面主、耕种者、亩产、产量、人口、劳力、税率、业主收入、佃户收入、劳动力、耕牛、宗族或公堂户的地权形态、是否外出经商及赡养人口数量等项登载得非常详细。笔者认为其登载之项如此之详,其价值远甚于鱼鳞册,是研究民国地权形态、土地经营的珍贵资料。本节资料如不注明出处,均出自《歙县第 3 区唐模村地籍清册》。民国时期地籍整理开始于1931 年,至 1942 年地政署成立前,举办地籍整理的省市有安徽、江苏 23 个省市,共开办134 县区及 58 个城市。1942 年至 1945 年,主要在后方产量较多省举办地籍整理;1945年后,主要整理收复区地籍,地籍整理工作一直持续到 1948 年。1947 年 9 月 29 日,南京召开全国地政会议对地籍整理工作进行立法规范,通过《各省市县地籍整理经费筹集办法》《土地测量实施规则》和《简化市地重估地价办法》等决议,全国地籍整理全面铺开。国民政府时期的地籍整理是近代持续时间最长、覆盖全国的地籍整理,见中华年鉴社编:《中华年鉴》(1948 年)《地政》,中华年鉴社民国三十七年发行,第 1353—1372页。

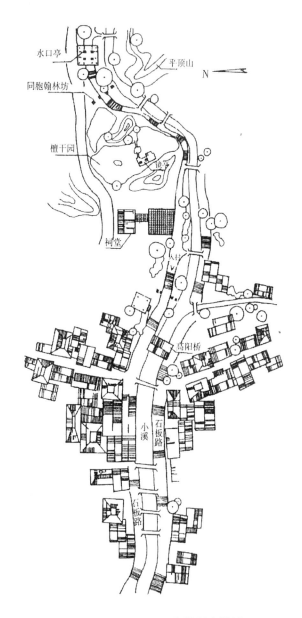

地图 4.2   民国时期徽州唐模村

注:唐模村是唐朝越国公汪华的太曾祖父汪叔举所建。唐模村宗族发达,清代翰林许承宣、许承家和
    许承尧都出自该村许氏宗族。

地图来源:陆林、凌善金、焦华富:《徽州村落》,安徽人民出版社 2005 年版,第 145 页。

溪自西而东把整个村庄一分为二,村民在二三里长的溪间筑起前后 7 道堨坝调节水的流速,造就了 5 个不同的水位,便利了两岸近 2000 亩农田的灌溉。村的内围由东而南而西而北,依次为花园山、狮子山、杨村岭、古塘岭、后圃山和后坞岭,村的外围,东、南、西、北依次为飞布山、天马山、紫霞山和灵金山。①

一、唐模村的地权状况

笔者利用 20 世纪 30 年代《唐模村地籍清册》对唐模村的地权状况进行统计分析,发现唐模村地权状况有如下特点:

第一,唐模村的地权高度零碎化。卜凯认为,农田的零星分割(fragmentation)是中国农业生产最重要的特点之一。据卜凯调查,1929 年至 1934 年,在江南水稻茶区,户均经营农田 5.4 块,户均经营农田超过 14.1 坵,田地与农舍的平均距离为 0.6 公里,而最远田地与农舍的平均距离为 1.1 公里;每块农田平均大小 2.55 亩,每坵平均面积仅 1.05 亩。② 唐模村属于江南水稻茶区,其高度分散、零碎化地权状况表现在两个方面:一是唐模村同一块田地所有权被众多业主分割。唐模村同一块田地被划成许多坵,每一坵田地的业主都不相同,大部分田坵的地权都发生了双层分化,则每一坵又有 2 个业主。该村田地被分割为 2202 个田坵,其中自耕 378 坵,出租 1824 坵。该村共有 239 户,平均每户占有田地 9.2 坵;共有田地 1854.91 亩③,平均每坵 0.842 亩。二是每一户田地零星散布在众多座落之中。唐模村共有田地经营户④ 192 户,其中 8 户经营田坵的平均亩数在 0.5 亩以下;有 72 户经营田坵的平均亩数在 0.5—1 亩之间;有 88 户经营田坵的平均亩数在 1—1.5 亩之间;有 16 户经营田坵的平均亩数在 1.5—2 亩之间;有 8 户经营田坵的平均亩数在 2—3.2 亩之间。唐模村的田地零碎状况,详见表 4.24。

---

① (民国)《歙县志》卷一,《舆地志·山川》。

② 卜凯:《中国土地利用》,《土地》第 13 表,金陵大学农业经济系印,第 181—185 页;国民政府主计处统计局编:《中国土地问题之统计分析》,第 43 页。

③ 此为田面权也计入产权的唐模村土地数字,以下不做特别说明,均为田面权也计入产权的土地数字。

④ 唐模村的田地经营户是指所有参与土地经营的农户,不包括参与土地经营的纯出租户和族田户。

表4.24 20世纪30年代唐模村田地零碎化及永佃制对其整合情况

户主	自耕垱数	佃耕垱数	佃耕与自耕相同座落垱数	佃耕相同座落属于不同业主的垱数	出租垱数	出租与自耕位于不同座落的垱数	出租与佃耕不同座落的垱数	每户垱数	经营田垱平均亩数	永佃制对其整合后同座落较大地块经营面积（亩）
1 许瑞俭		3		3				3	1.33	4
2 曹海清		3		3				3	1.23	3.7
3 蒋元官		1						1	0.9	
4 许建中					1			1		
5 汪孝勤		1						1	0.6	
6 许绍基		3		3				3	0.8	2.4
7 吴棋槐		4		4				4	0.68	2.7
8 许桂森	1				6	6	6	7	0.8	2.34
9 朱丽鸿	1							1	0.4	
10 许朗轩	1	1	1					2	0.8	1.6
11 许作之	1	1			4	4	4	6	1.4	
12 章日财		4	2;2					4	0.85	3.4;0.6
13 杜桂月		2						2	1.6	
14 许吾安		1						1	1.6	
15 许耀堂	5	1						6	0.57	
16 吴子石					4			4		
17 章传闵					2			2		
18 许孝叙		4	2					4	1.2	1.6
19 姚富奶		3	2					3	1.2	2.7
20 许能民					5			5		
21 程协中	4				11			15	0.13	
22 许镇镛		4						4	1.15	
23 许士宣		3		2	4			7	1.2	2.3
24 李二荣嫂		3		2				3	0.7	1.2
25 程大德	1	2		2				3	1.23	3.3
26 汪雄		3		2				3	2	2.1
27 许震贤	5	5	5					10	0.73	5.5
28 许冠群	3	2			8	8	8	13	0.74	

户主	自耕垎数	佃耕垎数	佃耕与自耕相同座落垎数	佃耕相同座落属于不同业主的垎数	出租垎数	出租与自耕位于不同座落的垎数	出租与佃耕不同座落的垎数	每户垎数	经营田垎平均亩数	永佃制对其整合后同座落较大地块经营面积（亩）
29 许秋平	1	5	1	4				6	1.2	2.7;4.5
30 程金桂	1	1	1					2	1.45	2.9
31 吴长万奶	2	1						3	0.83	
32 章传榆		6		3;2	6		6	12	1.17	4.6;1.3
33 聂文忠	1	3	1	2				4	1.03	1.1;3
34 汪石坡		8		2;2;4				8	1.125	1.2;3;5.8
35 许祖凯	1				10	10		11	1.26	
36 叶福伢		1						1	1.8	
37 冯家荣		8		4				8	1.8	4.77
38 程执中	1	5	1	2				6	1.28	1.3;3.1
39 余均甫		6		2;2;2				6	1.83	3.1;4;3.2
40 许义林		7		2;2;2;2				7	1.15	2.4;1.6;2;3.1
41 报本庵	1	3			3	3	3	7	1.375	
42 邹节雨		3		3				3	1.16	3.47
43 周德春					6			6		
44 鲍传意		2		2				2	0.9	1.8
45 程凯笙		3		2	4		4	7	0.87	1.7
46 程排伢		3		3				3	0.47	1.4
47 汪春华		4		3				4	1.25	3.7
48 吴保智		8		4;3				8	1.125	5;2.5
49 程崇鉴		1						1	2.4	
50 余东炳	6	5		5				11	0.66	4.8
51 许卢生		4			5		5	9	1.1	
52 许得兴					3			3		
53 汪克敏	1	18		6;3;6;3				19	0.59	3.2;2;3.2;2.2
54 吴新子奶	6							6	0.5	
55 方讨饭		13		2;8;3				13	0.74	3.8;4.1;1.7

户主	自耕坵数	佃耕坵数	佃耕与自耕相同座落坵数	佃耕相同座落属于不同业主的坵数	出租坵数	出租与自耕位于不同座落的坵数	出租与佃耕不同座落的坵数	每户坵数	经营田坵平均亩数	永佃制对其整合后同座落较大地块经营面积（亩）
56 潘进先		8		4				8	0.93	3.1
57 洪娥仍		2		2				2	1.35	2.7
58 柳遂鸿	5	4	2	2	1	1	1	10	0.82	2.8;2.2
59 许敬亭					3			3	1.1	
60 李小苟		2		2				2	2	4
61 汪克悌		5		3				5	1.1	4.1
62 鲍锦芝		3						3	1.75	
63 许祚延	5	3		3				8	0.83	4.4
64 许绍衣					5			5		
65 胡伟光					12			12		
66 唐模小学					52			52		
67 宋小宜妇	1	6		5				7	0.4	2.2
68 汪来富		2		2				2	1.5	3
69 汪云龙		3		3				3	0.97	2.9
70 程泽民	5	5		3				10	1.09	2.2
71 许承忠		2			5		5	7	1.35	
72 许大月		9		5;2				9	0.83	3.6;0.8
73 宁武波	3	5	2					8	1.11	4.8
74 江观龄					6			6		
75 许家楫	1	1			8	8	7	10	1.95	
76 吴甫来		28		7;14;2;2;2				28	0.98	7.2；13.8；3.7；0.9；1.5
77 许友林		3		2				3	1.87	4
78 许慎余					7			7		
79 刘善安		9		3;3;3				9	1.01	4.1；1.5；3.5
80 鲍心义奶	3	1	1					4	0.5	1.3
81 许尧懋	3	4			15	15	15	22	0.96	

续表

户主	自耕坵数	佃耕坵数	佃耕与自耕相同座落坵数	佃耕相同座落属于不同业主的坵数	出租坵数	出租与自耕位于不同座落的坵数	出租与佃耕不同座落的坵数	每户坵数	经营田坵平均亩数	永佃制对其整合后同座落较大地块经营面积（亩）
82 许雨仁					37			37		
83 章日茂		10		7;2				10	0.86	6.6;2.5
84 赵顺元		12		2;8;4				12	0.47	3;1.4;1.2
85 许承懋	1	4	1	2	5	5	4	10	1	2;1.3
86 胡尔昌		16		4;2;5;5				16	0.86	8;1.5;2.8;1.5
87 许世芳		2		2	15		15	17	0.9	1.8
88 汪讨饭	1							1	2	
89 程松喜	2				11	11		13	1.2	
90 章传余		13		4;7				13	1.38	4.9;8.6
91 胡静山		6		3;2	18		18	24	2.1	5;4
92 曹应生		18		2;4;5				18	0.83	2.2;3.2;2
93 许受衡					6			6		
94 许敦义堂					10			10		
95 鲍兰花		2						2	2.1	
96 胡灶生奶	4	1	1		1	1	1	6	0.48	1.9
97 许瑞华		6			10	4		16	0.58	
98 叶小宝	2	13	1	3;2;2;3				15	1.48	6.5; 3.6; 3.4; 1.6; 3.5
99 陈招财	5	3		2				8	0.65	2.4
100 吴聚财	2	21		4;5;2;5				23	1.13	6.3;3.4;2; 6.1
101 章日炳	1	9		2;5;2				10	1.12	2.1; 6.2; 1.1
102 鲍长福妇	5				2	2		7	0.92	
103 鲍友贵妇		2		2	1		1	3	1.35	2.7
104 许自谦		24		6;4;8;3				24	1.17	10.2;4;6.5; 4
105 许小月	1	4		4				5	1.32	6

户主	自耕圻数	佃耕圻数	佃耕与自耕相同座落圻数	佃耕相同座落属于不同业主的圻数	出租圻数	出租与自耕位于不同座落的圻数	出租与佃耕不同座落的圻数	每户圻数	经营田亩平均亩数	永佃制对其整合后同座落较大地块经营面积（亩）
106 汪德奎		15		7;7				15	0.5	3.2;3.4
107 许承恩		8		4	10		10	18	1.35	3.7
108 徐继旺		5		5				5	1.12	5.6
109 汪锜生	4	8		3;3				12	1.33	5.8;2.1
110 吴填福	5	5	2	3	9	5	5	19	0.77	5.5;1.9
111 吴秋兰	2				2	2		4	1.5	
112 黄多有		10		7;2				10	1.49	10.2;3.3
113 汪夏季	7	16		3;6;2;2;3				23	0.83	3.5; 6.4; 2.8; 2.5; 2.4
114 许兴隆	4	6	1	2;3	10	9	10	20	1.18	0.6;1;5.7
115 许茂轩					13			13		
116 吴兆基					15			15		
117 许声甫					12			12		
118 许云生	1	4		4	20	20		25	1.38	6.3
119 鲍志达	2	1			10	10		13	1.13	
120 许克甫		1			38	37		39	3.2	
121 汪有荣	3	12	3	5				15	1.18	4.8;7.9
122 章继民	9	10	2;6;2		13	13	13	32	1.05	8.3; 6.7; 4.1
123 汪有银	2	8	3	2;2	5	5	5	15	0.87	2.3;4;1.1
124 汪有耕	12	24	16;6					36	0.77	13.9;2.4
125 许舒泰	1	15		3;3;3;2				16	1.15	2.8; 3.3; 3.7;4
126 朱正元		15		3;4;4;2				15	1.29	2; 8.3; 5; 0.8
127 郑维栾妻	8	7	5					15	0.98	6
128 胡文兴		7		3;4				7	0.99	4.1;2.8
129 许海生	3	3						6	0.78	
130 许敦元族					23			23		

续表

户主	自耕坵数	佃耕坵数	佃耕与自耕相同座落坵数	佃耕相同座落属于不同业主的坵数	出租坵数	出租与自耕位于不同座落的坵数	出租与佃耕不同座落的坵数	每户坵数	经营田坵平均亩数	永佃制对其整合后同座落较大地块经营面积（亩）
131 许利泉		17		12;2				17	0.79	5.3;4
132 许繁卿	7	17	1;7	5	6	5	5	30	0.72	1.8;7.5;3.4
133 胡大宜	3	20		5;2;12				23	0.73	5;0.8;8.8
134 许敬智妇		4			5		4	9	1.33	
135 许永钰	5	2	2		9	8	8	16	1.29	4
136 程讨饭		8		4;3				8	0.75	2.2;2.4
137 李筱云		15		2;6;2				15	0.94	1.2;5.7;1
138 许诚荣	8	22	1	3;2;3;2;2;2;2	12	12	12	42	0.71	2.3;2.4;1.8;2.9;0.7;1.4;0.6;0.5
139 许礼堂	7	11		5;6				18	1.01	6.6;6.8
140 许锡章		10		5;5				10	0.94	6.7;2.7
141 许敬涵	4	16	1	2;2;3	3	3	3	23	1.02	1.4;1;3.6;1.7
142 许敬莲					6			6		
143 许涌芳	5	8		2;2	11	11	11	24	1.29	3.1;4
144 谢冬奶	7	3	1		7	4	3	17	0.96	2.6
145 许继之	4	11		9	1	1	1	16	1.01	9.9
146 章大掌	4							4	1.18	
147 许信斋	2	3	2		10	8	9	15	1.69	6.9
148 姚光辉	4	8	1	5				12	1.11	4.9;7.2
149 祝笋生	2	25		9;3;3;2;2;2				27	1.64	11.3；1.2；10.8；3.6；0.6；4.1
150 潘秀春		13		3;2;3;3				13	0.83	4.4；1.4；1.1；2.1
151 吴明远	8	8	2;6		10	6	6	26	0.79	3;7.6
152 章祖荫	1	19	4	2;3;2;2;5				20	1.5	6；1.4；2.7；4.4；2.4；3.4
153 于福球		12		2;4;2				12	1.79	2.4;9;1.3

续表

户主	自耕垆数	佃耕垆数	佃耕与自耕相同座落垆数	佃耕相同座落属于不同业主的垆数	出租垆数	出租与自耕位于不同座落的垆数	出租与佃耕不同座落的垆数	每户垆数	经营田垆平均亩数	永佃制对其整合后同座落较大地块经营面积（亩）
154 汪有富	2	6		5				8	1.31	5.9
155 许敬果	2	3		2	22	22	22	27	1.38	2
156 胡本仁		7		3;3				7	1.43	3.9;4.4
157 吴先进		24		7;9;5;2				24	0.91	4.8;5.9;7.7;2
158 许荫生	1	4		2	25	25	25	30	1.32	2.6
159 许长庚		3						3	1.37	
160 许博如	5	1			15	15	14	21	0.77	
161 许和甫	1	1			8	8	8	10	2.1	
162 许立本族					12			12		
163 汪顺祥	4	14	3;4	2;3	1			19	0.86	2;4.4;2.2;2.5
164 何厚成		3	3					3	2.03	6.1
165 许玉珍		32		3;7;6;9;4;2				32	0.71	1.9;7.6;1.6;8.1;0.9;1.2
166 余松柏		11		7;4				11	1.09	8.2;3.8
167 章传来	6	9	7	2	7	7	7	22	1.04	8.8;1.2
168 许舒安	2	11	2	7	1	1	1	14	0.95	2.6;7.1
169 许门生		5		4				5	1.02	3.1
170 吴家宝		6		2				6	1.17	2.5
171 胡金荣	2	8	5					10	1.38	7.4;3.5
172 汪顺禧	2	13	3	5;2				15	1.16	5.5;3.4;2
173 程长寿		17		8;5;3				19	0.94	7;5.1;4.2
174 许承愈	9	7	2		26	24	24	42	1.4	12.7
175 吴星垣妇	2	1			4	4	4	7	0.97	
176 许季材					6			6		
177 叶光良	5	3	1;1		6	6	6	14	1.26	2.5;3.6
178 许兆丰	4	5	4		24	24	24	33	1.13	5.5
179 汪德兴	4	12	2;1	3;4				16	1.04	6.1;3.3;2.4;4.2

续表

户主	自耕坵数	佃耕坵数	佃耕与自耕相同座落坵数	佃耕相同座落属于不同业主的坵数	出租坵数	出租与自耕位于不同座落的坵数	出租与佃耕不同座落的坵数	每户坵数	经营田坵平均亩数	永佃制对其整合后同座落较大地块经营面积（亩）
180 许述祺		6		4;2				6	1.6	7.4;2.2
181 吴士通	9	22	1	5;4;12				31	0.68	1.6;4.8;1.2;8.7
182 吴士遐	9	16	3	6;2;4	4	4	4	29	0.97	6.4;8;4.6;2.7
183 吴韵笙		6		5				6	0.85	4.2
184 潘秀麒		18		3;3;3;2;4;2				18	1.03	2.1;2.7;3.9;2.4;4.9;1.4
185 许瑞伯	2	2	2;2		9	9	9	13	1.25	2.446;2.554
186 许天养奶	3	2			6	6	6	11	0.86	
187 许普宣	2	6	6					8	1.95	14.8
188 蒋玉盛	10	4	4		3	3	3	17	0.95	4.2
189 吴来宾	11	20	10;3;2	4;4				31	0.77	9.3;4;3.2;3.1;2.8
190 许栋臣	2	2	1		37	37	37	41	1.28	2
191 许智伯		13		3;7;2				13	0.93	2.8;5.5;2.7
192 黄锦文		21		17;2				21	1.22	19.4;2.6
193 许仲达	10	3	2;1		11	11	11	24	0.93	3.9;1.3
194 许永荃					11			11		
195 许朝榆	2	3			43	43	43	48	1.68	
196 曹士宝		10		3;7				10		7.5;8.4
197 胡小财	15	14	2;1;3;2	2	9	7	7	38	1.09	3.2;3.9;3.8;6.4;1.2
198 吴振声		15		6;2;2;3				15	0.94	5;0.8;0.9;5
199 许壁斋	2	2			25	25	25	29	1.37	
200 吴佛观	11	14	10	2	1	1	1.0	26	1.02	13.5;2.8
201 许克定					40			40		
202 许悦音		3		2	39		38	42	1.37	2.5

户主	自耕坵数	佃耕坵数	佃耕与自耕相同座落坵数	佃耕相同座落属于不同业主的坵数	出租坵数	出租与自耕位于不同座落的坵数	出租与佃耕不同座落的坵数	每户坵数	经营田坵平均亩数	永佃制对其整合后同座落较大地块经营面积（亩）
203 汪存诚					44			44		
204 章传开	1	5	4		6	6	6	12	1.73	8
205 汪雪桃	5	9		2;2;3	28	28	28	42	0.85	2.4;3.3;1.6
206 查正全		24		9;14				24	1.48	7.3;8.4
207 许惟甫		2			21		21	23	1.3	
208 胡讨饭奶	1	2	2		20	19	19	23	0.55	1.4
209 许继善祠					69			69		
210 许尚义堂					70			70		
211 许骏惠堂					68			68		
212 许荫祠					138			138		
213 许世承族					3			3		
214 许十二房					9			9		
215 许铭德					7			7		
216 许家桢等					18			18		
217 程德辉					2			2		
218 江国东					11			11		
219 江国祯					4			4		
220 许敬诚堂					21			21		
221 许道智族					4			4		
222 许尚二房					5			5		
223 王锦章					5			5		
224 许真童族					10			10		
225 上三房族					13			13		
226 胡致和族					27			27		
227 许伯龙族					30			30		
228 许义斋族					33			33		
229 许仁斋	2	1			133	127	133	136	1.07	
230 许承湧	1	1			19	19	19	21	2.4	

续表

户主	自耕坵数	佃耕坵数	佃耕与自耕相同座落坵数	佃耕相同座落属于不同业主的坵数	出租坵数	出租与自耕位于不同座落的坵数	出租与佃耕不同座落的坵数	每户坵数	经营田坵平均亩数	永佃制对其整合后同座落较大地块经营面积（亩）
231 汪恭福					8			8		
232 程阿美		9		2;3				9	1.41	2.9;3.5
233 吴莲子		2		2				2	2.1	4.2
234 农会小组		6		4;2				6	0.37	1.6;0.6
235 胡村开荒小组		6		6				6	1.07	6.4
236 聂文忠		2		2				2	1.5	3
237 程荣忭					16			16		
238 程吉庆					7			7		
239 程义安					8			8		
合计	378	1352			1824				0.842	

注：①佃耕总坵数和出租总坵数有出入是因为有的田坵出租给外村佃耕户。
　　②经营面积为自耕面积与佃耕面积之和。
资料来源：财粮员章日达、农会主任汪德兴、村长章继民：《歙县第3区唐模村地籍清册》，20 世纪30 年代，歙县档案馆藏。

　　第二，唐模村的地权普遍发生了双层分化。20 世纪30 年代的《歙县第3区唐模村地籍清册》从田底和田面两个层次对户主的田地所有权分别进行了登记。唐模村登记的户主田地所有权包括永佃田地所有权和普通田地所有权两个大类，其永佃田地所有权是和非永佃田地所有权同样得到政府承认且须将所获收益进行纳税的所有权，其税率一般为12% 左右。唐模村永佃田地所有权主要有 5 种登记格式，见档案影印件4.1 至4.5。第一种登记格式是户主佃耕底、面分离田地，但户主既没有田面权，也没有底面权，则"业佃姓名"栏下有两个姓名，田面主前加"小"或"小买"字样，田底主前加"大"或"大买"字样；第二种是户主是田面主，则"业佃姓名"栏下只有田底主姓名，田底主姓名后注明"小佃"字样；第三种情况是户主是田面主，但转租，则"业佃姓名"栏下有两个姓名，田底主前加"大"字样，耕种人前加"佃"字样；第四种是户主是田底主，没有田面权，田面主自己耕种，则"业佃姓名"栏下的姓名是田面主，

影印件4.1　20世纪30年代唐模村无田面权且无田底权户主吴甫来佃耕永佃田登记格式

歙县第三区唐模村整理地籍登记清册

户主姓名	全家人口 男	女	合计	农业人口 男	劳动力 男	女	牲畜 水牛	业佃姓名	住址
许诚荣	3	4	7	7	1	1		唐模	

土地关系	坐落	坵数	亩数	每亩常年产量(市斤)	常年应产量(市斤)	田佃得产量	索主收入	佃户收入	原佃增减二段负担产量	业佃姓名	住址
自耕田	杨树墈	1	1.2	300斤	360斤				360		
	大池滩	1	0.4		120斤				128		
	祠东	1	0.3	550斤	165斤				165		
	屋基前	1	0.4	420斤	168斤				168		
	大公塘	1	1.2	300斤	360斤				360		
	菁柏塘	1	1.4	420斤					420		
	合计		4.9		1593				1593		
佃耕地	岑钱庄	1	1.2	550斤	660斤	115.5斤	544.5斤	435.5斤		许继祠田	唐模
	"	1	0.6		330斤	57.5斤	272.5斤	218斤		许仁义田	"
	"	1	0.6		330斤	57.5斤	272.5斤	218斤		许殷祠田	"
	油菜培	1	1.2		660斤	115.5斤	544.5斤	435.5斤		许敬宗田	"
	"	1	0.6	300斤	180斤	31.5斤	148.5斤	118.5斤		许庆祠田	"
	石路下	1	0.5	550斤	275斤	48斤	227斤	181.5斤		许科平田	"
	荷花垅	1	1.3		715斤	125斤	492.5斤	472斤		亲敬祠田	"
	文昌培	1	0.8		440斤	77.5斤	353.5斤	282斤		许荘祠田	"
	"	1	1.2		660斤	115.5斤	544.5斤	435.5斤		"	"
	"	1	0.9		495斤	86.5斤	408.5斤	326.5斤		"	"
	磨坊前	1	0.9		495斤	86.5斤	408.5斤	326.5斤		全可理培坪 西买	"
	麻榨塘	1	0.6	420斤	252斤	88斤	164斤	131斤			

其他收入	类别	坐落	亩数	实产量	员担成数	员担产量	折稻率	共计折租(市斤)
小计								
亩数				总员担产量				
负担人口			每人平均产量			员担等级		
税率			负担公粮			减免粮数		
实负担粮数			地方附加			合计		
备注								

说明：太买收租小买挂田列为额佃制例

影印件4.2　20世纪30年代唐模村田面户主许诚荣佃耕以田底田为主的登记格式

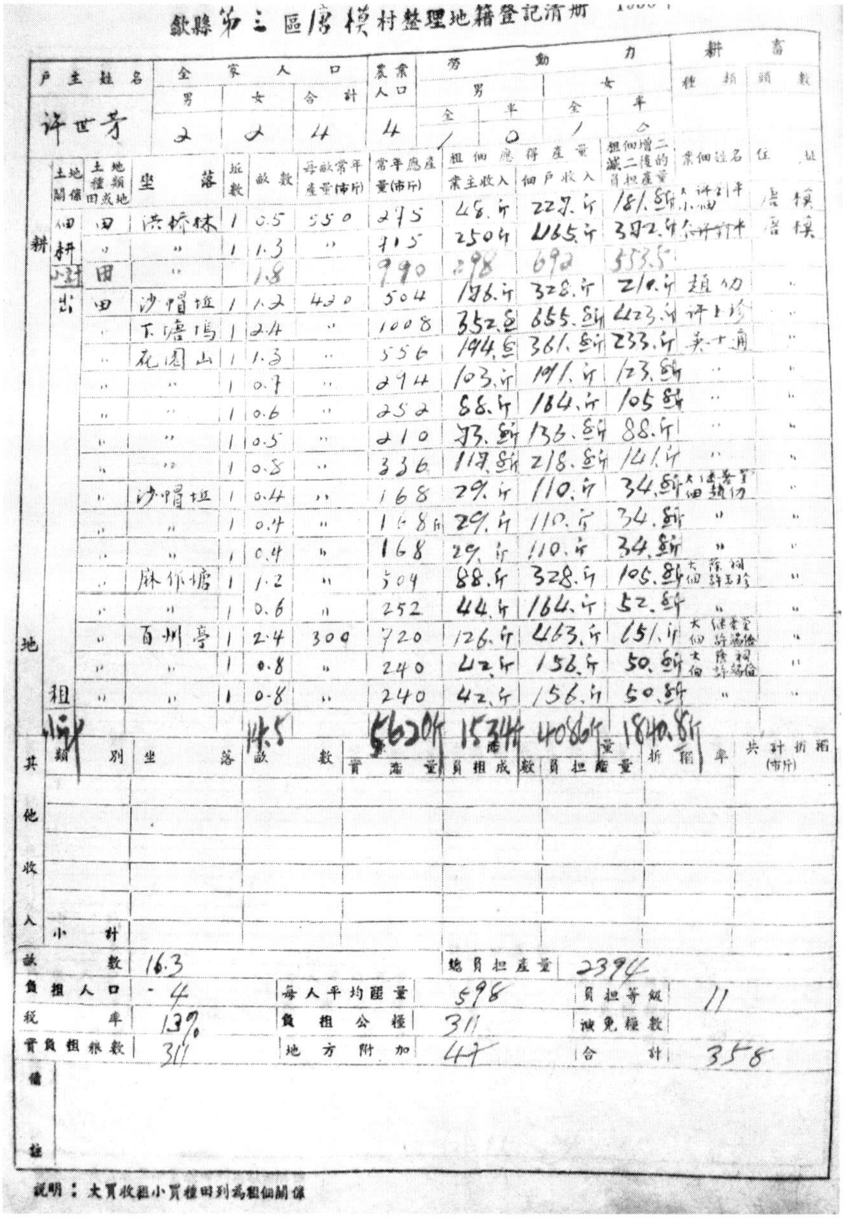

影印件4.3　20世纪30年代唐模村田面户主许世芳以转租田面田为主的登记格式

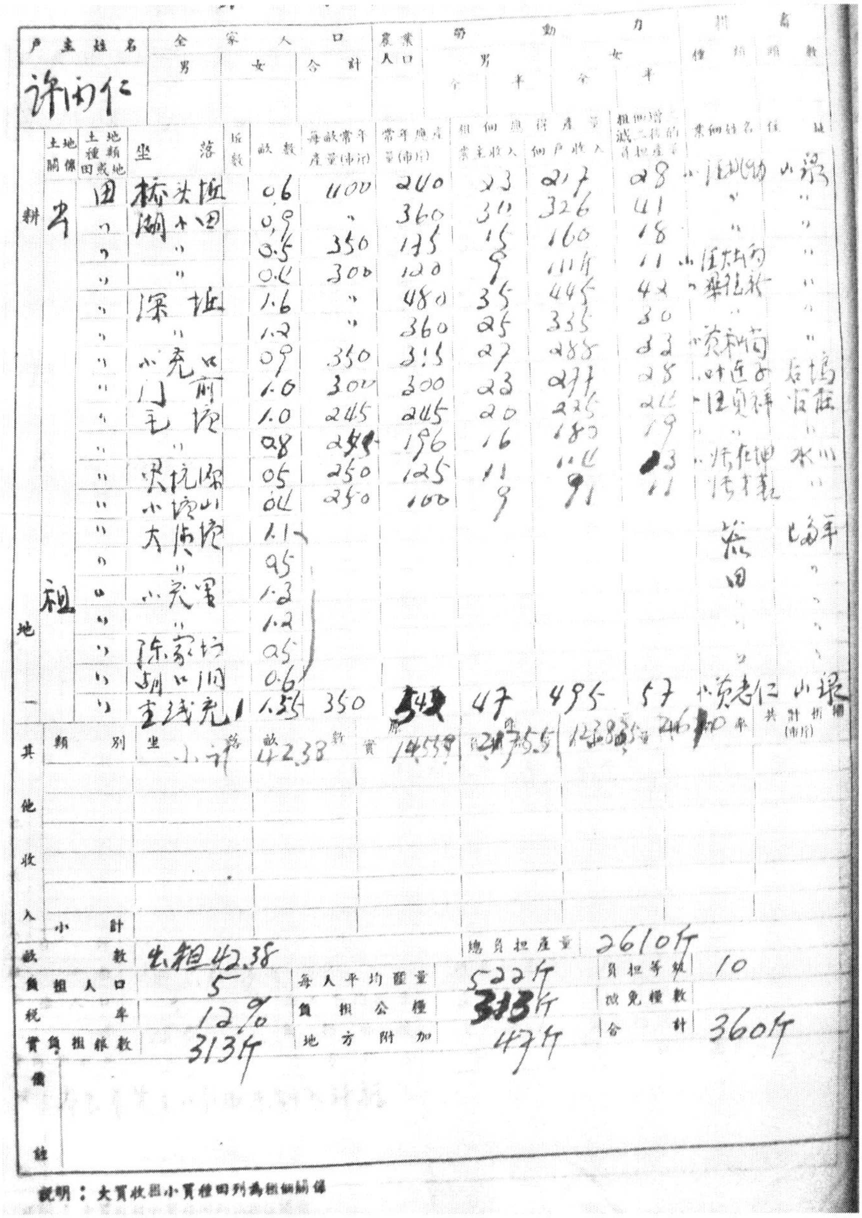

影印件 4.4　20 世纪 30 年代唐模村田底户主许雨仁出租田底田与田面主耕种登记格式

影印件 4.5　20 世纪 30 年代唐模村田底户主许敦义出租田底与田面主、田面主转租登记格式

田面主姓名前加"小买"或"小"字样;第五种情况是户主是田底主,没有田面权,但田面主转租,则"业佃姓名"栏下有两个姓名,田面主前加"小"或"小买"字样,佃种人前加"佃"字样。

笔者统计,20世纪30年代唐模村共有田地1854.91亩,其中双层地权分化田地1143.45亩,占村田地总数的61.64%,没有双层地权分化的田地711.46亩,占村田地总数的38.36%,因此唐模村绝大部分田地发生了地权的双层分化。唐模村地权分化的详细状况,见表4.25。

表4.25　20世纪30年代唐模村239户农户永佃田及非永佃田统计

田地单位:亩

户主	自耕	出租				佃耕				田面田计入产权的田地占有⑨	田面田不计入产权的田地占有⑩
		田底出租①	田面转租②	全业出租③	非永佃出租④	佃耕田底⑤	佃耕田面⑥	佃耕全业⑦	佃耕非永佃⑧		
1 许瑞俭							4			0	0
2 曹海清									3.7	0	0
3 蒋元官									3	0	0
4 许建中					0.6					0.6	0.6
5 汪孝勤	0.6									0.6	0.6
6 许绍基							3.3		2.4	0	0
7 吴棋槐							1.5	1.2		0	0
8 许桂森	0.8	4.54			1.2					4.27	6.5
9 朱丽鸿	0.4									0.4	0.4
10 许朗轩	1.0	0.6								1.3	1.6
11 许作之	0.6	8.8				2.2				5.7	9.4
12 章日财						2.2	1.8			1.1	0
13 杜桂月							2.4		0.8	0	0
14 许吾安									1.6	0	0
15 许耀堂	2.6						0.4			2.6	2.6
16 吴子石		4.5			1.8					4.05	6.3
17 章传闳					1.4					1.4	1.4
18 许孝叙									4.8	0	0
19 姚富奶							2.7		0.9	0	0
20 许能民					4.8					4.8	4.8

续表

户主	自耕	出租				佃耕				田面田计入产权的田地占有⑨	田面田不计入产权的田地占有⑩
		田底出租①	田面转租②	全业出租③	非永佃出租④	佃耕田底⑤	佃耕田面⑥	佃耕全业⑦	佃耕非永佃⑧		
21 程协中	0.5	1.2			3.0					4.1	4.7
22 许镇镛						1.2	2.6	0.8		0.6	0
23 许士宣			6.2				1.3		2.3	3.1	0
24 李二荣嫂									2.1	0	0
25 程大德	0.4						3.3			0.4	0.4
26 汪雄							6			0	0
27 许震贤	2.1					3.4	2			3.8	2.1
28 许冠群			8.8				1.4		1.3	4.4	8.8
29 许秋平	0.3					2.4	3.7		0.8	1.5	0.3
30 程金桂	0.5								2.4	0.5	0.5
31 吴长万奶	1					1.5				1.75	1
32 章传榆			2.5				1.1		5.9	1.25	0
33 聂文忠	0.5						2.4	1.2		0.5	0.5
34 汪石坡							4.8	4.2		0	0
35 许祖凯	0.4	4.16	7.5		2.0					8.23	6.56
36 叶福仂									1.8	0	0
37 冯家荣							0.7		13.7	0	0
38 程执中	0.5						3.3		3.9	0.5	0.5
39 余均甫								11		0	0
40 许义林						2.4	1.6	3.3		1.2	0
41 报本庵	1.0				2.4	2.8	2.2			4.8	3.4
42 邹节雨							2.4	1.07		0	0
43 周德春			0.5		2					0.25	0
44 鲍传意									1.8	0	0
45 程凯笙					4.2		2.6			4.2	4.2
46 程排仂									1.6	0	0
47 汪春华							5.0			0	0
48 吴保智						2.5		1.5	5	1.25	0
49 程崇鉴							2.4			0	0

续表

户主	自耕	出租				佃耕				田面田计入产权的田地占有⑨	田面田不计入产权的田地占有⑩
		田底出租①	田面转租②	全业出租③	非永佃出租④	佃耕田底⑤	佃耕田面⑥	佃耕全业⑦	佃耕非永佃⑧		
50 余东炳	2.5						1.7		3.1	2.5	2.5
51 许卢生			7.17				3.4		1.0	3.59	7.17
52 许得兴			4.0	0.7						2.35	4.0
53 汪克敏	1					2.7			7.9	2.35	1.0
54 吴新子奶	3									3	3
55 方讨饭							3.8		5.8	0	0
56 潘进先							1.5	5.9		0	0
57 洪娥仍							2.7			0	0
58 柳遂鸿					1.2	4.1				3.25	1.2
59 许敬亭				3.3						1.65	0
60 李小苟									4	0	0
61 汪克梯								5.5		0	0
62 鲍锦芝							3.9	1.25		0	0
63 许祚延	2.2			2.2	2.3				4.4	5.6	4.5
64 许绍衣				7	3.2					6.7	3.2
65 胡伟光			3.7	8.39						6.045	3.7
66 唐模小学		47.17			3.97	7.80				35.36	58.94
67 宋小宜妇	0.4				2.4					2.8	2.8
68 汪来富							3			0	0
69 汪云龙					2.9					2.9	2.9
70 程泽民	2.1						6.6		2.2	2.1	2.1
71 许承忠			3.3	0.9			2.7			2.1	3.3
72 许大月							3	3.1	1.4	0	0
73 宁武波	2.4						6	0.5		2.4	2.4
74 江观龄					5.3					5.3	5.3
75 许家楫	1.2	16.705	2.015						2.7	10.56	19.92
76 吴甫来							10	15.9	1.5	0	0
77 许友林							5.6			0	0
78 许慎余			8.71							4.36	8.71

续表

户主	自耕	出租				佃耕				田面田计入产权的田地占有⑨	田面田不计入产权的田地占有⑩
		田底出租①	田面转租②	全业出租③	非永佃出租④	佃耕田底⑤	佃耕田面⑥	佃耕全业⑦	佃耕非永佃⑧		
79 刘善安									9.1	0	0
80 鲍心义奶	1.5	0.5								1.75	2.0
81 许尧懋	2	2.5	7.5		3.1		0.5		4.2	10.1	7.6
82 许雨仁		32.6			9.78					26.08	42.38
83 章日茂						5	1		3.4	2.5	0
84 赵顺元									5.6	0	0
85 许承懋	1.6	4.5				2.7	2.3			5.2	6.1
86 胡尔昌							9.5		4.3	0	0
87 许世芳		7			7.5	0.5	1.3			11.25	14.5
88 汪讨饭	2									2	2
89 程松喜		7.1	4.4		3.6					9.35	10.7
90 章传余									18	0	0
91 胡静山		1.2			4	3.6			9	6.4	5.2
92 曹应生							4.2	10.8		0	0
93 许受衡		3.5	1.9							2.7	3.5
94 许敦义		13.09	4.21							8.65	13.09
95 鲍兰花									4.2	0	0
96 胡灶生奶	1.8				0.4			0.6		2.2	2.2
97 许瑞华	3.5	5.5	1.5		4.7					11.7	13.7
98 叶小宝	5.0						17.2			5	5
99 陈招财	0.8								4.4	0.8	0.8
100 吴聚财							3.9	20.1		0	0
101 章日炳	0.8	1.8	5.5		3.1					7.55	5.7
102 鲍长福妇	4.6				2.2					6.8	6.8
103 鲍友贵妇					2.0		2.7			2.0	2.0
104 许自谦							21.8	6.2		0	0
105 许小月	0.6							4.4	1.6	0.6	0.6
106 汪德奎								6.1	1.4	0	0
107 许承恩			9.6		1.4	6.3	4.5			9.35	1.4

户主	自耕	出租				佃耕				田面田计入产权的田地占有⑨	田面田不计入产权的田地占有⑩
		田底出租①	田面转租②	全业出租③	非永佃出租④	佃耕田底⑤	佃耕田面⑥	佃耕全业⑦	佃耕非永佃⑧		
108 徐继旺							5.6			0	0
109 汪锜生	3.5						7.7	4.8		3.5	3.5
110 吴填福	2.1	12.6				5.6				9.1	14.7
111 吴秋兰	3.0	1.5								3.75	4.5
112 黄多有							5.1	9.8		0	0
113 汪夏季	1.7						15		2.4	1.7	1.7
114 许兴隆	1.3	4.5	2.0		4.4	1.2	3.9		1.8	9.55	10.2
115 许茂轩		8.48	6.26		4.54					11.91	8.48
116 吴兆基							9		6.3	0	0
117 许声甫		11.4			1.5					7.2	12.9
118 许云生	0.3	19.15			5.2		6.1		0.2	15.08	24.65
119 鲍志达	2.1	4			6.4				1.3	10.5	12.5
120 许克甫		3.6	8.1	0.5	17.4	3.2				25.35	21.5
121 汪有荣	1								16.7	1	1
122 章继民	10.1	4.6		3.4	1.9	3.3	5	1.5		19.35	20
123 汪有银	0.6		2				5.3	2.3	0.5	4.25	0.6
124 汪有耕	10.7						5		11.3	10.7	10.7
125 许舒泰	0.4					1.8	5.1		11.1	1.3	0.4
126 朱正元							13	6.3		0	0
127 郑维栾妻	6.7						3.2	4.8		8.3	6.7
128 胡文兴									6.9	0	0
129 许海生		9.01	3.2		2.83	0.3	3.2			9.09	11.84
130 许敦元族		10.6								5.3	10.6
131 许利泉							1.7		11.65	0	0
132 许繁卿	3.9		3.9		5.2	3.7	5.8		3.8	12.9	9.1
133 胡大宜	0.8						15.9			0.8	0.8
134 许敬智妇		0.8			5.8	4.4			0.9	8.4	6.6
135 许永钰	6.6	1.3	2.4		8.97	2.4				18.62	16.87
136 程讨饭								6.3		0	0

续表

户主	自耕	出租				佃耕				田面田计入产权的田地占有⑨	田面田不计入产权的田地占有⑩
		田底出租①	田面转租②	全业出租③	非永佃出租④	佃耕田底⑤	佃耕田面⑥	佃耕全业⑦	佃耕非永佃⑧		
137 李筱云								14.1		0	0
138 许诚荣	5.9	8.1	1.2		0.3	9.8	2.4	4.1		15.75	14.3
139 许礼堂	4.3				13.9					18.2	18.2
140 许锡章						0.7	2.2		6.5	0.35	0
141 许敬涵	4.2		1.2			15	0.1	0.6	0.4	12.3	4.2
142 许敬莲		1.8	1.2		5.9					7.4	7.7
143 许诵芳	5.2	5			10.2	3.1	4.9		4.8	19.45	20.2
144 谢冬奶	6			9.6		3.6				12.6	6
145 许继之	1.7				2.3		10		3.5	4	4
146 章大掌	4.7									4.7	4.7
147 许信斋	3.15	13.8			3.6	5.3				16.3	20.55
148 姚光辉	3.1					9	1.2			7.6	3.1
149 祝笋生	1						17.7		15.7	1	1
150 潘秀春							2.7		8.1	0	0
151 吴明远	4.1	1	10.1		1.5	8.5				15.4	6.6
152 章祖荫	2.4					6.9			20.7	5.85	2.4
153 于福球						15.8	5.7			0	0
154 汪有富	1.9							8.6		1.9	1.9
155 许敬果	2.6	6	8.6		10.6	3.9		0.4		22.45	19.2
156 胡本仁							5.4		4.6	0	0
157 吴先进							1.8	20.1		0	0
158 许荫生	0.5	20.5			4.8	1.8			3.8	15.55	26.3
159 许长庚						3.9				1.95	0
160 许博如	3	10.2	12.7		5.8	1.6				21.05	19
161 许和甫	2	2.67	6.2		0.83	2.2				8.37	5.50
162 许立本族					12.7					12.7	12.7
163 汪顺祥	2.6		1.1			12.8				9.55	2.6
164 何厚成						6.1				3.05	0
165 许玉珍							19.1		3.6	0	0

续表

户主	自耕	出租				佃耕				田面田计入产权的田地占有⑨	田面田不计入产权的田地占有⑩
		田底出租①	田面转租②	全业出租③	非永佃出租④	佃耕田底⑤	佃耕田面⑥	佃耕全业⑦	佃耕非永佃⑧		
166 余松柏							2.7		9.3	0	0
167 章传来	5.5	2.1	2.6		2.1	6.2	3.3		0.6	13.05	9.7
168 许舒安	2.4				1.8	8.2			1.8	4.2	4.2
169 许门生						4.1		1		0	0
170 吴家宝						3.3			3.7	0	0
171 胡金荣	3				10.8					13.8	13.8
172 汪顺禧	2.6						4.6	4.8	4.6	2.6	2.6
173 程长寿	1					12.6		4.3		1	1
174 许承愈	14			4.9	3.5	6.3			2.2	25.55	22.4
175 吴星垣妇	2.3		1.6		2.6				0.6	5.7	4.9
176 许季材		2.3			9.37					10.52	11.67
177 叶光良	5.5	6.8				4.6				11.2	12.3
178 许兆丰	4.06	1.7	18.8	8.4		6.1				25.76	14.16
179 汪德兴	2.2					8.4	8.1			6.4	2.2
180 许述祺								9.6		0	0
181 吴士通	5.3					7.2	0.4	8.7		8.9	5.3
182 吴士遐	5.9				1.6	6	7.1	5.3		10.5	7.5
183 吴韵笙							4.2	1.2		0	0
184 潘秀麒							3		15.6	0	0
185 许瑞伯	1.95		5.9	3.9	4.1				3.05	12.90	9.95
186 许天养奶	1.7		3		1.6	2.6				6.1	3.3
187 许普宣	3.4					11.4	0.8			9.1	3.4
188 蒋玉盛	10.2		3.2		2.2	2.5	0.6			15.25	12.4
189 吴来宾	6.5					16.7			0.6	14.85	6.5
190 许栋臣	1.4	46.68	4.7		6.4	3.7				35.34	54.48
191 许智伯						5.6	2.7	3.8		0	0
192 黄锦文						6.2		19.4		0	0
193 许仲达	8.38	2.81	9.8		7.5	3.7				24.13	18.69
194 许永荃		0.6	8.8		6.4					11.1	7

户主	自耕	出租				佃耕				田面田计入产权的田地占有⑨	田面田不计入产权的田地占有⑩
		田底出租①	田面转租②	全业出租③	非永佃出租④	佃耕田底⑤	佃耕田面⑥	佃耕全业⑦	佃耕非永佃⑧		
195 许朝榆	3	28.85	9.6		10.43	5.4				35.35	42.28
196 曹士宝							1.5	14.4		0	0
197 胡小财	15.5		5.5		8.8	1.2	2.6	12.4		27.65	24.3
198 吴振声						3	2		8.2	1.5	0
199 许壁斋	2.51	9.6	11.02		6.88	2.96				21.18	18.99
200 吴佛观	8.8				0.7	12.7	4			15.85	9.5
201 许克定		6.2	7.4	30.2	0.8					37.8	37.2
202 许悦音		7.92	33.49			4.1				22.75	7.92
203 汪存诚		0.9	16.6	36.5						45.25	37.4
204 章传开	1.8	4.3	2.8	0.4	0.6	8.6				10.65	7.1
205 汪雪桃	1.7	2.1	23.2		1.8	10.2				21.25	5.6
206 查正全					17.7					17.7	17.7
207 许惟甫		3.99	10.9		5.54	2.6				14.29	9.53
208 胡讨饭奶	0.4	0.8	11.9	16.7			0.4		0.3	23.45	17.9
209 许继善祠		44.64	10.5	4.6						31.95	49.24
210 许尚义堂		71.32	3.7							37.51	71.32
211 许骏惠堂		59.99	4.6		19.25					51.54	79.24
212 许荫祠		159.81	12.29							86.05	159.81
213 许世承族		4.21								2.11	4.21
214 许十二房		9.4								4.7	9.4
215 许铭德		13.9								6.95	13.9
216 许家桢等		3.68			13.26					15.1	16.94
217 程德辉			3.8							1.9	0
218 江国东		6.77	9.4		0.5					8.59	7.27
219 江国祯			5.3							2.65	0
220 许敬诚堂		14.33			21.23					28.40	35.56
221 许道智族		2.02								1.01	2.02
222 许尚二房		6.1								3.05	6.1
223 王锦章					7.7					7.7	7.7

户主	自耕	出租				佃耕				田面田计入产权的田地占有⑨	田面田不计入产权的田地占有⑩
		田底出租①	田面转租②	全业出租③	非永佃出租④	佃耕田底⑤	佃耕田面⑥	佃耕全业⑦	佃耕非永佃⑧		
224 许真童族		11.3			1.6					7.25	12.9
225 上三房族		11.74			0.8					6.67	12.54
226 胡致和族			3.8	16.8	2.2					20.9	19
227 许伯龙族		15.4	15.2	16.8						32.15	32.2
228 许义斋族		13.1	7.9	28.4						38.9	41.5
229 许仁斋	2.4	34.8	73	48.5		0.8				105.2	83.3
230 许承湧		3	15.5	2.3	0.5	3.3				13.7	5.8
231 汪恭福			9.1							4.55	0
232 程阿美							1.9		8.9	0	0
233 吴莲子						4.2				2.1	0
234 农会小组								1.6	0.6	0	0
235 胡村开荒小组									6.4	0	0
236 聂文忠									3	0	0
237 程荣伩			20.8							10.4	20.8
238 程吉庆					6.7					6.7	6.7
239 程义安					8.9					8.9	8.9
合计	228.75	997.22	520.48	226.27	422.71	316.76	474.2	218.02	433.1	1854.91	1797.1

注:①田底出租指田底主对其占有田底田的出租;②田面转租指永佃农对其拥有的田面田的转租;③出租全业指底、面分离田地属于同一业主的田地的出租;④出租非永佃指底、面没有分离的普通田地的出租;⑤佃耕田底指永佃农对田底主的田底田的佃耕;⑥佃耕田面指普通佃农对永佃农田面田的佃耕;⑦佃耕全业指普通佃农对底、面分离田地属于同一业主的田地的佃耕;⑧佃耕非永佃指普通田地的佃耕;⑨由于唐模村田面主有着甚至超过田底主的同样的产权,所以唐模村的田底田及田面田的亩数均按其亩数的1/2折算。**田面田计入产权的田地占有 = 自耕田地+(出租田底+出租田面)÷2+出租全业田地+出租非永佃田地+佃耕田底÷2**;⑩田面田不计入产权的田地占有是传统的田地占有计算方法。**田面田不计入产权的田地占有 = 自耕田地+出租田底+出租全业田地+出租非永佃**。

资料来源:财粮员章日达、农会主任汪德兴、村长章继民:《歙县第3区唐模村地籍清册》,20世纪30年代,歙县档案馆藏。

　　第三,唐模村的双层地权租佃和地主制租佃有着本质的不同。唐模村的双层地权租佃和地主制租佃有着本质的不同,具体表现在以下几个方面:

一是唐模村租佃是在两个地权层次进行的租佃形式更加灵活的租佃。唐模村双层地权分化后,土地租佃便在两个层次的产权上分别进行租佃,田底田租佃属于资产性地权租佃,田面田租佃属于经营性地权租佃。有的学者认为,永佃租佃主要是田底田的租佃,而田面田租佃的比例很小①,事实上,田面田租佃是和田底田租佃同样重要的租佃类型。此外,底面全业田租佃比例也非常高。②

唐模村共出租田底田997.2亩,折合全业产权498.6亩。唐模村出租田底最多的是许荫祠,共出租田底田159.81亩;其次是许尚义堂,出租田底71.3亩;唐模村共有82户出租田底田,占总户数的34.3%。唐模村佃耕户共佃耕田底田316.76亩③,占总田地面积的17.08%,涉及67户,占总户数的28.45%。

唐模村共出租田面田520.48亩,出租田面占总田地面积的28%,共有66户出租田面,占总户数的27.6%,和出租田底的户数相差不多,可见唐模村田面出租比例相当高,是一种非常普遍的田地出租类型。笔者对唐模村每一坵转租田面田进行考察,发现徽州唐模村田面田转租比例相当高,其转租的主要原因是为了经营的方便,先把不便经营的田面田出租,再把方便经营的田面田租进来。唐模村户共租进田面474.2亩,占村田地总数的25.56%,涉及101户,占村总户数的42.26%,因此,田面田租佃是涉及唐模村户数最多的一种租佃形式。

底、面全业田出租是指底、面分离田地属于同一业主的田地出租。唐模村共出租底面全业田地226.3亩,占村总田地面积的12.2%,共有15户出租底、面全业田地,占村总户数的6.28%。唐模村农户共佃耕底面全业田地218.02亩,占村田地总数的11.75%,涉及40户,占村总户数的16.74%。

非永佃田地出租指地权没有双层分化田地的出租。唐模村共出租非永

---

① 见慈鸿飞:《民国江南永佃制新探》,《中国经济史研究》2006年第3期,第60页。
② 底面全业田地是指底、面两种产权分离,但两种产权仍属于同一业主的情况,即使田底和田面都出租给同一佃耕者,但在订立租佃契约时,分别订立田底与田面两份租佃契约。
③ 唐模村各类佃耕户是指本村佃耕户,没有统计外村佃耕户,所以唐模村出租各种田地数要多于该村各种佃耕田地数。

佃田地 422.7 亩,占村田地总数的 22.79% ,涉及农户 84 户,占村总户数的
35.15% 。唐模村户共佃耕非永佃田地 433.1 亩,占田地总数的 23.35% ,
涉及 82 户,占村总户数的 34.31% 。以上关于各种永佃田的出租统计,见
表 4.25。

因此,形成永佃制的唐模村的田地租佃和非永佃村的土地租佃的区别:一
是唐模村的土地租佃属于田底和田面两种产权分别进行的土地租佃,而非永
佃村田地的租佃是完全产权租佃,底、面分离的田地即使流转到同一业主手
中,业主在出租时也要和佃耕者分别签订田底和田面两份租佃契约,业主既收
田底租,又收田面租;二是非永佃村的田地租佃不灵活,只能是田地的完全产
权租佃,而唐模村由于田地产权分为田底和田面两个层次,两种产权可以分别
进行租佃,所以其租佃更加灵活,既有全业产权的田地租佃,又有部分产权的
田地租佃。

二是唐模村很大比例的租佃不是单向的业主把田地租给佃农,佃农缴纳
地租的租佃,而是在出租田地的同时,又佃入田地的租佃。唐模村既佃耕又出
租的农户有 62 户,占总户数的 25.94% ,此类户占有田地的分组状况是:占有
2 亩以下田地户 2 户;占有 2—4 亩田地户 6 户;占有 4—6 亩田地户 9 户;占
有 6—8 亩田地户 2 户;占有 8—10 亩田地户 7 户;占有 10—15 亩田地户 14
户;占有 15—20 亩田地户 8 户;占有 20—30 亩田地户 11 户;占有 30—40 亩
田地户 2 户;占有 100 亩以上田地户 1 户。唐模村既出租又佃耕户共佃耕田
底 210.66 亩、田面 94.5 亩、底面全业田 26.2 亩和非永佃田地 56 亩,同时出
租田底 333.25 亩、田面 340.63 亩、底面全业田 85.1 亩和非永佃土地 188.25
亩,共涉及田地 1334.59 亩,占全村总田地 1854.91 亩的 71.95% 。可见,唐模
村租佃主体属于互通有无的租佃,而非剥削性的地主制租佃,兹举具体户予以
说明。许作之户出租田底 8.8 亩的同时,又佃耕田底 2.2 亩;许士宣户出租田
面 6.2 亩,却又佃耕田面 1.3 亩和非永佃田地 2.3 亩;许冠群户出租田底 8.8
亩,佃耕田面 1.4 亩和非永佃田地 1.3 亩;章传榆户出租田面 2.5 亩,佃耕田
面 1.1 亩;章继民出租田底 4.6 亩,底、面全业田 3.4 亩和非永佃田地 1.9 亩,
佃耕田底 3.3 亩和田面 5 亩和底、面全业田 1.5 亩。这种租佃主要是互通有
无,彼此整合、方便各自耕作的租佃。关于唐模村既出租又佃耕的详细状况,
见表 4.26。

表 4.26 20 世纪 30 年代唐模村出租且佃耕户租佃状况及田地占有统计

田地单位:亩

户主	自耕	出租				佃耕				计算田面的田地占有②	不计算田面的田地占有③
		田底出租①	田面出租	底面全业	非永佃	佃耕田底	佃耕田面	底、面全业	非永佃		
章传榆			2.5				1.1		5.9	1.25	0
鲍友贵妇					2.0		2.7			2.0	2.0
许士宣			6.2				1.3		2.3	3.1	0
许卢生		7.17					3.4		1.0	3.59	7.17
许承忠		3.3	0.9				2.7			2.1	3.3
胡灶生奶	1.8				0.4			0.6		2.2	2.2
许继之	1.7				2.3		10		3.5	4	4
柳遂鸿					1.2	4.1				3.25	1.2
许冠群		8.8					1.4		1.3	4.4	8.8
报本庵	1.0				2.4	2.8	2.2			4.8	3.4
程凯笙					4.2		2.6			4.2	4.2
许祚延	2.2		2.2		2.3				4.4	5.6	4.5
许舒安	2.4				1.8		8.2		1.8	4.2	4.2
吴星垣妇	2.3		1.6		2.6				0.6	5.7	4.9
汪有银	0.6		2			5.3	2.3		0.5	4.25	0.6
许承懋	1.6	4.5				2.7	2.3			5.2	6.1
许作之	0.6	8.8				2.2				5.7	9.4
许天养奶	1.7		3		1.6	2.6				6.1	3.3
胡静山		1.2		4	3.6			9		6.4	5.2
许承恩			9.6		1.4	6.3	4.5			9.35	1.4
吴填福	2.1	12.6			5.6					9.1	14.7
许兴隆	1.3	4.5	2.0		4.4	1.2	3.9		1.8	9.55	10.2
许和甫	2	2.67	6.2		0.83	2.2				8.37	5.50
汪顺祥	2.6		1.1			12.8				9.55	2.6
吴佛观	8.8				0.7	12.7	4			15.85	9.5
许敬智妇		0.8			5.8	4.4			0.9	8.4	6.6
许家楫	1.2	16.71	2.02						2.7	10.56	19.92
许尧懋	2	2.5	7.5		3.1		0.5		4.2	10.1	7.6
许世芳		7			7.5	0.5	1.3			11.25	14.5
许云生	0.3	19.15			5.2		6.1		0.2	15.08	24.65

续表

户主	自耕	出租				佃耕				计算田面的田地占有②	不计算田面的田地占有③
		田底出租①	田面出租	底面全业	非永佃	佃耕田底	佃耕田面	底、面全业	非永佃		
鲍志达	2.1	4			6.4			1.3		10.5	12.5
许繁卿	3.9		3.9		5.2	3.7	5.8		3.8	12.9	9.1
许敬涵	4.2		1.2			15	0.1	0.6	0.4	12.3	4.2
谢冬奶	6		9.6			3.6				12.6	6
章传来	5.5	2.1	2.6		2.1	6.2	3.3		0.6	13.05	9.7
叶光良	5.5	6.8				4.6				11.2	12.3
吴士遐	5.9				1.6	6	7.1	5.3		10.5	7.5
许惟甫		3.99	10.9		5.54	2.6				14.29	9.53
许承湧		3	15.5	2.3	0.5	3.3				13.7	5.8
章传开	1.8	4.3	2.8	0.4	0.6	8.6				10.65	7.1
章继民	10.1	4.6		3.4	1.9	3.3	5	1.5		19.35	20
许永钰	6.6	1.3	2.4		8.97	2.4				18.62	16.87
许诚荣	5.9	8.1	1.2		0.3	9.8	2.4	4.1		15.75	14.3
许诵芳	5.2	5			10.2	3.1	4.9		4.8	19.45	20.2
吴明远	4.1	1	10.1		1.5	8.5				15.4	6.6
许信斋	3.15	13.8			3.6	5.3				16.3	20.55
许荫生	0.5	20.5			4.8		1.8		3.8	15.55	26.3
蒋玉盛	10.2		3.2		2.2	2.5	0.6			15.25	12.4
许兆丰	4.06	1.7	18.8	8.4		6.1				25.76	14.16
许克甫		3.6	8.1	0.5	17.4	3.2				25.35	21.5
许敬果	2.6	6	8.6		10.6	3.9		0.4		22.45	19.2
许博如	3	10.2	12.7		5.8	1.6				21.05	19
许承愈	14			4.9	3.5	6.3		2.2		25.55	22.4
许仲达	8.38	2.81	9.8		7.5	3.7				24.13	18.69
胡小财	15.5		5.5		8.8	1.2	2.6	12.4		27.65	24.3
许璧斋	2.51	9.6	11.02		6.88	2.96				21.18	18.99
许悦音		7.92	33.49			4.1				22.75	7.92
汪雪桃	1.7	2.1	23.2		1.8	10.2				21.25	5.6
胡讨饭奶	0.4	0.8	11.9	16.7			0.4		0.3	23.45	17.9
许栋臣	1.4	46.68	4.7		6.4	3.7				35.34	54.48
许朝榆	3	28.85	9.6		10.43	5.4				35.35	42.28

续表

户主	自耕	出租				佃耕				计算田面的田地占有②	不计算田面的田地占有③
		田底出租①	田面出租	底面全业	非永佃	佃耕田底	佃耕田面	底、面全业	非永佃		
许仁斋	2.4	34.8	73	48.5		0.8				105.2	83.3
合计	175.8	333.25	340.63	85.1	188.25	210.66	94.5	26.2	56	889.02	782.31

注:①出租田底者自己没有出面;出租田面者,出租者没有田底;出租全业者,出租者既有田面又有田
   底。底、面没有分离的田地为非永佃出租。租佃田底者自己有田面,租佃田面及全业者,租佃
   自己既没有田面,也没有田底。租佃底、面没有分离的田地为非永佃租佃。
   ②计算田面的田地占有是把田面计入产权的计算方法。由于唐模村大量存在永佃制,所以唐模村
   的田底田及田面田均安其亩数的1/2折算。**计算田面的田地占有=自耕田地+(出租田底+出租
   田面)÷2+出租全业田地+出租非永佃田地+佃耕田底÷2。**
   ③不计算田面的田地占有是传统的田地占有计算方法。**不计算田面的田地占有=自耕田地+出租
   田底+出租全业田地+出租非永佃。**

资料来源:财粮员章日达、农会主任汪德兴、村长章继民:《歙县第3区唐模村地籍清册》,20世纪
   30年代,歙县档案馆藏。

三是唐模村的租佃主体不属于剥削性租佃。先看唐模村宗祠户之外的普通纯出租户的租佃状况。唐模村的普通纯出租户共有26户,占总户数的10.88%,其占有田地户数分组状况为:占有2亩以下田地的5户;占有2—4亩田地的3户;占有4—6亩田地的4户;占有6—8亩田地的5户;占有8—10亩田地的1户;占有10—15亩田地的4户;占有15—20亩田地的1户;占有20—30亩田地的1户;占有30—40亩田地的1户;占有40—50亩田地的1户。由上可知,唐模村普通纯出租户出租田地30亩以下户共有24户,占普通纯出租户的92%,如按1927年中国国民党农民部土地委员会30亩以上划为地主的标准①,唐模村92%的普通出租户不能被看做地主。唐模村所有普通出租户田地均在50亩以下,若按照栾成显50亩以上为江南地富标准②,则唐模村普通出租户没有1户是地主。唐模村普通纯出租户共出租田底104.46亩、田面74.95亩、底面全业田66.7亩和非永佃田地89.15亩,折合出租全业

---

① 见章有义:《本世纪二三十年代我国地权分配的再估计》,《中国社会经济史研究》1988
   年第2期,第3页。
② 栾成显认为,江南只有10亩以下的农户,多为自耕农兼佃农或佃农;占有10—30亩
   左右土地的农户,多属自耕农;占有30亩以上土地的农户,即有土地出租者;占有50
   亩以上土地而又人丁较少的农户,则多系靠出租土地为生的富农或地主,见栾成显:《明
   代黄册研究》,中国社会科学出版社1998年版,第409页。

产权土地 245.56 亩,占全村田地总产权的 13.23%,所以形成永佃制的唐模村普通出租者产权占全村产权比例大大低于章有益估计的全国地富在农村中占有 50%—60% 的比例。① 唐模村普通纯出租户的田地出租状况,见表 4.27。

表 4.27　20 世纪 30 年代唐模村普通出租户出租田地统计

单位:亩

户主	出租①				计算田面的田地占有②	不计算田面的田地占有③
	田底出租	田面出租	底面全业	非永佃		
汪云龙				2.9	2.9	2.9
许建中				0.6	0.6	0.6
章传闵				1.4	1.4	1.4
周德春		0.5		2.0	2.25	0
许敬亭		3.3			1.65	0
程德辉		3.8			1.9	0
许受衡	3.5	1.9			2.7	3.5
许得兴	4.0	0.7			2.35	4.0
吴子石	4.5			1.8	4.05	6.3
许能民				4.8	4.8	4.8
江观龄				5.3	5.3	5.3
汪恭福		9.1			4.55	0
许声甫	11.4			1.5	7.2	12.9
许敬莲	1.8	1.2		5.9	7.4	7.7
许绍衣		7.0		3.2	6.7	3.2
胡伟光	3.7	8.39			6.045	3.7
程吉庆				6.7	6.7	6.7
程义安				8.9	8.9	8.9
许茂轩	8.48	6.26		4.54	11.91	8.48
许季材	2.3			9.37	10.52	11.67
许永荃	0.6	8.8		6.4	11.1	7
程荣伈	20.8				10.4	20.8
许家桢等	3.68			13.26	15.1	16.94

① 章有义:《本世纪二三十年代我国地权分配的再估计》,第 8 页。

续表

户主	出租①				计算田面的田地占有②	不计算田面的田地占有③
	田底出租	田面出租	底面全业	非永佃		
许雨仁	32.6			9.78	26.08	42.38
许克定	6.2	7.4	30.2	0.8	37.8	37.2
汪存诚	0.9	16.6	36.5		45.25	37.4
合计	104.46	74.95	66.7	89.15	245.56	253.77

注:①出租田底者自己没有田面;出租田面者,出租者没有田底;出租全业者,出租者既有田面又有田底。底、面没有分离的田地出租为非永佃出租。

②计算田面的田地占有是把田面计入产权的计算方法。由于唐模村大量存在永佃制,所以唐模村的田底田及田面田均安其亩数的1/2折算。**计算田面的田地占有=自耕田地+(出租田底+出租田面)÷2+出租全业田地+出租非永佃田地+佃耕田底÷2。**

③不计算田面的土地占有是传统的土地占有计算方法。**不计算田面的田地占有=自耕田地+出租田底+出租全业田地+出租非永佃。**

资料来源:财粮员章日达、农会主任汪德兴、村长章继民:《歙县第3区唐模村地籍清册》,20世纪30年代,歙县档案馆藏。

唐模村普通纯出租户出租田地的首要原因是由于农业外就业而出租田地,而非因占田较多为了获取剥削性收入而出租田地。如许建中户,户主在上海做医生,其子许振舒因在杭州经商而出租普通田地0.6亩;吴子石户,户主在外经商而出租田面4.5亩和非永佃田地1.8亩;许得兴户,户主由于在外营生而出租田底4亩、田面0.7亩;许绍衣户,户主由于在外经商而出租田面7亩和非永佃田地3.2亩;胡伟光户,户主在外经商而出租田底3.7亩和田面8.39亩;周德春户,户主系外出工人,出租0.25亩;江观龄户,户主独身1人,在通州当商业学徒,由佃户代报出租普通田地5.3亩;许季材户,户主在浙江物资运用委员会供职,其占有的田面2.3亩和普通田地9.37亩全部出租;许永荃户,全家在南通经商已7年,出租田底田0.6亩、田面田8.8亩和非永佃田6.4亩,许永玉代收地租;许克定户,人口多,有8人,但从事非农业的人口有6人,其占有的田底6.2亩、田面7.4亩、底面全业田30.2亩和普通田地0.8亩全部出租;许家桢户,全家在外就业,出租田底3.68亩和普通田地13.26亩。

其次,鳏寡老人劳动力弱或户主亡故缺乏劳动力也是普通纯出租户出租田地的重要原因。鳏夫章传闵因丧失劳动能力而出租普通田地1.4亩;寡妇许敬莲因无力耕作而出租田底1.8亩、田面1.2亩和非永佃田地5.9亩;鳏夫许声甫因无能力耕种而出租田底 11.4 亩和普通田地 1.5 亩；鳏夫查正全年老体弱，其占有的 17.7 亩普通田地全部出租；许惟甫户，户主已死，夫人寡居，无子女，把田底 3.99 亩、田面 10.9 亩和普通田地 5.54 亩全部出租；汪存诚户，户主已死，只剩下母女 2 人，因无力耕种，其占有的田底田 0.9 亩、田面田 16.6 亩和底面全业田 36.5 亩全部出租。

另外，有一些户是因为田地在外村，不便耕作而出租。如汪恭福户，因不便耕作而出租其在外村占有的田面 9.1 亩；程荣仫户，因不便耕作而出租其在岩寺占有的田底 20.8 亩；程吉庆户，因不便耕作而出租其在外村占有的普通田地 6.7 亩。程义安户，因不便耕作而出租其在外村占有的普通田地 8.9 亩；程德辉户，因不便耕作而出租其在外村占有的田面 3.8 亩。

再看出租部分田地户出租田地的原因。唐模村出租部分田地户也不是以租佃为生的剥削者，其出租田地的首要原因同样是因为农业外就业而出租土地，老弱孤寡因丧失了劳动能力也是其出租部分田地的重要原因。许信斋户的许士煦任歙师附小教员，该户只有 1 个农业劳动力，仅自耕田 3.15 亩，佃耕田底 5.3 亩，出租无力耕种的田底 13.8 亩和普通田地 3.6 亩；吴明远户 1 人在外经商，自耕田地 4.1 亩，整合佃耕田底田 8.5 亩，出租无力耕种的田底 1 亩、田面 10.1 亩和普通田地 1.5 亩；许敬果户的许迎福参加皖南文工团，该户仅自耕 2.6 亩、佃耕田底 3.9 亩和底面全业田 0.4 亩，出租无力耕作的田底 6 亩、田面 8.6 亩和普通田地 10.6 亩；许荫生户，1 人经商，1 人任完小教员，该户只有 1 个农业劳动力，仅佃耕田面 1.8 亩和普通田地 3.8 亩，出租无力耕作的田底 20.5 亩和非永佃田地 4.8 亩；许博如户，户主死，只有 3 个女儿，1 个女儿参加革命，该户只有 1 个女劳动力，仅自耕 3 亩外，佃耕少量田底 1.6 亩，出租无能力耕作的田底 10.2 亩、田面 12.7 亩和普通田地 5.8 亩；许和甫户，男 2 女 3，该户之子在外经商，该户有 2 个农业劳动力，但该户主年老，仅自耕 2 亩，佃耕少量田底田 2.2 亩，出租无能力耕作的田底田 2.67 亩、田面田 6.2 亩和非永佃田 0.83 亩；寡妇吴星垣妇，仅自耕 2.3 亩，佃耕少量普通田地 0.6 亩，出租无力耕种的田面 1.6 亩和普通田地 2.6 亩；寡妇许天养奶因劳动力比较弱，仅自耕 1.7 亩，佃耕少量田面 2.6 亩，出租无力耕作的田面 3 亩和普通田地 1.6 亩；许栋臣户，男 4 女 5，户主在杭徽公路歙篁公司薪给，许代华在人民银行薪给，许代狄在景德镇经商，该户因多人农业外就业，从事农业的劳动力只有妇女 1 人,所以仅自耕 1.4 亩,佃耕少量田底 3.7 亩,而把无能力耕种的田底 46.68 亩、田面 4.7 亩和普通田地 6.4 亩出租;许朝榆户,男 4 女 4,有 3 人薪给服务,因从事非农行业人较多,该户仅自耕 3 亩,佃耕田底 5.4 亩,无力耕种而出租田底 28.85 亩、田面 9.6 亩和普通田地 10.43 亩;胡讨饭奶孤身一人,劳动能力弱,仅自耕 0.4 亩,佃耕少量田面田 0.4 亩和普通田 0.3 亩,无力耕种而出租田底田 0.8 亩、田面田 11.9 亩和底面全业田 16.7 亩。

四是唐模村宗祠户也只能作为普通出租者出租其田地。民国时期,唐模村的族田普遍发生了地权的双层分化,宗祠主要掌握族田的田底权,田面权主要掌握在佃农手中。唐模村的族田田底虽然仍以宗祠占有为主,但是由于土地的流转,佃农占有族田田底的情况也不少,说明由于双层地权的分化,民国时期的宗祠是作为一个普通所有权主体进行土地占有、租佃和土地交易的。

从族田的地权分配状况看,族田户也只能作为普通租佃者进行出租。唐模村共有 22 个族田户,共占有族田 409 亩。① 该村 5 亩以下的族田户有 6 户,占族田总户数的 27.27%;5—10 亩的族田户有 7 户,占族田总户数的 31.82%;10—15 亩族田户 1 户,占族田总户数的 4.55%;15—20 亩段没有族田户;20—30 亩的族田户 2 户,占族田总户数的 9.09%。上述 4 组族田户共16 户,占有田地都在 30 亩以下,占族田总户数的 72.7%,因此绝大部分族田户都是中小族田户,中小族田户田地不多,不可能形成宗法势力,只能作为普通户出租田地。30—40 亩族田户包括许继善祠、许伯龙堂、许尚义堂、许义斋4 户,分别占有田地 31.95 亩、32.15 亩、37.51 亩和 38.9 亩,分别收租 3264斤、4145 斤、4025 斤和 4167 斤。从下文可知,占有田地也在 30—40 亩之间的普通经营户因为农业外就业,剩下较少的农业劳动力,把无力耕种的田地出租,其中许栋臣户收租 3125.8 斤,许朝榆户收租 3937 斤;许克定户收租3950.8 斤。和田地占有不相上下的 3 个既佃耕又出租的经营户相比,该组族田户收租并不多,因此该组族田户在村中没有强势地位,只能作为普通租佃者出租田地。该组族田户和低于 30 亩的普通经营户相比,收租量也不一定多。如普通经营户许悦音有田地 22.76 亩,收租 5130 斤,就超过该组族田户的收租

---

① 在说明唐模村族田状况时,笔者在此使用的是根据包括田面田的统计方法统计出来的族田数。关于唐模村的族田情况,详见第二章第一节。

量。该村 40 亩以上族田户只有 2 户,占族田总户数的 9%,占全村总户数的 0.84%,所占比例非常小,其中许骏惠堂占有田地 51.54 亩,许荫祠 86.05 亩。许荫祠是占有田地最多的族田户,但却没有普通经营户许仁斋户占有的田地多,许仁斋占有田地 105.2 亩。唐模村族田户地权分配的详细情况,见表 4.28。

表 4.28　20 世纪 30 年代唐模村族田地权分配统计

户别	户数	户数%	田底(亩)①	田面(亩)②	底面全业土地(亩)	非永佃土地(亩)③	占地(亩)④	占地%
0—5 亩	6	27.27	30.44	5.3	0	0	17.87	4.37
5—10 亩	7	31.82	67.40	13.61	0	10.6	51.11	12.49
10—15 亩	1	4.55	0	0	0	12.7	12.7	3.1
15—20 亩	0	0	—	—	—	—	—	—
20—30 亩	2	9.09	14.33	3.8	16.8	23.43	49.30	12.05
30—40 亩	4	18.18	144.46	37.3	49.8	0	140.51	34.35
40 亩以上	2	9.09	219.80	16.89	0	19.25	137.58	33.63
合计	22	100	476.42	76.90	66.6	65.98	409.06	100

注:①田底田、田面田没有折合为全业产权。
　　②田面田=出租田面+佃耕田底(有田面权)。
　　③非永佃田=自耕田地+非永佃出租田地。
　　④占地亩数为折合为全业产权的田地占有。折合为全业产权的田地占有是把田面计入产权的计算方法。由于唐模村大量存在永佃制,所以唐模村的田底田及田面田均按其亩数的 1/2 折算。全业产权田地占有=自耕田地+(出租田底+出租田面)÷2+出租全业土地+出租非永佃田地+佃耕田底÷2。
资料来源:村长章继民、农会主任汪德兴、财粮员章日达:《歙县第 3 区唐模村地籍清册》,20 世纪 30 年代,歙县档案馆藏。

　　唐模村族田的管理方式也说明民国时期宗族势力的式微。如许敬诚堂 14.33 亩的族田田底和 21.23 亩的非永佃族田由许仁斋代理出租;许道智的 2.01 亩族田田底由许繁卿代理出租。许真童的族田田底 11.3 亩和 1.6 亩非永佃族田由许信斋代理出租。族田户让普通经营户代理出租,说明唐模村的宗族不再有什么势力了。

　　因此,无论从地权占有状况、族田户收租量,还是从族田的管理方式看,都说明唐模村宗族势力的衰落,族田户也只能作为普通租佃者进行出租其占有的族田。

　　永佃制下唐模村的地权比较平均。民国时期就对农村的地权结构做了调查。据 1932 年国民政府内政部对 17 省 869 县(不包括东北地区)的调查,耕地分配状况是:占总户数59%的 10 亩以下农户占有耕地16%;占总户数24%的 11—30 亩农户占有耕地22%;占总户数 10%的 31—50 亩农户占有耕地22%;占总户数 5%的 51—100 亩农户占有田地 19%;占总户数 2%的 100 亩以上的农户占有耕地 19%。上述后三组合计,17 省 30 亩以上户数占总户数的 17%,占总田地的 60%。① 又据 1934 年国民政府土地委员会对 22 省的调查(亦不包括东北),有地户地权分配是:不足 10 亩占总户数 60%的农户占总田地的 18%;10—29.9 亩占总户数 29%的农户占总田地的 33%;30—49.9 亩占总户数 6%的农户占总田地的 15%;50—99.9 亩占总户数 4%的农户占总田地的 16%;100 亩以上占总户数 1%的农户占总田地的 18%。这里 30 亩以上户占总户数的 11%,占总田地的 49%。② 薛暮桥根据农村复兴委员会等机关对陕西、河北、江苏、浙江、广东、广西 6 省农村调查报告,推算地主富农占户数的 9.9%,却占总田地的 63.8%。③ 陶直夫则估计 1934 年左右全国(亦不包括东北)地主富农共占户数的 10%,而占有总田地的 68%。④ 吴文晖估计全国地主富农占农户的 10%,却占总土地的 57%。⑤ 刘克祥估计,20 世纪 30 年代占安徽人口 12%的地主富农垄断了 64%的田地,而占人口 88%的中农、贫雇农只占 36%的田地。⑥ 上述调查与研究都把民国时期农村地权结构描述为一个倒金字塔结构,即处于上层的地主占土地的大头,中贫农占小头的农村地权结构。当代学者承袭了民国时期关于农村地权结构的观点。上述观点在研究上有以下几方面的缺陷:其一,把占有 30 亩以上土地作为划分以地租为

---

① 国民政府主计处统计局编:《中国土地问题之统计分析》,正中书局 1941 年版,第 72—74 页。

② 国民政府全国土地委员会编:《全国土地调查报告纲要》,《逢甲学报》1937 年第 7 期,南京大学图书馆藏,第 32 页。

③ 薛暮桥:《中国农村经济常识》,新知商店 1947 年版,第 20 页。

④ 中国农村经济研究会编:《中国土地问题和商业高利贷》,中国农村经济研究会 1937 年版,第 65 页。

⑤ 吴文晖:《现代中国土地问题之探究》,载《新社会科学》1934 年第 1 卷第 4 期,第 121—128 页;吴文晖:《中国土地问题及其对策》,商务印书馆 1944 年版,第 121—128 页。

⑥ 刘克祥:《20 世纪 30 年代土地阶级分配状况的整体考察和数量估计》,《中国经济史研究》2002 年第 1 期,第 35 页。

生的地富的标准①,这一点很不合理。是否以出租土地为生,其占有土地的数量地区性差异很大,在地广人稀,经营比较粗放或土质比较贫瘠的地区,人口较多有较多劳动力的农户,即使占有或经营三四十亩土地,也够不上富农;相反,在土壤比较肥沃集约化程度较高的地区,或人口较少劳动力也少,不足 30 亩也可能是富农。看农户是否为地富,只有从农户占有土地数量,劳动力状况,收租占经营收入比例等多方面考察才能确定其身份。其二,对农村地权状况研究引用的多是全国或地区性资料或文献资料②,后来虽然有的学者利用田粮清册、黄册底籍、鱼鳞册对农村地权状况进行研究,但是由于资料范围仅仅局限于一个图、一个保,或一个圩,且论据只限于农户土地占有数字,所以对农户家庭具体的经营状况难以进行深入研究。其三,由于在南北方、平原和山区、永佃制形成地区和未形成永佃制的地区,各地自然和社会环境差别很大,所以各地农村的地权结构不可能只有一种模式。笔者认为,倒金字塔式的农村经济结构模式在民国时期不带有普遍性,特别是在使地权趋于平均化的形成永佃制的农村更不适用。由于地主、富农、中农、贫农土地的数量标准很难界定,再加上唐模村的地权状况比较复杂,所以本书不采用阶级划分法考察唐模村的地权状况,而采用纯自耕户、自耕兼出租户、纯佃耕户、佃耕兼自耕户、既佃耕又出租户和纯出租户的划分方法。

唐模村的地权结构分布是:无地佃耕户 65 户,占全村户数的 27.19%;纯自耕户 5 户,占总户数的 2.09%;自耕兼出租户 8 户,占总户数的 3.35%;佃耕兼自耕户 40 户,占总户数的 16.7%;既出租又佃耕户 62 户,占总户数的 25.9%;纯出租户 48 户,占总户数的 20.1%;纯佃耕有地户 11 户;以上 6 类有产权户共 174 户,占总户数的 72.38%。因此,唐模村绝大部分农户属于有产权户,上述数据详见表 4.29。1927 年,中国国民党中央执行委员会农民部土地委员会搜集全国 21 个省的统计资料,无地人口(包括佃农、雇农和贫农)占

---

① 人民出版社编:《第一次国内革命战争时期的农民运动》,人民出版社 1953 年版,第 3—5 页。

② 如章有义利用全国性资料对二三十年代我国地权状况的估计(《本世纪二三十年代我国地权分配的再估计》,《中国社会经济史研究》1988 年第 2 期);戴逸等利用直隶获鹿县编册对获鹿县 91 个甲地权状况的估计(《清史简编》第 1 册,人民出版社 1980 年版,第 347 页)。

总人口的 55%。① 另据栾成显的研究,长江下游完全不占有田地的人户达 7/10 以上。因此,唐模村无地户比例相对于没有形成永佃制的村落要低得多。②

再采用对农户占有田地亩数的分组法来分析唐模村的地权结构。唐模村地权分组状况,见表 4.29。

表 4.29　20 世纪 30 年代唐模村田地占有分组统计

田地单位:亩

分组	户数	户数%	田底①	田面②	底面全业	非永佃田地③	田地占有④	田地占有比例%
无地户	65	27.2	0	0	0	0	0	0
0—2 亩	34	14.23	3.12	31.2	0	21.9	39.06	2.11
2—4 亩	27	11.3	29.78	41	0	39.9	75.24	4.06
4—6 亩	21	8.79	61.05	34.8	0	53.5	101.4	5.47
6—8 亩	16	6.69	61	56.19	0	53.1	111.70	6.02
8—10 亩	15	6.28	56.54	107.41	0	61.16	143.13	7.72
10—15 亩	24	10.04	107.23	149.28	6.6	154.40	289.25	15.59
15—20 亩	11	4.18	57.98	51.5	3.4	128.38	186.67	10.06
20—30 亩	14	5.86	91.66	190.17	47.3	147.65	335.86	18.11
30—40 亩	8	3.35	273.36	68.1	83.97	29.83	284.53	15.34
40—102 亩	4	1.67	255.50	107.29	85	21.65	288.04	15.53
总计	239	100	997.22	837.24	226.27	711.47	1854.91	100

注:①田底田、田面田没有折合为全业产权。

　　②田面=出租田面+佃耕田底(有田面权)。

　　③非永佃田地=自耕田地+非永佃田地出租。

　　④田地占有为折合为全业产权的田地占有。折合为全业产权的田地占有是把田面计入产权的计算方法。由于唐模村大量存在永佃制,所以唐模村的田底田及田面田均按其亩数的 1/2 折算。全业产权土地占有=自耕土地+(出租田底+出租田面)÷2+出租全业田地+出租非永佃田地+佃耕田底÷2。

资料来源:村长章继民、农会主任汪德兴、财粮员章日达:《歙县第 3 区唐模村地籍清册》,20 世纪 30 年代,歙县档案馆藏。

从上表可知,唐模村地权占有状况分组是:无地户组 65 户,占总户数的

---

①　人民出版社编:《第一次国内革命战争时期的农民运动》,人民出版社 1953 年版,第 3—5 页。

②　栾成显:《明代黄册研究》,中国社会科学出版社 1998 年版,第 427 页。

27.2%;2 亩及以下组农户 34 户,占总户数的 14.23%。2—4 亩组农户 27 户,占总户数的 11.3%;4—6 亩组农户 21 户,占总户数的 8.79%;6—8 亩组农户 16 户,占总户数 6.69%;8—10 亩组农户 15 户,占总户数的 6.28%;10—15 亩组农户 24 户,占总户数的 10.04%;15—20 亩组农户 11 户,占总户数的 4.6%;20—30 亩组农户 14 户,占总户数的 5.86%。30 亩以下农户合计 227 户,占总户数的 94.98%,说明全村绝大部分农户都是普通农户。唐模村 30—40 亩组农户 8 户,占总户数的 3.3%,其中 2 户属于田地经营户;许克定户,土地多一些,是因为人口多,有 8 人,人均 7.6 亩,没有超过 10 亩,田地全部出租的原因是因为从事非农业的人口多,有 6 人,无力耕种;另有 4 户属于族田户,有 1 户属于学田户。唐模村 40 亩以上组农户,只有 4 户,占总户数的 1.67%,其中汪存诚户,户主已死,只剩下母女 2 人,因无力耕种,其占有的田底田 0.9 亩、田面田 16.6 亩和底面全业田 36.5 亩全部出租;许仁斋户,男 3 女 3,1 个劳动力,自耕田地 1.2 亩,是全村占有田地最多的 1 户,达 105.2 亩,但人均也只有 17.53 亩;另有 2 户族田户。因此,唐模村完全靠地租为生的普通户是不存在的。① 唐模村 30—40 亩及 40 亩以上户地权状况,见表 4.30。

表 4.30　20 世纪 30 年代唐模村 30—40 亩及 40 亩以上组农户田地占有状况

田地单位:亩

组别	户主	自耕	出租					田面田计入产权的田地占有⑥	田面田不计入产权的田地占有⑦
			田底出租①	田面转租②	全业出租③	非永佃出租④	佃耕田底⑤		
30—40 亩组	201 许克定		6.2	7.4	30.2	0.8		37.8	37.2
	190 许栋臣	1.4	46.68	4.7		6.4	3.7	35.34	54.48
	195 许朝榆	3	28.85	9.6		10.43	5.4	35.35	42.27
	209 许继善祠		44.64	10.5	4.6			31.95	49.24

---

① 刘和惠推测,明清时期徽州自耕农户(包括半自耕农)在各阶层中只占约 30% 上下,其地权约占耕地总面积的 25% 到 35% 之间,这一结论在唐模村不能得到印证。笔者认为,刘的推测或者是错误的,或者是由于永佃制的发展,从明清到民国,徽州的地权状况发生了重大变迁。

组别	户主	自耕	出租					田面田计入产权的田地占有⑥	田面田不计入产权的田地占有⑦
			田底出租①	田面转租②	全业出租③	非永佃出租④	佃耕田底⑤		
30—40亩组	210 许尚义堂		71.32	3.7				37.51	71.32
	66 唐模小学		47.17		3.97	7.80		35.36	58.94
	227 许伯龙族		15.4	15.2	16.8			32.15	29.4
	228 许义斋族		13.1	7.9	28.4			38.9	41.5
	合计1	4.4	273.36	59	83.97	25.43	9.1	284.35	384.355
40亩以上组	203 汪存诚		0.9	16.6	36.5			45.25	37.4
	211 许骏惠堂		59.99	4.6		19.25		51.54	79.23
	212 许荫祠		159.81	12.29				86.05	159.81
	229 许仁斋	2.4	34.8	73	48.5		0.8	105.2	83.3
	合计2	2.4	255.50	106.49	85	19.25	0.8	288.04	359.74

注:①田底出租指田底主对其占有田底田的出租;②田面转租指永佃农对其拥有的田面田的转租;③出租全业指底、面分离田地属于同一业主的田地的出租;④出租非永佃指底、面没有分离的普通田地的出租;⑤佃耕田底指永佃农对田底主的田底田的佃耕。⑥由于唐模村田面主有着甚至超过田底主的同样的产权,所以唐模村的田底田及田面田的亩数均按其亩数的1/2折算。**田面田计入产权的田地占有＝自耕田地+(出租田底+出租田面)÷2+出租全业田地+出租非永佃田地+佃耕田底÷2。**⑦田面田不计入产权的田地占有是传统的田地占有计算方法。**田面田不计入产权的田地占有＝自耕田地+出租田底+出租全业田地+出租非永佃。**

资料来源:财粮员章日达,农会主任汪德兴、村长章继民:《歙县第3区唐模村地籍清册》,20世纪30年代,歙县档案馆藏。

从以上分析可知,由于永佃制的形成,唐模村地权趋于平均,剥削性的地主制土地关系不再存在。

综上所述,唐模村地权状况是:其一,唐模村的地权高度零碎化;其二,唐模村的地权普遍发生了双层分化;其三,唐模村的双层地权租佃和地主制租佃有着本质的不同;其四,永佃制下唐模村形成了较为平等的地权关系。

二、唐模村永佃田经营实况分析

(一)永佃田的适度规模经营整合

龙登高认为,地权的双层分化,使土地产权产生两个层次的地权运作,田底权是资产性地权运作,田面权是经营性地权运作。[①] 两个层次的地权运作使得地权交易及租佃成本降低,更多的经营者只要获得田面权,就能获得更多土地来扩大经营面积,这是永佃制能够促进地权整合的重要原因。

地权零碎及分布的犬牙交错,使得所属业主谁也不便经营属于自己的小块田地。如何实现零碎田地的经营整合是经营者面临的难题,经营者是如何解决这个难题的呢? 佃耕者主要通过获得田面权、再佃耕田底的手段来扩大经营面积。笔者对唐模村 2202 坵田地进行逐一分析,发现经营者为了使零碎田地得到整合,一般采用 4 种方法来调整自己的田地:一是尽量购得或佃耕与自耕田地相同座落的田坵,这样不仅把佃耕土地与自耕田地整合在一起,而且节约了从自耕田地移到佃耕田地的时间;二是尽量购得或佃耕相同座落的田坵,把众多业主的零碎土地整合到同一经营者手中,以改变同一座落田地业主众多、每一个业主都不便耕作的状况;三是尽量出卖或出租与自耕田地位于不同座落、经营不便田坵;四是尽量出卖或出租与佃耕不同座落、经营不便的田坵。如章继民为了就近耕作和进行一定规模的整合,佃耕了和自耕田地同位于槐塘的 2 个田坵、和自耕田地同位于唐美村后大塘下的 6 个田坵、和自耕田地同位于后坞窑段的 2 个田坵,把这些田坵分别整合为 8.3 亩、6.7 亩和 4.1 亩的较大地块;整合前的这些地块原来共 10 坵,平均每坵 0.98 亩;章继民把每一坵都和自耕田地及佃耕田地都不在同一座落、经营不便的 13 坵田地出租;许繁卿为了就近耕作和进行一定规模的整合,佃耕了和自耕田地同位于土没山的 1 个田坵、和自耕田地同位于蛤蟆村的 7 个田坵,分别整合为 1.8 亩和 7.5 亩的地块;吴甫来佃耕了新人房的 7 坵、鲍宅村的 14 坵、王满堂的 2 坵、艾叶堂的 2 坵、新迎房的 2 坵田地,使其分别整合成 7.2 亩、13.8 亩、3.7 亩、0.9 亩和 1.5 亩的地块;吴聚财佃耕了罗家园的 4 坵、藕塘坞的 5 坵、大泽榆的 2 坵、陈家塘的 5 坵,使其分别整合成 6.3 亩、3.4 亩、2 亩和 6.1 亩的地块;许自谦佃耕了分别位于桃花坝的 6 坵、中坝外的 4 坵、新亭后的 8 坵和唐遼的 3 坵,使其分别整合成 10.2 亩、4 亩、6.5 亩和 4.2 亩的地块;汪有耕佃耕了鲍宅充的 16 坵、土地塘的 6 坵田地,使其分别整合成 13.9 亩和 2.4 亩的地块;

---

① 龙登高:《地权交易与生产要素组合》,载中国史学会编写的《2008 年南京三农问题学术研讨会论文集》,第 63 页;《清代地权交易的多样化发展》,《清史研究》2008 年第 3 期,第 44 页。

胡大宜佃耕了分别位于下塘坞的 5 坵、新塘的 2 坵、蛤蟆村的 12 坵田地,使其分别整合成 5 亩、0.8 亩和 8.8 亩的地块;许诚荣佃耕了分别位于币钱庄的 3 坵、油菜坵的 2 坵、文昌堨的 3 坵、马榨塘的 2 坵、枫树下的 2 坵、大鸡滩的 2 坵、上田干的 2 坵田地,使其分别整合成 3 亩、2.4 亩、1.8 亩、2.9 亩、0.7 亩、1.4 亩、6 亩和 0.5 亩的地块;许城荣把每一坵都和自耕田地及佃耕田地不在同一田坵,经营不便的 12 坵田地出租;祝笋生佃耕了分别位于八亩片的 9 坵、唐模村口的 3 坵、坝外的 3 坵、徐门前的 2 坵、胡村桥的 2 坵、百占亭的 2 坵田地,使其分别整合成 11.3 亩、1.2 亩、10.8 亩、3.6 亩、0.6 亩和 4.1 亩的地块;许玉珍佃耕了分别位于关林头的 3 坵、罗家园的 7 坵、顺村坞的 6 坵、茶塘的 9 坵、小坞的 4 坵、麻榨塘的 2 坵田地,使其分别整合成 1.9 亩、7.6 亩、1.6 亩、8.1 亩、0.9 亩和 1.2 亩的地块。唐模村零碎田地的整合经营详细情况,见表 4.24。

永佃制土地制度之所以能使零碎田地得到整合,最根本的原因在于经营性地权与资产性地权分离后,经营户能把经营性地权整合起来,而且这种整合是一种低成本的整合。零碎田地的适度整合使得佃农经营田地的座落地点大为减少,从而降低了经营成本。永佃制是适合国情的对零碎化地权的经营整合,中国不能施行英国的大地产租佃制,主要原因是小块土地是中国绝大部分人口维生之本,大地产制不可避免地会导致土地兼并,并引发严重的社会问题。

(二)永佃制下家庭规模、经营户均劳动力及经营规模

1. 家庭规模

为了计算明清时期徽州的家庭规模,笔者把明清时期有关人口的户帖、黄册、黄册底籍制成表 4.31。

表 4.31　明清档案所载皖南家户规模

户	档案类别	乡贯	户人口	男口	女口	田地占有
汪寄佛	户帖①	徽州府祁门县十西都	5	3	2	无
谢允宪	户帖②	徽州府祁门县十西都	2	1	1	0.854
江寿	户帖③	徽州府祁门县十西都	3	2	1	无
吕贸	户帖④	徽州府歙县二十三都二保	5	3	2	14.987

续表

户	档案类别	乡贯	户人口	男口	女口	田地占有
李务本	黄册⑤	徽州府祁门县	4	2	2	32.393
胡成祖	黄册⑥	徽州府歙县	3	2	1	无
黄福寿	黄册⑦	徽州府歙县	3	2	1	无
（缺名）	黄册⑦	徽州府歙县	1	1		无
199 户	黄册底籍⑦	徽州休宁二十七都五图	907	成丁 403		3403.05
27 户	烟户册⑧	徽州休宁	239	106	133	
合计 234 户			1172			

资料来源:①中国社会科学院历史所藏。②中国第一历史档案馆藏。③中国国家博物馆藏。④《新安大阜吕氏宗谱》卷六。⑤《永乐至宣德徽州府祁门县李务本户黄册底抄》,见中国社会科学院历史研究所:《徽州千年契约文书》卷一,花山文艺出版社1991年版,第217页。⑥《永乐徽州府歙县胡成祖等户黄册抄底残件》,中国国家博物馆藏。⑦《万历徽州府二十七都五图黄册底籍》,安徽省博物馆藏,2:24527号。⑧《康熙四十年休宁县保甲烟户册》,上海档案馆藏,566531号。

上表共列出明清时期皖南家庭234户,计1172口,由此推算明清时期皖南家庭一般为5口之家。又据光绪三十三年户部司册统计,1904年,歙县户均人口4.59人。① 笔者根据《唐模村地籍清册》,20世纪30年代,对永佃制下唐模村的家庭规模进行统计。唐模村是一个有许多族田户的村落,计算家庭规模,须把族田户排除在外。唐模村除族田户的普通户共有217户,人口718,其中男357口,女361口,户均3.3人②。于此,可推测,或者是由于社会经济的变迁,民国时期和明清时期相比农户家庭规模普遍变小,或者是整个永佃制下的唐模村的家庭规模比普通村家庭规模要小。

2. 户均劳动力

唐模村的劳动力以男人为主,但是由于传统观念的改变,民国后期,女人作为一个全劳力的家庭也非常普遍,没有娶妻分家的男子也是重要的劳动力;许多家庭的未成年女子也参加劳动,应该按半个劳动力计算。统计显示,唐模村共有鳏寡和独身家庭43户,占普通户家庭的20%,所以必须考虑这一类家

---

① 据光绪三十三年司册统计,转引自王鹤鸣、施立业:《安徽近代经济轨迹》,安徽人民出版社1991年版,第36页。

② 不包括22个族田户。

庭,才能准确把握唐模村的户均劳动力状况。① 综合以上情况,计算出唐模村普通户共有劳动力 431.5 人,占总人口的 60.1%,平均每户有劳动力 2.26 人;该村有在村田地经营户 191 户,在村农业劳动力 351.5 人,占总劳力的 81.46%,在村男劳力 173.5 人,在村女劳力 170 人;平均每户农业劳动力 1.6 人。唐模村共有外出劳动力 80 人,占总劳力的 18.54%,相当数量的劳动力转移到农业外就业。

3. 经营规模②

唐模村共有田地经营户 191 户,户均经营面积 9.41 亩。唐模村每劳动力经营面积 5.11 亩,有 84 户每劳动力经营面积超过了 5 亩,占村经营总户数的 44%;每劳动力经营面积超过 10 亩的户 17 户,占村经营总户数的 8.9%;有 4 户每劳动力经营面积还超过了 15 亩。因此,永佃制使田地向有能力经营户流转,极大地提高了经营户每劳动力平均经营面积。唐模村田地经营总面积 1797.13 亩,平均每户经营 9.4 亩,高于唐模村户均占有田地 7.51 亩。

永佃制极大地促进了经营地权的流转,这从经营户的数量可以看出来。唐模村普通户共有 217 户,经营户为 191 户,经营户占普通户的 88.02%,有 26 户退出了经营,占普通户的 11.98%。一部分农户退出田地经营有赖于两个层次地权的自如转让,或者转让其资产性地权,而且转让其经营性地权,或兼有两种地权的转让,使得需要从事农业外就业的业主或由于鳏寡体弱无劳动能力的业主在解除其后顾之忧的前提下能自愿退出田地经营。

唐模村经营户分组状况是:5 亩及其以下户 69 户,占村总经营户的 36.1%;经营 5—10 亩的户数为 50 户,占村总经营户数的 26.18%;小计经营 10 亩及其以下亩数的经营户占村总经营户的 62.3%,说明绝大部分经营户的经营面积都在 10 亩以下。经营 10—20 亩的户数 54 户,占总经营户的 28.27%;经营面积在 20—30 亩的户数 16 户,占总经营户的 8.38%;经营面积在 30 亩以上的有 2 户。小计超过 10 亩的经营户 72 户,占村经营户的 37.7%。同时期,歙县全县人均耕地面积为 1.49 亩,户均耕地面积为

---

① 费孝通统计江村鳏寡等不稳定家庭比例为 27%,见费孝通:《江村经济》,《费孝通文集》第 2 卷,群言出版社 1999 年版,第 22 页。

② 在统计经营规模亩数时,指不计产权的实际亩数。

5.71 亩①,说明实行永佃制的唐模村农户无论在人均劳动力经营面积,还是户经营面积方面都大大超过了全县平均水平,因此,永佃制促进了经营效率的提高和经营规模的适度集中。

笔者认为,人均劳动力产量比人均劳动力经营面积能更准确地反映一个地方的生产力水平。相较于各户人均劳动力经营面积,人均劳动力产量的差别就不是很大,因为计算人均劳动力产量时,根据田地产量的不同把田地分为不同的等级,这样就充分考虑了田地的肥瘠,因而计算出的人均劳动力产量比计算人均劳动力经营面积更能准确地反映劳动力的生产能力。譬如,曹士宝户人均劳动力经营面积 15.9 亩,但他是粗放经营,人均劳动力产量为 4042 斤;再如于福球户,人均劳动力经营面积 10.75 亩,人均劳动力产量为 4029 斤。虽然曹士宝和于福球两户经营面积差别很大,但人均劳动力产量却大致相同,他们的生产力水平是一样的,所以衡量上述两户人均劳动力产量,比衡量人均劳动力经营面积更能准确反映其人均劳动能力。

笔者计算唐模村人均劳动力产量为 1698.98 斤。人均劳动力产量在 1000—1698.98 斤的户有 49 户,占村总经营户的 25.65%;人均劳动力产量超过 1698.98 斤的户 73 户,占村总经营户的 38.2%。小计人均劳动力产量超过 1000 斤的户数达 122 户,占总经营户的 63.87%,所以,在永佃制经营制度下,大部分劳动力人均产量超过了 1000 斤。

在经营户总产量方面,唐模村 191 个经营户总产量为 597191.5 斤,每户平均产量 3126.7 斤。唐模村经营户总产量超过 5000 斤的户有 41 户,占村经营总户数的 21.5%;经营户总产量超过 8000 斤的户有 8 户,占村总户数的 4.2%;有 5 户总产量超过 1 万斤。因此,永佃制使唐模村经营户的粮食产量大幅提高,出现了一批经营大户。上述关于唐模村的人口、户均劳动力、户均农业劳动力、户均经营面积、人均劳动力经营面积、人均劳动力经营产量和非农就业等统计情况,见表 4.32。

因此,永佃制使唐模村相当数量的劳动力转移到农业外就业,极大地促进了经营地权的流转,使得需要从事农业外就业的业主或由于鳏寡体弱无劳动

---

① 此为叶显恩的计算,见叶显恩:《明清徽州农村社会与佃仆制》,安徽人民出版社 1983 年版,第 40—41 页。

能力的业主,在解除其后顾之忧的前提下能自愿退出田地经营。永佃制使唐模村无论在人均劳动力经营面积、还是户均经营面积方面都大大超过了全县的平均水平,促进了农户经营效率的提高和经营规模的适度集中,从而使唐模村经营户每劳动力平均产量和经营户总产量都有显著提高。

表4.32 20世纪30年代唐模村农户经营状况统计

户主	人口		农业劳动力		户经营面积(亩)	每劳动力经营面积(亩)	每劳动力经营产量(斤)	出租	非农劳力	备注
	男	女	男	女						
1 许瑞俭	3	2	1.5	2						
2 曹海清	2	1	1	1	3.7	1.85	370			
3 蒋元官	1	0	1	0	0.9	0.9	270			鳏
4 许建中	2	2			0			0.6	2	许建中在上海做医生,许振舒在杭州经商,各负担本人及1人生活
5 汪孝勤	1	3	0	1	0.6	0.6	36		1	户主婺源经商,负担自己及1人生活
6 许绍基	1	3	1	1	2.4	1.2	360			
7 吴棋槐	2	2	1	1	2.7	1.35	405			
8 许桂森	1	3	1	1	1.6	0.8	180	4.94		
9 朱丽鸿	1	2	0	1	0.4	0.4	24		1	该人系银匠,不事生产
10 许朗轩	2	2	2	2	1.6	0.4	24			
11 许作之	3	4	1	1	2.8	1.4	348	8.8		
12 章日财	2	2	1	1	4	2	528		1	章日财在风化运粮办事处服务

续表

户主	人口		农业劳动力		户经营面积（亩）	每劳动力经营面积（亩）	每劳动力经营产量（斤）	出租	非农劳力	备注
	男	女	男	女						
13 杜桂月	2	1	1	1	3.2	1.6	528			该户主因病不能参加劳动
14 许吾安	1	2	1	0	1.6	1.6	640			
15 许耀堂	2	1	0.5	1	3.4	2.27	408		1	该户主外出经商，现失业在家暂住
16 吴子石	3	2			0			6.3	1	该户主在外经商
17 章传闵	1	0						1.4		鳏
18 许孝叙	2	3	1	2	4.8	1.6	622			
19 姚富奶	0	2	0	1	3.6	3.6	864			户主寡
20 许能民	1	2						4.8		
21 程协中	1	3			0.5			4.7	2	两人在外经商，负担自己及两人生活
22 许镇铺	2	3	1	1	4.6	2.3	702		1	该户许普定出外经商并负担妻子
23 许士宣	4	3	1	1	3.6	1.8	990	6.2	1	该户在外做生意，并负担妻子生活
24 李二荣嫂	0	1	0	1	2.1	2.1	486			寡
25 程大德	2	2	0	2	3.7	1.85	507		2	户主在外经商，其父在本县行医
26 汪雄	4	1	2	1	6	2	775		1	该户汪建中服役县大队
27 许震贤	4	5	3.5	3	7.3	1.12	499			

续表

户主	人口		农业劳动力		户经营面积（亩）	每劳动力经营面积（亩）	每劳动力经营产量（斤）	出租	非农劳力	备注
	男	女	男	女						
28 许冠群	2	2	1	0	3.7	3.7	736	8.8	1	该户长之弟许中秋参加三野工作
29 许秋平	1	3	1	1	7.2	3.6	945			
30 程金桂	1	1	1	1	2.9	1.45	435			
31 吴长万奶	0	1		1	2.5	2.5	360			寡
32 章传榆	3	3	2.5	1.5	7	1.75	497.5	2.5	1	该户主系工商业
33 聂文忠	2	2	1	1	4.1	2.05	848			
34 汪石坡	3	2	2	1	9	3	900		1	该户汪瑞才现在芜湖参加皖干校
35 许祖凯	3	3	0	1	0.4	0.4	24	13.46	2	该户主在城经商，负担自己及2子
36 叶福仂	1	0	1	0	1.8	1.8	540			鳏
37 冯家荣	3	1	1	1	14.4	7.2	1185			
38 程执中	2	1	0.5	1	7.7	5.13	1159			
39 余均甫	4	3	2	1	11	3.67	1167		1	该户兼商，负担本人生活
40 许义林	2	4	1	1	10.4	5.2	1317		1	该户兼商，负担本人生活
41 报本庵	0	3	0	3	5.5	1.83	430	2.4		
42 邹节雨	2	1	1	1	3.47	1.74	520.5		1	该户主系裁缝
43 周德春	2	0						2.5	1	鳏，该户主系工人

续表

户主	人口		农业劳动力		户经营面积（亩）	每劳动力经营面积（亩）	每劳动力经营产量（斤）	出租	非农劳力	备注
	男	女	男	女						
44 鲍传意	1	1	0	1	1.8	1.8	540		1	该户主系农业工人，现在上海
45 程凯笙	1	2	1	1	2.6	1.3	390	4.2		
46 程排仂	0	1	0	1	1.4	1.4	640			寡
47 汪春华	2	1	1	1	5	2.5	977			
48 吴保智	2	3	1	1	9	4.5	1440			
49 程崇鉴	1	1	1	1	2.4	1.2	660			
50 余东炳	2	1	1	1	7.3	3.7	900			
51 许卢生	2	2	1	1	4.4	2.2	540	12.87		
52 许得兴								5.7		许卢生代出租
53 汪克敏	2	3	1.5	1.5	11.6	3.87	1113			
54 吴新子奶	0	2	0	1	3	3	732			寡
55 方讨饭	1	2	1	1	9.6	4.8	1045			
56 潘进先	1	1	1	1	7.4	3.7	676			
57 洪娥仍	1	1	0	1	2.7	2.7	720		1	夫君在外经商
58 柳遂鸿	5	2	0	1	7.2	3.6	853		1	雇工1名，户主经商负担自己及1人
59 许敬亭	0	1						3.3		寡
60 李小苟	1	0	1	0	4	4	800			
61 汪克悌	2	2	1	1	5.5	2.75	801		1	户主之父在外经商，负担自己及孙女
62 鲍锦芝	2	0	1	0	5.25	5.25	1578		1	鳏，该户鲍万春系出征军人

续表

户主	人口		农业劳动力		户经营面积（亩）	每劳动力经营面积（亩）	每劳动力经营产量（斤）	出租	非农劳力	备注
	男	女	男	女						
63 许祚延	3	2	0	1	6.6	6.6	1572	4.2	1	户主在外经商
64 许绍衣	1	3						10.2	1	户主之夫在外经商
65 胡伟光	2	1						12.79	1	1 人在外经商
66 唐模小学								58.94		
67 宋小宜妇	0	1	0	1	2.8	2.8	780			寡
68 汪来富	1	0	1	0	3	3	900			鳏
69 汪云龙	1	0	1	0	2.9	2.9	870			鳏
70 程泽民	2	3	1	1	10.9	5.45	1500			
71 许承忠	2	1	1	1	2.9	1.35	643	8.94		
72 许大月	2	1	1	1	7.5	3.75	1288			
73 宁武波	2	1	1	1	8.9	4.45	1200		1	本户 1 人参军
74 江观龄	1	0						5.3	1	独身，人在通州当商业学徒，由佃户代报
75 许家楫	2	2	1	1	3.9	1.95	780	18.72		
76 吴甫来	2	5	2	2	27.4	6.85	1712			
77 许友林	2	1	1	1	5.6	2.8	1056			
79 刘善安	1	2	1	1	9.1	4.55	1365			
80 鲍心义奶	0	1	0	1	2	2	588			寡
81 许尧懋	2	2	1	1	6.7	3.35	999	13.7		
82 许雨仁	5	5						42.38	5	许惟明在沪经商，负担自己及 4 人
83 章日茂	1	2	1	1	8.6	4.3	1567			
84 赵顺元	1	0	1	0	5.6	5.6	1120			鳏

续表

户主	人口		农业劳动力		户经营面积（亩）	每劳动力经营面积（亩）	每劳动力经营产量（斤）	出租	非农劳力	备注
	男	女	男	女						
85 许承懋	1	2	1	1	5	2.5	1025	7.2		
86 胡尔昌	2	2	1	1	13.8	6.9	2238			
87 许世芳	2	2	1	1	1.8	0.9	495	14.5		
88 汪讨饭	0	1	0	1	2	2	600			单身
89 程松喜	2	2	0	1	2.4	2.4	432	15.1	2	参军1人，经商1人
90 章传余	4	0	3	0	18	6	1553			鳏
91 胡静山	3	2	2	0.5	12.6	5.0	1526	5.2		
92 曹应生	2	2	1	1	15	7.5	2546			
93 许受衡	1	1						5.4		
95 鲍兰花	0	1	0	1	4.2	4.2	1260			寡
96 胡灶生奶	0	1	0	1	2.4	2.4	670	0.4		寡
97 许瑞华	1	2	0	1	3.5	3.5	990	11.7	1	许瑞华在外经商
98 叶小宝	3	3	2	1	17.2	5.7	2560			
99 陈招财	1	0	1	0	5.2	5.2	1040			鳏
100 吴聚财	4	4	2	2	26	6.5	2054		1	1人为打铁匠
101 章日炳	1	2	1	1	11.2	5.6	1770			
102 鲍长福妇	0	3	0	1	4.6	4.6	1644	2.2		寡
103 鲍友贵妇	0	1	0	1	2.7	2.7	810	2		寡
104 许自谦	6	2	2.5		28	8	3545			
105 许小月	1	1	1	1	6.6	3.3	1278			
106 汪德奎	1	1	1	0	7.5	7.5	2708			
107 许承恩	2	3	1	2	10.8	3.6	1535	9.6		
108 徐继旺	1	0	1	0	5.6	5.6	1400			寡
109 汪锜生	2	2	1	1	16	8	2229			
110 吴填福	2	2	1	1	7.7	3.85	1487	12.6		
111 吴秋兰	1	1	0	1	3	3	1260	1.5		

续表

户主	人口		农业劳动力		户经营面积（亩）	每劳动力经营面积（亩）	每劳动力经营产量（斤）	出租	非农劳力	备注
	男	女	男	女						
112 黄多有	2	1	1	1	14.9	7.45	2040			
113 汪夏季	1	4	1	1	19.1	9.55	3110			
114 许兴隆	2	2	1	1	11.8	5.9	1526	10.9		
115 许茂轩	2	1			0			19.28		
116 吴兆基	2	1	1	1	15.3	7.6	2240			
117 许声甫	1	0			0			12.9		鳏
118 许云生	1	3	1	3	6.6	1.65	816	24.35		
119 鲍志达	1	2	1	1	3.4	1.7	528.5	9.9	1	本户1人在外经商
120 许克甫	2	5	1	2.5	3.2	0.91	274	29.8	1	
121 汪有荣	1	3	1	1	17.7	8.85	2819			
122 章继民	2	4	1	1	19.9	9.95	2363	9.9		
123 汪有银	1	1	1	0	8.7	8.7	2274	2		
124 汪有耕	2	4	1	1	27	13.5	3199			
125 许舒泰	3	1	1	1	18.4	9.2	3330			
126 朱正元	1	3	1	1	19.3	9.65	3430			
127 郑维栾妻	2	2	0.5	1	14.7	9.8	3068			寡
128 胡文兴	1	0	1	0	6.9	6.9	1660			鳏
129 许海生	1	2	1	1	4.7	2.35	921			
131 许利泉	4	0	2	0	13.35	6.68	2503			无妻
132 许繁卿	4	1	4	1	17.2	3.44	1088	9.1		
133 胡大宜	1	2	1	1	16.7	8.35	2598			
134 许敬智妇	0	2	0	1	5.3	5.3	1418	6.6		寡
135 许永钰	2	2	1	2	9	3	860	12.67		
136 程讨饭	1	0	1	0	6.3	6.3	1650			鳏
137 李筱云	1	2	1	1	14.1	7.05	2583			
138 许诚荣	3	4	1	1.5	22.2	8.88	3780	9.6		
139 许礼堂	2	2	1	1	18.2	9.1	2998			
140 许锡章	1	1	1	1	9.4	4.7	1800			

续表

户主	人口		农业劳动力		户经营面积（亩）	每劳动力经营面积（亩）	每劳动力经营产量（斤）	出租	非农劳力	备注
	男	女	男	女						
141 许敬涵	3	3	1	1	20.3	10.15	3882	1.2		
142 许敬莲	0	1			0			8.9		寡
143 许诵芳	3	2	1	1	18	9	3692	16.5		
144 谢冬奶	1	2	0	1	9.6	9.6	1320	9.6		
145 许继之	2	1	1.5	0.5	17.5	8.75	3046			
146 章大掌	1	1	1	0	4.7	4.7	1994			
147 许信斋	3	3	0	1	8.45	8.45	2000	17.4	1	许士煦歙师附小教员，且负担1人
148 姚光辉	2	1	1	1	10.4	5.2	2571			
149 祝笋生	5	3	1	2.5	34.4	9.83	3833		1	该户父子木匠维持1人生活
150 潘秀春	1	1	1	1	10.8	5.4	1958			
151 吴明远	4	2	1	1	12.6	5.3	2502	12.6	1	该户1人在外经商
152 章祖荫	4	2	1.5	1	30	12	4241			
153 于福球	2	2	1	1	21.5	10.75	4029			
154 汪有富	2	1	2	0	10.5	5.25	1812			
155 许敬果	1	3	0	1	6.9	6.9	1326	25.2	1	该户许迎福参加皖南文工团
156 胡本仁	1	1	1	1	10	5	2106			
157 吴先进	2	1	1	1	21.9	10.95	3301			
158 许荫生	2	2	0	1	6.1	6.1	797	25.3	2	本户1人经商，1人任完小教员
159 许长庚	3	1	1	0	4.1	4.1	1596			

续表

户主	人口		农业劳动力		户经营面积（亩）	每劳动力经营面积（亩）	每劳动力经营产量（斤）	出租	非农劳力	备注
	男	女	男	女						
160 许博如	0	3	0	1	4.6	4.6	1644	28.7		该户主女儿参加皖南文工团
161 许和甫	2	3	1	1	4.2	2.1	1155	5.529	2	该户之子在外经商，尚再负担1口
163 汪顺祥	2	1	1	1	15.2	7.6	2451	1.1		
164 何厚成	1	0	1	0	6.1	6.1	1952			鳏
165 许玉珍	1	2	1	1	22.7	11.35	3621			
166 余松柏	1	1	1	1	12	6	2517			
167 章传来	2	1	1	1	15.6	7.8	2364	6.8		
168 许舒安	1	1	1	0	12.4	7.2	3610	1.8		
169 许门生	1	0	1	0	5.1	5.1	2545			独身
170 吴家宝	1	0	1	0	7	7	2671			鳏
171 胡金荣	1	1	1	1	13.8	6.9	4706			
172 汪顺禧	2	1	1	1	17.4	8.7	3351			
173 程长寿	1	1	1	1	17.9	8.95	2565			
174 许承愈	4	2	2	1	22.5	7.5	3612	30.2		
175 吴星垣妇	0	1	0	1	2.9	2.9	1056	3.6		寡
176 许季材	1	2						11.67		该户主在浙江省物资委员会供职
177 叶光良	1	1	0.5	0.5	10.1	10.1	2910	6.8		
178 许兆丰	2	3	1	1	10.16	5.08	2795	27.3		
179 汪德兴	1	2	1	1	18.7	9.35	3614			
180 许述祺	1	0	1	0	9.6	9.6	2880			鳏
181 吴士通	1	2	1	1	21.6	10.8	3653			
182 吴士遐	2	1	1	1	24.4	12.2	3433	1.6		

续表

户主	人口		农业劳动力		户经营面积（亩）	每劳动力经营面积（亩）	每劳动力经营产量（斤）	出租	非农劳力	备注
	男	女	男	女						
183 吴韵笙	1	1	1	1	5.1	2.55	1232		1	该户主在南昌经商
184 潘秀麒	1	1	1	1	18.6	9.3	3033			
185 许瑞伯	1	1	1	1	5	2.5	1375	18.9		
186 许天养奶	0	1	0	1	4.3	4.3	1648	4.6		寡
187 许普宣	2	1	1	1	15.6	7.8	3589			
188 蒋玉盛	1	2	1	1	13.3	6.65	2904	5.2		
189 吴来宾	2	1	1	1	23.8	11.9	3755			
190 许栋臣	4	5	1	0	5.1	5.1	2493	57.78	6	3 人分别在外经商,薪给,供 3 人
191 许智伯	1	0	1	0	12.1	12.1	3760			鳏
192 黄锦文	1	1	1	1	25.6	12.8	3767			
193 许仲达	2	1	1	1	12.08	6.04	2019	20.11		
194 许永荃								15.8	5	本户全家人口南通经商
195 许朝榆	4	4	0	1	8.4	8.4	1982	50.32	3	该户 3 人薪给,负担自己及 1 人生活
196 曹士宝	1	0	1	0	15.9	15.9	4042			鳏
197 胡小财	2	2	1	1	37.1	15.85	6414	14.3		
198 吴振声	1	0	1	0	13.2	13.2	3900			鳏
199 许壁斋	1	1	1	0	5.47	5.47	1492	20.8		
200 吴佛观	1	2	1	1	25.5	12.75	4305	0.7		
201 许克定	4	4						44.6	6	6 个人从事农业外就业
202 许悦音	1	3	0	1	4.1	4.1	1930	41.41		

续表

户主	人口		农业劳动力		户经营面积（亩）	每劳动力经营面积（亩）	每劳动力经营产量（斤）	出租	非农劳力	备注
	男	女	男	女						
203 汪存诚	0	2						54		户主死，只剩两个女儿
204 章传开	1	1	0	1	10.4	10.4	3120	8.1		
205 汪雪桃	1	1	1	1	11.9	5.95	2809	27.1		
206 查正全	1	0	1	0	17.7	17.7	5646			鳏
207 许惟甫	0	1	0	1	2.6	17.7	1134	28.19		寡
208 胡讨饭奶	0	1	0	1	1.1	1.1	462	29.4		寡
216 许家桢等	2	2						16.94	3	人口在外就业，数目不详
229 许仁斋	3	3	1	0	3.2	3.2	1552	156.3		
230 许承湧	3	2	0	1	4.8	4.8	1986	21.3	4	许承湧妻1人在家，其余在外埠
231 汪恭福								9.1		
232 程阿美	1	2	1	0	10.8	10.8	3318			
233 吴莲子	2	1	1	0	4.2	4.2	1260			
234 农会小组	1		1	0	2.2	2.2	660			
235 胡村开荒小组	1		1	0	6.4	6.4	1280			
236 聂文忠	2	1	1	0	3	3	900			
237 程荣伈	2	2						10.8		
238 程吉庆	2	2						6.7		
239 程义安	2	2						8.9		
合计	357	361	173.5	170	1791				88	

注：①此表面数为不计算产权的实际耕作亩数或出租亩数。②无人口资料的许家桢户、程荣伈、程吉庆、程义安户按户均4口估算。③农户经营户中不包括纯出租的族田户。

资料来源：财粮员章日达、农会主任汪德兴、村长章继民：《歙县第3区唐模村地籍清册》，20世纪30年代，歙县档案馆藏。

（三）永佃户经营收支

唐模村与普通村的田地经营最显著的区别在于,唐模村形成了永佃制,那么形成永佃制的唐模村在经营方面与普通村相比有什么不同呢?

第一,相当比例的永佃户既出租又佃耕,降低了其佃耕的成本。笔者对唐模村经营户自耕田地产量、佃耕田地缴租额、出租田地收租额、缴租额与收租额之间的差额、收租额与缴租额差额占经营产量或缴租额占经营产量的百分比进行了统计,见表4.33。

表4.33 20世纪30年代唐模村有永佃田农户的交租额、收租额及其总收入

单位:斤

户及经营类型①	自耕田地产量	佃耕田地产量	佃耕缴租额	出租收租额	收租额与缴租额差额②	总收入	收租额与缴租额差额占经营产量或缴租额占经营产量的%③
1 许瑞俭 D		1200	420			780	-35
2 曹海清 D		740	259			481	-35
3 蒋元官 D		270	94.8			140.5	-35.1
4 许建中 C				12.8		12.8	+35.6
5 汪孝勤 Z	36					36	
6 许绍基 D		720	252			468	-35
7 吴棋槐 D		810.5	283.5			526.5	-35
8 许桂森 ZC	46			171		217	+13.8
9 朱丽鸿 Z	24					24	
10 许朗轩 DZ	60	36	12.8			83.2	-13.3
11 许作之 DC	36	660	115.8	274	+158.2	854.2	+22.7
12 章日财 D		1056	369			687	-34.9
13 杜桂月 D		1056	370			686	-35
14 许吾安 D		640	224			416	-35
15 许耀堂 DZ	444	168	59			545	-9.6
16 吴子石 C				585		585	+23.5
17 章传闵 C				147		147	+35
18 许孝叙 D		1866	653.8			1212.8	-35
19 姚富奶 10D		864	302.5			561.5	-35

户及经营类型①	自耕田地产量	佃耕田地产量	佃耕缴租额	出租收租额	收租额与缴租额差额②	总收入	收租额与缴租额差额占经营产量或缴租额占经营产量的%③
20 许能民 C				336		336	+35
21 程协中 ZC	30			327		357	+26.4
22 许镇镛 D		1404	491			913	−35
23 许士宣 DC		715	252	217	−35	680	−4.9
24 李二荣嫂 D		486	170.5			315.5	−35.1
25 程大德 DZ	24	1014	346.5			685.5	−33.4
26 汪雄 D		2325	813			1512	−35
27 许震贤 DZ	273	2970	712.5			2531	−22
28 许冠群 DC	312	1160	406	182	−224	1248	−15.2
29 许秋平 DZ	60	1830	556.8			1333.8	−29.5
30 程金桂 DZ	150	720	252			618	−29
31 吴长万奶 DZ	60	300	52.8			307.8	−14.7
32 章传榆 DC		1990	696.5	131	−565.5	1425	−28.4
33 聂文忠 DZ	100	1596	558.5			1137.5	−32.9
34 汪石坡 D		2700	945			1755	−35
35 许祖凯 ZC	24			694		718	−17.8
36 叶福仍 D		540	189			351	−35
37 冯家荣 D		2370	829.5			1540.5	−35
38 程执中 DZ	30	1780	598			1110	−33
39 余均甫 D		3500	1247			2315	−35.6
40 许义林 D		2634	922			1712	−35
41 报本庵 DC	60	30	10.9	51	+40.1	130.8	+44.6
42 邹节雨 D		1041	364			677	−35
43 周德春 C				246.5		246.5	+30.4
44 鲍传意 20D		540	189			351	−35
45 程凯笙 DC		780	273	480	+207	987	+26.5
46 程排仍 D		640	224			416	−35
47 汪春华 D		1954	684.8			1269.8	−35

续表

户 及 经 营 类型①	自耕田地产量	佃耕田地产量	佃耕缴租额	出租收租额	收租额与缴租额差额②	总收入	收租额与缴租额差额占经营产量或缴租额占经营产量的%③
48 吴保智 D		2880	876.5			2003.5	−30.4
49 程崇鉴 D		1320	462			858	−35
50 余东炳 DZ	360	1440	504			936	−28
51 许卢生 DC		1080	378	532	+154	1234	+14.3
52 许得兴 C				227.4			+17.6
53 汪克敏 DZ	60	3280	943.8			2336.8	−28.3
54 吴新子奶 Z	732					732	
55 方讨饭 D		2090	731.5			1358.5	−35
56 潘进先 D		1352	473			879	−35
57 洪娥仂 D		720	252			468	−35
58 柳遂鸿 DC	402	1304	228	176.8	−51.2	1654.8	−3
59 许敬亭 C				299			+17.4
60 李小苟 D		800	280			520	−35
61 汪克悌 D		1602	560.8			1041.8	−35
62 鲍锦芝 D		1575	551.8			1023.8	−35
63 许祚延 DC	252	1320	462	562.8	+100.8	1110	+6.4
64 许绍衣 C				1010		1010	+21
65 胡伟光 C				716		716	+15.9
66 唐模小学 10C				3940		3940	+23.2
67 宋小宜妇 DZ	80	700	245			535	+31.4
68 汪来富 D		900	315			585	−35
69 汪云龙 D		870	304.5			565.5	−35
70 程泽民 DZ	651	3000	1050			2601	−28.8
71 许承忠 DC		1285	450	538	+88	1373	+16.4
72 许大月 D		2575	901			1674	−35
73 宁武波 DZ	408	1992	749.8			1644.8	−31.2
74 江观龄 C				409		409	+35
75 许家楣 DC	72	1485	520	899	+379	1936	+24.3

续表

户及经营类型①	自耕田地产量	佃耕田地产量	佃耕缴租额	出租收租额	收租额与缴租额差额②	总收入	收租额与缴租额差额占经营产量或缴租额占经营产量的%③
76 吴甫来 D		6846	2396			4450	-35
77 许友林 D		2112	739			1373	-35
78 许慎余 C				3075		3075	-35.3
79 刘善安 D		2730	955.8			1744.8	-35
80 鲍心义奶 DZ	378	210	37			516	-6.3
81 许尧懋 DC	312	1685	589.8	811.8	+222	2219.3	+11.1
82 许雨仁 C				2175.5		2175.5	+14.9
83 章日茂 D		3133	869			2264	-27.7
84 赵顺元 D		1120	392			728	-35
85 许承懋 DC	320	1730	524	325	-199	1851	-9.7
86 胡尔昌 40D		15476	1566.8			2909.8	-10.1
87 许世芳 DC		990	298	1534	+1236	2226	+125
88 汪讨饭 Z	600					600	
89 程松喜 ZC	432			1114.8		1546.8	+21.9
90 章传余 D		4660	1631			3029	-35
91 胡静山 DC		3816	1071	483	-588	3228	-15.4
92 曹应生 D		5091	1782			2826.5	-35
93 许受衡 C				284.8		284.8	+17.2
94 许敦义 C				850.5		850.5	+17.5
95 鲍兰花 D		1260	441			819	+35
96 胡灶生奶 DC	490	180	63	28	-35	635	-5.2
97 许瑞华 ZC	525			591		1116	+24
98 叶小宝 DZ	1500	7679	2688			6491	-29.3
99 陈招财 DZ	160	880	308			752	-29.6
100 吴聚财 DZ	120	8089	2833			5383	-34.5
101 章日炳 DZ	48	3492	1089.5			2450.5	-30.8
102 鲍长福妇 ZC	1644					1875	+35

户 及 经 营 类型①	自耕田地产量	佃耕田地产量	佃耕缴租额	出租收租额	收租额与缴租额差额②	总收入	收租额与缴租额差额占经营产量或缴租额占经营产量的%③
103 鲍友贵妇 DC		810	283.8	210	−73.8	736.8	−9.1
104 许自谦 D		10635	3850.5			6784.5	−36.2
105 许小月 DZ	36	2520	882.5			1673.8	−34.5
106 汪德奎 D		2780	976			1732	−35.1
107 许承恩 DC		4605	1203	613	−590	4015	−12.8
108 徐继旺 D		1400	490			910	−35
109 汪锜生 DZ	838	3620	1267			3191	−28.4
110 吴填福 DC	600	2374	414	624	+210	2984	+7.1
111 吴秋兰 ZC	1260			78.8		1338.8	+17.5
112 黄多有 D		4080	1428			2652	−35
113 汪夏季 DZ	604	5616	1964.5			4256	−31.2
114 许兴隆 DC	274	2778	904.5	843	−97.5	2991	−3.2
115 许茂轩 C				1851.8		1851.8	+20.1
116 吴兆基 D		4480	1548			2932	−34.6
117 许声甫 C				623.8		623.8	+13.3
118 许云生 DC	18	3244	1135	1163	+28	3290	+0.81
119 鲍志达 DC	342	715	250	647	+397	1454	+37.6
120 许克甫 DC		960	168	3949.5	+2357.5	3941.5	+246
121 汪有荣 DZ	300	5338	1868			3770	−33.1
122 章继民 DC	1966	2760	803	752.8	−50.2	4675.8	−1.1
123 汪有银 DC	108	2166	479.8	120	−359.8	1914	−15.8
124 汪有耕 DZ	3122	3276	1146			5252	−17.9
125 许舒泰 DZ	24	6636	2158.8			4501.8	−32.4
126 朱正元 D		6860	2410			4459	−35.1
127 郑维栾妻 DZ	1962	2640	781.5			3821	−17
128 胡文兴 50D		1660	581			1079	−35
129 许海生 DZ	317	1525	505			1337	−27.4

户及经营类型①	自耕田地产量	佃耕田地产量	佃耕缴租额	出租收租额	收租额与缴租额差额②	总收入	收租额与缴租额差额占经营产量或缴租额占经营产量的%③
130 许敦元族 C				1274		1274	+16.5
131 许利泉 D		5005	1751.5			3253.5	−35
132 许繁卿 DC	1176	4270	1230	714	−516	4930	−9.5
133 胡大宜 DZ	48	5148	1841.8			3354.2	−35.4
134 许敬智妇 DC		1418	257.8	742	+484.2	1902.8	+34.1
135 许永钰 DC	1860	720	126	1029.8	+903.8	3483.8	+35
136 程讨饭 D		1650	577.5			1072.5	−35
137 李筱云 D		5166	1808			3358	−35
138 许诚荣 DC	1653	7799	1811	433	−1378	8074	−14.6
139 许礼堂 DZ	1266	4770	1669			4367	−27.7
140 许锡章 D		3600	1223			2377	−34
141 许敬涵 30DC	1866	5897	1074.8	63	−1011.8	6752	+13
142 许敬莲 C				769.5		769.5	+26
143 许诵芳 DC	1752	5262	1026	1055.5	+29.5	7043.5	+0.4
144 谢冬奶 DC	1488	1152	195	423	+228	2868	+8.6
145 许继之 DC	727	4675	1736	240	−1136	3906	+21
146 章大掌 Z	1974					1974	
147 许信斋 DC	1635	2364	483.8	1579.8	−1096	5095.6	−27.4
148 姚光辉 DZ	1722	3420	685.8			4457	−13.3
149 祝笋生 30DZ	60	13365	4679			8742	−12.5
150 潘秀春 D		3915	1244			2671	−31.7
151 吴明远 DC	1249	3755	655.5	1085	+429.5	5434	+8.6
152 章祖荫 DZ	1008	9595	2900			6695	−27.4
153 于福球 D		8085	2820			5238	−34.9
154 汪有富 DZ	798	2862	1002			1860	−27.4
155 许敬果 DC	1092	1560	267	1870	+1603	4555	+60.4

续表

户及经营类型①	自耕田地产量	佃耕田地产量	佃耕缴租额	出租收租额	收租额与缴租额差额②	总收入	收租额与缴租额差额占经营产量或缴租额占经营产量的%③
156 胡本仁 D		4212	1475.5			2736.5	−35
157 吴先进 D		6602	2409.5			4192.5	−36.5
158 许荫生 DC	30	1564	547.5	1124.5	+577	2171	+36.2
159 许长庚 D		1596	240.8			1355.2	−15.1
160 许博如 DC	972	672	117.8	1510.5	+1392.7	3037	+84.4
161 许和甫 DC	1100	1210	212	613.8	+401.8	2711.8	+17.5
162 许立本族 C				2507		2507	+27.9
163 汪顺祥 DC	600	4306	753	38.8	−714.2	4192	−14.6
164 何厚成 D		1952	360			1592	−18.4
165 许玉珍 D		7242	2531.5			4710.5	−35
166 余松柏 D		5034	1762			3270	−35
167 章传来 DC	1338	3390	976	453	−523	4195	−11.1
168 许舒安 DC	766	2844	985	189	−796	2814	−22
169 许门生 D		2545	890.5			1654.5	−35
170 吴家宝 D		2671	934.8			1736.8	−35
171 胡金荣 DZ	600	4106	1408			3268	−34.3
172 汪顺禧 DZ	830	6271	2193.5			4907.5	−30.9
173 程长寿 DZ	60	5070	1774.5			3355.5	−34.6
174 许承愈 DC	3611	3613	745.5	1741.4	+995.9	8219.9	+13.8
175 吴星垣妇 DC	1020	36	12.8	364	+351.2	1407.8	+33.3
176 许季材 C				1165		1165	+29
177 叶光良 DC	1530	1380	241.8	360	+118.2	1499	+4.1
178 许兆丰 DC	2235	3355	587	2381.5	+1794.5	7385	+32.1
179 汪德兴 DZ	732	6495	1687.5			5540	−23.3
180 许述祺 D		2880	1008			1872	−35
181 吴士通 DZ	1180	6126	1757.5			5548.5	=15.8
182 吴士退 DC	1565	5300	1591.8	167.8	−1424	5442	−20.7
183 吴韵笙 D		2463	861.5			1884.5	−35

户及经营类型①	自耕田地产量	佃耕田地产量	佃耕缴租额	出租收租额	收租额与缴租额差额②	总收入	收租额与缴租额差额占经营产量或缴租额占经营产量的%③
184 潘秀麒 D		6066	2121.5			3945	-35
185 许瑞伯 DZ	1074.5	4290	1156			4214.5	-20
186 许天养奶 DC	270	1378	240.5	382	+141.5	1190	+8.6
187 许普宣 DZ	1260	5917	1093.8			6090	-15.2
188 蒋玉盛 DC	4288	1302	308.5	550	+197.5	5842	+3.5
189 吴来宾 DZ	1740	5806	1020			6526	-13.5
190 许栋臣 DC	770	1723	301.8	3125.8	+2824	5317	+113
191 许智伯 D		3760	1316			2444	-35
192 黄锦文 D		7524	2635.5			4798.5	-35
193 许仲达 DC	2483	1554	272	1919.5	+1647.5	5678.5	+40.8
194 许永荃 C				1655.5		1655.5	+35
195 许朝榆 DC	1261	2974	505	3937	+3432	7607	+81
196 曹士宝 D			4020	1407		2613	-35
197 胡小财 DC	6030	6798	2290	1132.5	-1157.5	11671	-9
198 吴振声 D		3902	1170			2626	-30
199 许壁斋 DC	1104	888	155	2080.5	+1925.5	3918	+96.6
200 吴佛观 DC	2640	5969	1419.5	49	-1370.5	7239	-15.9
201 许克定 C				3950.8		3950.8	+27.3
202 许悦音 DC		1930	338	5130	+4792	6722	+248
203 汪存诚 C				4476		4476	+28.3
204 章传开 DC	540	2580	451	567.8	+116.8	3237	+3.7
205 汪雪桃 DC	592	5025	877.5	1636.5	+759	6376	+13.5
206 查正全 D		5646	1871.5			3774.5	-33.1
207 许惟甫 DC		1092	191	1936	+1745	2837	+159
208 胡讨饭奶 DC	168	294	102.6	2363	+2260.4	2722.4	+489
209 许继善祠 C				3264		3264	+17.4
210 许尚义堂 C				4025		4025	+17.5

户及经营类型①	自耕田地产量	佃耕田地产量	佃耕缴租额	出租收租额	收租额与缴租额差额②	总收入	收租额与缴租额差额占经营产量或缴租额占经营产量的%③
211 许骏惠堂 C				5294		5294	+21.6
212 许荫祠 C				9467		9467	+17.4
213 许世承族 C				221		221	+17.5
214 许十二房 C				505.5		505.5	+16.3
215 许铭德 C				819		819	+21
216 许家桢等 C				3030.5		3030.5	+33.3
217 程德辉 C				245		245	+12.9
218 江国东 C				899.5		899.5	+17
219 江国祯 C				277.5		277.5	+17.5
220 许敬诚堂 C				1054		1054	+22.6
221 许道智族 C				33		33	+4.1
222 许尚二房 C				640.5		640.5	+35
223 王锦章 C				818.5		818.5	+35.4
224 许真童族 C				896.8		896.8	+19.3
225 上三房族 C				745		745	+16.8
226 胡致和族 C				2517.12		2517.12	+31.3
227 许伯龙族 C				4145		4145	+22.4
228 许义斋族 C				4167		4167	+28.3
229 许仁斋 DC	1216	336	57	12468.14	+12411	13963	+802
230 许承涌 DC	630	1356	243.5	1577.5	+1334	3351	+67.2
231 汪恭福 C				769.6		769.6	+20.1
232 程阿美 D		3318	1161.6			2156	-35
233 吴莲子 D		1260	220.8			1039	-17.5
234 农会小组 D		660					
235 胡村开荒小组 D		1280	1280				
236 聂文忠 D		900					
237 程荣仚 C							
238 程吉庆 C							

续表

户及经营类型①	自耕田地产量	佃耕田地产量	佃耕缴租额	出租收租额	收租额与缴租额差额②	总收入	收租额与缴租额差额占经营产量或缴租额占经营产量的%③
239 程义安 C							
合计	88695.5	517248.5	160160	106502.4	53657.96	536825.2	

注:①农户经营类型:Z 纯自耕户;ZC 自耕兼出租户;D 纯佃耕户;DZ 佃耕兼自耕;C 纯出租户;DC 既租佃又出租户。

②收租额与缴租额差额为"-"表示收租额小于缴租额,收租额与缴租额差额为"+"表示收租额大于缴租额。

总收入=自耕田地产量+佃耕田地产量-缴租额+出租田地收租额。

③经营产量指自耕产量与佃耕产量之和。缴租额按负数计算,收租额按正数计算。

资料来源:村长章继民、农会主任汪德兴、财粮员章日达:《歙县第3区唐模村地籍清册》,20世纪30年代,歙县档案馆藏。

　　统计显示,许多经营户的收租额都大于缴租额,这样的经营户尽管佃耕田地,实质上没有佃耕成本。如许克甫户出租田底3.6亩、田面8.1亩、全业田0.5亩和非永佃田17.4亩,佃耕田底3.2亩,实际经营3.2亩;该户收入状况是,佃耕毛收入960斤,缴租168斤,收租3149.5斤,收租额比缴租额多2981.5斤,收租额与缴租额正差额占经营产量的311%①,因而该户没有佃耕成本且在土地流转中有盈余。许敬果户自耕2.6亩,出租田底6亩、田面8.6亩和非永佃田10.6亩,佃耕田底3.9亩和底面全业田0.4亩,实际经营6.9亩;该户收入状况是自耕收入1092斤,佃耕毛收入1560斤,缴租267斤,收租1870斤,收租额比缴租额多1603斤,该户收租额与缴租额正差额占经营产量的60.4%,该户没有佃耕成本且在土地流转中有盈余。许博如户自耕3亩,出租田底10.2亩、田面12.7亩和非永佃田5.8亩,佃耕田底1.6亩,实际经营4.6亩;该户收入状况是:自耕收入972斤,佃耕毛收入672斤,缴租117.8斤,收租1510.5斤,收租额比缴租额多1392.7斤,该户收租额与缴租额正差额占经营产量的84.4%,该户没有佃耕成本且在土地流转中有盈余。许承愈

---

① 经营户收租额与缴租额差额有两种情况,如果差额为正数即为收租额与缴租额的正差额,表明经营户不仅无佃耕成本,反而有盈余;如果差额为负数即为收租额与缴租额的负差额,表明经营户要支出佃耕成本,负差额即为佃耕成本。

户自耕田地 14 亩,出租全业田 4.9 亩和非永佃田 3.5 亩,佃耕田底 6.3 亩,实际经营 22.5 亩;该户收入状况是:自耕收入 3611 斤,佃耕毛收入 3613 斤,缴租 745.5 斤,收租 1741.4 斤,收租比缴租多 995.9 斤,该户收租额与缴租额正差额占经营产量的 13.8%,该户没有佃耕成本且在土地流转中有盈余。许兆丰户自耕 4.06 亩,出租田底 1.7 亩、田面 18.8 亩和全业田 8.4 亩,佃耕田底 6.1 亩,实际经营 10.16 亩;该户收入状况是,自耕收入 2235 斤,佃耕毛收入 3355 斤,缴租 587 斤,收租 2381.5 斤,收租比缴租多 1794.5 斤,该户收租额与缴租额正差额占经营产量的 32.1%,该户没有佃耕成本且在土地流转中有盈余。许仲达户自耕 8.38 亩,出租田底 2.807 亩、田面 9.8 亩和非永佃田 7.5 亩,佃耕田底 3.7 亩,实际经营 12.08 亩;该户收入状况是,自耕收入 2483 斤,佃耕毛收入 1554 斤,缴租 272 斤,收租 1919.5 斤,收租额比缴租额多 1647.5 斤,该户收租额与缴租额正差额占经营产量的 40.8%,该户没有佃耕成本且在土地流转中有盈余。胡小财户自耕 15.5 亩,出租田面 5.5 亩和非永佃田 8.8 亩,佃耕田底 1.2 亩、田面 2.6 亩和底面全业田 12.4 亩,实际经营 37.1 亩;该户收入状况是:自耕收入 6030 斤,佃耕毛收入 6798 斤,缴租 2290 斤,收租 1132.5 斤;该户为经营大户,总收入达 11671 斤。该户缴租额比收租额多 1157.5 斤,但其只占经营总产量的 9%,佃耕成本非常低。

通过以上收租额与缴租额的差额占经营产量比例的分析,说明唐模村大量永佃农佃耕成本低的原因在于收租额抵消了缴租额,因而永佃农负担普遍较轻,极大地提高了永佃农的生产积极性,促进了生产力的提高。

第二,永佃制经营使唐模村的劳动力和土地资源实现了优化配置。如许壁斋户自耕 2.514 亩,出租田底 9.6 亩、田面 11.02 亩和非永佃田 6.883 亩,佃耕田底 2.96 亩;该户只有 1 个劳动力,实际经营 5.47 亩,无能力耕种的只好出租;该户收入状况是:自耕收入 1104 斤,佃耕毛收入 888 斤,缴租 155 斤,收租 2080.5 斤,总收入 3918 斤;该户既出租田底又出租田面,兼有田底主、田面主和佃农的三重身份,收租额比缴租额多 1925.5 斤,说明田面主或田底主在其无力耕种时,可以把其田底或田面租给有劳动力户经营,这样就实现了土地和劳动力的优化配置。

从事农业外就业的农户,一般把土地转给有经营能力户经营。如许栋臣户,户主在杭徽公路歙篁公司工作、许代华在人民银行工作、许代秋在景德镇经商,该户只有 1 个农业劳动力,仅自耕 1.4 亩,佃耕田底 3.7 亩,因无能力耕种,出租田底 46.68 亩、田面 4.7 亩和非永佃田 6.4 亩;该户收入状况是,自耕收入 770 斤,佃耕毛收入 1723 斤,缴租 301.8 斤,收租 3125.8 斤。许朝榆户自耕 3 亩,出租田底 28.849 亩、田面 9.6 亩和非永佃田 10.43 亩,佃耕田底5.4 亩;该户人口多,有 8 口,但有 3 人薪给,负担 4 个人的生活,农业劳动力只有 1 人,为了耕作方便,佃耕田底 5.4 亩,而把不便经营多余的土地配置给有较多劳动力户经营;该户收入状况是,自耕收入 1261 斤,佃耕毛收入 2974斤,缴租 505 斤,收租 3937 斤,总收入 7607 斤。许克定户出租田底 6.2 亩、田面 7.4 亩、底面全业田 30.2 亩和非永佃田 0.8 亩;该户人口多,但有 6 人从事非农产业,因此把全部田地出租,共收租 3950.8 斤。

经商的城居地主也把无力经营的田地配置给有能力经营的农户经营。如许雨仁户,共有男口 5,女口 5,该户因许惟明等主要劳动力在沪经商,其占有的田底 32.6 亩和非永佃田 9.78 亩全部出租,因租率低只能收租 2175.5 斤。

第三,田面主和田底主有着同样的权利,田面主通过收取田面租获得的收入非常可观。如许悦音户只有 1 个劳动力,因无力多耕,仅佃耕 4.1 亩田底,把自有的田面 33.49 亩和田底 7.92 亩全部出租;该户出租的大部分田地属于田面田,说明永佃农在唐模村和田底主同样有收租权,在无力耕种时就把田面田转租出去获得田面租;该户收入状况是,佃耕毛收入 1930 斤,缴租 338 斤,收租 5130 斤,其收租额比缴租额多 4792 斤,总收入达 6722 斤。汪雪桃户劳动力不多,只有 2 人;该户是唐模村典型的田面田大户,合计拥有田面 33.4亩;该户自耕 1.7 亩,佃耕田底 10.2 亩,把田面 23.2 亩和非永佃田 1.8 亩出租;该户收入状况是,自耕收入 592 斤,佃耕毛收入 5025 斤,缴租 877.5 斤,收租 1635.5 斤,大部分是田面租,收租额比缴租额多 759 斤,说明田面租给业主带来的收入是很可观的。

永佃权不仅保障了佃农的佃权,而且田面权能够作为一项资产进行养老。胡讨饭奶寡居,自耕 0.4 亩,出租田底 0.8 亩、田面 11.9 亩和底面全业田 16.7亩,佃耕田面 0.4 亩和非永佃田 0.3 亩;该妇自耕收入 168 斤,佃耕田地毛收入 294 斤,缴租 102.6 斤,收租 2363 斤,总收入 2722.4 斤。胡讨饭奶能够出租田面并取得地租,是对其以往佃耕田地投入价值的认可,所以永佃权不仅保障了佃农的佃权,而且能够作为一项资产养老。

第四,族田户收租额并不比普通户收租额多,说明民国时期唐模村的宗族势力已经衰落。族田户收租量是判断族田户势力大小的重要依据,和普通户相比族田户收租量并不多。如许敬诚堂户共出租田底 14.33 亩、非永佃田 21.23 亩,该堂共收租 1054 斤,和普通永佃农相比收租额并不多。胡致和堂户出租田面 3.8 亩、底面全业田 16.8 亩和非永佃田 2.2 亩,共收租 2517.12 斤。许继善祠户出租田底 44.64 亩、田面 10.5 亩和全业田 4.6 亩;该宗祠主要出租田底田,共收租 3264 斤。许尚义堂户共出租田底 71.32 亩和田面 3.7 亩;该公堂也主要出租田底田,共收租 4025 斤。许伯龙户出租田底 15.4 亩、田面 15.2 亩和底面全业田 16.8 亩。该宗族田底、田面、底面全业田出租各占约 1/3,共收租 4145 斤。许义斋户出租田底 13.1 亩、田面 7.9 亩和底面全业田 28.4 亩;该宗族田地全部实现了底、面分离,共收租 4167 斤。

再看普通户的收租情况。普通佃户许克甫收租 3149.5 斤,许栋臣收租 3125.8 斤,许朝榆收租 3937 斤,许壁斋收租 2080.5 斤,许悦音收租 5130 斤,寡妇胡讨饭奶也收租 2363 斤,以上普通户的收租额和前述族田户不相上下。值得注意的是,许仁斋户是一个普通经营户,该户自耕 2.4 亩,出租田底 34.8 亩、田面 73 亩和底面全业田 48.5 亩,佃耕田底 0.8 亩;该户的收入状况是:自耕收入 1216 斤,佃耕毛收入 336 斤,缴租 57 斤,收租 12468.14 斤,其收租额与缴租额之正差额为 12411 斤,占经营产量的 802%,该户的收租额远远大于任何族田户的收租额。因此,唐模村实行永佃制后,族田户的收租量并不比普通佃户收租量多,其在收租方面和普通户并无显著区别,再加上永佃制租率比较低,也限制了族田户的地租剥削量。

以上只列举唐模村部分户的收支状况,唐模村 239 户的详细收支状况见表 4.33。综合计算,唐模村 217 个经营户的总收入状况是:自耕田地总产量 88695.5 斤,佃耕毛收入 517248.5 斤,缴租额 160160.4 斤,收租额 106502.44 斤,缴租额与收租额之差额为 53657.96 斤,全村田地佃耕总租率为 8.86%。因此,形成永佃制的唐模村的佃耕租率非常低,大大降低了佃农的经营成本。

总之,皖南永佃制是一种优于普通租佃制的、佃耕成本低、实现了土地与劳动力更好配置、能够保障佃农经营权、提高生产力的土地经营制度,具体表现在四个方面:一是相当比例的永佃户既出租又佃耕,降低了永佃农的佃耕成本;二是永佃制经营使劳动力和土地资源实现了优化配置;三是田面主和田底主有着同样的权利,田面租给业主带来的收入非常可观,永佃权不仅保障了佃农的佃权,而且能够作为一项资产进行养老;四是皖南族田户收租额并不比普通户收租额多,说明民国时期唐模村的宗族势力已经衰落。

第五章　皖南永佃制性质[①]

学术界仍把永佃制归属于封建制度的范畴。刘永成认为,转佃权与永佃权按其实质而论,一般仍属于封建主义的租佃制度[②];林祥瑞认为,永佃权是我国封建社会进入后期阶段的租佃制度,"地主授予农民的佃权,不说明农民社会地位的提高,人身依附关系的解放,而是适得其反"[③];刘瑞中则仍坚持永佃制下地主剥削农民的经济关系实质未变,农民仍依附于地主,只不过是依附关系有所削弱而已。[④] 段本洛认为,"永佃制不过是封建土地制度的一种对农民的剥削方式,不能因佃农取得'永佃权'而否认江南地区在近现代仍然存在着封建土地制度。"[⑤]更有学者认为,"永佃制是地主剥削形态中最凶恶最苛重的租佃形式"[⑥]。以上学者常以些许数据作为立论的依据。为此,笔者对皖南4县(市)568个村庄永佃田权属状况、唐模村2202坵田地的亩产及永佃田租率、资溪村永佃农在租佃关系中所处地位进行了直接、细致、系统、大面积的基层考察,对永佃制的性质重新进行探讨,以就教于学界同仁。

---

① 关于永佃土地的权属状况,刘和惠认为就徽州地区而论,地主占有的田面权比例要比农民大得多,见刘和惠:《清代田面权的考察》,《安徽史学》1984年第5期,第30页。

② 刘永成:《清代前期的租佃关系》,《清史论丛》1980年第2辑,第83页。

③ 林祥瑞:《试论永佃权的性质》,《福建师大学报》1981年第1期,第117页;林祥瑞的依据是福建师范大学地方史研究所收藏的福建闽清县的10件永佃制契约。

④ 刘瑞中:《对林瑞祥〈试论永佃权的性质〉一文的一些商榷意见》,《福建师大学报》1983年第3期。

⑤ 段本洛:《永佃制与近代江南租佃关系》,《苏州大学学报》1991年第3期,第110页。段本洛的依据主要是方志、奏议和20世纪二三十年代的调查资料。

⑥ 董蔡时:《永佃制研究》,《苏州大学学报》1995年第2期,第95页。董蔡时的资料主要来自于个人文集、严中平的《中国近代史统计资料选辑》和汪敬虞的《中国近代工业史资料》。

第一节　永佃田权属考察①

　　厘清永佃田各阶层的权属状况是判断永佃制性质的关键。1937年全国土地委员会对各个阶层永佃制的权属状况完全没有涉及,因而也就无从判断永佃制到底是一种什么性质的土地制度,所以有必要对各阶层占有永佃田的权属状况进行统计分析。

一、祁门县4个区和屯溪市永佃田权属状况

　　祁门县第4区共有17个村②,先以程石村为例说明单个村的永佃田权属状况。程石村包括地主和富农(以下简称地富)的各个阶层都参与耕作,都租进或出租田地,土地流转十分频繁。地主、半地主式富农、富农、地主兼工商业和工商业兼地主5个阶层的租入田地全部属于永佃田。中农、小土地出租者、宗教职业者、贫农和流民的永佃田分别占其租入田地的44.34%、87.49%、77.19%、36.78%和32.87%。③毫无疑问,永佃制在程石村是普遍存在的土地制度。程石村共有永佃田341.38亩,占租入田地总数的41.48%,占各阶层使用田地总数的39.28%,占全村田地总数的91.77%;地富占有永佃田24.8亩,地富的永佃田占全村永佃田总数的7.26%。中农占有永佃田116.2亩,贫农占有永佃田171亩,小土地出租者、小商贩、宗教职业者和流民共占有永佃田23.9亩;中农以下阶层共占有永佃田316.615亩,占全村永佃田总数的92.75%。可见,程石村永佃田的绝大部分掌握在中农及其以下阶层手中。程石村永佃田地的详细权属状况,见表5.1。

---

　　① 本章祁门、绩溪、屯溪和当涂永佃权属状况的资料来源和第三章相同,不再赘述。
　　② 本书的村一般指行政村,包括自然村。
　　③ 本章的阶层划分方法遵循原档案的划分方法,主要包括地主、富农及中农及其以下阶层。

表5.1　民国末年祁门县第4区程石村各阶层永佃田权属状况

田地单位:亩

成分	永佃田	本村各阶层租入田地①	本村各阶层出租在本村占有的田地②	本村各阶层自耕土地	本村各阶层使用土地③	本村各阶层及外村各阶层在本村占有土地④	永佃田占本村各阶层租入田地的比例%	永佃田占本村各阶层使用田地的比例%
地主	9.577	9.577	40.4	0.32	9.897	198.3	100	96.77
半地主式富农	3.988	3.998	5.2	0	3.998	5.2	100	100
富农	11.34	11.34	18.57	7.625	18.965	31.49	100	59.79
地主兼工商业	0.715	0.715	14.2894	4.285	5	14.287	100	14.30
工商业兼地主	4.6	4.6	0.5363	0	4.6	3.4433	100	100
中农	116.2	262.08	30.12	25.89	287.97	57.95	44.34	40.35
贫农	171	464.96	3.21	5.6075	470.5675	20.28	36.78	36.34
雇农	0	0	0	0	0	0	0	0
小土地出租者	7.7	8.8006	10.87	0.4	9.2006	37.08	87.49	83.69
小商贩	2.3	21.501	0	0.3	21.801	0	10.7	10.55
宗教职业者	4.4	5.7	0.81	0	5.7	0.81	77.19	77.19
流民	9.5	28.9	3.1652	1.6	30.5	3.1652	32.87	31.15
手工业	0	0	0	0	0	0	0	0
高利者	0	0.8	0	0	0.8	0	0	0
陶职业者	0	0	0.64	0	0	0	0	0
合计	341.382	822.9736	127.8146	46.026	868.9996	372.0092	41.48	39.28

注:①各阶层租入土地包括租入本村各阶层出租的田地及租入外村各阶层在本村占有并出租的土地。

②本村大部分阶层除了出租在本村占有的土地外,还出租其在外村占有的土地。

③各阶层使用田地等于其自耕土地加租入土地,租入土地包括从本村租入土地和外村租入土地两部分。

④各阶层占有田地指本村各阶层及外村各阶层在本村占有的拥有田底权或底、面合一的田地。

祁门县第4区另外有永佃田的7个村是余坑、大痕、芦溪、贵溪、葭湾、竹荪里和溶口。关于地富占有永佃田的情况:余坑和大痕2个村的地富不占有永佃田。芦溪村地主占有的永佃田占全村永佃田的 26.14% ,比例较高,但是数量较小,只有 14.87 亩。贵溪、葭湾、溶口 3 个村的地富的永佃田分别占其所在村永佃田的 11.95% 、9.04% 、7.16% ,均在 10% 左右。竹荪里村的地富的永佃田很少,只占其所在村永佃田的 2.53% 。

中农以下阶层占有永佃田的情况。余坑和大痕两村的永佃田全部为中农以下阶层占有。竹荪里、溶口和葭湾 3 个村的中农以下阶层占有的永佃田分别占其所在村永佃田的 97.47% 、92.84% 和 90.96% 。全区共有 6 个村的中农以下阶层占有的永佃田都超过了其所在村永佃田的 90% 。贵溪和芦溪村的中农以下阶层占有的永佃田分别占其所在村永佃田的 88.1% 和 73.86% 。

祁门县第 4 区共有永佃田 3083.35 亩,其中地主占有永佃田 144.34 亩,占全区永佃土地的 4.68% ;全区富农占有永佃田 87.13 亩,占全区永佃田的 2.83% ;全区地富合计仅占全区永佃田的 7.51% 。全区中农以下阶层占有永佃田 2851.89 亩,占全区永佃田的 92.51% 。祁门县第 4 区的中农以下阶层拥有的永佃田占绝对优势。第 4 区各阶层永佃田权属状况,见表 5.2。

表 5.2 民国末年祁门县第 4 区各村各阶层永佃田权属状况

田地单位:亩

村名	永佃田	地主		富农		地富永佃田比例%	中农		贫农		雇农、小土地出租者、工商业者等		中农以下阶层永佃田比例%
		永佃田	%	永佃田	%		永佃田	%	永佃田	%	永佃田	%	
程石	341.382	9.5	2.78	15.3	4.48	7.26	116.2	34.04	171	50.09	29.415	8.62	92.75
余坑	148.774					0	100.625	67.64	48.149	32.36		0	100
竹荪里	580.83		0	14.69	2.53	2.53	73.6	12.67	479.64	82.58	12.9	2.22	97.47
大痕	122.4					0	87.2	71.24	35.2	28.76	0	0	100
芦溪	56.898	14.873	26.14			26.14	31.998	56.24	2.327	4.09	7.7	13.53	73.86
溶口	578.812	29.733	5.14	11.7	2.02	7.16	329.65	56.95	168.95	29.19	38.78	6.70	92.84
葭湾	488.4	20.65	4.23	23.5	4.81	9.04	193.4	39.60	245.25	50.21	5.6	1.15	90.96
贵溪	765.866	69.579	9.09	21.937	2.86	11.95	261	34.08	401.85	52.47	11.85	1.55	88.1
17 村合计①	3083.35	144.34	4.68	87.13	2.83	7.51	193.67	38.71	1552.37	50.35	106.25	3.45	92.51

注:①另加奇岭、双凤、莲坑、板石、花桥、平里、查湾、倒湖、奇口 9 个无永佃村。

　　祁门县第 5 区共有 12 个村,只有竹集村有永佃田。竹集村的地富不占有永佃田,只有中农以下阶层占有永佃田 3.26 亩。祁门县第 5 区各阶层永佃田权属详细状况,见表 5.3。

表5.3　民国末年祁门县第 5 区各村各阶层永佃田权属状况

田地单位:亩

村名	永佃田	地主		富农		地富永佃田比例%	中农		贫农		雇农、小土地出租者、工商业者等		中农以下阶层永佃田比例%
		永佃田	%	永佃田	%		永佃田	%	永佃田	%	永佃田	%	
竹集	3.26					0	2.576	78.99		0	0.685	21.01	100
12 村合计①	3.26	0	0	0	0	0	2.576	78.99	0	0	0.685	21.01	100

注:①另加桃源、文堂、良木、石马、高塘、新合、察箬、舜栗、沧伦、西易、闪里 11 个无永佃村。

　　祁门县第 6 区共有 30 个村,其中 9 个村有永佃田,占全区村总数的 30%。关于地富占有永佃田的情况。辅岭、深都、伊坑、石迹、磴上和淑里 6 个村的地富不占有永佃田;清溪村的地富占有的永佃田最多,占全村永佃田的 19.92%;西源和沙堤 2 个村的地富的永佃田都很少,分别占其所在村永佃田的 2.15% 和 0.61%。

　　中农以下阶层占有永佃田的情况。辅岭、深都、伊坑、石迹、磴上和淑里 6 个村的永佃田全部为中农以下阶层占有;沙堤和西源 2 个村的中农以下阶层占有的永佃田分别占其所在村永佃田的 99.4% 和 97.86%;全区共有 8 个村的中农以下阶层占有的永佃田地都超过了其所在村永佃田的 97%;清溪村的中农以下阶层占有的永佃田占其所在村永佃田的 80.08%。

　　第 6 区共有永佃土地 1682.18 亩,其中地主占有永佃田 19.06 亩,占全区永佃田的 1.13%;全区富农占有永佃田 10.29 亩,占全区永佃田的 0.61%;全区地富合计仅占有全区永佃田的 1.74%。全区中农以下阶层占有永佃田 1652.84 亩,占全区永佃土地的 98.25%。第 6 区的永佃田几乎全部集中到中农以下阶层手中。祁门县第 6 区各阶层永佃田权属状况,见表 5.4。

表5.4 民国末年祁门县第6区各村各阶层永佃田权属状况

田地单位：亩

村名	永佃田	地主		富农		地富永佃田比例%	中农		贫农		雇农、小土地出租者、工商业者等		中农以下阶层永佃田比例%
		永佃田	%	永佃田	%		永佃田	%	永佃田	%	永佃田	%	
辅岭	52.23	0		0		0	42.04	80.49	10.19	19.51		0	100
深都	21	0		0		0	15	71.43	6	28.57		0	100
伊坑	150	0		0		0	99.8	66.53	50.2	33.40		0	100
清溪	94.38	11.8	12.50	7	7.42	19.92	58.54	62.03	14.29	15.14	2.75	2.91	80.08
石迹	3.13			0		0	1.423	45.46	1.707	54.53		0	100
沙堤	1199.78	7.2595	0.61			0.61	740.61	61.73	428.03	35.68	23.883	1.99	99.4
磜上	4.23	0		0		0	3.9	92.20	0.33	7.80		0	100
西源	153.1265	0		3.2865	2.15	2.15	46.79	30.56	100.89	65.89	2.16	1.41	97.86
淑里	4.305	0		0		0	1.9	44.18	2.205	51.22	0.2	4.65	100
第6区30村合计①	1682.18	19.06	1.13	10.29	0.61	1.74	1010.00	60.04	613.84	36.49	28.993	1.72	98.25

注：①另加林村、忠信、陈田、道源、渚口、历溪、毛坦、新林、古溪、河西、至善、彭龙、方村、西坑、黄龙口、
河东、环砂、樵溪、正冲、(缺一村)、水村21个无永佃村。

祁门县第7区共有21个村，有5个村有永佃田，占全区村总数的24％。
关于地富占有永佃田情况。复兴、枫岑2个村的地富不占有永佃田；湘溪、大
中和沙溪3个村地富的永佃田不多，分别占其所在村永佃田的3.37％、2.7％
和0.95％。关于中农以下阶层占有永佃田情况。复兴、枫岑2个村的永佃田
全部为中农以下阶层占有；沙溪、大中和湘溪3个村的中农以下阶层占有的永
佃田分别占其所在村永佃田的99.04％、97.3％和96.63％；全区有永佃田的5
个村的中农以下阶层占有永佃田都超过了其所在村永佃田的96％。

第7区共有永佃田1837.82亩，其中地主占有永佃田12.22亩，占全区永佃
田的0.66％；全区富农占有永佃田32.83亩，占全区永佃田的1.79％；全区
地富合计仅占全区永佃田的2.45％。全区中农以下阶层占有永佃土地
1792.78亩，占全区永佃土地的97.6％；第7区的永佃田几乎全部集中到中农
以下阶层手中。祁门县第7区各阶层永佃田权属状况，见表5.5。

表5.5　民国末年祁门县第7区各村各阶层永佃田权属状况

田地单位:亩

村名	永佃田	地主		富农		地富永佃田比例%	中农		贫农		雇农、小土地出租者、工商业者等		中农以下阶层永佃田比例%
		永佃田	%	永佃田	%		永佃田	%	永佃田	%	永佃田	%	
复兴	0.78					0	0.12	15.38		0	0.66	84.62	100
枫岑	86.938					0	47.794	54.97	38.204	43.94	0.94	1.08	100
湘溪	477.1047		0	16.08	3.37	3.37	153.44	32.16	307.59	64.47		0	96.6
沙溪	308.82	0.84	0.27	2.09	0.68	0.95	191.36	61.96	113.753	36.83	0.78	0.25	99.0
大中	964.177	11.377	1.18	14.655	1.52	2.7	565.49	58.65	371.20	38.5	1.45	0.15	97.3
第7区21村合计①	1837.82	12.22	0.66	32.83	1.79	2.45	958.20	52.14	830.76	45.20	3.83	97.55	97.6

注:①另加第7区16个无永佃的村。

就祁门县4个区而言,地主占有永佃田175.62亩,占祁门县4个区永佃田的2.66%;4个区富农占有永佃田130.24亩,占全县永佃田的1.97%;4个区地富合计仅占全县永佃田的4.63%。全县4个区中农以下阶层占有永佃田6300.76亩,占全县永佃田的95.37%;祁门县中农以下阶层拥有的永佃田在各阶层中占有绝对优势。祁门县4个区各阶层永佃田权属状况,见表5.6。

表5.6　民国末年祁门县4个区各阶层永佃田权属状况

田地单位:亩

区	永佃田	地富合计		中农		贫农		雇农、小土地出租者、工人、小贩等		中农以下阶层永佃田比例%
		永佃田	%	永佃田	%	永佃田	%	永佃田	%	
第4区	3083.3517	231.4623	7.5	1193.673	38.71	1552.366	50.35	106.2434	3.44	92.5
第5区	3.261	0	0	2.576	78.99	0	0	0.685	21.01	100
第6区	1682.1815	29.346	1.74	1010.0003	60.04	613.8427	36.49	28.993	1.72	98.25
第7区	1837.8197	45.042	2.45	958.201	52.14	830.755	45.20	3.826	0.21	97.55
合计	6606.6139	305.8503	4.63	3164.4503	47.90	2996.9637	45.36	139.7474	2.11	95.37

屯溪市地主占有永佃田199.09亩,占全市永佃田的2.89%;全市富农占有永佃田345.13亩,占全市永佃田的5.02%;全市地富合计占全区永佃田的

7.91%。全市中农以下阶层占有永佃田 6335.96 亩,占全市永佃田的 92.09%;屯溪市中农以下阶层拥有的永佃田在各阶层中占有绝对优势。屯溪市各阶层永佃田权属状况,见表5.7。

表5.7 民国末年屯溪市4乡36村各阶层永佃田权属状况

田地单位:亩

永佃田	地主		富农		地富永佃田比例%	中农		贫农		雇农、小土地出租者、工商业者等		中农以下阶层永佃田比例%
	永佃田	%	永佃田	%		永佃田	%	永佃田	%	永佃田	%	
6880.18	199.09	2.89	345.13	5.02	7.91	4393.57	63.86	1765.80	25.67	176.59	2.57	92.1

二、绩溪县永佃田权属状况

绩溪县第1区(城厢区)共有 17 个村,除蒲川村没有永佃田外,16 个村有永佃田,占全区村总数的94%。关于地富占有永佃田情况。间田和义兴 2 个村的地富不占有永佃田;全区只有孔灵村的永佃田全部属于地富,但是数量较小,仅 5.545 亩;北街村、新兴村和中街村是 3 个地富拥有较多永佃田的村,分别占其所在村永佃田的12.9%、8.63% 和8.43%,但仅占10% 左右;王家源村的地富永佃田最多,占全村永佃田的 15.79%;西街、凤灵、东街、朗坞、虎凤、川源、高村、仁里和高榴 9 个村地富的永佃田分别占其所在村永佃田的 5.78%、5.34%、3.92%、3.69%、3.66%、3.15%、3.19%、2.87%和1.38%,比例均在 6% 以下。

中农以下阶层占有永佃田的情况。间田和义兴两村的永佃田全部为中农以下阶层占有;高榴、仁里、川源、高村、虎凤、朗坞、东街、凤灵、西街、新兴和中街 11 个村的中农以下阶层占有的永佃田分别占其所在村永佃田的 98.6%、97.12%、96.85%、96.81%、96.33%、96.31%、96.08%、94.65%、94.22%、92.37%和91.84%;全区共有 12 个村的中农以下阶层占有的永佃田都超过了其所在村永佃田的90%;北街和王家源村的中农以下阶层占有的永佃田分别占其所在村永佃田的87.1% 和84.21%;只有孔灵村的中农以下阶层没有永佃田。

第1区共有永佃田 1153.54 亩,其中地主占有永佃田 19.28 亩,占全区永佃田的 1.67%；全区富农占有永佃田 43.79 亩，占全区永佃田的 3.79%；全区地富合计仅占全区永佃田的 5.46%。全区中农以下阶层占有永佃田 1090.47亩，占全区永佃田的 94.53%；第 1 区中农以下阶层拥有的永佃田占有绝对优势。绩溪县第 1 区的永佃田权属状况，见表5.8。

表 5.8　民国末年绩溪县第 1 区各村各阶层永佃田权属状况

田地单位：亩

村名	永佃田	地主		富农		地富永佃田比例%	中农		贫农		雇农、小土地出租者、工人、小贩等		中农以下阶层永佃田比例%
		永佃田	%	永佃田	%		永佃田	%	永佃田	%	永佃田	%	
朗坞	18.435	0.68	3.69	0	0	3.69	9.3075	50.49	8.4475	45.82	0	0	96.31
间田	44.67	0	0	0	0	0	9.54	21.36	35.13	78.64	0	0	100
新兴	199.493	8.883	4.45	8.333	4.18	8.63	50.86	25.49	130.74	66.54	0.675	0.38	92.37
王家源	19.5965	0.425	2.17	2.67	13.62	15.79	12.0985	61.74	3.468	17.70	0.935	4.77	84.21
虎凤	103.42	1.56	1.51	2.23	2.16	3.66	59.182	57.22	38.868	37.57	1.59	1.54	96.33
孔灵	5.545	3.228	58.21	2.317	41.79	100	0						
义兴	64.023	0	0	0	0	0	53.5	83.56	10.323	16.12	0.2	0.31	100
高村	121.499	1.4127	1.16	2.465	2.03	3.19	43.571	35.86	74.0495	60.95	0	0	96.81
高榴	81.07	0	0	1.12	1.38	1.38	60.55	74.69	17.1	21.09	2.3	2.82	98.6
川源	24.982	0	0	0.7875	3.15	3.15	17.5195	70.13	6.225	24.92	0.45	1.80	96.85
仁里	63.597	0.855	1.34	0.975	1.53	2.87	36.073	56.72	16.804	26.42	8.89	13.98	97.12
中街	13.05	0.3	2.30	0.8	6.13	8.43	0.95	7.28	9.3	71.26	1.7	13.3	91.84
凤灵	225.355	0.34	0.15	11.698	5.19	5.34	61.61	27.34	147.436	65.42	4.2675	1.89	94.65
西街	79.50	0.90	1.13	3.70	4.65	5.78	52.8	66.42	17.3	21.76	4.8	6.04	94.22
北街	43.398	0.7	1.61	4.898	11.29	12.9	17.55	40.44	15.9	36.64	4.35	10.02	87.1
东街	45.91	0	0	1.8	3.92	3.92	26.39	57.48	6.8	14.81	10.92	23.79	96.08
17 个村合计①	1153.54	19.28	1.67	43.79	3.79	5.46	511.506	44.34	537.891	46.63	41.0775	3.56	94.53

注：①另加无永佃的蒲川村。

　　绩溪县第 2 区共有 27 个村,有 15 个村有永佃田(下旺村永佃田数目不详①),有永佃田的村占全区村总数的 55.5% 。关于地富占有永佃田情况。濠寨、潭竹、黄川、冯川 4 个村的地富不占有永佃田;全区只有上庄村的永佃田全部属于地富,但是数量较小,只有 1.8 亩;杨滩、上旺和宋家村是 3 个地富拥有较多永佃田的村,分别占全村永佃田的 22.89%、22.45% 和 17.12% ;鲍西、东团、镜塘、江川、庄川、梧川 6 个村的地富的永佃田分别占其所在村永佃田的 5.34%、4.78%、3.17%、3.0%、2.09% 和 0.92% ,比例均在 6% 以下。

　　中农以下阶层占有永佃田情况。黄川、潭竹、濠寨和冯川 4 个村的永佃田全部为中农以下阶层占有;梧川、庄川、江川、镜塘、东团、鲍西 6 个村的中农以下阶层占有的永佃田分别占其所在村永佃田的 99.07%、97.91%、97.0%、96.83%、95.23% 和 94.65% ;全区共有 10 个村的中农以下阶层占有的永佃田都超过了其所在村永佃田的 90% ;宋家、上旺和杨滩村的永佃田分别占其所在村永佃田的 82.08%、77.55% 和 77.11% 。只有上庄村的中农以下阶层没有永佃田。

　　第 2 区共有永佃田 976.71 亩,其中地主占有永佃田 20.8 亩,占全区永佃田的 2.13% ;全区富农占有永佃田 32.44 亩,占全区永佃田的 3.32% ;全区地富合计仅占全区永佃田的 5.45% 。全区中农以下阶层合计占有永佃田 923.47 亩,占全区永佃田的 94.55% ;第 2 区的中农以下阶层拥有的永佃田占有绝对优势。绩溪县第 2 区的永佃田权属状况,见表 5.9。

表 5.9　民国末年绩溪县第 2 区各村各阶层永佃田权属状况

田地单位:亩

村名	永佃田	地主		富农		地富永佃田比例%	中农		贫农		雇农、小土地出租者、工人、小贩等		中农以下阶层永佃田比例%
		永佃田	%	永佃田	%		永佃田	%	永佃田	%	数量	%	
下旺	①												
东团	82.932	2.36	2.85	1.6	1.93	4.78	37.516	45.24	40.356	48.66	1.1	1.33	95.23

　　① 下旺村的永佃权田已折实并入自耕或出租栏内计算,具体数字无从得知,见中共绩溪县委:《下旺村土改前各阶层占有使用田地统计表》,《绩溪县第 2 区(旺山区)土改情况统计表》,全宗:《中共绩溪县委员会办公室档案》(1951 年)第 20 卷,第 1 页。

村名	永佃田	地主		富农		地富永佃田比例%	中农		贫农		雇农、小土地出租者、工人、小贩等		中农以下阶层永佃田比例%
		永佃田	%	永佃田	%		永佃田	%	永佃田	%	数量	%	
上庄	1.8	0	0	1.8	100	100							0
濠寨	6	0				0	6	100				0	100
上旺	29.4	6.6	22.45	0	0	22.45	6.3	21.43	14.0	47.62	2.5	8.5	77.55
庄川	52.504	0.8	1.52	0.3	0.57	2.09	31.244	59.51	20.16	38.40		0	97.91
江川	89.94	0	0	2.71	3.0	3.0	53.25	59.21	32.73	36.39	1.25	1.40	97.0
杨滩	91.205	8.74	9.58	12.14	13.31	22.89	42.69	46.81	23.725	26.01	3.91	4.29	77.11
冯川	19.25					0	19.52	100					100
梧川	59.845	0.40	0.67	0.15	0.25	0.92	27.305	45.62	28.44	47.52	3.55	5.93	99.07
镜塘	189	0	0	6.0	3.17	3.17	91	48.15	92	48.68		0	96.83
潭竹	115.15					0	69.1	60.0	46.05	40.0			100
宋家	34.57	1	2.89	4.92	14.23	17.12	24.97	72.23	3.68	10.65			82.08
鲍西	69.571	0.9	1.29	2.82	4.05	5.34	30.376	43.66	35.475	50.99			94.65
黄川	135.54					0	73.09	53.93	62.45	46.07			100
27村总计②	976.71	20.8	2.13	32.44	3.32	5.45	512.36	52.43	399.07	40.85	12.3	1.26	94.55

注:①下旺村的永佃田已折实并入自耕或出租栏内计算,具体数字无从得知,见中共绩溪县委:《下旺村土改前各阶层占有使用土地统计表》,《绩溪县第2区(旺山区)土改情况统计表》,全宗:《中共绩溪县委员会办公室档案》(1951年)第20卷,第1页。
　　②另加河南、余川、新川、模范、会川、坦头、旺山、镇珍、石龛、金山、瑞川、檫里12个无永佃的村。

绩溪县第3区共有12个村,仅有长岭、玉台、龙从3个村有永佃田,占全区村总数的25%。关于地富占有永佃田情况。龙从和长岭村的地富拥有永佃田较多,分别占其所在村永佃田的15.57%和10.0%;玉台村地富的永佃田仅占其所在村永佃田的4.95%。

中农以下阶层占有永佃田情况。玉台和长岭村的中农以下阶层占有的永佃田分别占其所在村永佃田的95.07%和90.0%,都超过了90%;龙从村的中农以下阶层占有的永佃田占其所在村永佃田的84.43%。

第3区共有永佃田689.63亩,其中地主占有永佃田30.46亩,占全区永佃田的4.42%;全区富农占有永佃田32亩,占全区永佃田的4.64%;全区地富合计仅占全区永佃田的9.06%,没有超过10%。全区中农以下阶层占有永佃田 627.17 亩,占全区永佃田的 90.94%;第 3 区的中农以下阶层拥有的永佃田占有绝对的优势。绩溪县第 3 区的永佃田权属状况,见表 5.10。

表 5.10　民国末年绩溪县第 3 区各村各阶层永佃田权属状况

田地单位:亩

村名	永佃田	地主		富农		地富永佃田比例%	中农		贫农		雇农、小土地出租者、工商业者等		中农以下阶层永佃田比例%
		永佃田	%	永佃田	%		永佃田	%	永佃田	%	永佃田	%	
长岭	98.856	6.453	6.53	3.435	3.47	10.0	65.283	66.04	23.02	23.29	0.665	0.67	90.0
玉台	370.32	14.5	3.92	3.75	1.03	4.95	178.1	48.09	172.2	46.50	1.77	0.48	95.07
龙从	220.457	9.507	4.31	24.815	11.26	15.57	125.11	56.75	59.1	26.81	1.925	0.87	84.43
12个村总计①	689.63	30.46	4.42	32	4.64	9.06	368.49	53.43	254.32	36.88	4.36	6.32	90.94

注:①另加西溪、楼形、板桥、蒙坑、杨村、大谷、尚田、蜀马、庙山下村 9 个无永佃的村。

绩溪县第 4 区共有 18 个村,有 11 个村有永佃田,占全区村总数的 61%。地富占有永佃田情况。巧川、周仙、横川 3 个村的地富不占有永佃田;丛山和大坑口村的地富拥有永佃田较多,分别占其所在村永佃田的 9.42% 和 9.07%,但也不到 10%。浒里、汪村、杨溪、西山、瀛洲和百兽 6 个村的地富的永佃田分别占其所在村永佃田的 5.36%、5.33%、2.44%、1.69%、1.18% 和 0.87%,比例均在 6% 以下。

中农以下阶层占有永佃田情况。巧川、周仙和横川 3 个村的永佃田全部为中农以下阶层占有;百兽、瀛洲、西山、杨溪、汪村、浒里、大坑口和丛山 8 个村的中农以下阶层占有的永佃田分别占其所在村永佃田的 99.13%、99.09%、98.3%、97.72%、94.67%、94.64%、90.93% 和 90.57%;全区有永佃田的 11 个村的中农以下阶层占有的永佃田都超过了其所在村永佃田的 90%。

第 4 区共有永佃田 559.95 亩,全区地主占有永佃田 9.05 亩,占全区永佃田的 1.62%;全区富农占有永佃田 9.08 亩,占全区永佃田的 1.62%;全区地富合计仅占全区永佃田的 3.24%。全区中农以下阶层占有永佃田 541.84 亩,占全区永佃田的 96.76%。杨溪区的中农以下阶层拥有的永佃田占有绝对的优势。绩溪县第 4 区的永佃田权属状况,见表 5.11。

表 5.11　民国末年绩溪县第 4 区各村各阶层永佃田权属状况

田地单位：亩

村名	永佃田	地主		富农		地富永佃田比例%	中农		贫农		雇农、小土地出租者、工商业者等		中农以下阶层永佃田比例%
		永佃田	%	永佃田	%		永佃田	%	永佃田	%	永佃田	%	
浒里	39.33	2.11	5.36		0	5.36	21.96	55.84	13.22	33.61	2.04	5.19	94.64
巧川	24.66					0	17.04	69.10	7.62	30.90		0	100
丛山	57.244	0.65	1.14	4.74	8.28	9.42	35.556	62.11	13.73	23.98	2.568	4.48	90.57
杨溪	94.04	2.3	2.44	0	0	2.44	50.8	53.81	37.9	40.31	3.04	3.60	97.72
大坑口	48.5126	3.2622	6.72	1.139	2.35	9.07	32.3664	66.72	10.965	22.60	0.78	1.61	90.93
横川	23.9275					0	14.8525	62.07	8.325	34.79	0.75	3.13	100
周仙	42.48					0	21.26	50.05	21.22	49.95		0	100
百兽	46.036	0.4	0.87			0.87	20.08	43.62	25.556	55.51			99.13
西山	47.201	0.2	0.42	0.6	1.27	1.69	20.031	42.44	25.57	54.17	0.8	1.69	98.3
瀛洲	109.79		0	1.3	1.18	1.18	25.9	23.59	79.56	72.47	3.03	2.76	99.09
汪村	26.726	0.125	0.47	1.3	4.86	5.33	14.877	55.66	9.588	35.88	0.836	3.13	94.67
18 村总计①	559.95	9.05	1.62	9.08	1.62	3.24	274.72	49.06	253.254	45.22	14.204	2.47	96.76

注：①另加梧川、岭外、孔岱、东村、龙川、云杨、岭里 7 个无永佃的村。

第 5 区 24 个村都有永佃田。地富占有永佃田情况：纹岩、永来、石门、逍遥、竹园、西门和瑞霞 7 个村的地富不占有永佃田；怡敬、沄河、四明、南户、南坛、黎明和中兴是 7 个地富拥有较多永佃田的村，分别占其所在村永佃田的 12.84%、11.47%、11.09%、10.25%、9.61%、9.23% 和 7.74%，但仅占 10% 左右；石龙、平联、望及、鱼川、石岱、古塘、平义、鸡鸣、长田和先进 10 个村地富的永佃田分别占其所在村永佃田的 5.79%、5.47%、4.58%、3.95%、3.8%、2.38%、2.02%、1.72%、1.54% 和 1.14%，比例均在 6% 以下。

中农以下阶层占有永佃田情况：纹岩、永来、石门、逍遥、竹园、西门和瑞霞 7 个村的永佃田全部为中农以下阶层占有；先进、长田、鸡鸣、平义、古塘、石岱、鱼川、望及、平联、石龙、中兴、黎明和南坛 13 个村的中农以下阶层占有的永佃田分别占其所在村永佃田的 98.85%、98.46%、98.4%、97.98%、97.62%、96.21%、96.05%、95.42%、94.52%、94.21%、92.27%、90.78% 和 90.39%；全区共有 20 个村的中农以下阶层占有的永佃田都超过了其所在村永佃田的90%；南户、四明、沄河和怡敬4个村的中农以下阶层占有的永佃田分别占其所在村永佃田的89.75%、88.92%、88.53%和87.16%。

第5区共有永佃田1340.66亩，全区地主占有永佃田29.28亩，占全区永佃田的2.18%；全区富农占有永佃田38.79亩，占全区永佃田的2.90%；全区地富合计仅占全区永佃田的5.08%。全区中农以下阶层占有永佃田1272.6亩，占全区永佃田的94.92%；伏岭下区的中农以下阶层拥有的永佃田占有绝对的优势。绩溪县第5区的永佃田权属状况，见表5.12。

表5.12 民国末年绩溪县第5区各村各阶层永佃田权属状况

田地单位：亩

村名	永佃田	地主		富农		地富永佃田比例%	中农		贫农		雇农、小土地出租者、工商业者等		中农以下阶层永佃田比例%
		永佃田	%	永佃田	%		永佃田	%	永佃田	%	永佃田	%	
四明	75.7435	7.5	9.90	0.9	1.19	11.09	30.4	40.14	33.6435	44.42	3.3	4.36	88.92
古塘	82.095		0	1.95	1.58	2.38	60.795	74.05	10.55	12.85	8.8	10.72	97.62
南坛	107.646	5.65	5.25	4.696	4.36	9.61	66.28	61.57	29.32	27.24	1.7	1.58	90.39
平联	90.45		0	4.95	5.47	5.47	57.6	63.68	23.15	25.59	4.75	5.25	94.52
纹岩	1.4				0	0	1.4	100		0		0	100
长田	56.62		0	0.87	1.54	1.54	34.95	61.73	20.3	35.85	0.5	0.88	98.46
平义	49.44	1.0	2.02		0	2.02	19.28	39.00	23.1	46.72	6.06	12.26	97.98
中兴	45.55	1.25	2.74	2.27	5.00	7.74	22.95	50.38	17.35	38.09	1.73	3.80	92.27
永来	7.676				0	0	2.198	28.63	5.478	71.37			100
石岱	42.15	1.2	2.85	0.4	0.95	3.8	18.3	43.42	19.8	46.98	2.45	5.81	96.21
石门	22.405					0	16.28	72.66	4.325	19.30	1.8	8.03	100
逍遥	35.186					0	19.348	54.99	15.838	45.01			100
竹园	69.72					0	49.77	71.39	8.175	11.73	11.775	16.89	100
鸡鸣	52.401		0	0.9	1.72	1.72	21.17	40.40	27.99	53.42	2.341	4.48	98.4
黎明	106.3596	4.75	4.65	4.866	4.58	9.23	35.135	33.03	32.9292	30.96	28.6792	26.79	90.78
鱼川	45.303	1.79	3.95		0	3.95	26.281	58.01	16.552	36.54	0.68	1.5	96.05
西门	53.169					0	24.931	46.89	23.558	44.31	4.68	8.80	100
石龙	63.964	0.4	0.63	3.3	5.16	5.79	34.786	54.38	24.578	38.42	0.9	1.41	94.21
南户	63.04		0	6.46	10.25	10.25	36.13	57.31	16.5	26.17	3.95	6.27	89.75

续表

村名	永佃田	地主		富农		地富永佃田比例%	中农		贫农		雇农、小土地出租者、工商业者等		中农以下阶层永佃田比例%
		永佃田	%	永佃田	%		永佃田	%	永佃田	%	永佃田	%	
怡敬	42.8344	1.5	3.50	4.0	9.34	12.84	23.64	55.20	12.99	30.33	0.7	1.63	87.16
瑞霞	8.645					0	0.92	10.64	4.575	52.92	3.15	36.44	100
沄河	17.523	1.9	10.84	0.11	0.63	11.47	6.875	39.23	4.92	28.08	3.718	21.22	88.53
望及	91.783	1.837	2.00	2.366	2.58	4.58	45.36	49.42	35.935	39.15	6.285	6.85	95.42
先进	109.557	0.5	0.46	0.75	0.68	1.14	76.607	69.92	30.0	27.38	1.7	1.55	98.85
24村总计	1340.66	29.28	2.18	38.79	2.30	5.08	731.39	54.55	441.557	32.94	99.6482	7.43	94.92

第 7 区共有 27 个村，有 21 个村有永佃田，占全区村总数的 78%。关于地富占有永佃田情况。沙坝、富溪、志云、联合、铜山、东岩、仙照、炉坝、阳平 9 个村的地富不占有永佃田；全区只有社明村的永佃田全部属于地富，但是数量较小，只有 0.41 亩；霞水、石山、胜利、梅圩、竹里、共风、堪头、和阳、敦昇、云川和和平 11 个村的地富的永佃田分别占其所在村永佃田的 5.86%、4.75%、3.61%、3.53%、2.36%、2.31%、1.70%、1.58%、0.95%、0.20% 和 0.11%，比例均在 6% 以下。

关于中农以下阶层占有永佃田情况。沙坝、富溪、志云、联合、铜山、东岩、仙照、炉坝、阳平 9 个村的永佃田全部为中农以下阶层占有；和平、云川、敦昇、和阳、堪头、共风、竹里、梅圩、胜利、石山、霞水 11 个村的中农以下阶层占有的永佃田分别占其所在村永佃田的 99.86%、99.8%、99.05%、98.43%、98.29%、97.7%、97.65%、96.47%、96.38%、95.25%、94.15%；全区 20 个村的中农以下阶层占有的永佃田都超过了其所在村永佃田的 94%，占全区有永佃田村的 95.23%。

第 7 区共有永佃田 1558.89 亩，全区地主占有永佃田 2.64 亩，占全区永佃田的 0.17%；全区富农占有永佃田 25.83 亩，占全区永佃田的 1.66%；全区地富合计仅占全区永佃田的 1.83%。全区中农以下阶层占有永佃田 1530.42 亩，占全区永佃田的 98.17%；荆州区的永佃田几乎全部集中在中农以下阶层手中。绩溪县第 7 区的永佃田权属状况，见表 5.13。

表5.13 民国末年绩溪县第7区各村各阶层永佃田权属状况

田地单位:亩

村名	永佃田	地主		富农		地富永佃田比例%	中农		贫农		雇农、小土地出租者、工商业者等		中农以下阶层永佃田比例%
		永佃田	%	永佃田	%		永佃田	%	永佃田	%	永佃田	%	
沙坝	22.8914					0	10.997	48.04	11.8944	51.96		0	100
和平	82.681	0.09	0.11			0.11	30.428	36.8	49.238	59.55	2.925	3.54	99.86
富溪	43.962					0	14.74	33.53	29.222	66.47			100
和阳	38.787			0.611	1.58	1.58	22.235	57.33	15.869	40.91	0.072	0.19	98.43
石山	58.702			2.788	4.75	4.75	34.97	59.57	17.329	29.52	3.615	6.16	95.25
敦昇	43.7935			0.415	0.95	0.95	15.897	36.30	27.48	62.75		0	99.05
胜利	14.67	0.53	3.61			3.61	8.073	55.03	5.176	35.28	0.891	6.07	96.38
志云	65.004					0	31.296	48.14	33.708	51.86		0	100
联合	52.754					0	25.22	47.81	27.204	51.57	0.33	0.63	100
铜山	42.1595					0	13.706	32.51	26.252	62.27	2.202	5.22	100
共风	170.45			3.93	2.31	2.31	58.68	34.43	97.55	57.23	10.29	6.04	97.7
嶺头	153.089			2.61	1.70	1.70	64.972	42.44	84.845	55.42	0.66	0.43	98.29
东岩	139.455					0	112.365	80.57	25.14	18.03	1.95	1.40	100
仙照	25.931					0	8.413	32.44	17.518	67.56			100
霞水	75.49	0.12	0.16	4.3	5.70	5.86	37.39	49.53	31.68	41.97	2.0	2.65	94.15
炉坝	40.344					0	23.984	59.45	15.16	37.58	1.2	2.97	100
社明	0.41			0.41	100	100							0
阳平	9.188					0	5.475	59.59	3.713	40.41			100
云川	100.05			0.2	0.20	0.20	38.16	38.14	61.69	61.66			99.8
梅圩	302.485	1.3	0.43	9.365	3.10	3.53	199.85	66.07	88.72	29.33	3.25	1.07	96.47
竹里	76.5896	0.6	0.79	1.2	1.57	2.36	41.7806	54.55	33.009	43.10			97.65
27村总计①	1558.89	2.64	0.17	25.83	1.66	1.83	798.63	51.23	702.40	45.06	29.385	1.88	98.17

注:①另加如法、介春、共和、太平、石门、泽民6个无永佃的村。

总体而言,绩溪县7个区共有永佃田6279.37亩。绩溪县地主共占有永佃田111.51亩,占全县永佃田的1.78%;全县富农占有永佃田181.93亩,占全县永佃田的2.9%;全区地富合计仅占全县永佃田的4.67%。全县中农以下阶层占有永佃田5985.94亩,占全县永佃田的95.33%;绩溪县中农以下阶层拥有的永佃田在各阶层中占有绝对优势。绩溪县 7 个区的永佃田权属状况,见表 5.14。

表 5.14 民国末年绩溪县 6 个区各阶层永佃田权属状况

田地单位:亩

区	永佃田	地富合计		中农		贫农		雇农、小土地出租者、工人、小贩等		中农以下阶层永佃田比例%
		永佃田	%	永佃田	%	永佃田	%	永佃田	%	
第1区	1153.5435	63.0772	5.47	511.506	44.34	537.891	46.63	41.0775	3.56	94.53
第2区	976.707	53.24	5.45	512.091	52.43	399.066	40.86	12.31	1.26	94.55
第3区	689.633	62.46	9.06	368.493	53.43	254.32	36.88	4.36	0.63	90.94
第4区	559.9471	18.1262	3.24	274.7229	49.06	253.254	45.23	13.844	2.47	96.76
第5区	1340.6605	68.065	5.08	731.3906	54.55	441.5567	32.94	99.6482	7.43	94.92
第6区	1558.886	28.469	1.83	798.6316	51.23	702.3989	45.06	29.385	1.88	98.17
合计	6279.3731	293.4374	4.67	3196.8351	50.91	2588.4866	41.22	200.6247	3.2	95.33

注:绩溪县第6区没有永佃田。

三、当涂县永佃田权属状况

当涂县第 2 区共有 32 个村,北阳、永兴、省庄、花园、天寿、莲云、马厂、金柱、彭兴 9 个村有永佃田,占全区村总数的 28%。关于地富占有永佃田情况。北阳和彭兴村的地富不占有永佃田;永兴和天寿村是地富拥有较多永佃田的村,分别占其所在村永佃田的 12.49% 和 8.96%,但仅占 10% 左右。省庄、花园、金柱、莲云、马厂 5 个村地富的永佃田分别占其所在村永佃田的 4.41%、4.29%、3.43%、3.04%、2.83%,比例均在 5% 以下。

关于中农以下阶层占有永佃田情况。北阳和彭兴村的永佃田全部为中农以下阶层占有。马厂、莲云、金柱、花园、省庄和天寿 6 个村的中农以下阶层占有的永佃田分别占其所在村永佃田的 97.17%、96.96%、96.6%、95.72%、95.59% 和 91.03%;全区共有 8 个村的中农以下阶层占有的永佃田都超过了其所在村永佃田的 90%;永兴村的中农以下阶层占有的永佃田占其所在村永佃田的 87.51%。

当涂县第 2 区共有永佃田 19296.9 亩,全区地主占有永佃田 249 亩,占全区永佃田的 1.29%;全区富农占有永佃田 742.31 亩,占全区永佃田的

3.85%;全区地富合计仅占全区永佃田的 5.84%。全区中农以下阶层占有永佃田 18305.59 亩,占全区永佃田的 94.87%;大桥区的中农以下阶层拥有的永佃田占有绝对的优势。当涂县第 2 区的永佃田权属状况,见表 5.15。

表 5.15　民国末年当涂县第 2 区各村各阶层永佃田权属状况

田地单位:亩

村名	永佃田	地主		富农		地富永佃田比例%	中农		贫农		雇农、小土地出租者、工商业者等		中农以下阶层永佃田比例%
		永佃田	%	永佃田	%		永佃田	%	永佃田	%	永佃田	%	
北阳	1048.5					0	791	75.44	257.5	24.56		0	100
永兴	2931.1	119.5	4.08	246.5	8.41	12.49	1558.3	53.16	999.8	34.11	7	0.24	87.51
省庄	1956.5		0	86.31	4.41	4.41	1357.4	69.38	505.8	25.85	7	0.36	95.59
花园	3013.5	77.0	2.56	52.0	1.73	4.29	1784.3	59.21	1100.2	36.51		0	95.72
天寿	2315.6	52.5	2.27	155.0	6.69	8.96	902.5	38.97	1205.6	52.06		0	91.03
莲云	2174.2		0	66.0	3.04	3.04	1212	55.74	893.2	41.08	3	0.14	96.96
马厂	2618.75		0	74	2.83	2.83	1420	54.22	1121.75	42.84	3	0.11	97.17
金柱	1822.05		0	62.5	3.43	3.43	908.2	49.85	828.35	45.46	23.5	1.29	96.6
彭兴	1416.7					0①	1154.2	81.47	149.4	10.55	113.1	7.98	100
32 村总计②	19296.9	249	1.29	742.31	3.85	5.14	11087.9	57.46	7061.6	36.59	156.6	0.81	94.87

注:①彭兴村虽然有 14 户被划为地主或富农,但实际上他们完全没有土地的田底权,只不过是占有较多的田面权,实际上他们不属于地主,故本表把他们并入中农栏计算。
　　②当涂县第 2 区的 32 个村中 9 个村有永佃,仅把这 9 个村列出。

当涂县第 3 区共有 27 个村,只有港东村有永佃田。港东村的永佃田几乎全部掌握在中农以下阶层手中。当涂县第 3 区的永佃田权属状况,见表 5.16。

表 5.16　民国末年当涂县第 3 区港东村各阶层永佃田权属状况

田地单位:亩

永佃田	地主		富农		地富永佃田比例%	中农		贫农		雇农、小土地出租者、工商业者等		中农以下阶层永佃田比例%
	永佃田	%	永佃田	%		永佃田	%	永佃田	%	永佃田	%	
2632.4	21.5	0.816	51.8	1.967	2.78	1928.1	73.245	463.2	17.60	167.8	6.374	97.22

注:当涂县第 3 区的 27 个村中 1 个村有永佃田,仅把这个村列出。

当涂县第 4 区共有 29 个村,有 3 个村有永佃田,占全区村总数的 10.3%。关于地富占有永佃田情况。星西村是个地富拥有较多永佃田的村,占其所在村永佃田的 13.53%;郭厂、星东 2 个村的地富的永佃田分别占其所在村永佃田的 8.27% 和 7.49%。

关于中农以下阶层占有永佃田情况。星东和郭厂 2 个村的中农以下阶层占有的永佃田分别占其所在村永佃田的 92.51% 和 91.73%,超过了其所在村永佃田的 90%;星西村的中农以下阶层占有的永佃田也占其所在村永佃田的 86.47%。

第 4 区共有永佃田 14254.61 亩,全区地主占有永佃田 688.5 亩,占全区永佃田的 4.83%;全区富农占有永佃田 679.9 亩,占全区永佃田的 4.77%;全区地富合计占全区永佃田的 9.6%。全区中农以下阶层占有永佃田 12886.21亩,占全区永佃田的 90.40%。马桥区的中农以下阶层拥有的永佃田占有绝对的优势。当涂县第 4 区的永佃田权属状况,见表 5.17。

表 5.17　民国末年当涂县第 4 区各村各阶层永佃田权属状况

田地单位:亩

村名	永佃田	地主		富农		地富永佃田比例%	中农		贫农		雇农、小土地出租者、工商业者等		中农以下阶层永佃田比例%
		永佃田	%	永佃田	%		永佃田	%	永佃田	%	永佃田	%	
星西	4095	175.3	4.28	378.6	9.25	13.53	2327.7	56.84	1213.4	29.63	0		86.47
郭厂	6919.88	356.3	5.15	215.6	3.12	8.27	3135.73	45.31	3114.95	45.01	97.3	1.41	91.73
星东	3239.73	156.9	4.84	85.7	2.65	7.49	2232.63	68.91	764.5	23.60	0		92.51
29 村总计	14254.61	688.5	4.83	679.9	4.77	9.6	7696.06	53.99	5092.85	35.73	97.3	0.68	90.40

注:当涂县第 4 区的 29 个村中 3 个村有永佃田,仅把这 3 个村列出。

第 5 区共有 25 个村,全部有永佃田。桃林村的地富不占有永佃田。大村地富的永佃田很少,仅占其所在村永佃田的 0.58%;桃林村的永佃田全部为中农以下阶层占有。大村的中农以下阶层几乎占有村中全部的永佃田,达99.42%。全区共有永佃田 42533.89 亩,全区地主占有永佃田 178.9 亩,占全区永佃田的 0.42%;全区富农占有永佃田 199.8 亩,占全区永佃田的 0.47%;全区地富合计仅占全区永佃田的 0.89%。全区中农以下阶层占有永佃田42155.2 亩,占全区永佃田的 99.08%;黄池区的永佃田几乎全部集中到中农以下阶层手中。当涂县第 5 区的永佃田权属状况,见表 5.18。

表 5.18　民国末年当涂县第 5 区各村各阶层永佃田权属状况

田地单位:亩

村名	永佃田	地主		富农		地富永佃田比例%	中农		贫农		雇农、小土地出租者、工商业者等		中农以下阶层永佃田比例%
		永佃田	%	永佃田	%		永佃田	%	永佃田	%	永佃田	%	
大村	2157.9	3.5	0.16	9	0.42	0.58	1149.9	53.29	968.5	44.88	27	1.25	99.42
桃林	952.1					0	617	64.80	282	29.62	53.3	5.60	100
25 村总计	42533.89	178.9	0.42	199.8	0.47	0.89	27523.5	64.69	14272.3	33.55	359.4	0.84	99.08

注:当涂县第 5 区的 25 个村全部有永佃,仅列出 2 个村。

第 12 区共有 20 个村,只有观山村有永佃田。观山村的永佃田比较少,共65 亩,全部为地富所有。当涂县第 12 区的永佃田权属状况,见表 5.19。

表 5.19　民国末年当涂县第 12 区各村各阶层永佃田权属状况

田地单位:亩

村名	永佃田	地主		富农		地富永佃田比例%	中农以下阶层永佃田比例%
		永佃田	%	永佃田	%		
观山	65	28.5	43.85	36.5	56.15	100	0
20 村合计	65	28.5	43.85	36.5	56.15	100	0

注:当涂县第 12 区的 20 个村中仅有观山村有永佃,仅把观山村列出。

第 13 区共有 22 个村,有 8 个村有永佃田,占全区村总数的 36%。地富占有永佃田的情况:陶庄村的地富不占有永佃田;全区只有一个阳湖村的永佃田全部属于地富,共 83 亩;安明村的地富拥有较多的永佃田,占其所在村永佃田的 24.42%；杨桥、金钟、冯里、佳山和三台 5 个村的地富的永佃田分别占其所在村永佃田的 4.64%、3.54%、2.02%、0.67% 和 0.46%，比例均在 5% 以下。

中农以下阶层占有永佃田情况。陶庄村的永佃田全部为中农以下阶层占有；三台、佳山、冯里、金钟和杨桥 5 个村的中农以下阶层占有的永佃田分别占其所在村永佃田的 99.53%、99.32%、97.98%、96.45% 和 95.36%；全区共有 6 个村的中农以下阶层占有的永佃田都超过了其所在村永佃田的 90%；安明村的中农以下阶层占有的永佃田占其所在村永佃田的 75.58%；只有 1 个阳湖村的中农以下阶层没有永佃田。

第 13 区共有永佃田 9289.8 亩，全区地主占有永佃田 228 亩，占全区永佃田的 2.45%；全区富农占有永佃田 103 亩，占全区永佃田的 1.11%；全区地富合计仅占全区永佃田的 3.57%。全区中农以下阶层占有永佃田 8958.4 亩，占全区永佃田的 96.43%；慈湖区的中农以下阶层拥有的永佃田占绝对优势。当涂县第 13 区的永佃田权属状况，见表 5.20。

表 5.20　民国末年当涂县第 13 区各村各阶层永佃田权属状况

田地单位：亩

村名	永佃田	地主		富农		地富永佃田比例%	中农		贫农		雇农、小土地出租者、工商业者等		中农以下阶层永佃田比例%
		永佃田	%	永佃田	%		永佃田	%	永佃田	%	永佃田	%	
阳湖	83	68	81.92	15	18.07	100							0
冯里	1387	28	2.02		0	2.02	766.2	55.24	586.8	42.31	6	0.43	97.98
金钟	1130.8	4	0.35	36.1	3.19	3.54	484.6	42.85	506.1	44.76	100	8.84	96.45
杨桥	2061.3	54	2.62	41.6	2.02	4.64	1130	54.82	795	38.57	40.7	1.97	95.36
陶庄	583.5					0	583.5	100					100
三台	1870.2		0	8.7	0.46	0.46	1195.1	63.90	666.4	35.63		0	99.53
安明	258	63	24.42		0	24.42	153	59.3	42	16.28		0	75.58
佳山	1916	11	0.57	2	0.10	0.67	1123	58.61	780	40.71		0	99.32
22村总计	9289.8	228	2.45	103	1.11	3.57	5435.4	58.5	3376	36.34	146	1.58	96.43

注：当涂县第 13 区的 22 个村中 8 个村有永佃田，仅把这 8 个村列出。

第 14 区共有 26 个村，有 4 个村有永佃田，占全区村总数的 19%。地富占有永佃田的情况:尚徐村的地富不占有永佃田;新锦、金马和泰兴 3 个村地富的永佃田分别占其所在村永佃田的 6.15%、3.07% 和 1.97%,比例均在 7% 以下。

中农以下阶层占有永佃田的情况:尚徐村的永佃田全部为中农以下阶层占有;泰兴、金马和新锦 3 个村的中农以下阶层占有的永佃田分别占其所在村永佃田的 98.04%、96.93% 和 93.85%;全区共有 4 个村的中农以下阶层占有的永佃田都超过了其所在村永佃田的 90%。

第 14 区共有永佃田 13896.99 亩,全区地主占有永佃田 81.4 亩,占全区永佃田的 0.59%;全区富农占有永佃田 321.8 亩,占全区永佃田的 2.32%;全区地富合计仅占全区永佃田的 2.91%。全区中农以下阶层占有永佃田 13493.79 亩,占全区永佃田的 97.1%。采石区的中农以下阶层拥有的永佃田占绝对优势。当涂县第 14 区的永佃田权属状况,见表 5.21。

表 5.21 民国末年当涂县第 14 区各村各阶层永佃田权属状况

田地单位:亩

村名	永佃田	地主		富农		地富永佃田比例%	中农		贫农		雇农、小土地出租者、工商业者等		中农以下阶层永佃田比例%
		永佃田	%	永佃田	%		永佃田	%	永佃田	%	永佃田	%	
新锦	3709.4	8.4	0.23	219.7	5.92	6.15	2224.05	59.96	1174.85	31.67	82.4	2.22	93.85
金马	3482.7	5	0.14	102.1	2.93	3.07	1774.4	50.95	1585.9	45.54	15.3	0.44	96.93
尚徐	3252.08					0	1812.65	55.74	1435.43	44.14	4	0.12	100
泰兴	3452.81	68	1.97	①		1.97	1273.95	36.90	2097.48	60.75	13.3	0.39	98.04
26 村②总计	13896.99	81.4	0.59	321.8	2.32	2.91	7085.05	50.98	6293.66	45.29	115	0.83	97.10

注:①有 4 户自己没有土地,租种较多的佃农被划为佃富农,其数字在本表算入中农栏。
②当涂县第 14 区的 26 个村中 4 个村有永佃田,仅把这 4 个村列出。

当涂县 7 个区地主共占有永佃田 1475.8 亩,占全县永佃田的 1.45%;全县富农占有永佃田 2131.51 亩,占全县永佃田的 2.09%;全区地富合计仅占全县永佃田的 3.54%;全县中农以下阶层占有永佃田 98358.28 亩,占全县永佃田的 96.46%;当涂县中农以下阶层拥有的永佃田在各阶层中占有绝对优势。当涂县 7 个区的永佃田权属状况,见表 5.22。

表 5.22　民国末年当涂县 7 个区各阶层永佃田权属状况

田地单位:亩

区	永佃田	地富合计		中农		贫农		雇农、小土地出租者、工人、小贩等		中农以下阶层永佃田比例%
		永佃田	%	永佃田	%	永佃田	%	永佃田	%	
第 2 区	19296.9	991.31	5.14	11087.9	57.46	7061.6	36.59	156.6	0.81	94.86
第 3 区	2632.4	73.3	2.78	1928.1	73.25	463.2	17.60	167.8	6.374	97.22
第 4 区	14254.61	1368.4	9.6	7696.06	53.99	5092.85	35.73	97.3	0.68	90.40
第 5 区	42533.89	378.7	0.89	27523.52	64.71	14272.27	33.56	359.4	0.84	99.11
第 12 区	65	65	100	0						
第 13 区	9289.8	331.4	3.57	5435.4	58.51	3376.3	36.34	146.7	1.58	96.43
第 14 区	13896.99	403.2	2.90	7085.05	50.98	6293.66	45.29	115	0.83	97.10
合计	101969.59	3611.31	3.54	60756.03	59.58	36559.88	35.85	1042.8	1.023	96.46

注:当涂县第 1、第 6、第 7、第 8、第 9、第 10、第 11 区没有永佃田。

　　进一步汇总,民国末年皖南 4 个县(市)的 25 个区中,有 17 个区有永佃田,共有永佃田 121735.76 亩,其中地富占有永佃田 4754.82 亩,占 17 个区永佃田总数的 3.91%;地富占有永佃田比例最低的是当涂县第 5 区,仅 0.89%。中农以下阶层共占有永佃田 116980.94 亩,占 17 个区永佃田总数的 96.09%;中农以下阶层占有永佃田比例最多的是当涂县第 5 区,为 99.11%。民国末年皖南祁门县 4 个区、绩溪县、屯溪市和当涂县各阶层永佃田详细权属状况,见表 5.23。

表 5.23　民国末年祁门县、绩溪县、屯溪市、当涂县各阶层永佃田权属状况

田地单位:亩

县或市	区	永佃田①	地富永佃田数量	地富永佃田比例%	中农以下阶层永佃田数量	中农以下阶层永佃田比例%
祁门县	第 4 区	3083.3517	231.4623	7.5	2851.8894	92.5
	第 5 区	3.261	0	0	3.261	100
	第 6 区	1682.1815	29.346	1.74	1652.8355	98.25
	第 7 区	1837.8197	45.042	2.45	1792.7777	97.55
	小计	6606.6139	305.8503	4.63	6300.7636	95.37

续表

县 或 市	区	永佃田①	地富永佃田数量	地富永佃田比例%	中农以下阶层永佃田数量	中农以下阶层永佃田比例%
屯溪	四乡	6880.1763	544.2204	7.91	6335.9559	92.09
绩溪县	第1区	1153.5435	63.0772	5.47	1090.4663	94.53
	第2区	976.707	53.24	5.45	923.467	94.55
	第3区	689.633	62.46	9.06	627.173	90.94
	第4区	559.9471	18.1262	3.24	541.8209	96.76
	第5区	1340.6605	68.065	5.08	1272.5955	94.92
	第6区	0	0	0	0	0
	第7区	1558.886	28.469	1.83	1530.417	98.17
	小计	6279.3731	293.4374	4.67	5985.9397	95.33
当涂县	第2区	19296.9	991.31	5.14	18305.59	94.86
	第3区	2632.4	73.3	2.78	2559.1	97.22
	第4区	14254.61	1368.4	9.6	12886.21	90.40
	第5区	42533.89	378.7	0.89	42155.19	99.11
	第12区	65	65	100	0	0
	第13区	9289.8	331.4	3.57	8958.4	96.43
	第14区	13896.99	403.2	2.90	13493.79	97.10
	第1、6、7、8、9、10、11区	0	0	0	0	0
	小计	101969.59	3611.31	3.54	98358.28	96.46
25个区总计		121735.76	4754.82	3.91	116980.94	96.09

注:①永佃田指田面田。绩溪县第6区,当涂县第1、第6、第7、第8、第9、第10、第11区没有永佃田。

综上可知,皖南4个县(市)的永佃田权属状况是:地富拥有的永佃田比例非常低,中农以下阶层对永佃田占有绝对支配地位。既然中农以下阶层对永佃田有绝对支配地位,永佃制就不会加重地主对农民的剥削,也证实了民国时期皖南的永佃制不属于封建地主制的范畴。

第二节　永佃田租率考察

大部分学者认为,永佃制的租率很高,地主对佃农的剥削加重了,因而把永佃制归为封建制度的范畴。[1] 因此,非常有必要准确地计算出永佃田的真实租率,才能正确地判断永佃制的性质。

算出永佃田租率必须先有准确的亩产数字。由于资料的缺乏,吴慧主要利用文献所载亩产数据考察历代田地的亩产[2],但文献记载的大部分亩产数据毕竟不是经过丈量、测算而得出的准确数据,再加上记载者难免带有主观判断,其记载的亩产数字不尽准确。李伯重也认为,以往关于亩产量的研究或者从有限的史料中得到的一两个亩产数字作为较长时期、较大地区的亩产量;或者在有较多亩产量数字可选择的时候,往往挑选出某个或某几个数字,作为一般亩产量,但是在进行这种挑选时,并未提出一个合理的原则;或者把所获得的全部数字进行简单的算术平均,然后将所得结果作为一般亩产量。[3] 许涤新、江太新、郭松义、方行、刘永成、赵冈等学者则利用租额间接推算清代田地的亩产,即一般把地租看做对分租,以对分租的两倍估算田地的亩产[4],而高王凌的研究表明,近代地租率一般在30%左右[5],显见,以对分租估算亩产的方法大大低估了田地的亩产。因此,以往计算亩产的方法存在着明显的缺陷。

---

[1]　认为永佃制属于封建制度范畴的学者主要有刘永成、林祥瑞、刘瑞中、杨周、杨国桢、段本洛、董蔡时等,详见引论。

[2]　吴慧:《中国历代粮食亩产研究》,农业出版社1985年版,第205页。

[3]　李伯重:《华亭、娄县地区水稻亩产量——一种新研究方法的尝试》,《历史研究》2007年第6期,第56页。

[4]　如许涤新、吴承明主编:《中国资本主义的萌芽——中国资本主义发展史》第1卷,人民出版社1985年版,第64页;江太新、苏金玉:《论清代徽州地区的亩产》,《中国经济史研究》1993年第3期,第36—61页;郭松义:《清前期南方稻作地区的粮食生产》,《中国经济史研究》1994年第1期;方行:《清代前期农村的高利贷资本》,《清史研究》1994年第3期;刘永成:《从租册、刑档案看清代江苏地区的粮食亩产量》,《中国史研究》1994年第4期;赵冈、刘永成、吴慧、朱金甫、陈慈玉、陈秋坤:《清代粮食亩产量研究》,中国农业出版社1995年版,第12页。

[5]　高王凌:《地租征收率的再探讨》,《清史研究》2002年第5期,第22页。

　　本书利用 20 世纪 30 年代的《歙县第 3 区唐模村地籍清册》(简称《地籍清册》——作者注)对唐模村永佃田及非永佃田①的亩产进行计算,是因为该地籍清册的亩产数字有以下三方面的优点:一是《地籍清册》所载亩产数据包括唐模村所有户、所有田垆的完整而详细的亩产数据;二是《地籍清册》所载亩产数据是在地籍整理过程中对所有作物进行折算而得到的全年亩产数据,这就避免了研究江南亩产时只计一季稻谷产量而遗漏麦、豆产量的可能;三是《地籍清册》所登载亩产数据是在政府、地籍清丈人员、田底主及田面主等多方相互监督、反复核实的情况下折算出的亩产数字。因此,地籍清丈人员评估出的唐模村亩产数据不是简单地分为几个等级,而是如实地登记该村田垆的亩产数据,其准确性非常高。笔者根据《地籍清册》对唐模村所有 249 户 2202 个田垆的永佃田年亩产、非永佃田年亩产情况进行了统计,统计结果见表 5.24,其详细年亩产情况见表 5.25。

表 5.24　20 世纪 30 年代唐模村永佃田地和非永佃田地的年亩产统计

组别	田别	占有亩数	总产量(斤)	亩产量(斤)	永佃田地与非永佃田地合计年亩产(斤)
第 1 至第 65 户	永佃田地	233.483	78064	334.35	311
	非永佃田地	115.4	30439	263.77	
第 66 至第 102 户	永佃田地	296.09	97153.3	328.12	322.35
	非永佃田地	157.28	48991	311.49	
第 103 至第 134 户	永佃田地	342	118519.6	346.55	337.53
	非永佃田地	135.12	42521.8	314.70	
第 135 至第 159 户	永佃田地	296.79	107298.8	361.53	353.20
	非永佃田地	124.08	41353	333.29	
第 160 至第 208 户	永佃田地	738.63	257694	348.88	346.80
	非永佃田地	244.2	83149.8	340.47	
第 209 至第 239 户非族田户	永佃田地	226.58	72614	320.48	294.68
	非永佃田地	64.24	13084	203.66	

----

①　本书把非采行非永佃租佃的田地简称非永佃田。

组别	田别	占有亩数	总产量（斤）	亩产量（斤）	永佃田地与非永佃田地合计年亩产（斤）
第209至第239户族田户	永佃田地	560.57	186067.7	331.93	321.06
	非永佃田地	50.68	10183	200.94	
第1至第239户合计	永佃田地	2694.14	917411.4	340.52	331.13
	非永佃田地	891	269721.6	302.72	

注：①户的序号为笔者按照原档案顺序排列。

②本表亩数为出租与佃耕亩数重复计算所得亩数。

资料来源：财粮员章日达、农会主任汪德兴、村长章继民：《歙县第3区唐模村地籍清册》，20世纪30年代，歙县档案馆藏。

表5.24显示，唐模村6组农户的永佃田地平均年亩产均高于非永佃田地平均年亩产。从全村看，唐模村永佃田地平均年亩产为340.52斤，非永佃田地平均年亩产302.72斤，永佃田地平均年亩产比非永佃田地年亩产多37.8斤。

在永佃田亩产的基础上，便可计算永佃田的租率了。唐模村田底田出租收取大租，田面田转租收取小租，全业田尽管出租给同一个佃耕者，但业主在出租时仍然和佃耕者分别签订田底和田面两份租佃契约，业主既收田底租，又收田面租。下面主要以唐模村"第1—65户"组的永佃田为例对唐模村的永佃租率予以说明，见表5.25。

表5.25　20世纪30年代歙县第3区唐模村第1—65户永佃田地的年亩产、年产量及租率

土地名及土地种类	田面主及被转租人	田底主	亩数	年亩产	年产量（斤）	大租及小租（斤）	大小租率%
田 龙竭干	世芳1许瑞俭	荫祠族	2.4	300	720	大小租252	大小租率35
田 龙竭干	世芳许 瑞剑	继善族	0.8	300	240	大小租84	大小租率35
田 龙竭干	世芳许 瑞剑	继善族	0.8	300	240	大小租84	大小租率35
田 高塘上	许悦吾6许绍基	许荫祠族	3.3	300	990	大小租347	大小租率35

土地名及土地种类	田面主及被转租人	田底主	亩数	年亩产	年产量（斤）	大租及小租（斤）	大小租率%
田 五胜亭	许德本 7 吴棋槐	许骏惠	0.4	300	120	大小租42	大小租率35
田 五胜亭	许德本 吴棋槐	许荫祠 族	1.1	300	330	大小租115.8	大小租率35
田 五胜亭	许敬果 吴棋槐	全业 许敬果	0.6	300	180	大小租63	大小租率35
田 五胜亭	许敬果 吴棋槐	全业 许敬果	0.6	300	180	大小租63	大小租率35
田 低林	许艺海 海生	8 许桂森	1.54	300	462	大租80.8	大租率17.5
田 祠西	许艺海 冬福	许桂森	0.3	550	165	大租23.8	大租率14.4
田 低林	许庆善 养女	许桂森	0.8	300	240	0	0
田 龙海洞	祝连升	许树森	1.2	245	294	大租24	大租率8.2
田 洪桥	毕长袖	许树森	0.7	350	245	大租18	大租率7.3
地 长坞	许世芳	10 许朗轩	0.6	60	36	大租6	大租率16.6
田 新桥坞	叶冬贵	11 许作之	1.2	350	420	大租45	大租率10.7
田 后干段	叶连柄	许作之	1.8	250	450	大租54	大租率12
田 金线充	茂月林	许作之	3.5	300	1050	大租105.8	大租率10.1
田 长坵	程安妇	许作之	2.3	250	575	大租69.8	大租率12.1
田 坝外	许作之	许信斋 族	2.2	300	660	大租115.8	大租率17.5
田 斜风亭	许仁齐 12 章日财	全业 许仁齐	1.6	300	480	大小租168	大小租率35
田 斜风亭	许仁齐 章日财	许尚义	1.8	300	540	大小租189	大小租率35
地 下塘坞	许冠群 章日财	全业 许冠群	0.2	60	12	大小租4	大小租率33.3

土地名及土地种类	田面主及被转租人	田底主	亩数	年亩产	年产量（斤）	大租及小租（斤）	大小租率%
地　下塘坞	许冠群　章日财	全业　许冠群	0.4	60	24	大小租8	大小租率33.3
田　荷花龙	江国太 13 杜桂月	吴子石	2.4	420	1008	大小租353	大小租率35
田　土地公婆	许子洲 15 许耀堂	许尚义	0.4	420	168	大小租59	大小租率35
田　荷花龙	江国太　许敬涵	16 吴子石	2.4	420	1008	大租176 小租176	大租率17.5 小租率17.5
田　莲之里	吴士递	吴子石	1.8	300	540	大租94.8	大租率17.56
田　枫树下	吴士通	吴子石	0.3	300	90	大租15.8	大租率17.56
田　莲子裡	吴填福 19 姚富奶	毕祠族	1.5	300	450	大小租157.8	大小租率35
田　莲子裡	吴填福　姚富奶	许尚义	1.2	300	360	大小租126	大小租率35
田　井边	程社进	21 程协中	1.2	245	294	大租65	小租率22.1
田　黄金馆	许朝榆 22 许镇镛	许荫祠	1.3	420	546	大小租191	大小租率35
田　新亭前	许镇镛	许尚义	1.3	420	546	大小租191	大小租率35
田　大公圩	许尚义　许镇镛	全业　许尚义	0.8	300	240	大小租84	大小租率35
田　新亭边	许镇镛	许尚义	1.2	60	72	大小租25	大小租率35
田　小三亩塘	许义斋 23 许士宣	许荫祠族	1.3	550	715	大小租252	大小租率35
田　杨树下	许士宣　鲍锦宣	许荫祠族	1.5	300	450	小租78.8	小租率17.5
田　坝外	许士宣　关作荃	许雨德	1.4	300	420	小租73.8	小租率17.6
田　五胜亭背	许士宣　许春伣	汪标诚	0.9	300	270	小租47.8	小租率17.7

续表

土地名及土地种类	田面主及被转租人	田底主	亩数	年亩产	年产量（斤）	大租及小租（斤）	大小租率%
田 八角亭	许士宣 解达莲	许荫祠族	2.4	420	1008	小租176.8	小租率17.5
田 社界塘	25 许仁斋 程大德	许荫祠族	1.6	300	480	大小租168	大小租率35
田 社界塘	许仁斋 程大德	许荫祠族	1.7	300	510	大小租178.8	大小租率35
田 洪家林	德本 汪雄	许荫祠族	0.9	550	495	大小租173	大小租率35
田 洪家林	德本 汪雄	许刘平	1.2	550	660	大小租231	大小租率35
田 背砖亭	德本 汪雄	许仲达	3.9	300	1170	大小租409.8	大小租率35
田 洪家林	27 许震贤	许荫祠族	0.8	550	440	大租77	大租率17.5
田 洪家林	许震贤	许家揖	1.2	550	660	大租115.8	大租率17.5
田 洪家林	许震贤	许家揖	1.1	550	605	大租106	大租率17.5
田 洪家林	许震贤	许悦音	0.3	550	165	大租29	大租率17.6
田 洪家林	许伯龙 许震贤	许荫祠族	2.0	550	1100	大小租385	大小租率35
田 中坝	许伯龙 28 许冠群	许尚义	1.4	550	770	大小租269.8	大小租率35
田 小亭子前	方彪	许冠群	1.8	370	666	大租37	大租率5.6
田 小亭子前	方彪	许冠群	0.4	370	148	大租8	大租率5.4
田 小亭子前	方彪	许冠群	0.5	370	185	大租10	大租率5.4
田 小亭子前	方彪	许冠群	0.8	370	296	大租16.8	大租率5.7
田 小亭子前	方彪	许冠群	1.2	370	444	大租24.8	大租率5.6
田 小亭子前	方彪	许冠群	1.3	370	481	大租26.8	大租率5.6

续表

土地名及土地种类	田面主及被转租人	田底主	亩数	年亩产	年产量（斤）	大租及小租（斤）	大小租率%
田 小亭子前	方彪	许冠群	1.9	370	703	大租39	大租率5.5
田 小亭子前	方彪	许冠群	0.9	370	333	大租19.8	大租率5.9
田 塘辽	黄敦安 29 许秋平	许尚义	1.1	300	330	大小租115.8	大小租率35
田 塘辽	黄敦安 许秋平	许荫祠族	1.2	300	360	大小租126	大小租率35
田 塘辽	黄敦安 许秋平	许荫祠族	1.4	300	420	大小租147	大小租率35
田 宗旦	许秋平	许荫祠族	2.4	200	480	大租84	大租率17.5
田 土地塘	31 吴长万奶	许慎余堂	1.5	200	300	大租52.8	大租率17.6
田 百占亭	32 章传榆 王珍	许荫祠族	0.2	300	60	小租10.8	小租率18
田 百占亭	章传榆 王珍	许荫祠族	0.5	300	150	小租26	小租率17.3
田 百占亭	章传榆 王珍	许荫祠族	1.2	300	360	小租63	小租率17.5
田 百占亭	章传榆 日茂	许荫祠族	0.2	300	60	小租10.8	小租率18
田 百占亭	章传榆 日茂	许荫祠族	0.2	300	60	小租10.8	小租率18
田 百占亭	章传榆 日茂	许荫祠族	0.2	300	60	小租10.8	小租率18
田 下瑶坦	松喜 章传榆	雨仁	1.1	200	220	大小租77	大小租率35
田 大塘	仁斋 33 聂文忠	许荫祠族	1.8	420	756	大小租264.8	大小租率35
田 大塘	许仁斋 聂文忠	全业许仁斋	1.2	550	660	大小租231	大小租率35
田 新坟山	仁斋 聂文忠	许荫祠族	0.6	300	180	大小租63	大小租率35
田 吴林头	许朝栋 14 汪石坡	全业许朝栋	0.5	300	150	大小租52.8	大小租率35

土地名及土地种类	田面主及被转租人	田底主	亩数	年亩产	年产量（斤）	大租及小租（斤）	大小租率%
田 吴林头	许朝栋 汪石坡	全业许朝栋	0.7	300	210	大小租73.8	大小租率35
田 鲍家充	许栋臣 汪石坡	全业许栋臣	1.5	300	450	大小租157.8	大小租率35
田 鲍家充	许栋臣 汪石坡	全业许栋臣	1.5	300	450	大小租157.8	大小租率35
田 龙揭干	许兆来 汪石坡	许世承	1.8	300	540	大小租189	大小租率35
田 龙揭干	许兆来 汪石坡	全业许兆来	1.0	300	300	大小租105	大小租率35
田 龙揭干	许兆来 汪石坡	全业许兆来	1.2	300	360	大小租126	大小租率35
田 龙揭干	许兆来 汪石坡	全业许兆来	0.8	300	240	大小租84	大小租率35
田 新坟前	许义臣 洪娥	35 许祖楷	0.96	300	288	大租50.8	大租率17.6
田 大公塘	许清伯 未知	许祖楷	0.8	300	240	大租42	大租率17.5
田 藕塘	许德本 吴聚才	许祖楷	2.4	300	720	大租126	大租率17.5
田 新塘	许祖楷 许春仍	许荫祠族	1.6	300	480	小租84	小租率17.5
田 新塘	许祖楷 许春仍	许荫祠族	0.4	300	120	小租21	小租率17.5
田 新塘	许祖楷 许春仍	许荫祠族	1.1	300	330	小租57.8	小租率17.5
田 揭山下	程柏长	许祖楷	1.4	250	350	小租28.8	小租率8.2
田 揭山下	程柏长	许祖楷	1.2	250	300	小租22.8	小租率7.6
田 佛山下	叶新	许祖楷	1.6	300	480	小租52	小租率10.8
田 坛子裡	许永铨 37 冯家荣	许朝榆	0.7	300	210	大小租73.8	大小租率35.1
田 铁屋林	黄荷花 38 程执中	许荫祠族	2.0	300	600	大小租210	大小租率35

续表

土地名及土地种类	田面主及被转租人	田底主	亩数	年亩产	年产量（斤）	大租及小租（斤）	大小租率%
田　布袋圻	兆丰　程执中	许荫祠族	1.3	200	260	大小租91	大小租率35
田　南溪洞	许永愈 39 余均甫	全业许永愈	2.7	200	540	大小租189	大小租率35
田　南溪洞	胡忍初　余均甫	全业胡忍初	1.4	200	280	大小租98	大小租率35
田　姚坦	任奂诚　余均甫	全业任奂诚	2.4	300	720	大小租252	大小租率35
田　姚坦	任奂诚　余均甫	全业任奂诚	1.3	200	260	大小租91	大小租率35
田　坝裡	徐茂轩　余均甫	全业徐茂轩	1.6	550	880	大小租308	大小租率35
田　坝裡	徐茂轩　余均甫	全业徐茂轩	1.6	550	880	大小租308	大小租率35
田　圩上	许壁斋 40 许义林	全许壁斋族	1.3	420	546	大小租191	大小租率35
田　田干	许义林	许荫祠 1.3 亩余为许壁斋族	2.4	420	1008	大小租353	大小租率35
田　前山脚	许壁斋　许义林	许荫祠族	0.8	300	240	大小租84	大小租率35
田　前山角	许壁斋　许义林	许荫祠族	0.8	300	240	大小租84	大小租率35
田　姚亭后	许其慎三房许义林	全业许其慎三房族	0.4	300	120	大小租42	大小租率35
田　姚亭后	许其慎三房许义林	全业许其慎三房族	1.6	300	480	大小租168	大小租率35
田　柏占亭	41 报本庵族	许义寓	1.8	300	540	大租94.8	大租率17.5
田　卢曷	胡小财报本庵	明圣堂族	2.2	300	660	大小租231	大小租率35
地　麻榨塘	报本庵	许继善族	1.0	60	60	大租10.8	大租率18
田　大亩塘	许雨仁　邹节雨	全业许雨仁	1.07	300	321	大小租112	大小租率34.9

续表

土地名及土地种类	田面主及被转租人	田底主	亩数	年亩产	年产量（斤）	大租及小租（斤）	大小租率%
田 大庙塘	许樵南 邹节雨	许朝榆	0.9	300	270	大 小 租 94.8	大小租率 35.1
田 大庙塘	许樵南 邹节雨	许朝榆	1.5	300	450	大 小 租 157.8	大小租率 35.1
田 湿街屋后	周德春 曹量	许尚义	0.5	420	210	小租36.8	小租率 17.5
田 乌圫坟后	江国永 45 程凯笙	许继善族	1.6	300	480	大小租168	大小租率 35
田 乌圫坟后	江国永 程凯笙	许继善族	0.1	300	30	大 小 租 10.8	大小租率 36
田 新圫	江国永 程凯笙	许继善族	0.9	300	270	大 小 租 94.8	大小租率 35.1
田 斜风亭	许广元 47 汪春华	许荫祠族	1.3	300	390	大 小 租 136.8	大小租率 35.1
田 石桥头	许广元 汪春华	许荫祠族	0.7	420	294	大小租103	大小租率 35
田 石桥头	许广元 汪春华	许荫祠族	2.3	420	976	大小租342	大小租率 35
田 石桥头	许德兴 汪春华	许荫祠族	0.7	420	294	大小租103	大小租率 35
田 坛子裡	48 吴保智	许骏惠	1.2	300	360	大租63	大 租 率 17.5
田 坛子裡	吴保智	许骏惠	0.8	300	240	大租42	大 租 率 17.5
田 坛子裡	吴保智	许骏惠	0.5	300	150	大租26	大 租 率 17.3
田 吴家塘	许荫祠 吴保智	全业许荫祠族	1.5	420	630	大 小 租 220.8	大小租率 35
田 洪桥林	许伯龙 49 程崇鉴	许得本	2.4	550	1320	大小租462	大小租率 35
田 水碓头	吴士通 余东炳	许骏惠	1.7	300	510	大 小 租 178.8	大小租率 35.1
田 秤心湾	胡炜光 51 许卢生	许荫祠族	1.6	300	480	大小租168	大小租率 35
田 廖干段	许克甫许卢生	嵩公所族	1.8	300	540	大小租189	大小租率 35

续表

土地名及土地种类	田面主及被转租人	田底主	亩数	年亩产	年产量（斤）	大租及小租（斤）	大小租率%
田 馒形坵	许卢生	许仁斋	0.98	300	294	大租 52	大租率 17.7
田 纸绣庄	许卢生	许仲达	0.60	420	252	大租 44	大租率 17.5
田 胡村口	许卢生	胡小才	0.693	420	293	大租 51	大租率 17.4
田 黄土塘	许卢生	吴音笙	3.5	550	1925	大租 337	大租率 17.5
田 磨干段	敬休堂 叶年仍	许卢生族	1.4	250	350	大租 48	大租率 13.7
田 胡家后	胡小才 黄锋	52 许德兴	2.3	200	460	大租 80.8	大租率 17.6
田 胡家后	胡小才 黄锋	许德兴	2.7	200	540	大租 94.8	大租率 17.6
田 洪家林	许德兴 汪子文	许尚义	0.7	420	294	小租 51.8	小租率 17.6
田 龙背	53 汪克敏	许朝榆	1.2	420	540	大租 94.8	大租率 17.6
田 龙背	汪克敏	许朝榆	0.6	420	252	大租 44	大租率 17.5
田 龙背	汪克敏	许朝榆	0.9	420	378	大租 66	大租率 17.5
田 姚坦	仇国良 55 方讨饭	水龙会族	1.8	200	360	大小租 126	大小租率 35
田 姚坦	仇国良 方讨饭	水龙会族	2.0	200	400	大小租 140	大小租率 35
田 瑶坦	许瑞华 56 潘进先	全业许瑞华	1.3	200	260	大小租 91	大小租率 35
田 瑶坦	许瑞华 潘进先	全业许瑞华	1.1	200	220	大小租 77	大小租率 35
田 瑶坦	许瑞华 潘进先	全业许瑞华	0.4	200	80	大小租 28	大小租率 35
田 瑶坦	许瑞华 潘进先	全业许瑞华	0.3	200	60	大小租 21	大小租率 35
田 枣木垾	许瑞华 潘进先	全业许瑞华	1.6	200	320	大小租 112	大小租率 35

土地名及土地种类	田面主及被转租人	田底主	亩数	年亩产	年产量（斤）	大租及小租（斤）	大小租率%
田 藕塘	许瑞华 潘进先	敦义族	0.9	200	180	大小租63	大小租率35
田 瑶坦	许瑞华 潘进先	塘槭鲍祠族	0.6	200	160	大小租56	大小租率35
地 竹园塘	许树森 潘进先	全业许树森	1.2	60	72	大小租25	大小租率34.7
田 新坟山	永愈 57 洪娥仇	许荫祠族	1.8	300	540	大小租189	大小租率35
田 新坟山	永愈洪娥仇	许荫祠族	0.9	200	180	大小租63	大小租率35
田 荷花龙	58 柳遂鸿	许家揖	0.9	420	378	大租66	大租率17.5
田 荷花龙	柳遂鸿	许诞荣	1.3	420	546	大租95.8	大租率17.4
田 牛里鳖	柳遂鸿	许荫祠族	1.1	200	220	大租38.8	大租率17.6
田 牛里鳖	柳遂鸿	许荫祠族	0.8	200	160	大租28	大租率17.5
田 睢垆	59 许敬亭	许荫祠族	2.2	550	1210	小租211.8	大租率17.5
田 丛毛山	许敬亭 许表宣	许荫祠族	0.8	420	336	小租59	大租率17.5
田 小三亩塘	徐敬亭 章日茂	许荫祠族	0.3	550	165	小租29	大租率17.5
田 唐辽	许诵芳 61 汪克悌	全业许诵芳	1.2	300	360	大小租126	大小租率35
田 陈川湾	许普树 汪克悌	全业许普树	0.9	300	270	大小租94.8	大小租率35.1
田 陈川湾	许普树 汪克悌	全业许普树	1.6	300	480	大小租168	大小租率35
田 陈川湾	许普树 汪克悌	全业许普树	1.6	300	480	大小租168	大小租率35
地 后坞窑	许博为 汪克悌	全业许博为	0.2	60	12	大小租4	大小租率33.3
田 惠公川	许馥惠 62 鲍锦芝	全业许馥惠	1.25	300	405	大小租142	大小租率35.1

续表

土地名及土地种类	田面主及被转租人	田底主	亩数	年亩产	年产量（斤）	大租及小租（斤）	大小租率%
田 坝外	许继慎 鲍锦芝	许荫祠族	2.4	300	720	大小租252	大小租率35
田 樵树下	许敬亭 鲍锦芝	许荫祠族	1.5	300	450	大 小 租151.8	大小租率33.7
田 三眼坝	63许祚延	大紫金祠族	0.3	340	102	大小租37	大小租率36.3
田 三眼坝	许祚延	大紫金祠族	0.3	340	102	大小租37	大小租率36.3
田 三眼坝	许祚延	大紫金祠族	0.5	340	170	大小租62	大小租率36
田 三眼坝	许祚延	大紫金祠族	0.5	340	170	大小租62	大小租率36
田 三眼坝	许祚延	汪桂香	0.6	340	204	大小租75	大小租率36.8
田 坝外	许绍衣 祝荀生	许敬诚	4.6	550	2530	小租443	小租率17.5
田 坝外	许绍衣 祝荀生	许敬诚	2.4	550	1320	小租231	小租率17.5
田 大圩坞	65胡伟光 许玉金	许伯龙	0.7	420	294	小租51.8	小租率17.6
田 中三亩	胡伟光 朱正元	许铭德	2.09	420	878	小租153.8	小租率17.5
田 大公塘	胡伟光 朱正元	许继善族	0.8	420	336	小租59	小租率17.6
田 大公塘下	胡伟光 朱正元	许继善族	0.8	420	336	小租59	小租率17.6
田 过溪	胡伟光 何令兴	许仁安	0.9	300	270	小租35	小租率13.0
田 秤勾湾	胡伟光 何令兴	许荫祠族	1.6	300	480	小租84	小租率17.5
田 古坞	胡伟光 何令兴	许荫祠族	2.2	300	660	小租85	小租率12.9
田 岩寺祊圩	吴世禄	胡伟光	1.5	340	510	大租76.8	大租率15.1
田 岩寺祊圩	吴世禄	胡伟光	0.7	340	238	大租35.8	大租率14.7

续表

土地名及土地种类	田面主及被转租人	田底主	亩数	年亩产	年产量（斤）	大租及小租（斤）	大小租率%
田 岩寺祊圲	吴世禄	胡伟光	0.7	340	238	大租35.8	大租率15.04
田 岩寺祊圲	吴世禄	胡伟光	0.8	340	272	大租41.8	大租率15.4

注:①如果田底属于族田,后面加注"族"字。
　　②户与户之间用双表格线隔开,姓名前加编号者为被登记户主。
资料来源:财粮员章日达、农会主任汪德兴、村长章继民:《歙县第3区唐模村地籍清册》,20世纪30年代,歙县档案馆藏。

　　表5.25显示,唐模村出租田底田的大租率一般为17.5%左右。如许桂森出租坐落于低林的田底田1.54亩,大租率为17.5%,出租坐落于祠西的田底田0.3亩,大租率14.4%,出租坐落于龙海洞的田底田1.2亩,大租率8.2%,出租坐落于洪桥的田底田0.7亩,大租率7.3%;许作之出租坐落于新桥坞的田底田1.2亩,大租率10.7%,出租后干段的田底田1.8亩,大租率12%,出租坐落于金线充的田底田3.5亩,大租率10.1%,出租坐落于长圫的田底田2.3亩,大租率12.1%。再如许卢生佃耕许仁斋的田底田0.98亩,大租率17.7%,佃耕许仲达的田底田0.6亩,大租率17.5%,佃耕胡小才的田底田0.693亩,大租率17.4%;许卢生出租坐落于磨干段的田底田1.4亩,大租率13.7%。

　　唐模村田面田转租的小租率一般也为17.5%左右。如田面主许士宣转租田面田1.5亩于鲍锦宣,小租率17.5%,转租田面田1.4亩于关作荃,小租率17.6%,转租田面田0.9亩于许春伢,小租率17.7%,转租田面田2.4亩于解达莲,小租率17.5%;又如田面主章传榆转租田面田0.5亩于王珍,小租率17.35%,转租田面田0.6亩于日茂,小租率18%;再如田面主胡伟光转租坐落于大圩坞的田面田0.7亩于许玉金,小租率17.6%,转租坐落于过溪的田面田0.9亩于何令兴,小租率13%。

　　唐模村底、面全业田租率一般为35%左右,正好相当于惯行大、小租率之和。如吴棋槐佃耕许敬果坐落于五胜亭的底面全业田1.2亩,大小租率合计35%;章日财佃耕许仁齐的底面全业田1.6亩,大小租率合计35%,佃耕许冠群的底面全业田0.6亩,大小租率合计35%。

唐模村非永佃田租率和底面全业田租率趋于一致,也为35%左右,20世纪30年代唐模村第1—65户非永佃田地租率,见表5.26。

表5.26　20世纪30年代歙县第3区唐模村第1—65户非永佃田地的年亩产、年产量及租率

土名	佃人②	田主	亩数③	年亩产	年产量（斤）	租额（斤）	租率%
田　罗滦段	2 曹海清	许承宪	1.7	200	340	119	35
田　罗滦段	曹海清	许承宪	1.6	200	320	112	35
田　罗滦段	曹海清	许承宪	0.4	200	80	28	35
田　大圩下	3 蒋元官	杨仲樵	0.9	300	270	94.8	35
前山地	未知	4 许建中	0.6	60	36	12.8	35
田　唐辽	6 许绍基	黄玉堂	1.3	300	390	136.8	35
田　唐辽	许绍基	黄玉堂	1.3	300	90	31.8	35
田　唐辽	许绍基	黄玉堂	0.8	300	240	84	35
地　竹元塘	潘进芝	8 许桂森	1.2	60	72	25	35
地　社下	13 杜桂月	胡志刚	0.8	60	48	17	35.4
田　枫树坼	14 许吾安	刘重应	1.6	400	640	224	35
田　东山村	权成嫂	16 吴子石	1.8	475	855	299	35
田　新塘	章祖荫	17 章传闵	0.8	300	240	84	35
田　新塘	章祖荫	章传闵	0.6	300	180	63	35
田　板桥头	18 许孝叙	许荫祠 族田	2.2	420	924	323.8	35
田　长坼	许孝叙	许荫祠 族田	1.1	420	462	162	35
田　相丼	许孝叙	许承愈	1.0	300	300	105	35
田　相丼	许孝叙	许承愈	0.6	300	180	63	35
地　斜风亭	19 姚富州	许敦果	0.9	60	54	19	35.2
田　新银行	吴甫来	20 许能民	1.1	200	220	77	35
田　新银行	吴甫来	许能民	1.3	200	260	91	3
田　新银行	吴甫来	许能民	0.8	200	160	56	35
田　新银行	吴甫来	许能民	0.8	200	160	56	35
田　新银行	吴甫来	许能民	0.8	200	160	56	35
田　开年	程社进	21 程协中	3.0	305	915	262	28.6
田　三亩塘	23 许士宣	许德本	1.3	550	715	250	35
田　三亩塘	许士宣	徐德本	1.0	550	550	192.8	35

土名	佃人②	田主	亩数③	年亩产	年产量（斤）	租额（斤）	租率%
田 画公林	24 李二荣嫂	坛祠族田	0.9	300	270	94.8	35
田 胡林门前	李二荣嫂	许敬元	0.4	420	168	59	35
地 胡林前	李二荣嫂	坛祠族田	0.8	60	48	17	28.3
田 新学后	28 许冠群	许伯龙	1.3	300	390	136.8	35
田 塘遼	29 许秋平	许雨仁	0.8	300	240	84	35
田 芦竭干	30 程金桂	许荫祠族田	2.4	300	720	252	35
田 上窑坦	章传榆	程松喜	1.6	300	480	168	35
田 上窑坦	章传榆	汪雪桃	2.4	300	720	252	35
田 上窑坦	章传榆	汪学桃	0.6	300	180	63	35
田 茶塘口	章传榆	许真童	0.9	300	270	94.8	35
田 茶塘口	章传榆	许真童	0.4	300	120	42	35
田 低林	35 许祖凯	许尧懋	2.0	300	600	210	35
田 短坝	36 叶福伢	许舒安	1.8	300	540	189	35
田 花园山	37 冯家荣	胡靛廷	4.7	150	705	247	35
田 缧坝段	冯家荣	汪安福嫂	3.7	150	555	194	35
田 斜短坝	冯家荣	五村祠族田	1.3	150	195	68	35
田 青师	冯家荣	程仇氏	4.7	150	705	247	35
田 新坟山	38 程执中	许兆丰	1.8	300	540	189	35
田 新坟山	程执中	许兆丰	1.3	200	260	91	35
田 中坞	程执中	报本庵族田	0.8	60	48	17	35.4
地 后湖园	吴子臣嫂	41 报本庵族田	0.8	60	48	17	35.4
地 下姚坦	汪夏季	报本庵族田	0.8	60	48	17	35.4
地 裡中坞	程执中	报本庵族田	0.8	60	48	17	35.4
田 苦株树	曹应生	43 周德春	0.7	300	210	73.8	35.1
田 苦株树	曹应生	周德春	0.6	300	180	63	35
田 苦株树	曹应生	周德春	0.2	300	60	21	35
田 苦株树	曹应生	周德春	0.2	300	60	21	35
田 苦株树	曹应生	周德春	0.3	300	90	31.8	35.3
田 龙背	44 鲍传意	许博为奶	1.2	300	360	126	35

续表

土名	佃人②	田主	亩数③	年亩产	年产量（斤）	租额（斤）	租率%
田　龙背	鲍传意	许博为奶	0.6	300	180	63	35
田　土后山	45 程凯笙	郑芳胜	1.6	320	512	156	30.5
田　八亩坵	程凯笙	郑芳胜	1.3	420	546	180	33
田　方家坵	程凯笙	郑芳胜	0.8	320	256	84	32.8
田　西山桥	程凯笙	郑芳胜	0.5	420	210	60	28.6
田　文昌堨	46 程排仿	许克定	0.4	550	220	77	35
田　文昌业	程排仿	许尚义族	0.4	420	168	59	35.1
田　文昌业	程排仿	许尚义族	0.4	420	252	88	34.9
田　低林	48 吴宝智	骏惠二房族	1.6	300	480	168	35
田　低林	吴宝智	许骏惠族	0.4	300	120	42	35
田　低林	吴宝智	许荫祠族	0.7	300	210	73.3	34.9
田　低林	吴宝智	许伯龙	2.3	300	690	241.8	35
田　水碓头	50 余东炳	许骏惠	0.3	300	90	31.8	35.3
田　水碓头	余东炳	许骏惠	1.8	300	540	189	35
田　水碓头	余东炳	许骏惠	0.8	300	240	84	35
田　水碓头	余东炳	许骏惠	0.2	300	60	21	35
地　茶园山	51 许卢生	许诵芳	0.5	60	30	10.8	36
地　后库山	许卢生	许愿望	0.5	60	30	10.8	36
田　大矿山	53 汪克敏	吴果为	0.5	300	150	52.8	35.2
田　大矿山	汪克敏	吴果为	0.3	300	90	31.8	35.3
田　大矿山	汪克敏	吴果为	1.2	300	360	126	35
田　牛栏山	汪克敏	汪雪桃	0.6	200	120	42	35
田　牛栏山	汪克敏	汪雪桃	0.6	200	120	42	35
田　牛栏山	汪克敏	汪雪桃	0.3	200	60	21	35
田　牛栏山	汪克敏	汪雪桃	0.8	200	160	56	35
田　牛栏山	汪克敏	汪雪桃	0.5	200	100	35	35
田　牛栏山	汪克敏	汪雪桃	0.4	200	80	28	35
田　龙背	汪克敏	许尧懋	0.3	420	126	44	34.9
田　龙背	汪克敏	许尧懋	0.1	420	42	15	35.7
田　龙背	汪克敏	许尧懋	0.1	420	42	15	35.7

续表

土名	佃人②	田主	亩数③	年亩产	年产量（斤）	租额（斤）	租率%
田 短坝	汪克敏	许敬智	1.4	300	420	147	35
田 短坝	汪克敏	许敬智	0.6	300	180	63	35
田 短坝	汪克敏	许敬智	0.2	300	60	21	35
田 唐模塘	55 方讨饭	许仁斋	0.8	200	160	56	35
田 唐模塘	方讨饭	许仁斋	0.4	200	80	28	35
田 唐模塘	方讨饭	许仁斋	0.2	200	40	14	35
田 唐模塘	方讨饭	许仁斋	1.2	200	240	84	35
田 唐模塘	方讨饭	存诚堂族	0.3	200	60	21	35
田 唐模塘	方讨饭	存诚堂族	0.2	200	40	14	35
田 唐模塘	方讨饭	存诚堂族	0.5	200	100	35	35
田 唐模塘	方讨饭	存诚堂族	0.5	200	100	35	35
田 古塘岑	方讨饭	许继善	0.6	300	180	63	35
田 古塘岑	方讨饭	许悦音	0.8	300	240	84	35
田 古塘岑	方讨饭	许悦音	0.3	300	90	31.8	35.3
田 板桥形	58 柳遂鸿	李继伯	1.2	420	504	176.8	35.1
田 圣亭	60 李小苟	许繁丘	2.2	200	440	154	35
田 圣亭	李小苟	杨舜樵	1.8	200	360	126	35
田 唐辽	63 许祚延	许伯龙族	1.1	300	330	115.8	35
田 唐辽	许祚延	许伯龙族	2.2	300	660	231	35
田 唐辽	许祚延	许继善堂族	1.1	300	330	115.8	35
田 三眼坝	未知	许祚延	0.3	340	102	37	36.3
田 三眼坝	未知	许祚延	1.8	380	684	225	32.3
田 三眼坝	未知	许祚延	0.2	380	76	25	32.3
田 黄金锭	许继之	64 许绍衣	1.0	300	300	105	35
田 黄金锭	许继之	许绍衣	1.0	300	300	105	35
田 低林	许继之	许绍衣	1.2	300	360	126	35

注：①如果田底属于族田，后面加注"族"字。

②户与户之间用双表格线隔开，姓名前加编号者为登记户主。

资料来源：财粮员章日达、农会主任汪德兴、村长章继民：《歙县第3区唐模村地籍清册》，20世纪30年代，歙县档案馆藏。

由表5.26可知，20世纪30年代，唐模村出租田底田的大租率、田面田转租的小租率均为 17.5% 左右;唐模村底、面全业田租率则均为 35% 左右,正好相当大、小租率之和,这一事实说明,唐模村形成了出租者与佃耕者共同遵循的惯行永佃租率。

　　上面是歙县第 3 区唐模村的永佃田租率状况。笔者还利用《歙县地籍清册》对民国时期歙县第 3 区呈坎村、第 5 区的高阳村、第 7 区的汪村、第 12 区的龙源村、第 13 区的灵山村、第 14 区的溪口村、第 18 区汪村的年亩产及永佃租率进行了考察,见表 5.27。

表 5.27　20 世纪 30 年代歙县永佃田的年亩产及租率

村名	田面主或被转租人①	田底主	亩数②	年产量（斤）	大租或小租（斤）	租率%
第 3 区呈坎	罗来义	罗华祠	1.6	672	大租 97	大租率 14.4
呈坎	罗鹏程	宗祠	1.0	420	大租 37.8	大租率 9
呈坎	王家根	世德祠大文堂	0.6	252	世德祠、大文堂大租各 10.12	大租率 8
呈坎	罗适之,转租罗金祥	太子会	0.6	288	大租 21.8 小租 45.2	大租率 7.6 小租率 15.7
呈坎	范莲发,转租郑继善	文献祠	1.8	576	大租 97 小租 80.12	大租率 16.8 小租率 13.9
呈坎	罗劳夫	文献祠	0.7	196	大租 24.8	大租率 12.7
第 5 区高阳	许光照,种者未知	许长清	0.6	126	小租 23.2	小租率 18.5
高阳	程培滋,种者未知	汪正辉	1.2	252	小租 10.8	小租率 4.3
高阳	许世修	官厅	0.3	117	大租 14	大租率 5
第 7 区汪村	曹如圣	胡子卿	3.7	666	大租 77	大租率 11.6
汪村	汪开太嫂	汪慰隆	1.2	360	大租 53	大租率 14.7
汪村	陈家道	胡子卿	0.3	81	大租 13	大租率 16
第 12 区龙源村	吴元浩	承德堂	地 0.3	57	大租 2	大租率 3.5
龙源村	吴元汉	吴道有	地 0.2	66	大租 4	大租率 6
龙源村	吴以智	吴承德堂	地 0.4	104	大租 4	大租率 3.8
龙源村	吴万喜	承德堂	地 0.2	66	大租 4	大租率 6
第 13 区灵山	江和福	余庆堂	地 1 斗 1 升	341	大租 31.8	大租率 9.3

续表

村名	田面主或被转租人①	田底主	亩数②	年产量（斤）	大租或小租（斤）	租率%
第14区溪口	余有田	积善公	1.0	280	大租8.8	大租率3.1
溪口	江南强	光启堂	0.5	140	大租21	大租率15
第18区汪村	汪讨饭	家政堂	地0.4	140	大租9	大租率6.4
汪村	汪寿林	汪五寿	地0.9	369	大租45	人租率12.2
汪村	汪圣荣	汪水生	地0.3	72	大租9	大租率12.5

注:①没有标明转租者表示田面主自己耕种。
　　②没有注明表示田地种类为田。
资料来源:村长章继民、农会主任汪德兴、财粮员章日达等:《歙县地籍清册》第39、第53、第121、第123、第129、第140、第162和第210册,20世纪30年代,歙县档案馆藏。

从表5.27可知,在涉及大租率的20宗永佃田地中,有6宗田地的大租率在10%至15%之间,有12宗田地的大租率低于10%;相反,在4宗涉及小租率的永佃田中,有2宗都超过15%,说明田面权的重要性有时要超过田底权。

笔者还从黄山市屯溪区的档案资料中获得了民国末年屯溪市阳湖乡下洽阳村、率口乡草市村的永佃田的年亩产量及租率状况。在下洽阳村,不同等级大、小买田的年亩产量、年租额及租率状况,见表5.28。

表5.28　民国末年屯溪市阳湖乡下洽阳村大、小买田的年亩产、年租额及租率

单位:石

项目 / 田等	大、小买田					普通佃田租率%	大租率相当于普通佃田租率%
	年稻谷亩产量	大租	大租率%	小租	小租率%		
减租前 一等田	5.8	1.4	24.1	1.2	20.7		
减租前 二等田	4.5	1.2	26.7	1.0	22.2		
减租前 三等田	4	1.0	25	0.8	20		
减租前 一等田	5.8	0.98	16.9	0.84	14.5	31.4	53.8
减租前 二等田	4.5	0.84	18.7	0.7	15.6	34.2	54.6
减租前 三等田	4	0.7	17.5	0.56	14	31.5	55.6

资料来源:阳湖乡下洽阳村:《屯溪市阳湖乡下洽阳村一般实际情况及其他特殊问题调查材料》(1950年6月),全宗12:《中共屯溪市委办公室》第7卷,黄山市屯溪区档案馆藏。

从表5.28可以看出,减租后的一等田的大租率为16.9%,二等田的大租

率为 18.7%，三等田的大租率为 17.5%，平均大租率 17.7%，减租后的普通租田的租率一等田 31.4%，二等田 34.2%，三等田 31.5%，平均 32.4%。永佃田的大租率仅相当于普通佃田租率的 54.6% 左右。再比较屯溪大、小买田的租额，可以看出，一等田小租额相当于大租额的 85.7%，二等田的小租额相当于大租额的 83.3%，三等田小租额相当于大租额的 80%，平均为 83%。民国时期屯溪市的永佃租率表明，永佃田的大、小租率和普通佃田租率相比非常低。

在屯溪市率口乡草市村，一般田地的租额每亩年谷 150 斤，有小买权的租田，年租谷一般 100 斤；屯溪一般亩产 470 斤，折算出草市村有小买权的租佃田地的租率一般为 21.3%。①

通过对歙县与屯溪市若干永佃村庄永佃租率的考察，我们对民国时期的永佃租率有了新的认识。章有义认为握有田皮的永佃农所负担的地租仅及一般佃农的七八成②，高估了徽州永佃田的租率。彭超认为，永佃田的田骨价低于田皮价，田骨租的租额明显高于田皮租，所以地主可以通过轻价获得较多的田地加重对佃农的剥削③，这种看法只是一种不符合实际的推论。事实上，永佃制使佃农获得了很轻的地租率，说明生硬地套用阶级剥削的观点来分析永佃制是解释不通的。

第三节　永佃农地位考察

地主及佃农在租佃关系中所处地位，也是判断永佃制性质的重要依据。赵冈认为，永佃制下的地主只剩下收租权，且没有强制力，提出了在永佃制下地主主导力边缘化的观点。④ 学术界仍然对赵冈观点存疑的原因在于，赵冈

①　率口乡草市村：《特殊问题调查汇报》，全宗 12：《中共屯溪市委办公室》第 7 卷，第 17 页。

②　章有义：《近代徽州租佃关系案例研究》，中国社会科学出版社 1988 年版，第 319 页。章有义认为，普通租佃的实际地租率一般为 40% 至 55%，见章有义：《近代租佃关系案例研究》，中国社会科学出版社 1988 年版，第 328 页。

③　彭超：《论徽州永佃权和"一田二主"制》，《安徽史学》1985 年第 4 期，第 64 页。

④　赵冈：《试论地主的主导力》，《中国社会经济史研究》2003 年第 2 期，第 5 页。

没有深入到永佃村庄内部去考察地主及佃农在租佃关系中所处的地位。笔者收集到的民国屯溪市档案馆所藏档案《屯溪市隆新乡新资村地主半地主小土地出租者情况》①,档案详细地记载了民国时期屯溪市隆新乡新资村所有地主的田地经营、地主及佃农在租佃关系中所处地位、地主与佃农关系等方面的情况(见表5.29),为我们全面了解地主是否在永佃关系中具有主导力提供了最有力的证据。

新资村主要以永佃制为其租佃制度,该村共有地主24户,半地主2户,小土地出租者4户。全村地主、半地主及小土地出租者(以下简称地主)共占有田地2545.28亩,其中自耕田167.8亩,大买田2027.51亩,小买田349.97亩,地主主要占有田底,其底面分离田地达93.4%。地主和永佃农是一种怎样的关系呢? 最大地主程吉甫有大租田354.16亩,在屯溪居住,兼收房租,设香烟摊,大妇人年老,在新潭住;地主朱昌氏有大租田260.4亩,本人在屯溪居住,两个儿子在上海当职员。朱孝记、朱季和、朱源圃、朱源渔、朱和俦、朱咏唐、朱树敏和朱耀庭8户地主分别拥有大租田45.46亩、116.55亩、116.55亩、46.06亩、82.1亩、82.1亩、82.1亩和138.67亩,以上地主远在上海、汉口、扬州、天津等地经商、教书,或当律师、职员,都多年没有回村,都委托本村高寿康、朱之香或朱范氏代其收租;地主朱希白已死,两个女儿已出嫁,其大租田82.3亩委托高寿康代其收租;地主朱载记有大租田235.97亩,在扬州、上海做生意,高寿康代其收租。以上资新村较大的地主多常年未回,或者已死、女儿出嫁,都委托别的小地主代其收租,难以对永佃农形成主导力。

再看资新村的小地主和小土地出租者。朱范氏有大租田0.3亩出租、收大租,有19亩田面田转出租,收小租,只是由于给朱贻桂公堂当管家和放高利贷,才被划为地主;高寿康有自耕田5亩、田面田26.6亩,高自己参与耕作,只是由于替在外地主收租,给朱敦义堂当管家,也被划为地主;朱仲蕊有自耕田5.43亩、田面田90亩,只是由于耕作的田面田较多,且有水牛1头出租,才被定为地主。其他小土地出租者也出租大租田或田面田,数量较少。因此,小地主和小土地出租者更不可能在村中对永佃农有什么主导力。

---

① 隆新乡新资村:《屯溪市隆新乡新资村地主半地主小土地出租者情况》,全宗1:《屯溪市委办公室》第6卷,黄山市屯溪区档案馆藏。

田地单位：亩

表5.29 20世纪40年代屯溪市隆新乡新资村地主和小土地出租者状况

户主姓名	成分	人口		劳动力					土地情况								公堂	输租年次	收入	其他（包括本村和小土地出租者）
		在家数	在外数	自有劳动力		雇工			占有土地				佃耕		小买转出租					
				主要	附加	长工	收童	短工	自耕		田底田或田面		交小租或交大租							
									田（亩）	地（亩）	田（亩）	地（亩）	田（亩）	地（亩）	田（亩）	地（亩）				
1 朱子香	地主	3	—	—	—	2	—	20工	5.3	3	9	3	—	交大租 2.2	—	12.5	朱本务堂	2年	800斤	生活来源主要靠收租
2 朱程氏	小土地出租	4	—	—	—	—	—	82	—	1.7	1.5 交大租	2.2	—	交大租 14	—	—	朱元益堂	2年	800斤	缺乏劳动力，生活来源主要靠收租
3 戴春喜	地主	8	—	—	—	2	—	200	雇种 45.4	—	8.66	2.77	大租 30.01	—	—	—	—	—	—	主要生活来源是靠雇工耕种
4 程厚书	地主	3	2	—	—	—	—	—	—	0.7	6.61	—	—	—	—	—	—	—	—	主要生活来源是靠收租，给查姓收了10年，每年得一千五六百斤，给程昔甫家收了6年，每年得五六十担
5 朱孝记	在外地主	1	2	—	—	—	—	—	—	—	40.06	5.4	—	—	—	—	—	—	—	本人在上海经商，多年不回家
6 朱季和	在外地主	1	2	—	—	—	—	—	—	—	110.6	5.95	—	—	—	—	—	—	—	本人在上海经商，多年没回家过，由寿康代收租
7 朱源圃	在外地主	不详	—	—	—	—	—	—	—	—	110.6	5.95	—	—	—	—	—	—	—	本人在上海经商，是个工程师，抗日战争以前出去的，到今年没有回家过，由寿康代收租

续表

户主姓名	成分	人口		劳动力					土地情况									输租年次	收入	其他（包括本村和小土地出租者）
		在家数	在外数	自有劳动力		雇工			占有土地				佃耕		小买转出租		公堂			
				主要	附加	长工	收童	短工	自耕		田底田或田面面积		交小租或交大租							
									田（亩）	地（亩）	田（亩）	地（亩）	田（亩）	地（亩）	田（亩）	地（亩）				
8 朱源渔	在外地主	—	不详	—	—	—	—	—	—	—	44.91	1.15	—	—	—	—	—	—	—	在汉口经商，朱子香代收租
9 朱希白	在外地主	—	2	—	—	—	—	—	—	—	79.9	2.4	—	—	—	—	—	—	—	本人已死，仅两个女儿，高寿康代租
10 朱鹤侪	在外地主	—	3	—	—	—	—	—	—	—	79.7	2.4	—	—	—	—	—	—	—	本人过去当律师，儿子当工程师
11 朱咏唐	在外地主	—	5	—	—	—	—	—	—	—	79.7	2.4	—	—	—	—	—	—	—	本人在上海教书，儿子在上海当职员，出外多年
12 朱树敏	在外地主	—	2	—	—	—	—	—	—	—	79.7	2.4	—	—	—	—	—	—	—	本人在芜湖电台工作，高寿康代收租
13 朱昌氏	在外地主	—	4	—	—	—	—	—	—	—	260.4	—	—	—	—	—	—	—	—	本人两个儿子，一个女儿在上海工作
14 朱载记	在外地主	—	不详	—	—	—	—	—	—	—	235.97	—	—	—	—	—	—	—	—	本人在上海，扬州做生意，高寿康代收租
15 群吉甫	在外地主	—	6	—	—	—	—	—	—	—	354.16	—	—	—	—	—	—	—	—	本人在屯溪收房租，设香烟摊
16 朱耀庭	在外地主	—	8	—	—	—	—	—	—	—	131.47	7.2	—	—	—	—	—	—	—	本人在汉口做生意，朱范氏代收租
17 朱永英	小土地出租	—	4	—	—	—	—	—	—	—	4.5	6.5	—	—	—	—	—	—	—	过去在隆阜当店员，现在隆阜做小生意

续表

户主姓名	成分	人口		劳动力					土地情况								公堂	输租年次	收入	其他（包括本村和小土地出租者）
		在家数	在外数	自有劳动力		雇工		短工	占有土地				佃耕		小买转出租					
				主要	附加	长工	收童		自耕		田底田或田面		交小租或交大租							
									田（亩）	地（亩）	田（亩）	地（亩）	田（亩）	地（亩）	田（亩）	地（亩）				
18 朱次赤	地主	4	—	—	—	—	—	10	—	2	85	—	—	—	—	—	朱爱敦堂	10年	400斤	生活来源收地租
19 朱孟琴	地主	7	—	—	—	—	—	12	—	31.8	540	12	—	—	—	—	朱敦义堂	9年	600斤	生活来源收地租
20 朱范氏	地主	2	—	—	—	—	—	5	—	0.3	交大租	21 交大租	—	—	19	—	朱教爱堂	5年	2000斤	主要生活来源是给各地主未赠挂堂管堂及高利贷的剥削
21 高寿康	地主	9	—	—	—	—	1	10	5	—	—	—	交大租 26.6	—	16	—	—	—	—	主要生活来源靠收租，剥削
22 朱仲蕊	地主	5	2	—	—	2	—	—	1.33	4.1	90 交大租	—	交大租 16.5	10	—	—	—	—	—	生活主要来源靠收租
23 郑天赐	半地主	7	—	—	—	—	—	—	14.5	4.52	57.31	8.5	13.16	2.45	—	—	—	—	—	生活主要来源系收租和自己劳动
24 吴张氏	小土地出租	3	3	—	—	—	—	—	—	—	16.33	7	—	—	—	—	—	—	—	生活主要来源靠收租，没有劳动力，主要靠小女摘菜维持生活
25 宁杜氏	小土地出租	1	—	—	—	—	—	—	3	0.8	1	—	—	—	3.3	—	—	—	—	交换人工耕种，无劳动力
26 朱苏氏	地主	1	2	—	—	—	—	—	—	—	100	—	—	—	—	—	—	—	—	—
27 程继威	地主	7	2	—	—	2	—	50	—	—	5.3	2.7	—	—	—	—	—	—	—	生活来源，靠收山上的蓬户租，每年200多租

续表

户主姓名	成分	人口		劳动力					土地情况										收入	其他（包括本村和小土地出租者）
				自有劳动雇工					占有土地				佃耕				公堂	输租年次		
		在家数	在外数	主要	附加	长工	牧童	短工	自耕		田底田或田面		支小租或交大租		小买转出租					
									田(亩)	地(亩)	田(亩)	地(亩)	田(亩)	地(亩)	田(亩)	地(亩)				
28 朱子良	地主	5	—	—	1	1	1	50	—	—	3.708	—	—	—	—	—	—	—	—	当过伪保长，靠高利贷剥削
29 余秀锋	半地主	10	—	1	1	1	1	40	10.06	—	52.02 交大租	—	—	—	45.34	—	—	—	—	—
30 陆谦吉	地主	4	5	—	2	2	1	68	15.5	—	83	6	—	—	—	—	—	—	—	此户原籍在皖北安庆，田地较少，其土地数字是与皖北合并计算，自己不劳动
合计	—	—	—	—	—	—	—	—	117.98	49.82	2185.1	106.92	150.66	28.65	83.64	12.5	—	—	—	—

注：①三页表内容相连。

②小土地指小土地出租者。

资料来源：隆新乡新资村《屯溪市隆新乡新资村地主半地主小土地出租者情况》，全宗1：《屯溪市委办公室》第6卷，黄山市屯溪区档案馆藏。

皖南其他地方的档案资料也显示永佃农对土地的权力更大一些。屯溪市湖阳乡下洽阳村的调查材料中说,"习惯称为大买者(田底主——作者注)只有收租和转租之权力,而无使用权,有小佃所有者则有使用、出租、转买之权"。① 贵池县民生村的佃农则把拥有田面权的田面主称做"二东家",而"不知道大东家是谁";由于民生村"开滩时十三股东是按股分的,地主只知按亩收租(解放前有 13 家联合收粮处),而不知土地坐落在那里"。②

另外,在永佃制下,由于地权在各个阶层间的交叉流转及永佃农地位的提高,原来的主佃身份界限也被打破了。如贵池民生村,"二东家拥有田面权,但农民拥有田面或田底权者也不在少数";此是一般情况,"实际情况则较此更复杂,如有的地主向地主上课(指交租),有的地主向富农上课,有的佃户同时兼二东家又是大东家"。③ 又,屯溪市下洽阳村 36 户贫农成为出租者,出租大买田 53 亩,占全村出租大买田的 4%。④ 再如屯溪隆新乡徐村佃农既佃耕也出租,有的中农收租,但又交租;贫农有的收租,部分土地却要交租;总的说来中农、贫农又出租,又交租;有的给地主当长工,竟然也有小田(田面田)出租。⑤

永佃制也打破了村与村的租佃界限。屯溪市下洽阳村 130 户中,小地主只有 2 户,128 户佃户主要从外村租佃田地;该村的外村收租户有 231 户,主要是外村地富 118 户,此外还有外村的农民户、工商户等;从外村租来大买田560 亩、小买田 140 亩。⑥

本章研究表明,无论从中农以下阶层对永佃田的绝对支配地位、永佃田租

---

① 阳湖乡下洽阳村:《屯溪市阳湖乡下洽阳村一般实际情况及其他特殊问题调查材料》(1950 年 6 月 4 日),全宗 12:《中共屯溪市委土改办公室》第 7 卷,黄山市屯溪区档案馆藏,第 8 页。

② 中共池州地区委员会:《贵池县民生村土改试验总结》(1950 年 10 月 12 日),全宗 2:《中共贵池县委办公室》第 3 卷,第 32 页。

③ 中共池州地区委员会:《贵池县民生村土改试验总结》(1950 年 10 月 12 日),第 32 页。

④ 阳湖乡下洽阳村:《屯溪市阳湖乡下洽阳村一般实际情况及其他特殊问题调查材料》(1950 年 6 月 4 日),第 2 页。

⑤ 隆新乡徐村:《徐村土改调查材料》,全宗:《中共屯溪市委土改办公室》第 7 卷,黄山市屯溪区档案馆藏,第 6 页。

⑥ 阳湖乡下洽阳村:《屯溪市阳湖乡下洽阳村一般实际情况及其他特殊问题调查材料》(1950 年 6 月 4 日),第 2 页。

率,还是从地主和永佃农在租佃关系中所处地位看,都说明永佃制和地主制土地制度是两种本质不同的土地制度。既然中农以下阶层对永佃田有绝对支配地位,永佃租率极轻,永佃制就不会加重地主对农民的剥削。永佃制使皖南的唐模等村形成了出租者与佃耕者共同遵循的极轻的惯行永佃租率,这充分证明生硬地套用阶级剥削的观点来分析永佃制是解释不通的。永佃制也打破了原来的主佃身份界限,无论是地主、富农,还是中农,贫农、长工和商人等各个阶层都可拥有自己的田底权或田面田,使得各阶层的地权差别程度逐渐缩小;最为重要的是佃农对土地的价值投入,通过永佃制得以实现。总之,民国时期的永佃制是一种为中农以下阶层掌握的、能够保障佃农土地产权、对佃农有利的土地制度。

结　语

　　本书从皖南永佃制的形成及其发展原因、民国时期皖南永佃制的比重及其分布、皖南永佃制与公田关系、皖南永佃田经营及永佃制性质五个方面对皖南永佃制作了较为全面的研究。

　　关于皖南永佃制产生的时间,杨国桢、刘和惠、汪庆元等学者认为皖南永佃制最早产生于明万历年间,笔者的研究表明,至迟在明代建文年间,皖南就产生了永佃制。

　　迄今,谢俊、瞿明宙、乔启明、陈翰笙、杨国桢、戴炎辉、赵冈和胡华等学者仅从来源或产生途径方面解释永佃制的形成原因。笔者认为对永佃制形成原因的探讨仅仅局限在来源方面,存在两方面的问题:一是仅仅从来源方面分析永佃制的形成原因,显得过于简单化,我们还须进一步探讨永佃制形成的社会机制,从社会结构、社会变迁角度分析永佃制的形成原因;二是对永佃农凭借什么力量获得较为平等社会地位的深层次原因没有进行探讨。但事实上,地主被迫承认佃农的田面权,绝不是出于自愿,而是佃农和地主力量长期博弈的结果。

　　本书研究表明,皖南永佃制形成及发展的深层次原因主要有以下三个方面:一是移民群体与原住民群体相互制约的底层社会结构的形成催生了皖南永佃制。皖南移民群体和本地群体经过长期的博弈,逐渐使皖南乡村形成使主佃双方都受到制约的社会结构,这种社会制约结构确保了主佃双方能较为平等地发生租佃关系,这就为永佃制的形成创造了最基本的社会条件。二是皖南绅权力量制约官府的上层社会结构的形成使皖南永佃制得以普遍形成,皖南的双层社会制约结构使官府、田主和佃农三方利益都得到了较为公平的实现。农村任何制度的形成不仅取决于村庄内部的村民意愿,而且还决定于村庄外部国家政权力量的介入程度。由于历代中国官府力量都很强大,如果官府用强力介入主佃关系,永佃制还是难以实现。因此,皖南绅权力量制约官府的上层社会结构的形成为永佃制在皖南的普遍流行进一步创造了社会条件。三是民国时期的社会变迁进一步促进了皖南永佃制的发展。梁治平、黄宗智等学者认为,民国时期的永佃制属于习惯法的范畴,也就是认为佃农田面所有权没有得到政府确认,笔者认为不能一概而论。1929 年,南京国民政府颁布的《中华民国民法物权编》等法案在法律上对佃农的田面权予以承认。1935 年,皖南地区进行了一次严格的土地陈报并攒造了《地籍清册》。这次土地陈报及土地陈报中攒造的《地籍清册》与以往土地清丈不同之处在于不仅对田主的田底权,而且对佃农的田面权亦进行了陈报和登载。由此我们认为,如果说 1929 年南京国民政府颁布的《民法》仅在法律上对佃农的田面权予以承认,但没有得到政府确认的话,那么,1935 年后皖南佃农的田面权则得到了政府确认,不能再看做习惯法的范畴。

章有义认为,20 世纪 50 年代,永佃制在民国时期已走向衰落;20 世纪 80 年代,刘克详又称永佃制在清乾隆后就已瓦解,董蔡时则断言永佃制在道光年间大多瓦解,太平天国运动后又有恢复和发展,其后再次瓦解或"继续趋向萎缩";新近朱灿、黄宗智、赵晓力仍持"民初永佃衰落"论。上述学者往往根据近代民法条文进行简单推论来佐证其观点,其结论难以令人信服。有鉴于此,笔者首次利用土改时期皖南祁门、屯溪、绩溪及当涂四县(市)登记的《土改前各阶层占有使用土地统计表》及歙县等档案馆所藏民国时期《地籍清册》等永佃档案资料,从微观角度对民国时期皖南 568 个村永佃户占当地农户比重、永佃田占当地耕地比重及分布进行直接、细致、系统、大面积的基层实证研究,以事实证明民国时期皖南永佃制的普遍存在,回应了学术界"民国时期永佃制衰落"的观点。

皖南地区是永佃制、宗族土地所有制和绅权都发达的地区之一,这是该地区区别于其他有永佃地区最重要的地域特色。宗族土地所有制的基础是建立在主佃关系不平等基础上的土地关系,而永佃制是建立在主佃关系较为平等基础上的土地制度,为什么这两种有反向趋势、彼此不相容的土地制度在皖南地区能够共存? 这一问题对于族田、官田、学田和义田等公田的研究者或永佃制研究者来说都是不可回避的问题,但是,大多数学者如刘淼、叶显恩和居蜜等仍然以静止和绝对的观点看待近代族田所有制,认为族田主要采行佃仆制的租佃制度,而看不到族田租佃制度的近代变迁及族田地权的双层分化,对官田、义田、学田中的永佃制迄今则仍没有学者进行研究。笔者利用宗谱、族田地租簿、族田交易契约、官田交易契约、学田交易契约、义田交易契约、置产簿、宗谱、《官田鱼鳞册》、《地籍清册》、学田及义田文书等大量的一手历史资料对公田与永佃制的关系进行了深入研究。研究表明,从清至民国,由于宗祠、官府、学田、义田等公产管理机关与佃农关系逐步趋于平等,对佃农不利的宗族土地所有制、官田国家所有制、学田及义田的普通租佃制发生了重大变迁。在这种社会趋势下,清代族田、官田、义田和学田等公田的地权出现双层地权分化并逐步加深;民国时期,公田地权分化更加普遍,逐渐形成了公田所有者主要掌握田底权、永佃农主要掌握田面权的双层地权格局。

关于永佃田租佃与经营的研究是永佃制研究领域最薄弱的环节。赵冈的《永佃制研究》是目前唯一一本对永佃制进行研究的著作,但也没有深入到村庄内部对永佃田的租佃与经营状况进行研究。为此,笔者首次深入到皖南25个有代表性的永佃村庄,一方面,对永佃制下的主佃关系、租佃契约签订过程及其内容、永佃租佃类型及其形成原因、田底主出租田地数量、永佃农租入田地数量、城居地主比例、交租方式等租佃状况及其运行机制进行了研究;另一方面,对永佃田的市场交易、永佃农具体经营状况、永佃经营与普通地主制经营异同、永佃户规模、农场规模、农业外劳动力转移情况、人均劳动力经营亩数及产量等永佃制经营的诸多问题都进行了详细探讨。

笔者特别深入到民国时期徽州的一个典型永佃村唐模村内部,对永佃制下的地权分配、永佃租佃的运行及其原因、永佃制下劳力配置等方面进行探讨;对永佃户经营田地的座落、田垃、田底田、底面全业田、族田、人口、劳力、户经营面积、人均劳力经营亩数和产量、各种永佃田亩产及其租率、田底主收入、佃农收入等方面的数量进行逐项统计;对永佃制是如何实现田地零碎整合、如何使得地权更加平均、如何形成较低稳定永佃租率、永佃田的租佃类型、劳动力在户与户及农业和非农行业间的配置状况等方面进行深入研究,对永佃田的租佃与经营的运行机制进行了历史还原。

学术界把永佃制归属于封建制度的范畴,常以些许数据作为立论的依据,为此,笔者对皖南4县(市)568个村庄永佃田权属状况、唐模村2202垃田地的亩产及永佃田租率、绩溪村永佃农在租佃关系中所处地位进行了直接、细致、系统、大面积的基层考察,以充分的事实证明民国时期的永佃制是一种为中农以下阶层掌握的、能够保障佃农土地产权、对佃农有利的土地制度。

本书在探究永佃制历史真相之外,更着力考察其制度运行机制、功能,为当今土地改革提供借鉴经验。从孙中山提出"平均地权",到新中国成立后实行"人民公社集体共有制",再到改革开放后实行"家庭联产承包责任制",选择适合中国国情的最佳农地产权制度,一直是为政者孜孜以求的施政目标。但是,百年来中国土地改革者总是难以找到一种最佳的农地产权制度,究其原因,在于以往实行过的每一种农地产权制度都存在难以克服的制度缺陷或局限性。概括地说,以往农地产权制度存在的制度缺陷或局限性主要表现在以下三个方面:

一是不符合中国国情的农地产权制度不具有可行性。有的学者主张照搬英国式的农地产权制度,实行大地产私有制,来实现农业的规模经营。① 笔者认为,这种土地改革方案完全违背了我国国情。因为中国山地超过 2/3,许多山地很难进行规模化经营,即使形成了大地产制,最终大地产所有者也不得不把大地产分割成小块田地,出租给小农经营,成为坐食地租的食利阶层,这已为 2000 年来的历史所证明。另外,中国农民以土地为生的状况还没有根本改变,一旦实行土地私有制,不可避免地会导致土地兼并,并引发严重的社会问题。最近城市房价的居高不下,是对我们最好的警训。

二是不赋予明晰产权的农地制度严重挫伤了农业生产者的积极性。新中国成立后实行的"人民公社集体共有制"的农地制度给我们带来的教训极为深刻,土地公有制的历史对农民可谓不堪回首。

三是不能实现各种农业生产要素优化配置的农地制度尽管"公平",但生产效能极为低下。改革开放后实施的"家庭联产承包责任制"虽然使所有农民都获得了土地经营权,但是由于缺乏土地的市场化运作机制,一方面,想扩大生产规模的农民得不到更多土地;另一方面,一部分从事农业外的农民不得不闲置、抛荒土地。

上述分析给我们这样的启示,最佳的农地产权制度,一是必须符合国情,具有可行性;二是必须赋予生产者明晰的产权,调动其生产积极性;三是必须具

---

① 朱冬亮:《社会变迁中的村级土地制度》,厦门大学出版社 2003 年版,第 313 页。

有最佳的生产要素配置机制。本书研究的永佃制正是这样一种农地产权制度。

第一，永佃制是发育于中国本土、契合于中国国情的农地产权制度。在农地产权方面，中国最大的国情是，虽然众多小农生产者创造着中国最多的农业生产力，但是这一生产群体一直作为一个弱势群体而存在，这就导致了小农生产者虽然是生产力的主要创造者，但是其佃权总是得不到保障。此外，也由于地权门槛高，小农生产者总是缺乏经营的土地，常常被迫付出高额地租，永佃制正是为小农应对这样的困境而产生的土地制度。有永佃权的佃农不仅拥有永久佃权，而且其佃权可自由转租或交易，地主无权干涉，从而使佃农的佃权获得了独立自由的产权形态。地权的双层分化，使得土地产权产生两个层次的地权运作，田底权是资产性地权运作，田面权是经营性地权运作。两个层次的地权运作使得地权交易及租佃成本降低，降低了地权获得门槛，从而使更多的弱势小农能够进入地权市场进行交易，以较少的资金获得更多的土地进行经营。独立的佃权还为永佃农资金融通提供了便利手段。可见，永佃制是对弱势小农极为有利、非常契合中国国情的农地产权制度。

第二，永佃制赋予土地持有者明晰的可自由转租、继承、抵押、入股、交易的经营性产权，极大地调动了生产者的积极性。当今小农传承着历史上佃农的许多特性，改革开放以来实行的"家庭联产承包责任制"虽然使小农解决了温饱问题，甚至跨入小康，但是这种制度并没有真正赋予小农承包权（实质上是佃权）以明晰的产权形态。这就使小农的佃耕权要么以家庭式的经营方式，继续存在，要么由于地权难以流转，使土地处于抛荒状态。

第三，永佃制使佃权转让的形式与途径呈现多样化，使农业生产要素在自由组合的过程中，具有更多自由选择的可能性。永佃制使土地地权在两个层次上自由流转，比以往完全地权流转更灵活，流转门槛更低。佃权多种形式的转让使土地的经营权和其他生产要素诸如劳动力、资金总是处于动态配置之中，极大地提高了农业生产效率。佃权的转让还使永佃农在就业时获得了多样化选择的权力；如果承认农民有转佃权，农民就不会终身被束缚在土地上，能随时转向农业外就业。安徽及东南沿海等地试行的"反租倒包"制①，广东

---

① 陈宇锋：《浅析浙江省土地流转中的转租倒包机制》，《统计观察》2002 年第 11 期，第 35—37 页。

南海和上海试行的土地股份合作制(股田制)①实质上就是赋予农民可自由转佃的权力。

第四,永佃制还能使社会不同阶层的资金以多样化的交易形式流向土地,最大限度地扩展土地投入的融资范围。当今农业投入严重不足,极大地制约了农业生产力的提高。党和政府每年出台很多的支农、减税、减负等系列惠农政策,这些惠农措施尽管能缓农民一时之急,却不是治本之策。如果实施永佃制,使社会各个阶层购买脱离土地经营的货币性地权(即田底权),就会为农业的社会融资拓展最广阔的渠道。

永佃制的作用,诚如20世纪20年代至40年代农村调查文献中多次提及的农民自己所言"佃田当自产",它给予了佃农永久的并能自由处理的农地产权,从而减除了加在一般佃农身上的佃期不确定的后顾之忧,加上较一般为轻的地租率,也使永佃农所受的剥削相对较轻,这些都有利于农村生产的稳定和发展。和土地私有制相比,永佃制更适合中国国情;和"人民公社集体共有制"相比,永佃制赋予了生产者明晰的经营性产权,更能充分调动生产者的积极性;和"家庭联产承包责任制"相比,永佃制更能实现各种生产要素的最佳配置,因此永佃制是赋予佃农明晰产权的、能实现生产要素最佳配置的、集多种土地所有制优点的、非常适合中国国情的农地产权制度。

中国农村最大的现实是人多地少,尽管现在已经有了现代农业技术,但是由于农村有限的土地为众多小生产者分割,根本无法实施规模经营。况且,由于农民仍然有生存后顾之忧,绝大部分农民宁愿抛荒也不愿放弃其拥有的小块土地,土地规模经营的实现仍然遥遥无期。因此,现今的家庭联产承包责任制已经到了非改革不可的时候了,但是中国土地问题的解决,显然不能照搬英国驱赶农民进城的圈地运动模式,这也与政府"政为民所系"的执政宗旨背道而驰。我们研究的土地改革方案是既使农民摆脱生存后顾之忧,又符合中国土地自身发展规律的土地改革方案。民国时期的永佃制使永佃农不仅获得了可自由转卖的佃权,而且使土地地权能够在两个层次上进行契约化自由流转,这种地权流转比以往完全地权流转更灵活,流转门槛更低,既使佃农投入权益获得了保障,又使劳动力和资金获得有效配置从而提高了生产效率,因此永佃

---

① 张志勇等:《南海土地股份合作制研究》,《社会发展》2006年第7期,第78—79页。

制对当今土地制度改革有着重要的现实意义。但是永佃制毕竟是历史上的土地制度,在我们社会主义国家绝不能对其生硬照搬,而是要在借鉴的基础上对其进行制度创新和发展。如何进行创新和发展呢? 笔者认为必须在两方面进行创新:一方面,是变革永佃制的所有权主体关系。历史上的永佃制主要体现的是地主和佃农的土地关系,新的产权制度必须变革这种所有权主体关系。田底权是一种终极土地所有权,其所有权主体必然对土地价格及其流转起着决定性作用。历史的经验告诉我们,土地终极所有权绝不能控制在私人手中,因为私人的逐利性、垄断性总是和土地经营者利益背道而驰的,而现代国家一般是能从整体社会利益出发维护全民利益的,所以土地终极所有权控制在国家手中是最佳选择。另一方面,我们也不能把土地所有权全部赋予国家,这样就会使中国的土地制度又倒退为"人民公社集体共有制"或出现政府随意征收、剥夺土地经营者所有权的状况。因此,现今土地制度的最佳制度选择是,把土地所有权进行明晰分割,赋予国家终极土地所有权,即田底权,同时赋予农民明晰佃权,即田面权,并从法律上对这种双层产权格局予以明晰确认。这样一种创新土地制度可以概括为"国家终极所有,农民永久佃权"的二元农地产权制度。这种制度一方面把可自由转租、继承、抵押、入股、交易的佃权赋予了农民,根据中国国情对私有产权制度进行了适度运用;另一方面,把终极所有权赋予了国家,国家具有最终的裁定权和控制权,使田面权的使用及流转始终处于有序、可控的范围之内。更为重要的是,这种制度破解了一方面当今有的农户由于"经营田地严重不足而不能施行规模经营",另一方面有的农户"试图实现农业外就业却有后顾之忧又不愿放弃小块田地"的双重难题。

参 考 文 献

一、论文类

[1][日]田中忠夫:《支那物权习惯论》,1925 年 1 月,见刘俊文主编:《日本学者研究中国史论著选译》第 8 卷。

[2]吴文晖:《现代中国土地问题之探究》,载《新社会科学》1934 年第 1 卷第 4 期。

[3]吴晓晨:《平湖县的租佃制度和二五减租》,《东方杂志》1935 年第 32 卷第 24 期。

[4]黄通:《中国租佃制度及其解决方案》,《大公报》1936 年 4 月 12 日。

[5][日]池田静夫:《关于支那的永小作权制度》,《东亚经济研究》第 24 卷第 3 号,1940 年 9 月。

[6][日]仁井田陞:《支那近世的一田两主习惯及其成立》,《法学协会杂志》第 66 卷第 3—4 号,1946 年。

[7][日]周藤吉之:《宋代官田的佃权买卖——关于资陪或酬价交佃》,《东方学》第 7 号,1953 年,后收入周藤吉之:《中国土地史研究》,东京大学出版社 1954 年版。

[8][日]清水泰次:《明代福建的农家经济——关于一田三主的惯例》,《史学杂志》第 63 编第 7 号,1954 年。

[9][日]片冈芝子:《关于福建的一田两主》,《历史学研究》第 294 号,1964 年。

[10][日]鹤见尚弘:《清初、苏州府の鱼鳞册江关すゐ一考察》,《社会经济史学》,昭和 43 年,第 34 册。

[11][日]草野靖:《宋代官田的租种管业》,《东洋史研究》第 28 卷第 1 号,1969 年。

[12][日]草野靖:《宋代的民间租佃形态》,《史艸》第 10 号,1969 年。

[13][日]前田胜太郎:《清代广东农民斗争的基础》,《东洋学报》第 57 卷第 4 号,1969 年。

[14][日]草野靖:《宋元时代水利田开发与一田两主惯例的萌芽》,《东洋学报》第 53 卷第 1—2 号,1970 年。

[15][日]村松佑次:《近代江南の租栈——中国地主制度の研究》,东京大学出版社 1970 年版。

[16][日]森正夫:《明清时代的土地制度》,《岩波讲座・世界历史》第 12 号,1971 年。

[17][日]藤井宏:《崇明岛的一田两主制——以起源为中心的论述》,《东方学》,1975 年。

[18]章有义:《太平天国革命前夕徽州地区土地关系的一个实录》,《文物》1975 年第 2 期。

[19][日]高桥方郎:《宋代官田的所谓佃权——其实体及历史地位》,《史朋》第 5 号,1976 年。

[20]刘永成:《清代前期的租佃关系》,《清史论丛》1980 年第 2 辑。

[21][日]藤井宏:《"一田两主"制的基本结构》,《近代中国》第 5 卷第 5—10 期连载,1979 年;《辍耕录〈释怨结姻〉说话的新研究——以转变的解释为中心》,《东方学》第 59 辑,1980 年。

[22]林祥瑞:《试论永佃权的性质》,《福建师大学报》1981 年第 1 期。

[23][加]魏安国:《清代华南地区"一田两主"的土地占有制》,《广州研究》1982 年第 3 期。

[24]刘瑞中:《对林瑞祥〈试论永佃权的性质〉一文的一些商榷意见》,《福建师范大学学报》1983 年第 3 期。

[25]刘和惠:《清代徽州田面权考察》,《安徽史学》1984 年第 5 期。

[26][美]居蜜:《明清时期徽州的宗法制度与土地占有制——兼评叶显恩〈明清徽州农村社会与佃仆制〉》,《江淮论坛》1984 年第 6 期。

[27][日]寺田浩明:《「崇明县志」に见える「承价」「过投」「顶首」について田面田底惯行形成过程の研究》,《东洋文化研究所纪要》第 98 册,1985 年。

[28]彭超:《论徽州永佃权和"一田二主"制》,《安徽史学》1985 年第 4 期。

[29]魏安国:《1900—1940 年土地占有与实用的延续》,明清广东省社会经济

研究会编:《明清广东社会经济研究》,广东人民出版社1987年版。

[30]杨国桢:《论中国永佃权的基本特征》,《中国社会经济史研究》1988年第2期。

[31]章有义:《本世纪二三十年代我国地权分配的再估计》,《中国社会经济史研究》1988年第2期。

[32]杨周:《永佃权试探》,《浙江师范大学学报》1988年第2期。

[33][日]草野靖:《宋代田面惯例的萌芽》,《中国近代的寄生地主制——田面惯例》第2部第2章,汲古书院1989年版。

[34]刘淼:《清代徽州歙县棠樾鲍氏祠产土地关系》,《学术界》1989年第3期。

[35][日]高桥方郎:《宋代官田的"立价交佃"和"一田两主"制》,《东北大学东洋史论集》第4辑,1990年。

[36]张研:《关于清代族田分布的初步考察》,《中国经济史研究》1991年第1期。

[37]刘淼:《清代徽州祠产土地关系——以徽州歙县棠樾鲍氏、唐模许氏为中心》,《中国经济史研究》1991年第1期。

[38]段本洛:《永佃制与近代江南租佃关系》,《苏州大学学报》1991年第3期。

[39]赵华富:《歙县棠樾鲍氏宗族个案报告》,《江淮论坛》1993年第2期。

[40]江太新、苏金玉:《论清代徽州地区的亩产》,《中国经济史研究》1993年第3期。

[41]郭松义:《清前期南方稻作地区的粮食生产》,《中国经济史研究》1994年第1期。

[42]方行:《清代前期农村的高利贷资本》,《清史研究》1994年第3期。

[43]刘永成:《从租册、刑档案看清代江苏地区的粮食亩产量》,《中国史研究》1994年第4期。

[44]董蔡时:《永佃制研究》,《苏州大学学报》1995年第2期。

[45]赵华富:《黟县南屏叶氏宗族调查报告》,《'95安徽大学学术活动月论文选萃》,安徽大学出版社1996年版。

[46]李伯重:《"人耕十亩"与明清江南农民的经营规模》,《中国农史》1996年第1期。

[47]章有义:《康熙初年江苏长洲三册鱼鳞册所见》,《中国经济史研究》1998年第4期。

[48]赵晓力:《中国近代农村土地交易中的契约、习惯与国家法》,《北大法律评论》1999年第1卷第2辑。

[49][日]松田吉郎:《清末及日治初期"阿里山蕃租"之研究》,黄秀敏译,载陈秋坤、洪丽完:《契约文书与社会生活(1600—1900)》,台北中央研究院台湾史研究所筹备处2001年版。

[50]陈秋坤:《清初屏东平原土地占垦、租佃关系与聚落社会秩序(1690—1770)——以施世榜家族为中心》,载陈秋坤、洪丽完:《契约文书与社会生活(1600—1900)》,台北中央研究院台湾史研究所筹备处2001年版。

[51]李琳琦:《明清徽州进士数量、分布特点及其原因分析》,《安徽师范大学学报》(社会科学版)2001年第2期。

[52]刘克祥:《20世纪30年代土地阶级分配状况的整体考察和数量估计》,《中国经济史研究》2002年第1期。

[53]高王凌:《地租征收率的再探讨》,《清史研究》2002年第5期。

[54]陈宇锋:《浅析浙江省土地流转中的转租倒包机制》,《统计观察》2002年第11期。

[55]赵冈:《地权分配之太湖模式再检讨》,《中国农史》2003年第1期。

[56]赵冈:《试论地主的主导力》,《中国社会经济史研究》2003年第2期。

[57]柴荣:《透视宋代土地租佃制度》,《内蒙古大学学报》2003年第3期。

[58]黄志繁:《地域社会变革与租佃关系》,《中国社会科学》2003年第6期。

[59]赵冈:《估算江苏长洲田皮产权分配》,《中国史研究》2004年第1期。

[60]赵冈:《清代前期地权分配的南北比较》,《中国农史》2004年第3期。

[61]栾成显:《徽州鱼鳞图册文书的遗存及其研究价值》,《黄山学院学报》2005年第2期。

[62]赵冈:《永佃制下的田皮价格》,《中国农史》2005年第3期。

[63]慈鸿飞:《民国江南永佃制新探》,《中国经济史研究》2006年第3期。

[64]赵冈:《永佃制的经济功能》,《中国经济史研究》2006年第3期。

[65]王瑞芳:《没收族田与封建制度的解体》,《江海学刊》2006年第5期。

[66]栾成显:《明清文书档案反映的农民家庭规模》,《中国人口科学》2006年第1期。

[67]张志勇等:《南海土地股份合作制研究》,《社会发展》2006年第7期。

[68]曹树基:《两种"田面田"与浙江的"二五减租"》,《历史研究》2007年第2期。

[69]罗泽真、朱保科:《永佃权制度历史考察》,《新闻天地》2007年第3期。

[70]慈鸿飞:《农地产权制度选择的历史和逻辑》,《江海学刊》2007年第4期。

[71]曹树基:《苏南地区田面田的性质》,《清华大学学报(哲学社会科学版)》2007年第6期。

[72]李伯重:《华亭、娄县地区水稻亩产量——一种新研究方法的尝试》,《历史研究》2007年第6期。

[73]叶显恩、周兆晴:《明清珠江三角洲宗族制与土地制度》,《珠江经济》2007年第9期。

[74]龙登高:《清代地权交易的多样化发展》,《清史研究》2008年第3期。

[75]龙登高:《地权交易与生产要素组合》,中国经济史学会:《2008年南京三农问题学术研讨会论文集》,南京师范大学2009年印。

二、著作类

[76](明)汪道昆撰:《太函集》,万历十九年刊本。

[77]许承尧:《歙事闲谈》,李明回、彭超、张爱琴校点,黄山书社2001年版。

[78](清)江登云纂修:《橙阳散志》,乾隆四十年刊本。

[79](清)曾国藩:《曾文正公全集》,台湾文海出版发行公司1983年影印本。

[80](清)高廷瑶:《宦游纪略》,同治十二年成都刊本。

[81](清)姚锡光:《吏皖存牍》,1905年刊本。

[82]冯和法:《中国农村经济论》,黎明书局1934年版。

[83]黑山、徐正学:《中国农村经济崩溃原因的研究》,(南京)国民印务局1934年版。

[84]洪瑞坚:《浙江之二五减租》,《中央政治学校地政学院研究报告》,上海正中书局1935年版。

[85]千家驹编:《中国农村经济论文集》,中华书局1935年版。

[86]郭汉民、洪瑞坚:《安徽省之土地分配与租佃制度》,正中书局民国二十五年印行。

［87］孙文郁等：《豫鄂皖赣四省土地分类之研究》，南京金陵大学农业经济系1936年印行。

［88］金陵大学农业经济系：《豫鄂皖赣四省之租佃制度》，金陵大学农业经济系1936年印行。

［89］陈翰笙：《解放前的地主与农民——华南农村危机研究》，纽约国际出版公司1936年版。

［90］中国农村经济研究会编：《中国土地问题和商业高利贷》，中国农村经济研究会1937年版。

［91］天野元之助：《支那农业经济论》，东京改造社昭和15年（1940）版。

［92］吴文晖：《中国土地问题及其对策》，重庆：商务印书馆1944年版。

［93］乔启明：《中国农村社会经济学》，上海商务印书馆1947年版。

［94］薛暮桥：《中国农村经济常识》，新知商店1947年版。

［95］人民出版社编：《第一次国内革命战争时期的农民运动》，人民出版社1953年版。

［96］李文治：《中国近代农业史资料》第1辑，生活·读书·新知三联书店1957年版。

［97］傅衣凌：《明清农村社会经济》，生活·读书·新知三联书店1961年版。

［98］［日］藤井宏：《关于中国"耕作权确立"时间诸问题》，藤氏油印本，1971年。

［99］［德］马克思：《资本论》第1卷，人民出版社1975年版。

［100］戴炎辉：《中国法制史》，台北三民书局股份有限公司1979年版。

［101］戴逸等：《清史简编》第1册，人民出版社1980年版。

［102］叶显恩：《明清徽州农村社会与佃仆制》，安徽人民出版社1983年版。

［103］章有义：《明清徽州土地关系研究》，中国社会科学出版社1984年版。

［104］吴慧：《中国历代粮食亩产研究》，中国农业出版社1985年版。

［105］吴承明、许涤新主编：《中国资本主义的萌芽——中国资本主义发展史》第1卷，人民出版社1985年版。

［106］栾成显：《明代黄册研究》，中国社会科学出版社1998年版。

［107］章有义：《近代徽州租佃关系案例研究》，中国社会科学出版社1988年版。

［108］杨国桢：《明清土地契约文书研究》，人民日报社1988年版。

[109]王鹤鸣、施立业:《安徽近代经济轨迹》,安徽人民出版社1991年版。

[110]刘大钧:《我国佃农经济状况》,(上海)太平洋书店1929年版。

[111]张研:《清代族田和基层社会结构》,中国人民大学出版社1991年版。

[112]彭漪涟主编:《概念论》,学林出版社1991年版。

[113]乌廷玉:《中国租佃关系通史》,吉林文史出版社1992年版。

[114]刘俊义主编:《日本学者研究中国史论著选译》第8卷,中华书局1992年版。

[115]叶孝信:《中国民法史》,上海人民出版社1993年版。

[116]赵冈、刘永成、吴慧、朱金甫、陈慈玉、陈秋坤:《清代粮食亩产量研究》,中国农业出版社1995年版。

[117]刘俊明主编:《日本中青年学者论中国史》(宋元明清卷),上海古籍出版社1995年版。

[118]梁治平:《清代习惯法·社会与国家》,中国政法大学出版社1996年版。

[119]费孝通:《江村经济》,《费孝通文集》第2卷,群言出版社1999年版。

[120]李文治、江太新:《中国宗法宗族制和族田义庄》,社会科学文献出版社2000年版。

[121]黄宗智:《长江三角洲的小农家庭与乡村发展》,中华书局2000年版。

[122]方行主编:《中国经济通史·清代经济卷》(下),经济日报出版社2000年版。

[123]盐城市土地编撰委员会编:《盐城市土地志》,江苏人民出版社2001年版。

[124]黄宗智:《法典、习俗与司法习惯:清代与民国的比较》,上海书店出版社2003年版。

[125]朱冬亮:《社会变迁中的村级土地制度》,厦门大学出版社2003年版。

[126]赵华富:《徽州宗族研究》,安徽大学出版社2004年版。

[127]胡华:《近代江南双层地权研究》,南京师范大学2004年硕士论文。

[128]刘和惠、汪庆元:《徽州土地关系》,安徽人民出版社2005年版。

[129]陆林、凌善金、焦华富:《徽州村落》,安徽人民出版社2005年版。

[130]赵冈:《永佃制研究》,中国农业出版社2005年版。

三、资料类

（一）报刊

[131]立法院:《立法院统计月刊》,第1卷第3期,1929年。

[132]《大公报》,1929年11月17日。

[133]《南京中央日报》,1930年1月14日。

[134]《新闻报》,1930年3月6日,4月5日。

[135]《内政公报》,第3卷第1期,第5卷第1、2期。

[136]《新岭东报》,1933年2月16日。

[137]《国民报道》,1930年12月23日。

[138]《杭州民国日报》,1931年8月31日。

[139]《东方杂志》,第32卷第24期,1935年。

（二）一般史料

[140]（明）申时行等撰:《万历大明会典》,商务印书馆万有文库本。

[141]《清实录》,中华书局1986年影印本。

[142]（清）祝庆祺:《刑案汇览》,道光刻本。

[143]（清）朱云锦:朱云锦等纂修:《皖省志略》,道光元年刊本。

[144]《大清会典事例》卷一百五十八《户部》。

[145]《大清律例汇辑便览》,光绪二十九年影印本。

[146]《中华民国临时约法》,《中国年鉴》(1912年),商务印书馆民国十三年版。

[147]《中华民国民法物权编》,《行政院公报》,1929年12月11日,行政院秘书处印行,第107号。

[148]《中华民国土地法》,《行政院公报》,1930年6月30日,行政院秘书处印行,第165—166号。

[149]申报年鉴社:《申报年鉴》(1933年),《社会·农村》,申报馆特种发行部1933年版。

[150]实业部中国经济编撰委员会编:《中国经济年鉴》(1934)第七章《租佃制度》,上海商务印书馆1935年版。

[151]《中华民国土地法施行法》,《国民政府公报》1935年4月5日,国民政府文官处印铸局印行,第1708号。

[152]全国土地委员会编:《全国土地调查报告纲要》,《逢甲学报》1937年第

7 期,南京大学图书馆藏。

[153]卜凯:《中国土地利用》,金陵大学农学院农业经济系 1941 年版。

[154]国民政府主计处统计局编:《中国土地问题之统计分析》,正中书局 1941 年版。

[155]《中华民国修正土地法》及《修正土地施行法》,《国民政府公报》,1946 年 4 月 29 日,国民政府文官处印铸局印行,渝字第 1046 号。

[156]吴经熊编:《中华民国六法理由、判解汇编》,会文堂新记书局 1948 年补编。

[157]中华年鉴社:《中华年鉴》(1948 年),中华年鉴社民国三十七年发行。

[158]安徽省民政厅:《安徽民政工作辑要》(1935 年),沈云龙主编:《近代中国史料丛刊三编》第 280 辑,1987 年文海出版有限公司出版。

[159](清)贺长龄:《皇朝经世文编》,中华书局 1992 年版。

[160]周绍泉、赵亚光点校:《窦山公家议校注》,黄山书社 1993 年版。

[161]中国第二历史档案馆编:《中华民国史档案资料汇编》第 5 辑第 1 编《财政经济》,江苏古籍出版社 1997 年版。

[162]杨立新点校:《大清民律草案民国民律草案》,吉林人民出版社 2002 年版。

[163]安徽省徽州地区地方志编纂委员会:《徽州地区简志》,黄山书社 2005 年版。

[164](清)冯煦:《民政科》,《皖政辑要》,黄山书社 2005 年版。

(三)调查资料

[165]施沛生编:《中国民事习惯大全》,上海广益书局 1926 年版。

[166]南京国民政府司法行政部编:《民事习惯调查报告录》,南京国民政府司法行政部 1930 年印行。

[167]国民政府建设委员会调查浙江经济所统计课编:《浙江临安农村调查》,1931 年。

[168]行政院农村复兴委员会编:《江苏省农村调查》,上海商务印书馆 1933 年版。

[169]冯紫岗编:《嘉兴县政府调查》,嘉兴县政府 1936 年印行。

[170]萧铮主编:《民国二十年代中国大陆上土地问题资料》第 45、第 60、第 62、第 63、第 65、第 69、第 73、第 74 册,成文出版社有限公司,[美]斯坦福中文资

料中心 1977 年版。

[171]中共吴县委员会调研室编印:《吴县租佃情况与租佃关系调查》, 1949 年。

[172]苏南农村协会筹备委员会编印:《苏南农村研究资料》第 2—3 辑, 1950 年。

[173]华东军政委员会土地改革委员会编:《浙江省农村调查》,1952 年编印。

[174]华东军政委员会土地改革委员会:《安徽省农村调查》,1952 年编印。

[175]中共苏南区委农村工作委员会编:《苏南土地改革文献》,1952 年内部印行本。

(四)档案

1. 已刊档案资料汇编

[176]安徽省博物馆编:《明清徽州社会经济资料丛编》第 1 集,中国社会科学出版社 1988 年版。

[177]中国社会科学院历史研究所徽州文契整理组编:《明清徽州社会经济资料丛编》第 2 集,中国社会科学出版社 1990 年版。

[178]王钰钦、周绍泉主编:《徽州千年契约文书》(清、民国编)卷一,花山文艺出版社 1991 年版。

2. 未刊档案

[179]《议革马户收官田租申文案稿》,绩溪县档案馆藏。

[180]国民政府财政部整理地方捐税委员会编印:《安徽省当涂县土地陈报概略》,1935 年,南京大学图书馆藏。

[181]《许荫祠实征归户册》,安徽省博物馆藏,藏号 2:23856。

[182]《荫祠收支总誊》,光绪年间,安徽省博物馆藏,契号 27864 号。

[183]《歙县许荫祠置产簿》,安徽省博物馆藏,2:27848 号。

[184]《康熙四十年休宁县保甲烟户册》,上海档案馆藏,566531 号。

[185]《万历徽州府二十七都五图黄册底籍》,安徽省博物馆藏,2:24527 号。

[186]休宁县茶叶公会:《休宁县茶叶公会暂行保管公济善局契据》,20 世纪30 年代,黄山市屯溪区档案馆藏。

[187]公济善局:《公济善局现有财产证件清册》,1937 年,黄山市屯溪区档案馆藏。

[188]曝善:《乾隆三十四年六月十四日条奏佃户分别种田确据以定主仆名

分》,国家图书馆藏,第1—5号。

[189]《徽州专区土改前户数人口统计表》,1950年3月,全宗14:《徽州行署办公室》第59卷,黄山市档案馆藏。

[190]屯溪率口乡草市村:《特殊问题调查汇报》,全宗12:《中共屯溪市委办公室》第7卷。隆新乡新资村:《屯溪市隆新乡新资村地主半地主小土地出租者情况》,全宗1:《屯溪市委办公室》第6卷,黄山市屯溪区档案馆藏。

[191]中共皖南区党委农委会:《农村土地关系的初步研究》(1950年5月31日),全宗1第40卷,芜湖市档案馆藏。

[192]屯溪阳湖乡下洽阳村:《屯溪市阳湖乡下洽阳村一般实际情况及其他特殊问题调查材料》(1950年6月4日),全宗12:《中共屯溪市委土改办公室》第7卷,黄山市屯溪区档案馆藏。

[193]中共池州地区委员会:《贵池县民生村土改试验总结》(1950年10月12日),全宗2:《中共贵池县委办公室》第3卷,池州市贵池县档案馆藏。

[194]屯溪隆新乡徐村:《徐村土改调查材料》(1950年2月8号日),全宗1:《中共屯溪市委土改办公室》第7卷,黄山市屯溪区档案馆藏。

[195]饶漱石:《解答若干有关土地改革的问题》,1050年10月,当涂县档案馆藏。

[196]屯溪阳湖乡方口村:《阳湖乡方口村土改工作报告》,1950年11月30日,全宗2第4卷,黄山市屯溪区档案馆藏。

[197]祁门县土改办:《祁门县第4区程石村土改前各阶层占有使用土地统计表》,全宗:《祁门县土改办》(1951年)第4卷,祁门县档案馆藏。

[198]祁门县土改办:《祁门县第5区竹集村土改前各阶层占有使用土地统计表》,全宗:《祁门县土改办》(1951年)第5卷,祁门县档案馆藏。

[199]祁门县土改办:《祁门县第6区林村土改前各阶层占有使用土地统计表》,全宗:《祁门县土改办》(1951年)第6卷,祁门县档案馆藏。

[200]祁门县土改办:《祁门县第7区复兴村土改前各阶层占有使用土地统计表》,全宗:《祁门县土改办》(1951年),第7卷,祁门县档案馆藏。

[201]《屯溪市四乡三十六村土改前各阶层占有使用土地统计表》,全宗:《屯溪市土改办》第2卷,黄山市档案馆藏。

[202]中共绩溪县委:《朗坞村土改前各阶层占有使用土地统计表》,《绩溪县第1区土改情况统计表》,绩溪县档案馆藏,全宗:《中共绩溪县委员会办公室档

案》(1951 年)第 19 卷。

[203]中共绩溪县委:《下旺村土改前各阶层占有使用土地统计表》,《绩溪县第 2 区(旺川区)土改情况统计表》,全宗:《中共绩溪县委员会办公室档案》(1951 年)第 20 卷。

[204]中共绩溪县委:《西溪村土改前各阶层占有使用土地统计表》,《绩溪县第 3 区土改情况统计表》,全宗:《中共绩溪县委员会办公室档案》(1951 年)第 21 卷。

[205]中共绩溪县委:《杨溪村土改前各阶层占有使用土地统计表》,《绩溪县第 4 区土改情况统计表》,全宗:《中共绩溪县委员会办公室档案》(1951 年)第 22 卷。

[206]中共绩溪县委:《四明村土改前各阶层占有使用土地统计表》,《绩溪县第 5 区(伏岭下区)土改情况统计表》,全宗:《中共绩溪县委员会办公室档案》(1951 年)第 23 卷。

[207]中共绩溪县委:《双溪村土改前各阶层占有使用土地统计表》,《绩溪县第 6 区土改情况统计表》,全宗:《中共绩溪县委员会办公室档案》(1951 年)第 21 卷。

[208]中共绩溪县委:《沙坝村土改前各阶层占有使用土地统计表》,《绩溪县第 7 区土改情况统计表》,全宗:《中共绩溪县委员会办公室档案》(1951 年)第 24 卷。

[209]《当涂县第 1 区(市区)行陈、铬吾、广安、白纻 4 个村土改前各阶层占有使用土地统计表》,1951 年 4 月 9 日,全宗 W017:《当涂土改办》第 49 卷,当涂县档案馆藏。

[210]《当涂县第 2 区(大桥区)北阳村土改前各阶层占有使用土地统计表》,全宗 W017:《当涂土改办》(1951 年)第 50 卷,当涂县档案馆藏。

[211]《当涂县第 3 区(大桥区)港东村土改前各阶层占有使用土地统计表》,全宗 W017:《当涂土改办》(1951 年)第 51 卷,当涂县档案馆藏。

[212]《当涂县第 4 区(马桥区)星西村土改前各阶层占有使用土地统计表》,全宗 W017:《当涂土改办》(1951 年)第 52 卷,当涂县档案馆藏。

[213]《当涂县第 5 区(黄池区)大村土改前各阶层占有使用土地统计表》,全宗 W017:《当涂土改办》(1951 年)第 53 卷,当涂县档案馆藏。

[214]《当涂县第 6 区(塘南区)南桁村土改前各阶层占有使用土地统计表》,

全宗 W017:《当涂土改办》(1951 年)第 54 卷,当涂县档案馆藏。

[215]《当涂县第 7 区(护河区)芮港村土改前各阶层占有使用土地统计表》,全宗 W017:《当涂土改办》(1951 年)第 55 卷,当涂县档案馆藏。

[216]《当涂县第 8 区(湖阳区)祖李村土改前各阶层占有使用土地统计表》,全宗 W017:《当涂土改办》(1951 年)第 56 卷,当涂县档案馆藏。

[217]《当涂县第 9 区(博望区)西十村上改前各阶层占有使用土地统计表》,全宗 W017:《当涂土改办》(1951 年)第 57 卷,当涂县档案馆藏。

[218]《当涂县第 10 区(新市区)西墅村土改前各阶层占有使用土地统计表》,全宗 W017:《当涂土改办》(1951 年)第 58 卷,当涂县档案馆藏。

[219]《当涂县第 10 区 7 个村土改前各阶层占有使用土地统计表》,全宗 W017:《当涂土改办》(1951 年)第 58 卷,当涂县档案馆藏。

[220]《当涂县第 11 区(薛津区)孙扬村土改前各阶层占有使用土地统计表》,全宗 W017:《当涂土改办》(1951 年)第 59 卷,当涂县档案馆藏。

[221]《当涂县第 12 区(霍里区)观山村土改前各阶层占有使用土地统计表》,全宗 W017:《当涂土改办》(1951 年)第 60 卷,当涂县档案馆藏。

[222]《当涂县第 13 区(慈湖区)阳湖村土改前各阶层占有使用土地统计表》,全宗 W017:《当涂土改办》(1951 年)第 61 卷,当涂县档案馆藏。

[223]《当涂县第 14 区(采石区)新锦村土改前各阶层占有使用土地统计表》,全宗 W017:《当涂土改办》(1951 年)第 62 卷,当涂县档案馆藏。同卷同类档案还包括当涂县第 14 区其他 25 个村,这些村是:金马、尚徐、泰兴(以上村有永佃)、沙上、卸巷、金山、皇硖、四顾、镇北、汤阳、通议、普济、大圩、鲫鱼、南生、横互街、中市街、九华街、唐贤、太平街、公园街、乔家、襄孟、路北、大庄村。

3. 未刊契约

[224]《乾隆二十七年贵池县张正士沙山领基及爨山佃权卖契》,贵池县档案馆。

[225]《嘉庆十七年周崐原输文庙屋契》,《青阳县清代契约》,青阳县档案馆藏。

[226]《嘉庆二十四年朱成鹏输圣宫田契》,《青阳县清代契约》,青阳县档案馆藏。

[227]《丁巳年二月初四朱朝冻杜卖官田田面白契》,《青阳县清朝契约》,青阳县档案馆藏。

[228]《光绪十七年江志坚输书院田契》,《青阳县清代契约》,青阳县档案馆藏。

[229]《光绪二十二年贵池县田赋报保单》,《贵池县清朝档案》,贵池县档案馆藏。

[230]《光绪二十二年五月九日休宁县正堂李呈抚、藩、府衙禀文》,《新安屯溪公济局征信录》,黄山市屯溪区档案馆藏。

[231]《民国二十三年正月二十日青阳县吴荣贵佃施意来田地约》,《青阳县民国契约》,青阳县档案馆藏。

[232]《光绪二十五年六月二十五日青阳县魏李氏收蓉城书院青苗牛工人力钱契》,《青阳县清代契约》,青阳县档案馆藏。

[233]《光绪二十八年青阳县张知县充湖田蓉城初等小学堂经费契约》,《青阳县清代契约》,青阳县档案馆藏。

[234]《光绪二十八年二月十八日青阳县张昌盛佃田推契》,《青阳县民国契约》,青阳县档案馆藏。

[235]《光绪二十九年四月休宁二十五都一图十甲吕观寿捐输田租契》,《民国屯溪公济户档案》,黄山市屯溪区档案馆藏。

[236]《民国三年徐中羽公输爨宫田补契》,《青阳县民国契约》,青阳县档案馆藏。

[237]《民国三年招佃开垦湖边荒田补契》,《青阳县民国契约》,青阳县档案馆藏。

[238]《民国三年青阳县义养小学堂补契》,《青阳县民国契约》,青阳县档案馆藏。

[239]《民国三年青阳县蓉城书院补契》,《青阳县民国契约》,青阳县档案馆藏。

[240]《民国三年青阳县北关埂公湖田补契》,《青阳县民国契约》,青阳县档案馆藏。

[241]《民国三年青阳县江耀轩佃学田约》,《青阳县民国契约》,青阳县档案馆藏。

[242]《民国三年青阳县吴长清佃学田约》,《青阳县民国契约》,青阳县档案馆藏。

[243]《民国五年十二月歙县黄口村毕孙氏输田愿书》,《民国屯溪公济户档

案》,黄山市屯溪区档案馆藏。

[244]《民国六年黟县江陆富杜卖豆坦并佃首契》,黟县档案馆藏。

[245]《民国六年二月初九青阳县阳春佃田面白契》,《青阳县民国契约》,青阳县档案馆藏。

[246]《民国七年青阳县王月桂等佃耕学田契约》,《青阳县民国契约》,青阳县档案馆藏。

[247]《民国七年一月青阳县吴狗保佃学田约》,《青阳县民国契约》,青阳县档案馆藏。

[248]《民国七年四月青阳县吴春和、吴开会转佃学田契约》,《青阳县民国契约》,青阳县档案馆藏。

[249]《民国八年青阳县江金榜佃学田约》,《青阳县民国契约》,青阳县档案馆藏。

[250]《民国八年九月二十日青阳县张金台官田田面杜卖赤契》,《青阳县民国契约》,青阳县档案馆藏。

[251]《民国十三年青阳县吴正闲佃学田约》,《青阳县民国契约》,青阳县档案馆藏。

[252]《民国十四年青阳县钟万全佃学田约》,《青阳县民国契约》,青阳县档案馆藏。

[253]《民国十五年二月黟县王梦生杜断卖白契》,黟县档案馆藏。

[254]《民国十五年九月青阳县邢发芝佃学田约》,《青阳县民国契约》,青阳县档案馆藏。

[255]《民国十七年五月二十九日吴春和、吴开会转佃学田契约》,《青阳县民国契约》,青阳县档案馆藏。

[256]《民国十八年孙吉之左怀谷捐输契》,《青阳县民国契约》,青阳县档案馆藏。

[257]《民国时期青阳县史忠发杜卖官田田面白契》,《青阳县民国契约》,青阳县档案馆藏。

[258]《光绪十九年四月贵池县施硕廷屯地田面拨约》,贵池县档案馆藏。

[259]《民国二十年休宁县屯溪孙吕氏杜卖地白契》,《民国屯溪公济户档案》,黄山市屯溪区档案馆藏。

[260]《民国二十年陈浩如、陈镜如大卖契》,《青阳县民国契约》,青阳县档案

馆藏。

[261]《民国二十年十二月陈海树大卖契》,《青阳县民国契约》,青阳县档案馆藏。

[262]《民国二十年青阳许同科佃耕学田契约》,《青阳县民国契约》,青阳县档案馆藏。

[263]《民国二十二年一月二十八日青阳县曹绍会杜卖官田田面白契》,《青阳县民国契约》,青阳县档案馆藏。

[264]《民国二十二年丁宪长杜卖学田屋契》,《青阳县民国契约》,青阳县档案馆藏。

[265]《民国二十二年江培之抵押田面权借教育局款契约》,《青阳县民国契约》,青阳县档案馆藏。

[266]《民国二十三年二月二十日青阳县李洁之杜卖官田白契》,《青阳县民国契约》,青阳县档案馆藏。

[267]《民国二十四年青阳县汪连西佃学田约》,《青阳县民国契约》,青阳县档案馆藏。

[268]《民国二十四年青阳县吴万春佃学田约》,《青阳县民国契约》,青阳县档案馆藏。

[269]《民国二十六年公济局局董洪轶群、孙列五向休宁县第一区率口乡保长联合办事处主任呈函》,黄山市屯溪区档案馆藏。

[270]《民国二十六年毕竟明呈送休宁县第一区率口乡保长联合办事处主任程函件》,黄山市屯溪区档案馆藏。

[271]《民国二十六年安徽省休宁县第一区率口联保七段土地呈报单》,《公济善局档案》,黄山市屯溪区档案馆藏。

[272]《民国二十六年十一月十六日休宁县第一区高阳乡保长联合办公处下发公济善局第二段土地陈报单收据》,黄山市屯溪区档案馆藏。

[273]《民国二十六年安徽省休宁县第一区率口联保八段土地呈报单》,《公济善局档案》,黄山市屯溪区档案馆藏。

[274]《民国二十六年安徽省休宁县第一区率口联保十段土地呈报单》,《公济善局档案》,黄山市屯溪区档案馆藏。

[275]《民国二十八年十月十六日青阳县第四十六保许村章根详官田田面杜卖赤契》,《青阳县民国契约》,青阳县档案馆藏。

[276]《民国二十八年十月十六日青阳县第四十六保许村章根详官田田面踩单》,《青阳县民国契约》,青阳县档案馆藏。

[277]《民国二十八年十一月十五日林伯祥官田田面杜卖契》,《青阳县民国契约》,青阳县档案馆藏。

[278]《民国二十九年休宁县屯溪永达德记杜卖地赤契》,《民国屯溪公济户档案》,黄山市屯溪区档案馆藏。

[279]《民国三十一年贵池县傅家余承佃田面田契约》,贵池县档案馆藏。

[280]《一九四九年青阳县教育局委员会缴租通知》,青阳县档案馆藏。

4. 未刊官田租佃鱼鳞册、地籍清册及租佃清册

[281]《绩溪县一至三都官田租佃鱼鳞册》,全宗1:《历史档案》第107卷,绩溪县档案馆藏。

[282]《绩溪县四都官田租佃鱼鳞册》,全宗1:《历史档案》第108卷,绩溪县档案馆藏。

[283]《绩溪县五都官田租佃鱼鳞册》,全宗1:《历史档案》第109卷,绩溪县档案馆藏。

[284]《绩溪县六都官田租佃鱼鳞册》,全宗1:《历史档案》第110卷,绩溪县档案馆藏。

[285]《绩溪县七都官田租佃鱼鳞册》,全宗1:《历史档案》第112卷,绩溪县档案馆藏。

[286]《亲逊堂田亩编号草簿》(1937年),绩溪县档案馆藏。

[287]《绩溪县第四区大坑口行政村地籍清册》,20世纪30年代,绩溪县档案馆藏。

[288]《绩溪县第四区龙川胡氏宗祠地籍清册》,20世纪30年代,绩溪县档案馆藏。

[289]《绩溪县第四区龙川胡氏学田登记册》,20世纪30年代,绩溪县档案馆藏。

[290]《绩溪县第四区龙川胡氏万安公祠土地登记册》,20世纪30年代,绩溪县档案馆藏。

[291]村长章继民、农会主任汪德兴、财粮员章日达:《歙县第3区唐模村地籍清册》,20世纪30年代,歙县档案馆藏。

[292]《歙县第三区呈坎村地籍清册》,20世纪30年代,歙县档案馆藏。

[293]《歙县第五区许村地籍清册》,20世纪30年代,歙县档案馆藏。

[294]《歙县第六区(府碣区)棠槐村地籍清册》,20世纪30年代,歙县档案馆藏。

[295]《歙县第七区(溪头区)汪村地籍清册》,20世纪30年代,歙县档案馆藏。

[296]《歙县第十二区(深渡区)思明村地籍清册》,20世纪30年代,歙县档案馆藏。

[297]《歙县第十三区(深渡区)思明村地籍清册》,20世纪30年代,歙县档案馆藏。

[298]《歙县第十四区(街口区)溪口村地籍清册》,20世纪30年代,歙县档案馆藏。

[299]《歙县第十二区(小川区)灵山村地籍清册》,20世纪30年代,歙县档案馆藏。

[300]村长朱良敬、农会主任方松顺、财粮员方天铎:《歙县第16区篁墩地籍清册》,20世纪30年代,歙县档案馆藏。

[301]《歙县第十七区(朱村区)鲍川村地籍清册》,20世纪30年代,歙县档案馆藏。

[302]《歙县第十八区汪村地籍清册》,20世纪30年代,歙县档案馆藏。

[303]《歙县棠樾鲍氏宗祠地籍清册》,歙县档案馆藏。

[304]青阳县公产管理委员会:《青阳县公产租佃清册》,中华民国三十七年九月攒造,青阳县档案馆藏。

(五)宗谱

[305](歙县)《溪南江氏族谱》,隆庆刊本,安徽省图书馆藏。

[306](歙县)《潭渡黄氏族谱》,雍正九年刊本,安徽省图书馆藏。

[307](歙县)《潭渡孝里黄氏族谱》,雍正九年刊本,安徽省图书馆藏。

[308](祁门)《汪氏统宗世谱》,乾隆刊本,安徽省图书馆藏。

[309](歙县)《新案歙北许氏东支世谱》,嘉靖六年稿本,安徽省图书馆藏。

[310](歙县)鲍宗:《棠樾鲍氏宣忠堂支谱》,嘉庆十年刊本,安徽省图书馆藏。

[311](黟县)《南屏叶氏族谱》,嘉庆刊本,安徽大学徽学研究中心资料室藏。

[312](休宁)《古林黄氏重修族谱》,同治刊本,安徽省图书馆藏。

[313](歙县)《方氏会宗统谱》,光绪刊本,安徽大学徽学研究中心资料室藏。

[314](祁门)《倪氏族谱》,光绪刊本,安徽大学徽学研究中心资料室藏。

[315](绩溪)《西关章氏族谱》,宣统刊本,安徽大学徽学研究中心资料室藏。

[316]《安徽建德纸坑山周氏宗谱》,宣统三年刊本,上海图书馆藏。

[317](黟县)《环山余氏宗谱》,民国六年刊本,安徽大学徽学研究中心资料室藏。

[318](绩溪)《盘川王氏宗谱》,民国十一年刊本,安徽省图书馆藏、上海图书馆藏。

[319](歙县)《紫阳朱氏宗谱》,民国十四年刊本,安徽大学徽学研究中心资料室藏。

[320](芜湖)《戴氏宗谱》,民国十四年刊本,安徽大学徽学研究中心资料室藏。

[321](繁昌)《春谷姚氏宗谱》,民国二十九年刊本,上海图书馆藏。

(六)方志

[322](清)赵吉士等纂修:《徽州府志》,康熙三十八年刊本。

[323](清)马步蟾等纂修:《徽州府志》,道光七年刊本。

[324](清)吴甸化等纂修:《黟县志》,嘉庆十七年刊本。

[325](清)方崇鼎等纂修:《休宁县志》,道光三年刊本。

[326](清)周溶等纂修:《祁门县志》,同治十二年刊本。

[327](清)《安徽通志》,光绪三年刊本。

[328](清)丁宝书等纂修:《广德州志》,光绪六年刊本。

[329](清)欧阳锋等纂修:《当涂乡土志》,光绪三十二年刊本。

[330](清)周学铭等纂修:《建德县志》,宣统二年铅印本。

[331](民国)余谊密等纂修:《芜湖县志》,民国八年石印本。

[332](民国)吴克俊等纂修:《黟县四志》,民国十二年刊本。

[333](民国)杨虎等纂修:《宁国县志》,民国二十五年铅印本。

[334](民国)许承尧等纂修:《歙县志》,民国二十六年铅印本。

[335](民国)吴吉祜等纂修:《丰南志》,民国二十九年稿本。

[336]婺源县志编纂委员会:《婺源县志》,档案出版社1993年版。

后 记

值此书出版之际,首先,感谢我的导师慈鸿飞先生,慈先生一直倡导20世纪土地制度的研究,这项永佃制研究成果就是在慈先生悉心指导下完成的。从论题的选择到内容结构的安排,从资料的搜集整理到论文的撰写和修改,先生都付出了大量劳动。在此,谨对恩师的教导和关爱表示诚挚的谢意,对占用恩师宝贵的休息时间表示深深的歉意!

同时,还要感谢我的硕士导师李金铮教授,李老师始终关心着我的论文写作,特别是在2008年南京中国经济史学会年会期间,对我的论文耐心指导、肯定和鼓励。

本书在出版过程中受到山西师范大学车效梅教授、张玮教授的帮助,在此深表感谢。中央财经大学欧阳日辉老师提出了宝贵意见,谨此表示衷心谢意!同时也感谢人民出版社的编辑,是他们严格把关,多次提出宝贵意见,才使此书顺利出版。

最后,诚挚地期待学术界同仁对本书提出宝贵意见。

张 明

2011年11月谨识于山西师范大学时瑛园

责任编辑:杨美艳
责任校对:张杰利
封面设计:徐　晖
版式设计:程凤琴

图书在版编目(CIP)数据

民国时期皖南永佃制实证研究/张明 著. -北京:人民出版社,2012.10
ISBN 978－7－01－010484－3

Ⅰ.①民… Ⅱ.①张… Ⅲ.①租佃关系-研究-皖南地区-民国
　Ⅳ.①F329.54

中国版本图书馆 CIP 数据核字(2011)第 259533 号

民国时期皖南永佃制实证研究
MINGUO SHIQI WANNAN YONGDIANZHI SHIZHENG YANJIU

张明　著

人民出版社 出版发行
(100706　北京市东城区隆福寺街 99 号)

北京新魏印刷厂印刷　　新华书店经销

2012 年 10 月第 1 版　2012 年 10 月北京第 1 次印刷
开本:710 毫米×1000 毫米 1/16　印张:23.75
字数:400 千字　印数:0,001-1,500 册

ISBN 978－7－01－010484－3　定价:59.00 元

邮购地址 100706　北京市东城区隆福寺街 99 号
人民东方图书销售中心　电话 (010)65250042　65289539